王朝日記の魅力

島内景二

花鳥社

王朝日記の魅力

目次

Ⅱ 『更級日記』の魅力

Ⅲ　『和泉式部日記』の魅力

はじめに

王朝日記の世界へ、ようこそ。

本書『王朝日記の魅力』は、これまでに刊行した『新訳更級日記』『新訳和泉式部日記』『新訳蜻蛉日記　上巻』の姉妹版である。まもなく刊行される予定の『新訳紫式部日記』と共に、お楽しみいただきたい。内容は、それらとはまったく重複していない。

本書の経緯を、簡単に述べておきたい。

平安時代には、女性の手になる日記文学が、あいついで書かれた。彼女たちは、和歌の才能だけでなく、散文で「人生」を書き綴る才能にも恵まれていた。

ＮＨＫラジオ第二「古典講読」では、令和二年春から、放送順に、『更級日記』、『和泉式部日記』、『蜻蛉日記』を講読し終わり、令和三年秋からは『紫式部日記』の講読に入る予定である。

それぞれの日記は、独自の個性を持っている。また、「人生」を見つめる視点に、異なる流儀を貫いている。その素晴らしき多様性に、日々、圧倒される思いだった。

ラジオ放送と連動して、『更級日記』の全文、『和泉式部日記』の全文、そして『蜻蛉日記』上巻の全文を現代語訳し、それぞれ『新訳更級日記』『新訳和泉式部日記』『新訳蜻蛉日記　上巻』として刊行した。

ただし、実際のラジオ放送では話したものの、これら三冊に含まれていない台本が、かなり残された。『蜻蛉日記』中巻のエッセンス、『更級日記』の作者が書いたとされる複数の物語の鑑賞、そして和泉式部が残した和歌の鑑賞などである。

また、『更級日記』や『和泉式部日記』が、『源氏物語』とどのように関わっているのかについても考えた。

それらを、ラジオ放送の台本を基にして書き下ろしたのが、本書『王朝日記の魅力』である。ただし、残念ながら、加賀美幸子さんの朗読の魅力は伝えられなかった。本書を手に取られた皆さんは、引用されている古典の文章を、加賀美さんになったつもりで、音読していただきたい。

本書の内容は、ラジオ放送の台本にほとんど忠実なのだが、文体は「書き言葉」に置き換えた。けれども、読みやすい「話し言葉」に近づける工夫をしたつもりである。

それでは、……。

皆さん、今日は。島内景二です。王朝日記の世界へ、ようこそ。

王朝日記の魅力

I

『蜻蛉日記』中巻の魅力

1 安和《あんな》の変、起きる

『蜻蛉日記』中巻の世界へ、ようこそ。

別著『新訳蜻蛉日記　上巻』では、上巻のすべての原文を掲げ、全訳を試み、「評」を加えた。それに引き続いて、本書では『蜻蛉日記』中巻の世界に分け入りたい。

ただし、『蜻蛉日記』の中巻は、全文の全訳ではなく、名場面をセレクトして読んでゆきたい。明治時代の下田歌子（一八五四～一九三六）は、作品名の後に「ぬきほ」という言葉を付けた古文教材を何冊か出版している。「ぬきほ」は「抜穂」であり、「ぬきぼ」と濁ることもある。エッセンスを選び抜いたという意味である。だから、本章は、『蜻蛉日記　中巻　抜穂』であると理解していただきたい。

『蜻蛉日記』中巻は、安和二年（九六九）から書き始められる。作者は、数えの三十四歳になっている。

この年の三月に、政治の世界では、大きな出来事があった。「安和の変」である。藤原氏が、他氏の政治家を排斥した陰謀だと、日本史では解説されている。摂関政治が完成するためには、どうしても他氏の排斥が必要なのだった。

安和の変は、突然に起こった。そして、『蜻蛉日記』の作者にも大きな衝撃を与えた。その文章から、読み始めよう。

世《よ》の中《なか》に、如何《いか》なる咎《とが》、増《ま》さりたりけむ、（人々）「天下《てんげ》の人々《ひとびと》、流《なが》さるる」と罵《ののし》る事《こと》、出《い》で来《き》て、紛《まぎ》れにけり。

二十五日《はつかあまりいつか》・六日《むいか》の程《ほど》に、（人々）「西《にし》の宮《みや》の左《ひだり》の大臣《おとど》、流《なが》され給《たま》ふ。見奉《みたてまつ》らむ」とて、天《あめ》の下《した》、動《ゆす》りて、西《にし》の宮《みや》へ、人《ひと》、走《はし》り惑《まど》ふ。

この事件の大枠が、簡潔に説明されている。「西《にし》の宮《みや》の左《ひだり》の大臣《おとど》」とあるのは、当時、左大臣だった源高明《たかあきら》のことである。左大臣は、摂政・関白・太政大臣に次ぐ、要職である。

源高明は、醍醐天皇の皇子として生まれたが、「源」という苗字を授かり、皇族を離れた。いわゆる「賜姓《しせい》源氏」である。妻の「愛宮《あいみや》」は「あいのみや」とも読まれるが、藤原師輔《もろすけ》の娘、つまり、兼家の妹である。

高明の娘は、村上天皇の第四皇子である、為平《ためひら》親王に嫁《とつ》いでいた。だから、この為平親王が、東宮《とうぐう》、さらには天皇ともなれば、高明は将来、「天皇の外戚《がいせき》」、つまり母方の祖父として、権力の頂点に立つ可能性があった。そのことを、藤原氏が恐れ、高明の失脚が画策されたのである。高明は、無実の罪を着せられ、大宰府に左遷された。

なお、源高明は、『河海抄《かかいしょう》』以来、『源氏物語』の主人公・光源氏の「准拠《じゅんきょ》」、つまり、モデルの一人とされている。

天皇の皇子として生まれながら、皇族を離れて源氏となったこと。失脚して、地方に左遷されたこと。これらが、源高明と光源氏の共通点である。高明の父である醍醐天皇が、『源氏物語』の桐壺帝の準拠であり、高明の兄である朱雀天皇が、『源氏物語』の朱雀帝の準拠である。ついでに言えば、高明の母である「近江の更衣」が、『源氏物語』の桐壺の更衣の準拠である。

それでは、先ほどの文章を、引用しなかった少し前の文章から、現代語訳しておこう。

《私に仕えている女房たちと、兼家殿にお仕えしている従者たちが、晩春の楽しい催しを計画していたところ、突然に大事件が、空から降って湧いたのには、心の底から驚かされた。

そのお方には、どんな重い罪が、許されないほどにあったというのだろうか、「この上もなく尊い身分の方々が失脚して、流されるらしい」と、世間がひっくり返らんばかりに大騒ぎすることが起きた。それで、私の家の取るに足らない遊びの催しなどは、ふっとんでしまい、沙汰止みとなった。

三月二十五日か二十六日くらいに、人々は上を下への大騒ぎとなり、『西の宮』とお呼びしているお屋敷にお住まいになっておられる左大臣の源高明様が、左遷されてしまわれる。そのようすを、ぜひ自分の目でも確認したい」と言って、右京《うきょう》の西の宮のお屋敷に、物見高い見物人が大挙して押し寄せたのだった。》

「三月二十五日か二十六日くらい」に、世の中が騒然となったと書いてあった。現実には、三月二十五日に、高明が謀反を企んでいるという密告がなされた。

高明は、都の右京《うきょう》、西の京に邸宅があったので、「西の宮の大臣《おとど》」と呼ばれていた。宮中のしきたりに詳しかった高明の著した有職故実書《ゆうそくこじつ》が、『西宮記』である。さいきゅうき、せいきゅうき、さいぐうき、などと、さまざまに読まれている。

時の左大臣で、声望の高かった人物が、突然に失脚したのである。

それでは、この事件は、どのように推移したのだろうか。『蜻蛉日記』で確認しよう。

（道綱の母）「いといみじき事《こと》かな」と聞《き》く程《ほど》に、人《ひと》にも見《み》え給《たま》はで、逃《に》げ出《い》で給《たま》ひにけり。

（人々）「愛宕《あたご》になむ」、「清水《きよみづ》に」など動《ゆす》りて、（人々）「遂《つひ》に、尋《たづ》ね出《い》でて、流《なが》し奉《たてまつ》る」と聞《き》くに、（道綱の母）「あいなし」と思《おも》ふまで、いみじう悲《かな》しく、心許無《こころもとな》き身《み》だに、斯《か》く思《おも》ひ知《し》りたる人《ひと》は、袖《そで》を濡《ぬ》らさぬと言《い》ふ類《たぐ》ひ、無《な》し。

源高明は、自分が密告されたと知るや、身の危険を察知して、直《ただ》ちに自宅を出て、逃亡した。「愛宕《あたご》」は、京都の北西部にある愛宕山のこと。昔から、「火伏《ひぶ》せ」、火事を防ぐ効き目があるとして、信仰されていた。「清水《きよみづ》」は、東山にある清水寺の近辺のこと。

けれども、高明は、とうとう居場所を突き止められて、都を追放された。政治の裏の事情に詳しくない人でも、心ある人は、高明の悲運に涙を流した。『蜻蛉日記』の作者も、その一人だった。しかも、源高明を失脚させた藤原氏の思惑の中には、夫の兼家も加わっていたのだった。

作者が感じた気持ちは、「あいなし」と書かれている。「あいなし」という形容詞の根幹には、「無関係である」という意味がある。

作者が、どんなに高明の不幸を悲しみ、彼の失脚が不当であると考えたとしても、そのような同情は、政治の世界で起きている冷酷な出来事にとっては無関係である。何の役にも立たない。それが「あいなし」なのだ。一人一人の人間の心など、政治の世界の前には、いかに無力であるか。その無念さを、後に藤原氏の最高権力者となる藤原兼家の妻である女性が、噛みしめているのが、何とも皮肉である。

「安和の変」は、どういう決着を見たのだろうか。これも、『蜻蛉日記』に書かれている。

数多《あまた》の御子《みこ》どもも、奇《あや》しき国々《くにぐに》の空《そら》に成《な》りつつ、行方《ゆくへ》も知《し》らず、散《ち》り散《ぢ》り別《わか》れ給《たま》ふ。或《あ》るは、御髪《みぐし》、下《お》ろしなど、すべて、言《い》へば疎《おろ》かに、いみじ。大臣《おとど》も、法師《ほふし》に成《な》り給《たま》ひにけれど、強《し》ひて、帥《そち》に成《な》し奉《たてまつ》りて、追《お》ひ下《くだ》し奉《たてまつ》る。其《そ》の頃《ころ》ほひ、唯《ただ》、此《こ》の事《こと》にて過《す》ぎぬ。

高明の子どもたちも、次々に失脚して、都から追放された。出家して、僧侶になった者もいた。高明本人も、出家して、地方への左遷を免れようとしたが、それでも許されず、九州にある大宰府の「帥《そち》」、長官にさせられて、都を追放された。ただし、正確には、「太宰の権《ごん》の帥」に任命されている。菅原道真も、そうだったように、失脚した人物が「権の帥」に任命された時には、政務には関与できなかった。

天皇の血を引く左大臣であり、藤原氏の娘を妻としていても、藤原氏を脅かす存在だと見なされた途端に、源高明の家庭的な幸福は崩壊し、雲散霧消した。政治の世界で生きることの苛酷さを、示してあまりある事件が、この「安和の変」である。

『蜻蛉日記』の作者は、次のように、この事件、「安和の変」を総括している。

身《み》の上《うへ》をのみする日記《にき》には、入《い》るまじき事《こと》なれども、（道綱の母）「悲《かな》し」と思《おも》ひ入《い》りしも、誰《たれ》ならねば、記《しる》し置《お》くなり。

ここには、『蜻蛉日記』の作者の、文学者としての覚悟が、表明されている。自分の体験した「身の上」を書こうとして、作者は『蜻蛉日記』を執筆してきた。兼家の妻として、道綱の母として生きる「女の一生」を、書こうとしてきた。その彼女の思いを、覗き込んでみよう。

今、自分が書き記した「安和の変」は、男性貴族たちが生きる「公《おおやけ》」の世界の出来事であり、女性の日記がテーマとする「私《わたくし》」の世界とは、無縁のものである。だから、ここに、源高明に降《ふ》りかかった悲劇を、書くべきではないかもしれない。けれども、高明の不幸を「悲しい」と、我が事のように痛感したのは、ほかならぬ「この自分」である。だから、自分の人生について書く『蜻蛉日記』に、高明のことを書いたのは、正しかった。……

『蜻蛉日記』の姿勢は、近代の与謝野晶子にも通じているように思う。晶子は、幸徳秋水たちが明治天皇の暗殺を計画したとして処刑された大逆事件《たいぎゃくじけん》（ダイギャクジケンとも）のことを、歌に詠んでいる。この時、晶子は出産のために、床に臥していた。

産屋《うぶや》なるわが枕辺に白く立つ大逆囚《だいぎゃくしゅう》の十二の柩《ひつぎ》

事件に連座して処刑された十二人の中に、大石誠之助がいた。大石は、夫の鉄幹の知人だった。晶子は、大石とは直接の面識が無かったものの、無実の罪で死刑になった悲劇を歌わずにはいられなかった。

こういう『蜻蛉日記』の姿勢は、紫式部の『源氏物語』にも流れ込んでいる。『源氏物語』には、光源氏や藤壺を中心とする「皇族（王氏）と源氏の連合勢力」が、藤原氏一族と、熾烈《しれつ》な政治的抗争を繰り広げたあげくに勝利する、という側面がある。『源氏物語』は、政治小説でもあるのだ。

紫式部は、藤原氏出身でありながら、そして藤原氏の摂関政治システムの最高権力者である藤原道長の庇護を受けていながら、なぜ、藤原氏を批判する『源氏物語』が書けたのか。それこそが紫式部の「文学者魂《だましい》」の発露だったのであり、『蜻蛉日記』の作者の信念を受け継いだものだと、私には思われるのである。

『蜻蛉日記』の作者は、源高明が左遷されたあと、都に遺された妻の愛宮に、心からの同情を伝える和歌を贈った。これが、「五七五七」を何度も繰り返して、最後を「七七」で結ぶ「長歌《ちょうか》」なのである。

『蜻蛉日記』の上巻には、夫と結婚して以来の悩みを詠んだ「長歌」があった。そのような感情の盛り上がりが、安和の変をきっかけとして蘇ったのである。

作者は、これまでも兼家の妹である愛宮とは、個人的な交流があった。けれども、源高明が九州に去った後、残された妻・愛宮への同情が、作者の心の中で極度に高まったのである。

まず、作者が長歌を詠むに至った契機を、『蜻蛉日記』から探ろう。

聞《き》けば、（人々）「帥殿《そちどの》の北《きた》の方《かた》、尼《あま》に成《な》り給《たま》ひにけり」と聞《き》くにも、いと哀《あは》れに、思《おも》う奉《たてまつ》る。

西《にし》の宮《みや》は、流《なが》され給《たま》ひて三日《みか》と言《い》ふに、掻《か》き払《はら》ひ、焼《や》けにしかば、（人々）「北《きた》の方《かた》、我《わ》が御殿《おんとの》の桃園《ももぞの》なるに渡《わた》りて、いみじげに眺《なが》め給《たま》ふ」と聞《き》くにも、いみじう悲《かな》しく、我《わ》が心地《ここち》の爽《さは》やかにも成《な》らねば、熟々《つくづく》と、臥《ふ》して、思《おも》ひ集《あつ》むることぞ、あいなきまで多《おほ》かるを、書《か》き出《い》だしたれば、いと見苦《みぐる》しけれど、

少しずつ意味を確認してゆこう。「『帥殿《そちどの》の北《きた》の方《かた》、尼《あま》に成《な》り給《たま》ひにけり』と聞《き》く」。「帥殿」は、左大臣から失脚して、大宰府の「権の帥」に左遷された源高明のことである。その「北の方」、愛宮も、出家して尼になられたという世間の噂を、作者は耳にした。

「いと哀《あは》れに、思《おも》う奉《たてまつ》る」。作者は、「いと哀れ」、とても可哀想なことだ、と思わずにはいられない。「思う奉る」は、お思い申し上げるという意味の謙譲表現「思ひ奉る」のウ音便で、作者から愛宮への尊敬の気持ちを表している。

「西《にし》の宮《みや》は、流《なが》され給《たま》ひて三日《みか》と言《い》ふに、掻《か》き払ひ、焼《や》けにしかば」。京都の西の京にあった、源高明の邸宅「西の宮」は、主人が九州へと去ってからわずか三日目に、火事ですっかり焼け失せた。この火災は、偶然とは思えない。

「『北《きた》の方《かた》、我《わ》が御殿《おんとの》の桃園《ももぞの》なるに渡《わた》りて、いみじげに眺《なが》め給《たま》ふ』と聞《き》く」。「西の宮」を焼け出された愛宮は、「桃園」にあった、自分の所有地に移り住んだ。愛宮の母親は、醍醐天皇の皇女なので、その関係で相続した土地だと推測される。「桃園」は、現在は京都の市街地であるが、一条の北にあるので、平安時代には郊外だった。『源氏物語』にも、「桃園式部卿の宮」という人物が登場している。光源氏の求愛を拒み通した「朝顔の斎院」の父親である。

『蜻蛉日記』に、話を戻す。「いみじう悲《かな》しく、我《わ》が心地《ここち》の爽《さは》やかにも成《な》らねば」。実は、『蜻蛉日記』の作者は、この時期、体調をはなはだ崩していて、遺書まで書きしたためていたほどだった。自分の体が弱っていることもあり、愛宮への同情心が極度に高まったのである。

「熟々《つくづく》と、臥《ふ》して、思《おも》ひ集《あつ》むることぞ、あいなきまで多《おほ》かるを、書《か》き出《い》だしたれば、いと見苦《みぐる》しけれど」。ここにも「あいなし」という形容詞が用いられている。作者が個人的に愛宮に同情したとしても、愛宮の人生も、その夫である源高明の人生も、まったく変わりようがない。無関係なのである。にもかかわらず、愛宮への思いを、長歌として詠まずにはいられなかった熱いマグマのような思いが、『蜻蛉日記』の作者にはあった。そのマグマは、夫の兼家と結婚して以来、心の中で溜まりに溜まってきたものだった。

それでは、長歌を、少しずつ味わってゆこう。
まず、長歌の最初の部分から。

哀《あは》れ今《いま》は　斯《か》く言《い》ふ甲斐《かひ》も　無《な》けれども　思《おも》ひし事《こと》は　春《はる》の末《すゑ》　花《はな》なむ散《ち》ると　騒《さわ》ぎしを　哀《あは》れ
哀《あは》れと　聞《き》きし間《ま》に

安和の変が起こったのは、三月二十五日だったので、「春の末」と歌っている。「花なむ散ると　騒ぎしを」。これは、左大臣の源の高明が失脚したことを、桜の花が散ることに喩えているのである。

この部分を、訳しておこう。長歌全体が、作者から愛宮への呼びかけ、語りかけなので、話し言葉で訳しておきたい。

《ああ　こんなことになった今となっては　何を言っても仕方のないことですが　私が思っていることの　ほんの一端《ひとはし》だけでも　愛宮様《あいみやさま》にお伝えしとうございます　思い返せば　春も終わりの三月下旬に　突然のこのたびの大騒ぎが始まりました　桜の花が無情な風に散らされるかのように　高明様は失脚してしまわれました　私はただひたすら「ああ、ああ」と嘆いているばかりでした　》

作者の詠んだ長歌は、源高明が、捕らえられることを恐れて、逃げ回ったことへの同情に移る。

西《にし》の深山《みやま》の　鶯《うぐひす》は　限《かぎ》りの声《こゑ》を　振《ふ》り立《た》てて　君《きみ》が昔《むかし》の　愛宕山《あたごやま》　指《さ》して入《い》りぬと　聞《き》きしかど
人言繁《ひとごとしげ》く　有《あ》りしかば　道無《みちな》き事《こと》と　嘆《なげ》き侘《わ》び　谷隠《たにがく》れなる　山水《やまみづ》の　遂《つひ》に流《なが》ると　騒《さわ》ぐ間《ま》に

「西《にし》の深山《みやま》」の部分には、都の「西」の方角にある「深山《みやま》（奥山《おくやま》）」という意味と、高明の居宅である「西《にし》の宮《みや》」とが掛詞になっている。

鶯が鳴きながら、あちらこちら飛び回るように、高明も泣いて涙をこぼしながら、あちらこちらを逃げ回ったのである。

「君《きみ》が昔《むかし》の　愛宕山《あたごやま》」の部分にも、巧みな掛詞がある。高明が隠れ住んだ「愛宕山」という固有名詞と、「昔の仇《あた》」が掛詞になっている。「あた」は「あだ、仇《かたき》」という意味。高明は、昔から、つまり前世からの因縁で、逃れられない「あだ、かたき」に襲われ、捕《つか》まってしまったのである。「道無《みちな》き事《こと》と　嘆《なげ》き侘《わ》び」の部分は、高明が逃げ惑った愛宕山や、東山の清水《きよみず》に、木々が生《お》い茂っていて人が通れる「山道」がなかったことと、高明を失脚させた政治的な陰謀に対して、道理に合わないことだ、「無道」ないし「非道」な仕打ちだったということを掛詞にすることで、作者の感じた義憤を表明している。

現在の歴史学では、高明の謀反は、捏造されたものだと判明している。『蜻蛉日記』の作者も含めた当時の人々も、そう感じていたのである。「谷隠《たにがく》れなる　山水《やまみづ》の　遂《つひ》に流《なが》る」の部分にも、谷間隠れに見えない水が、いつしか、はっきり目に見える川の流れになるように、山や寺に隠れていた高明が見つかって、九州へと流されたことを重ねている。

この部分も、訳しておこう。

《「西の宮の大臣《おとど》」と親しまれた高明様は　鶯が鳴きながら野や山を飛び回るように　大きな泣き声を上げながら　自宅から愛宕山の奥に逃げられたと聞きました　生まれる前の前世からの因縁でどのような徒《あだ》や仇《かたき》に攻められた結果なのでしょうか　世間の口さがない人々は　高明様についてあれこれと噂していましたが　私はこのたびの悲運がまことに「無道」であり　この世には正しい政道、

政《まつりごと》の道《みち》がとだえたのかと嘆くばかりでした　そのうち谷間に隠れていた山水がいつか人の目につくように　隠れておられた高明様も見つかってしまわれ　とうとう九州に流されたと　世間では噂していました　》

「道」と「川」の比喩が鮮やかである。

「道《みち》無《な》き事《こと》と　嘆《なげ》き侘《わ》び」の部分にも、『蜻蛉日記』作者の信念と言うか、文学者魂が感じられる。「これだけは言わずにはいられない」と、作者は憤っているのだ。

時代は下るが、後鳥羽院が詠んだ、「奥山のおどろが下《した》も踏み分けて道ある世ぞと人に知らせむ」という歌を連想させるものがある。フランスの文学者エミール・ゾラが、ドレフュス事件に憤り、「私は弾劾《だんがい》する」と抗議したエピソードも思い合わされる。

さて、作者の長歌は、安和の変が起きた三月から、四月へと移った時点での世間の反応を歌う。

世《よ》を卯月《うづき》にも　成《な》りしかば　山時鳥《やまほととぎす》　立《た》ち替《か》はり　君《きみ》を偲《しの》ぶの　声《こゑ》絶《た》えず　何《いづ》れの里《さと》か　鳴《な》かざりし

「世《よ》を卯月《うづき》にも」の部分に、「うづき」、四月になったことと、正しい道が失われた世の中を「憂《う》く」、つらく思うこととが掛詞になっている。

訳しておこう。

《悪い政治が行われる世の中でも　四月になれば　鶯に代わって山時鳥《やまほととぎす》が　あちこちで鳴き声を上げ始めました　それと同じように　世間の人々は愛宮様のご主人の高明様を襲った突然の悲劇に同情して　お慕いして泣く声が途絶えることはなく　都中が涙に掻き暗《く》れたのでした　》

三月では鶯、四月では山時鳥。「鳥」が印象的である。

そして、五月になった。

まして長雨《ながめ》の　五月雨《さみだれ》は　憂《う》き世《よ》の中《なか》に　経《ふ》る限《かぎ》り　誰《たれ》が袂《たもと》か　直《ただ》ならむ　絶《た》えずぞ潤《うる》ふ　五月《さつき》さへ　重《かさ》ねたりつる　衣手《ころもで》は　上下《うへした》分《わ》かず　腐《くた》してき　まして泥土《こひち》に　下《お》り立《た》てる　数多《あまた》の田子《たご》は　己《おの》が世々《よよ》　如何許《いかばか》りかは　濡《そぼ》ちけむ

この部分にも、掛詞が駆使されている。現実世界で起きた出来事が、自然界の現象と重ね合わせて表現されることで、悲しみや嘆きのリアリティが生みだされるのだ。「憂《う》き世《よ》の中《なか》に　経《ふ》る限《かぎ》り」の部分には、「世の中に経《ふ》る」、正義が失われた世の中を生き続けることと、五月雨《さみだれ》が鬱陶《うっとう》しく「降《ふ》り」続けることとが重ねられている。

「絶《た》えずぞ潤《うる》ふ　五月《さつき》さへ　重《かさ》ねたりつる」の部分には、人々の袖が高明への同情の涙で潤った、濡れたことと、この年に、「閏《うるう》五月」があり、五月が閏月《うるうづき》で、二回もあったことを重ねている。

「数多《あまた》の田子《たご》」の部分は、「田子《たご》」、水田で苦しい作業をする農民という意味に、「子ども」、源高明の子どもたちを襲った苦しみを重ねている。

この部分も、訳しておく。

《　そして五月になると　物思いを誘う五月雨が降り続きます　物憂い長雨《ながあめ》に降り籠められ　世の中の鬱陶しさに苦しむ人々は　皆が袖を濡らして高明様を偲んでいます　今年は閏月があり　五月が二つも重なりました　人々の嘆きも増殖する一方で　身分の高い人も　そうではない庶民も　涙でびっしょりになるほどでした　水田の泥の中に下り立って厳しい労働をする農夫たち一人一人が　苦しい思いをしているように　高明様のお子様がたも　銘々《めいめい》がどんなにか苦しい状況に直面されて　涙をこぼされたことでしょうか　お察しいたします　》

「下《お》り立《た》つ田子《たご》」は、『蜻蛉日記』の上巻では、「恋路《こひぢ》」と「泥《こひぢ》」の掛詞の中で、用いられていた。苦しい恋の泥沼に下り立つ人間を喩えており、『源氏物語』の六条御息所の和歌に影響を与えていた。この中巻では、泥沼のような悪い政治でもがき苦しむ人を歌っている。『蜻蛉日記』の作者には、道綱という子どもがいる。だから、源高明の子どもたちの直面した苦しみが、よくわかるのだろう。

長歌の次の部分に進む。

　四《よ》つに別《わか》るる　群鳥《むらどり》の　己《おの》が散《ち》り散《ち》り　巣離《すばな》れて　纔《わづ》かに留《と》まる　巣守《すもり》にも　何《なに》かは甲斐《かひ》の　有《あ》るべきと　砕《くだ》けて物《もの》を　思《おも》ふらむ

ここでは、「四鳥《しちょう》の別れ」という故事が歌われている。母鳥《ははとり》は、四羽の子どもの鳥を愛情を込めて育てていたが、大きくなった四羽の子鳥たちは、それぞれが東西南北の四方へと飛び去ってゆき、後《あと》に残った母鳥を悲しませた。この「四鳥の別れ」の故事を踏まえながら、作者は、相次いで失脚して散り散りになった高明の子息たちと、母親である愛宮の悲しみに思いを馳せているのである。

「巣守《すもり》」は、巣に残された卵のこと。「何《なに》かは甲斐《かひ》の　有《あ》るべきと」の「甲斐《かひ》」は、「生きがい」の「甲婁」と、「卵《たまご》」という意味の「かひ」の掛詞になっている。

源高明が失脚した時に、愛宮は自分の子どもである「経房《つねふさ》」を生んだばかりだった。経房は、生まれた直後であったことから、安和の変には連座せず、母親のもとに留まることが許された。この源経房は、『枕草子』に登場するだけでなく、『枕草子』という作品を世の中に流布《るふ》させるのに重要な役割を果たしたとされている。けれども、経房以外の高明の子どもたちは、追放され、家族崩壊してしまったのである。

この箇所も、現代語訳しておこう。

《中国には「四鳥の別れ」という故事があります　母鳥を残して子どもの鳥たちが東西南北に飛び去るのです　高明様のお子様方も　愛宮様を残して　あちらこちらへと流されてしまわれました　かろうじてお生まれになったばかりの経房様だけが　愛宮様のお手元に留まりましたけれども　それだけでは愛宮様の悲しみが癒えることはないでしょう》

ここでも「鳥」の比喩が鮮やかである。家族の絆《きずな》が、「鳥」に託されている。

作者の長歌は、ここから少し転調して、遠い九州に去った高明を、都で偲ぶ愛宮の心を歌う。

言《い》へば更《さら》なり　九重《ここのへ》の　内裏《うち》をのみこそ　馴《な》らしけめ　同《おな》じ数《かず》とや　九州《ここのくに》　島二《しまふた》つをば　眺《なが》むらむ　且《か》つは夢《ゆめ》かと　言《い》ひながら　逢《あ》ふべき期無《ごな》く　成《な》りぬとや

「九重《ここのへ》の　内裏《うち》」は、内裏《だいり》、宮中のこと。「九州《ここのくに》　島二《しまふた》つ」は、九州のこと。筑前・筑後、豊前・豊後、肥前・肥後、日向、薩摩、大隅の九か国で、九州。日本全体を「六十六か国」と言う時には、これら九か国に、壱岐と対馬の「島二つ」が加わる。

「都＝九重」と「九州」。どちらにも「九」という共通する数字が含まれるのが、何とも皮肉である。ちなみに、直前に読んだ部分では、「四」という数字がキーワードだった。数字もまた、この長歌では、巧みに配置されている。

この部分を、訳しておく。

《改めて申すまでもなく　高明様は醍醐天皇の皇子として生まれ　左大臣として宮中で重きをおかれ　奥方の愛宮様の母君も醍醐天皇の皇女でいらっしゃいます　宮中のことを「九重《ここのえ》」と言いますが　九重で活躍された高明様は　今は同じ「九」でも遠い遠い「九州」の地におられます　高明様の身の上に起きた突然の不幸を　愛宮様はさぞかし　これは悪い夢ではないかと思っておられることでしょう　あれほど仲睦まじいお二人でしたのに　お逢いなさるのも困難になってしまわれました》

ちなみに、高明は、二年後に許されて都に戻った。ただし、政界を引退して、隠居生活を過ごさざるをえなかった。

『源氏物語』の光源氏が、失脚して、延べ三年間も、須磨・明石をさすらいながら、都に戻るや、直ちに権力の頂点に駆け上ってゆくのは、源高明の人生を思えば、絶対にあり得ない夢物語なのであった。

作者の長歌は、まだ続く。愛宮の孤独を思いやる部分を、読もう。

君《きみ》も嘆《なげ》きを　樵《こ》り積《つ》みて　塩焼《しほや》く海人《あま》と　成《な》りぬらむ　舟《ふね》を流《なが》して　如何計《いかばか》り　浦寂《うらさび》しかる　世《よ》の中《なか》を　長海布刈《ながめか》るらむ

この部分では、海辺で仕事をする「海人《あま》」が、キーワードである。以前には、水田で作業する農民「田子《たご》」が、キーワードになっている部分があった。

「嘆き」の「き」が、「木」の掛詞になっている。海岸で「木＝流木《りゅうぼく》」を集めては燃やし、海水を煮つめて塩を作るのが、海人の仕事の一つである。愛宮も、「嘆き」という木を無数に集めている。しかも、愛宮は、出家して「尼」になった。「海人《あま》」（海女《あま》）と、女性が出家した「尼《あま》」の掛詞なのである。

また、「うらさびし」も、海辺という意味の「浦」と、「心《こころ》」という意味の「うら」の掛詞になっている。

この部分の現代語訳。

《愛宮様も嘆きを重ねられ　海辺に流れよった木を集めて塩を焼く「海人《あま》」と同じ発音をする「尼」になられました　海で働く漁師は舟が生活の糧《かて》です　あなた様は舟とも頼む高明様を九州に流されておしまいになり　どんなにか寂しい日々を過ごしておられることでしょう　海人が「ながめ」、「長い若布《わかめ》」を刈り集めるように　あなた様も「眺め」という物思いに沈んでおられることでしょう》

「舟を流して、見失った海人《あま》」という比喩が、夫に去られた妻の悲しみを、見事に象徴している。

長歌の次の部分は、再び、「鳥」の比喩が使われる。

行《ゆ》き帰《かへ》る　雁《かり》の別《わか》れに　あらばこそ　君《きみ》が常世《とこよ》も　荒《あ》れざらめ　塵《ちり》のみ置《お》くは　空《むな》しくて　枕《まくら》の
行方《ゆくへ》も　知《し》らじかし

「雁《かり》」、雁がねは、秋に北の国から飛来し、春に北の国へと戻ってゆく。北の国のふるさとを、「常《とこ》世《よ》」と言う。その「常世《とこよ》」には、理想郷、ユートピアという意味もある。その「常世」の「とこ」に、夫婦が仲良く共寝する「床《とこ》」、ベッドの意味を掛詞にしているのである。

ただし、この箇所は、『蜻蛉日記』特有の「本文の虫食い算」である。「君《きみ》が常世《とこよ》」とした箇所を、「君が夜床《よどこ》」、あなたの夜《よる》の寝床《ねどこ》も、とする説もある。その場合には、「雁」のふるさととしての「常世」との掛詞が、消滅してしまう。私は、「君《きみ》が常世《とこよ》」が、『蜻蛉日記』本来の本文だったと考えたい。

それでは、この部分を訳しておこう。

《空を飛ぶ雁《かり》がねは　この国と、北の国とを何度も往復しています　高明様が「雁がね」だったならば　そして、九州が「常世の国」だったら　これは永遠の別れではなかったでしょう　愛宮様の夜の寝床も　こんなに荒れ果てることはなかったでしょう　今や高明様がおられないので　夜の布団には塵がたまってゆくばかり　枕もあなた様の流す大量の涙でどこかへ流されてしまい　その行方すらわからなくなっています》

枕が涙で浮き上がるというのは、よくある比喩だが、枕が大量の涙で流されるというのは、面白い表現だと思う。

ちなみに、作者がこの長歌を詠んでいるのは、六月のことである。安和の変が起きてから、早くも三か月が経《た》とうとしている。次の部分に進もう。

今《いま》は涙《なみだ》も　水無月《みなづき》の　木蔭《こかげ》に侘《わ》ぶる　空蟬《うつせみ》も　胸裂《むねさ》けてこそ　嘆《なげ》くらめ

「涙《なみだ》も　水無月《みなづき》の」の部分は、六月を意味する「水無月《みなづき》」と、すべてが無くなってしまうという意味の「皆、尽き」の掛詞になっている。

訳しておく。

《愛宮様は泣き続けられ　今は水無月　涙も皆　尽き果ててしまわれました　森の木蔭では蟬の脱殻《ぬけがら》が空しく残っています　あなた様のお心も脱け殻のよう　蟬の脱殻の背中には　脱皮した蟬がそこから出て行った大きな裂け目が残っています　あなた様の胸にも　同じような大きな傷が　ざっくりと傷口を開いていることでしょう　》

ここでは、蟬の脱殻《ぬけがら》の亀裂のイメージが、鮮烈である。愛する人と生き別れた女性の心臓が破裂して、そこから血がしたたっている。あとには、命を失った女性の「生けるしかばね」が残される。ロマン主義を超えて、シュールと言うか、近代的な世紀末文学にも通じている。

そして、さしもの長歌も終わりを迎えることになる。最後の部分を読もう。

ましてや秋の　風《かぜ》吹《ふ》けば　籬《まがき》の荻《をぎ》の　却々《なかなか》に　そよと答《こた》へむ　折毎《をりごと》に　いとど目《め》さへや　合《あ》はざらば　夢《ゆめ》にも君《きみ》が　君《きみ》を見《み》で　長《なが》き夜《よ》すがら　鳴《な》く虫《むし》の　同《おな》じ声《こゑ》にや　耐《た》へざらむと　思《おも》ふ心《こころ》は　大荒木《おほあらき》の　森《もり》の下《した》なる　草《くさ》の実《み》も　同《おな》じく濡《ぬ》ると　知《し》るらめや露《つゆ》

荻《おぎ》の葉の風にそよぐ音と、秋虫の鳴き声が、悲しみをそそる。地名である「大荒木《おほあらき》の森《もり》」の「大《おほ》」には、思うことが「多《おほ》い」という意味が掛詞になっている。「草の実」は、草の花が秋になって結ぶ「実《み》」と、草のように取るに足らない「我が身」の「身《み》」の掛詞。ここで、愛宮への同情の長歌と見えた歌が、作者自身の物思いの発露であったことに気づいて、読者は唖然《あぜん》となる。

訳しておこう。

《そして秋が来ました　秋風が庭の荻《おぎ》の葉をそよがせると　「そうです、そうです、愛宮様のお嘆きは、ごもっともです」と聞こえ　かえって目が冴《さ》えてお眠りになれないことでしょう　夢の中ですら　愛宮様は高明様とお逢いになれず　長い秋の夜すがらを　庭の虫が鳴き明かしているように　愛宮様も泣き続けていらっしゃることでしょう　このようにあなた様を思いやる私の心もまた　夫の兼家殿との関係で苦しみ続け　泣き続けるばかりです　そのことを　大荒木《おおあらき》の森で目に付かない下草の吹けば飛ぶような草の実のような　我が身の心を　愛宮様はご自分のお心と照らし合わせて　少しはおわかりになってくださいますでしょうか　あなたも私も同じ涙を流しているのです》

『蜻蛉日記』の作者は、愛宮の不幸に同情しただけではなかったのである。途轍もなく大きな悲しみを体験した愛宮だからこそ、自分の抱え込んだ絶望の深さを理解してもらえる。そういう気持ちから、この長歌は詠まれていたのである。この長歌は、作者が自分の悲しみを歌い上げたものだったのである。

『蜻蛉日記』の作者にとって、自他の区別は存在しないのだった。

2　道綱、賭弓《のりゆみ》で大活躍する

『蜻蛉日記』中巻の世界へ、ようこそ。

この章では、道綱が大活躍する場面を読む。時は、天禄元年（九七〇）である。前の年には、安和の変が起きた。そして、冷泉天皇が退位し、円融《えんゆう》天皇の御代《みよ》となった。この御代替わりに伴う人事異動があり、十五歳の道綱は「童殿上《わらわてんじょう》」を許された。元服前の少年が、見習いとして、宮中の清涼殿《せいりょうでん》への出入りを許される制度である。

その翌年には、元号が天禄と改まった。その年の三月に、宮中で「賭弓《のりゆみ》」が行われた。「賭《の》る」という動詞には、賭け事をするという意味がある。左と右、二つの組に分かれて弓を射て、勝敗を競い、勝ったほうには褒美が、負けた側には罰が科される。この「賭弓」のメンバーに、道綱が選ばれたのである。数えの十六歳になっている。

『蜻蛉日記』で、道綱の颯爽とした姿が描かれるのは珍しく、作者の母親としての誇らしさが溢れている。この章では、作者の息子自慢に、お付き合いしよう。

まずは、賭弓についての説明から。

三月《やよひ》十日《とをか》の程《ほど》に、内裏《うち》の賭弓《のりゆみ》の事《こと》、有《あ》りて、いみじく営《いとな》むなり。幼《をさな》き人《ひと》、後《しりへ》の方《かた》に取《と》られて、出《い》でにたり。（後手組の世話役）「方《かた》、勝《か》つ物《もの》ならば、其《そ》の方《かた》の舞《まひ》もすべし」と有《あ》れば、此《こ》の頃《ごろ》は、万《よろづ》、忘《わす》れて、此《こ》の事《こと》を急《いそ》ぐ。舞馴《まひな》らすとて、日々《ひび》に楽《がく》をし、罵《ののし》る。

出居《いでゐ》に付《つ》きて、賭物《かけもの》取《と》りて、罷《まか》でたり。（道綱の母）「いと由々《ゆゆ》し」とぞ、打《う》ち見《み》る。

「賭弓《のりゆみ》」は、例年、一月十八日に行われる宮中行事であるが、今回は臨時の催しである。そのため、見習いで童殿上している道綱も、参加できた。「三月十日《やよひとをか》の程《ほど》」とあるが、正確には、三月十五日に行われている。「いみじく営《いとな》むなり」は、その準備で、皆が大騒ぎしている様子である。

「幼《をさな》き人《ひと》、後《しりへ》の方《かた》に取《と》られて、出《い》でにたり」。道綱は既に十六歳であるが、母親の目から見れば、依然として「幼き人」に留まっている。賭弓は、左右の近衛府《このえふ》・兵衛府《ひょうえふ》の武人たちが、左方《ひだりかた》、右方《みぎかた》と、交互に的《まと》に向かって弓を射る競技なので、「後《しりへ》の方《かた》」、つまり「後手《ごて》の組」は、右方になる。

『方《かた》、勝《か》つ物《もの》ならば、其《そ》の方《かた》の舞《まひ》もすべし』と有《あ》れば、此《こ》の頃《ごろ》は、万《よろづ》、忘《わす》れて、此《こ》の事《こと》を急《いそ》ぐ」。

左と右の二つの組の勝ったほうは、勝利の証《あか》しとして、天皇の御前《ごぜん》で、舞を披露できる。左方が勝てば、「蘭陵王《らんりょうおう》」という舞を、右方が勝てば、「納蘇利《なそり》」という舞を披露するのが、決まりである。道綱は右方なので、「納蘇利」の練習をしている。

「舞馴《まひな》らすとて、日々《ひび》に楽《がく》をし、罵《ののし》る」。「舞馴《まひな》らす」は、舞に馴れるように稽古させる、練習させるという意味。「出居《いでゐ》に付《つ》きて、賭物《かけもの》取《と》りて、罷《まか》でたり」。「出居《いでゐ》」は、試合のために設営された場所のことで、ここで弓を射る練習をしたのである。その結果、「賭物《かけもの》取《と》りて」とあるので、練習試合とは言え、道綱は相手に勝って、褒美の品物を持ち帰ってきた。道綱の母は、嬉しくてたまらない。「いと由々《ゆゆ》し」、とても素晴らしい、我が子ながら天晴《あっぱ》れだ、ここまでできるとは思わなかった、という誇らしい気持ちである。

道綱には、弓を射る才能があったようだ。

それでは、舞の方面には、道綱の才能はあったのだろうか。舞の予行練習が、作者の住んでいる屋敷で、行われた時の様子を読んでみよう。

十日《とをか》の日《ひ》に成《な》りぬ。今日《けふ》ぞ、此処《ここ》にて、試楽《しがく》の様《やう》なる事《こと》する。舞《まひ》の師《し》、多好茂《おほのよしもち》、女房《にようばう》より、数多《あまた》の物《もの》、被《かづ》く。男方《をとこがた》も、有《あ》りと有《あ》る限《かぎ》り、脱《ぬ》ぐ。「殿《との》は、御物忌《おんものいみ》なり」とて、男《をのこ》どもは、然《さ》ながら来《き》たり。事《こと》、果《は》て方《がた》に成《な》る夕暮《ゆふぐ》れに、好茂《よしもち》、胡蝶楽《こてふらく》舞《ま》ひて、出《い》で来《き》たるに、黄《き》なる単衣《ひとへ》脱《ぬ》ぎて、被《かづ》けたる人《ひと》、有《あ》り。折《をり》に合《あ》ひたる心地《ここち》す。

宮中で「賭弓」の本番があるのは、三月十五日だから、その五日前の「十日《とをか》」に、「此処《ここ》にて」、作者の屋敷で、「試楽《しがく》」、本番の予行練習が行われたのである。道綱の晴れ姿を、母親である作者に見せてあげようとする兼家の配慮があったのだろう。

道綱に舞を指導したのは、「多好茂《おほのよしもち》」という楽人《がくじん》だった。「多」という苗字は、雅楽の名門の家柄でとして知られる。多家は、雅楽のうち、朝鮮半島経由で渡ってきた「高麗楽《こまがく》」の舞を伝えており、右方が舞うのがこちらの系統だったので、道綱は多好茂を師として、稽古に励んでいるわけである。

見物していた「女房」たちも、「男方《をとこがた》」も、感動して、多好茂にたくさんの「被け物《かづけもの》」をした。自分たちの着ている服を、褒美として与えるのである。

「殿《との》は、御物忌《おんものいみ》なり」。兼家本人は、残念なことに「物忌」で、歌舞音曲や飲食を慎まねばならないので、試楽には来られなかった。その替わりに、「男《をのこ》どもは、然《さ》ながら来《き》たり」。兼家に仕えている家来たちは、ほぼ全員が参集したのだった。

「事《こと》、果《は》て方《がた》に成《な》る夕暮《ゆふぐ》れに、好茂《よしもち》、胡蝶楽舞《こてふらくま》ひて、出《い》で来《き》たる」。この日の予行練習が、終わりに近づいた夕暮れに、名人・多好茂が、「胡蝶楽」を舞いながら、皆の前に現れた。「胡蝶楽」も高麗楽《こまがく》で、右方の人々が舞う舞《まい》である。春の日に、四匹の蝶々が飛び遊ぶ様子を象《かたど》った舞で、通常は四人で舞う。ここは、多好茂が一人で舞って見せたのだろう。

「黄《き》なる単衣脱《ひとへぬ》ぎて、被《かづ》けたる人《ひと》、有《あ》り」。感動した見物人が、黄色の単衣《ひとえ》を多好茂に授けた。作者は、それを見ていて、「折《をり》に合《あ》ひたる心地《ここち》す」と感心している。胡蝶が遊ぶのは、晩春の三月にふさわしい舞であるし、蝶々の色と、黄色い単衣が絶妙にマッチしている。しかも、黄昏時《たそがれどき》だから、夕日の残照にも映《は》える。あるいは、「黄《き》なる単衣《ひとへ》脱《ぬ》ぎて、被《かづ》けたる人《ひと》」は、作者本人だったのかもしれない。さらに二日後、右方《みぎかた》の人々が全員集合して、本番並みの総仕上げが開かれた。現代で言う「ゲネプロ」である。その場面を読もう。

また、十二日《とをかあまりふつか》、「後《しりへ》の方人《かたうど》、然《さ》ながら集《あつ》まりて、舞《ま》はすべし。此処《ここ》には弓場《ゆみば》無《な》くて、悪《あ》しかりぬべし」とて、彼処《かしこ》に罵《ののし》る。「殿上人《てんじやうびと》、数《かず》を多《おほ》く尽《つ》くして、集《あつ》まりて」、「好茂《よしもち》、埋《うづ》もれてなむ」と聞《き》く。我《われ》は、「如何《いか》に、如何《いか》に」と、うしろめたく思《おも》ふに、夜更《よふ》けて、送《おく》り人《びと》数多《あまた》などして、物《もの》したり。

「後《しりへ》の方人《かたうど》、然《さ》ながら集《あつ》まりて、舞《ま》はすべし」。これは、兼家の命令だと思われる。彼は、十日の「試楽」を、物忌のため見ていない。自分の目で、舞の仕上がりぶりを確認したいのだろう。「後《しりへ》の方《かた》人《うど》、然《さ》ながら集《あつ》まりて」。本番の「賭弓」で、左方の後で弓を射る右方に選ばれた者の全員が揃って、という意味である。「『此処《ここ》には弓場《ゆみば》無《な》くて、悪《あ》しかりぬべし』とて、彼処《かしこ》に罵《ののし》る」。作者の住んでいる屋敷には、弓を射る場所がないし、右方のメンバーが全員揃ったら、手狭《てぜま》なのである。なお、作者は、この時点では、一条西洞院《にしのとういん》にあった、自分の父親の屋敷に戻ってきて、暮らしている。

それで、兼家の本邸、東三条殿《ひがしさんじょうどの》で、本番さながらの舞台設営で、勝利の舞の仕上げの稽古が行われたのである。

ちなみに、兼家は、この直前に、東三条殿を新しく造営し直していた。

「『殿上人《てんじやうびと》、数《かず》を多《おほ》く尽《つ》くして、集《あつ》まりて』、『好茂《よしもち》、埋《うづ》もれてなむ』と聞《き》く」。作者は、自分の目の前で行われていない、この日の様子が、気がかりでならない。けれども、東三条殿に出向いている人から、次々に、報告が入ってくる。「身分の高い殿上人《てんじょうびと》たちが、数え切れないほどに大勢、参集しておられます」とか、「舞の先生である多好茂殿が、ご褒美の被《かず》け物《もの》を、いくつも肩に掛けているので、体が全く見えなくなっております」などという具合である。けれども、肝腎の道綱についての報告が、なかなか来ない。

「我《われ》は、『如何《いか》に、如何《いか》に』と、うしろめたく思《おも》ふに」。「うしろめたし」は、現代語の「うしろめたい」（やましいところがある）とは違って、不安である、心配でならない、というニュアンス。我が子・道綱は、どうしているのだろう、うまくいっただろうか、物怖《ものお》じして、うまくいかなかったということはないだろうか、などと、作者はヤキモキしていたのである。

すると、「夜更《よふ》けて、送《おく》り人数多《びとあまた》などして、物《もの》したり」。「物す」は、行くとか、来るとかの幅広い意味を表す動詞である。ここでは、主語を誰と取るかで、意味が変わってくる。道綱が、大勢の人たちに付き添われて、見送られながら帰ってきた、とするのが一つ。もう一つは、大勢の男たちを引き従えて、兼家がやってきた、とする説。

私は、両方だと思う。文脈としては、道綱が戻ってきたのが、本筋である。ただし、次に読む場面で、兼家が作者に語りかけているから、兼家も、やって来たのである。だから、ここは、「夜が遅くなってから、やっと、道綱が大勢の見送り人と一緒に我が家に戻ってきた。何と、そこには、兼家殿の顔もあったのである」という意味になるだろう。

兼家は、作者に、道綱のことを自分の口から報告して、作者を喜ばせようと思ったのである。その場面を読もう。

然《さ》て、とばかり有《あ》りて、人々《ひとびと》、「奇《あや》し」と思《おも》ふに、這《は》ひ入《い》りて、（兼家）「此《これ》が、いと労《らう》たく舞《ま》ひつる事《こと》、語《かた》りになむ物《もの》しつる。皆人《みなひと》の泣《な》き、哀《あは》れがりつる事《こと》。明日《あす》・明後日《あさて》、物忌《ものいみ》、如何《いか》に覚束《おぼつか》無《な》からむ。五日《いつか》の日《ひ》、未《ま》だしきに渡《わた》りて、事《こと》どもは、すべし」など言《い》ひて、帰《かへ》られぬれば、常《つね》は、行《ゆ》かぬ心地《ここち》も、哀《あは》れに、嬉《うれ》しう思《おぼ》ゆる事《こと》、限《かぎ》り無《な》し。

今は、三月十二日である。先ほど読んだ十日の「試楽」の場面でも、兼家は「物忌《ものいみ》」であると書かれていた。けれども、兼家は、道綱の活躍ぶりを、作者にどうしても、自分の口から教えたかったのだ。兼家は、作者のもとを訪れてから、しばらくして、作者の部屋の中に入ってきた。「人々《ひとびと》、『奇《あや》し』と思《おも》ふに、這《は》ひ入《い》りて」。この「人々」は、女房たち、および、見送りで一緒にやって来ていた貴族たちのことだろう。衆人環視の中で、しかも、物忌の期間でありながら、妻の居室、つまり寝室に入り込む兼家の様子が、いつもと違う、ハイ・テンションになっていると、皆は感じたのである。

続く兼家の言葉。「此《これ》が、いと労《らう》たく舞《ま》ひつる事《こと》、語《かた》りになむ物《もの》しつる」。「此《これ》」、すなわち、あなたが溺愛している道綱が、非常に可愛らしい舞を披露したことを、あなたに伝えたい一心で、私はここまでやって来たのだよ。「皆人《みなひと》の泣《な》き、哀《あは》れがりつる事《こと》」。いたいけな子どもなのに、大人も顔負けの見事な舞だったので、見ている者たちは、涙を流して感動したんだよ。

兼家の作者への語りは、まだ続く。「明日《あす》・明後日《あさて》、物忌《ものいみ》、如何《いか》に覚束無《おぼつかな》からむ」。明日と明後日《あさって》は、私は、まだ物忌なのだ。だから、こちらで道綱の面倒を見てあげられないので、いろいろ不安である。不安に思う人物は、兼家本人とも、作者とも取れるが、ここは夫婦が一心同体になっているから、「私たち夫婦はどちらも、どんなにか不安だろうか」、という意味で解釈したい。

そして、兼家は、「五日《いつか》の日《ひ》、未《ま》だしきに渡《わた》りて、事《こと》どもは、すべし」と約束してから、帰っていった。「賭弓」の本番が宮中で行われる三月十五日の当日には、夜のまだ暗いうちに私がここにやってきて、道綱の支度を滞りなく済ませよう、私がちゃんと世話をしてあげるから安心していなさい、というわけである。

「常《つね》は、行《ゆ》かぬ心地《ここち》も、哀《あは》れに、嬉《うれ》しう思《おぼ》ゆる事《こと》、限《かぎ》り無《な》し」。いつもは、兼家の態度を不満に思い、自分の願い通りに世の中が進まないことに苦しむ作者であるが、この時だけは、夫の態度も、息子の振る舞いも、作者は大満足で、自分の望みがかなったかのように嬉しくてたまらないのだった。特に、母親としての喜びが、大きかった。

さあ、いよいよ三月十五日になった。宮中で、円融天皇の面前で行われた「賭弓」の一部始終を、一気に読もう。

其《そ》の日《ひ》に成《な》りて、未《ま》だしきに物《もの》して、舞《まひ》の装束《しやうぞく》の事《こと》など、人《ひと》、いと多《おほ》く集《あつ》まりて、し騒《さわ》ぎ、出《い》だし立《た》てて、また、弓《ゆみ》の事《こと》を念《ねん》ずるに、かねてより言《い》ふ様《やう》、「後《しりへ》は、指《さ》しての負物《まけもの》ぞ。射手《いて》、いと奇《あや》しう取《と》りたり」など言《い》ふに、（道綱の母）「舞《まひ》を、甲斐無《かひな》くや成《な》してむ。如何《いか》ならむ、如何《いか》ならむ」と思《おも》ふに、夜《よ》に入《い》りぬ。月《つき》、いと明《あ》かければ、格子《かうし》なども下《お》ろさで、念《ねん》じ思《おも》ふ程《ほど》に、此彼《これかれ》、走《はし》り来《き》つつ、先《ま》づ、此《こ》の物語《がたり》をす。「幾《いく》つなむ射《い》つる」、「敵《かたき》には、右近衛《うこんゑ》の中将《ちゆうじやう》なむ有《あ》る」、「おほなおほな射伏《いふ》せられぬ」

とて、然々《ささ》との心《こころ》に、嬉《うれ》しう、愛《かな》しき事《こと》、物《もの》に似《に》ず。

「負物《まけもの》と定《さだ》めし方《かた》の、この矢《や》どもに掛《か》かりてなむ、持《ち》に成《な》りぬる」と、また、告《つ》げ遣《おこ》する人《ひと》も有《あ》り。持《ち》に成《な》りにければ、先《ま》づ、「陵王《りようわう》」舞《ま》ひけり。其《そ》れも、同《おな》じ程《ほど》の童《わらは》にて、我《わ》が甥《をひ》なり。馴《な》らしつる程《ほど》、此処《ここ》にて見《み》、彼処《かしこ》にて見《み》など、互《かたみ》にしつ。

然《さ》れば、次《つぎ》に舞《ま》ひて、覚《おぼ》えによりてにや、御衣《おほんぞ》賜《たまは》りたり。

内裏《うち》よりは、やがて車《くるま》の後《しり》に、陵王《りようわう》も乗《の》せて、罷《まか》でられたり。有《あ》りつる様《やう》語《かた》り、（兼家）「我《わ》が面《おもて》を、起《お》こしつる事《こと》。上達部《かんだちめ》どもの、皆《みな》、泣《な》き、労《らう》たがりつる事《こと》」など、返《かへ》す返《がへ》すも、泣《な》く泣《な》くも語《かた》らる。

弓《ゆみ》の師《し》、呼《よ》びに遣《や》る。来《き》て、また此処《ここ》にて、何《なに》くれとて、物被《ものかづ》くれば、（道綱の母）「憂《う》き身《み》か」とも覚《おぼ》えず、嬉《うれ》しき事《こと》ぞ、物《もの》に似《に》ぬ。

其《そ》の夜《よ》も、後《のち》の二日三日《ふつかみか》まで、知《し》りと知《し》りたる人《ひと》、法師《ほふし》に至《いた》るまで、「若君《わかぎみ》の御慶《おんよろこ》び、聞《き》こえに」、「若君《わかぎみ》の御慶《おんよろこ》び、聞《き》こえに」と、遣《おこ》せ言《い》ふを、聞《き》くにも、奇《あや》しきまで嬉《うれ》し。

「賭弓」の試合の模様が、刻々と宮中から伝えられるので、緊張感がある。読者を巻き込んで、興奮を高めてゆく作者の文学手法は、巧みである。

それでは、道綱の晴れ姿を、確認してゆこう。

「其《そ》の日《ひ》に成《な》りて、未《ま》だしきに物《もの》して」。兼家は、約束を守って、十五日の当日には、まだ暗いうちから作者の家に来てくれた。「舞《まひ》の装束《しやうぞく》の事《こと》など、人《ひと》、いと多《おほ》く集《あつ》まりて、し騒《さわ》ぎ、出《い》だし立《た》てて」。兼家の指図のもと、大勢の人たちが、道綱が舞の時に着用する衣裳などの準備をして、道綱を宮中へと送り出した。

「また、弓《ゆみ》の事《こと》を念《ねん》ずるに」。「賭弓」の儀式では、左方と右方が一人ずつ的に向かって弓を射て、勝ち負けを決めるが、団体戦なので、勝敗が決するまでには、永い時間がかかる。しかも、その勝負に勝たなければ、舞を披露できない。だから、作者は、まず、道綱の含まれる右方、後《あと》から弓を射るグループの勝利を祈った。むろん、道綱が、左方の相手に勝たなければならない。

ところが、世間の前評判では、道綱の加わっている側は、敗色濃厚なのである。下馬評は、さんざんなのだ。「かねてより言《い》ふ様《やう》」、これが世間での前評判のことである。「後《しりへ》は、指《さ》しての負物《まけもの》ぞ。射《い》手《て》、いと奇《あや》しう取《と》りたり」。「後《しりへ》」は、後から弓を射る側。左側の人が先に弓を射て、右側の人が後から弓を射る。これで、その二人の「番《ばん》」、つまり、「つがい」（組み合わせ）の勝ち負けが決まる。その「番《ばん》」の勝ち負けを積み重ねて、右と左の最終的な勝敗が決着するのだ。

「指《さ》しての負物《まけもの》ぞ」。「負け物ぞ」は、負けるに決まっている、という意味。「指《さ》しての」は、「さしもの」と本文を改める説もあるが、文脈から推し量ると、決まり決まっている、という意味であることは明らかである。「射手《いて》、いと奇《あや》しう取《と》りたり」。世間の下馬評では、右方は、力の無いメンバーを選んだものだ、不思議なくらいに弓に堪能《たんのう》な人が見当たらない、というのである。

作者は、世間の評価を聞くと、不安が高まらざるをえない。「『舞《まひ》を、甲斐無《かひな》くや成《な》してむ。如何《いか》ならむ、如何《いか》ならむ』と思《おも》ふに、夜《よ》に入《い》りぬ」。弓の試合に勝たないと、勝利の舞を披露できないので、あれだけ練習したことが無駄になる。どうだっただろう、勝ったかな、負けないで欲しい、と作者は、気が気ではない。そのうち、夜になった。

「賭弓」の行事は、むろん、昼間に行われる。この行事を描いた『年中《ねんじゅう》行事絵巻』という美術作品がある。「ねんちゅうぎょうじえまき」とも発音する。その『年中行事絵巻』を見ると、右方も、左方も、弓矢を持ってずらりと並び、自分の出番を待機している。だから、昼間始まった試合が、夜になっても終わらないことが、しばしばあった。その場合には、松明《たいまつ》などを焚《た》いて、試合を続行することになっていた。

「月《つき》、いと明《あ》かければ、格子《かうし》なども下《お》ろさで、念《ねん》じ思《おも》ふ程《ほど》に、此彼《これかれ》、走《はし》り来《き》つつ、先《ま》づ、此《こ》の物語《ものがたり》をす」。十五日なので満月である。作者は格子戸《こうしど》も下ろさずに、起きて、道綱の弓の勝利を祈っていた。すると、「此彼《これかれ》」、これは男の従者たちのこと。彼らが、宮中で行われている様子を、作者に、かつがつ伝えに戻ってくる。

「幾《いく》つなむ射《い》つる」は、試合が第何番まで進みました、という意味。作者は、道綱の出番を知っているから、そろそろかな、と緊張感が高まってきた。

「敵《かたき》には、右近衛《うこんゑ》の中将《ちゆうじやう》なむ有《あ》る」。いよいよ、道綱の出番となった。相手の名前も、わかった。「右近衛《うこんゑ》の中将《ちゆうじやう》」である。ただし、この箇所も本文が乱れていて、「右近の源中将」、相手は「源」のナニガシという中将だった、とする説がある。具体的な名前も、さまざまに推測されているが、道綱と組み合わせられるのが妥当な、若手だったのだろう。

そして、作者に、嬉しい報告が届いた。「おほなおほな射《い》伏《ふ》せられぬ」。この「おほなおほな」、あるいは「あふなあふな」は、研究者の間《あいだ》でも、まだ正しい仮名づかいや意味が確定していない、厄介な言葉である。ここは、相手をやっつけました、という内容の上に「おほなおほな」が位置しているから、「ひたすら、完璧に」というくらいの意味で用いられている。俗語ならば、こてんぱんにやっつけた、ということである。

「然々《ささ》との心《こころ》に、嬉《うれ》しう、愛《かな》しき事《こと》、物《もの》に似《に》ず」。作者は、嬉しくてたまらない。「然々《ささ》との心《こころ》」は、世間の下馬評を聞いて、道綱の側の勝利を心配し続けていたので、勝ったという報告が嬉しかったのである。「愛《かな》しき事《こと》」は、胸が締めつけられるくらいに、道綱がいとしい、というニュアンス。

さらに、報告が入った。先ほどは道綱本人の勝利の報告だったが、今度は、右方全体としての勝敗の行方《ゆくえ》である。

「負物《まけもの》と定《さだ》めし方《かた》の、この矢《や》どもに掛《か》かりてなむ、持《ち》に成《な》りぬる」。道綱の右方は、敗色濃厚だったが、道綱の放った矢によって、全体として「持《ち》」、引き分けに持ち込めた、というのである。「矢《や》ども」とあるのは、「賭弓」では、一人が二本の矢を射るからである。

「持《ち》」は、引き分け。歌合《うたあわせ》でも、判定は、「右勝ち」「左勝ち」「持」の三つがある。引き分けなので、左方も、右方も、両方が勝ったことになり、左方も舞を披露し、右方も舞を披露することになった。

ということで、「先《ま》づ、『陵王《りょうわう》』舞《ま》ひけり」。左方の舞は、中国から渡来した「唐楽《とうがく》」である。「陵王《りょうおう》」、正確には「蘭陵王《らんりょうおう》」、あるいは「蘭陵王入陣曲《にゅうじんきょく》」と言う。その左方には、作者の甥も、交じっていた。

「其《そ》れも、同《おな》じ程《ほど》の童《わらは》にて、我《わ》が甥《をひ》なり。馴《な》らしつる程《ほど》、此処《ここ》にて見《み》、彼処《かしこ》にて見《み》など、互《かたみ》にしつ」。道綱と年齢的にも近かったので、舞の稽古も、道綱と一緒に、お互いの屋敷でしていたのである。「我が甥」とあるので、自分の姉の息子なのだろう。

作者が詳しく知りたいのは、道綱の晴れ姿である。「然《さ》れば、次《つぎ》に舞《ま》ひて、覚《おぼ》えによりてにや、御《おほん》衣《ぞ》賜《たまは》りたり」。道綱は、稽古に稽古を重ねた「納蘇利」を披露した。「覚え」がよかった、とある。天皇の覚えがめでたい時には、「御覚《おほんおぼ》え」と言う。ここは、ただの「覚え」なので、見守っている貴族たちが、一同、「おおっ～」と、どよめいたのである。けれども、そのどよめきによって、円融天皇も、御自分のお召し物である「御衣《おほんぞ》」を道綱に賜った。これは、最高の名誉である。

この報告を聞いた作者は、本当に、天にも昇る気持ちになったことだろう。我が子が天皇に認められたことは、母親である作者自身の人生に意味があった、ということなのだから。

やがて、皆が帰ってきた。「内裏《うち》よりは、やがて車《くるま》の後《しり》に、陵王《りようわう》も乗《の》せて、罷《まか》でられたり」。「罷《まか》でられたり」の「られ」は、尊敬語。作者が嬉しかったので、ふだんは敬語を使わない兼家に対しても、用いたのだろう。作者の興奮を反映している。

「車《くるま》の後《しり》に、陵王《りようわう》も乗《の》せて」とあるので、道綱はもちろん、「蘭陵王」を舞った作者の甥も、同じ牛車に乗せて、兼家が戻ってきたのである。

「有《あ》りつる様語《やうかた》り」。兼家は、「賭弓」の一部始終を、作者に語って聞せた。兼家も、かなり興奮していた。「『我《わ》が面《おもて》を、起《お》こしつる事《こと》。上達部《かんだちめ》どもの、皆《みな》、泣《な》き、労《らう》たがりつる事《こと》』など、返す返《がへ》すも、泣《な》く泣《な》くも語《かた》らる」。この「語らる」も、作者の兼家への尊敬を表している。

「面《おもて》を起《お》こす」は、面目を施したということ。父親として、周りの貴族たちから、「あなたの息子さんは、すごいですね」と言われて、鼻が高かったのである。「上達部《かんだちめ》どもの、皆《みな》、泣《な》き、労《らう》たがりつる事《こと》」というのが、先ほどの「覚《おぼ》えによりてにや」に対応する部分である。

作者の家でも、改めて、お祝いの宴会が開かれたのだろう。「弓《ゆみ》の師《し》、呼《よ》びに遣《や》る」。道綱に舞を指導した先生の名前は、実名が挙がっていたが、弓を指導した先生の名前は、わからない。彼も宴会に呼ばれて、たくさんの「被《かず》け物《もの》」を拝領した。

作者は、『憂《う》き身《み》か』とも覚《おぼ》えず、嬉《うれ》しき事《こと》ぞ、物《もの》に似《に》ぬ」。ふだんは、「憂《う》き身《み》」、生きるのが辛《つら》い、ということばかりを嘆き暮らしている自分なのに、今日ばかりは、「生きていて、よかった」という喜びに包まれた。

作者の気分の高揚は、その夜だけでなく、その後も二、三日、続いた。「知《し》りと知《し》りたる人《ひと》、法師《ほふし》に至《いた》るまで」。作者の知人たちは、例外なく、道綱の活躍を称賛し、お祝いを伝えてきた。俗世間での出来事には興味や関心がないはずの「法師」、出家者までもが、「おめでとう」と言ってきたのだった。そういうお祝いを聞いた作者は、「奇《あや》しきまで嬉《うれ》し」と感じた。「暗い性格の人間である」というセルフイメージを持っていた自分が、こんなにも素直に喜べる人間であることがわかって、作者も驚いたのである。道綱も、こんなに母親から喜んでもらって、きっと嬉しかったことだろう。少しは、父親に認めてもらえた、という自信になったかもしれない。

それでは、この場面は、道綱にとっては晴れの日なので、現代語訳で、道綱の母の喜びを、読者の皆さんと分かち合いたい。

《いよいよ、運命の三月十五日になった。道綱も、弓を射る前の精進潔斎をしたこともあって、いつになく、神妙な顔つきをしている。

まだ暗いうちに、兼家殿がやってきてくれた。十二日の夜に、彼が口にした言葉は、嘘ではなかったのである。宮中での振る舞い方については、兼家殿が助言してくれないと、道綱はうまくやってゆけないので、何とも心強い。

兼家殿と一緒にやってきた人々は、道綱の舞の衣裳などの準備などで、大騒ぎしていたが、やっと、皆で宮中に向かって出発していった。

その後《あと》で、私は、静かになった屋敷に残された。舞の首尾も心配ではあるが、弓の勝負で勝たないことには、舞を披露できない。そのため、道綱が弓の勝負で勝ちますように、そして道綱が属している右方が勝てますようにと、心の中で祈り続けた。

私が、ここまで弓の勝負のことが心配なのは、世間の人々の予想が、道綱の側に、はなはだ厳しかったからである。私の耳に入ってくる世間の下馬評は、まったく芳しいものではない。「弓の勝負で後《あと》から射る側の右方は、負けるに決まっている。というのは、このグループ分けを一目見たらわかるのだが、どうして、右方にはこんなに下手な射手《いて》ばかり選んだものだろうと思ってしまうほど、不思議な選び方をしているからだ」、などという具合である。まさか、この下手な参加者の中に、我が子の道綱が入っていないことを、願うばかりである。

私も、だんだん不安になってくる。「道綱も、兼家殿も、従者たちも、舞の衣裳の準備にかかりっきりだったけれども、まずは、弓の勝負に勝つのが先決である。弓の結果は、どうだったろうか。道綱本人は、相手に勝てただろうか。そして、右方全体でも勝って、舞を披露できるだろうか」などと、私の心配は増殖してゆく。そうするうちに、あたりが暗くなって、夜になった。勝敗は、まだ付いていないようで、何の連絡も入ってこない。

今夜は、十五日なので、望月《もちづき》である。私は格子戸も下ろさずに、明るい月を見ながら、道綱の幸運を祈り続けていた。すると、やっと、「賭弓」の途中経過が届き始めた。

道綱に付いていった男たちが、走り戻ってきては、何を差し置いても、道綱についての情報を口にする。「今、第何番《なんばん》まで、進んできました。若君様の出番まで、あと何番に近づいてきております」とか、「若君様の弓の試合が始まりました。お相手は、右近衛府《うこのえふ》の中将様でございます」とか、「若君様は、精神を集中して弓をお放ちになり、見事、勝利を収められました」とか、切れ切れの情報が寄せられた。それらの断片をつなぎあわせると、私が願ったとおりの結末なのだった。

世間の下馬評の低さが私を苦しめていたので、道綱の勝利の報告は、嬉しいし、胸が締めつけられるほど、あるいは息も止まるほどに、感が極まった。これほど感激したのは、私の人生で、これまでなかったかもしれない。

さらに、新たな報告が、もたらされた。「若君様の属している右方《みぎかた》は、先に弓を射る左方に押されて、敗色が濃厚だったのですが、若君様の放たれた二本の矢によって、右方が俄然盛り返し、最終的には左方《ひだりかた》と引き分けになりました」。

勝った方が舞を披露することになっているが、今回は引き分けである。それで、左方も、右方も、どちらも天皇様の御前で、舞を披露できることになった。左方は、「蘭陵王」、右方は、「納蘇利《なそり》」である。

まずは、左方の「蘭陵王」が披露される。この左方には、私の姉の息子、つまり甥っ子が加わっていた。道綱と、同じくらいの年頃である。その子も、道綱と一緒に舞の練習をしていたので、彼が我が家に来たり、道綱が彼の家まで出かけたりして、お互いに切磋琢磨していた。

甥っ子たちが「蘭陵王」を舞ったあとで、道綱たちが「納蘇利《なそり》」を舞った。その舞が、居並ぶ殿上人たちの称賛を浴び、天皇様からお召し物を授かるという、無上の光栄に与《あずか》ったのである。

そのうち、宮中から、兼家殿の乗った牛車に、道綱と、「蘭陵王」を舞った甥っ子が、舞った時と同じ、そのままの姿で、帰宅した。道綱は、「納蘇利《なそり》」の衣裳に、天皇様から授かった「御衣《おほんぞ》」、御衣《ぎょい》を肩の上に被《かず》いたままの、晴れ姿であった。

兼家殿は、車を下りるなり、宮中での出来事を、自分の目で見られなかった私にも、よくわかるように、再現してくれた。

兼家殿は、なおも感極まった口ぶりで、話し続けた。「いやあ、この道綱のおかげで、私も父親として、大いに面目を施したよ。道綱の舞を見た貴族たちは、感涙を催しながら、口々に絶賛して、私に向かって、『ご子息は、若くして、舞の本質を会得《えとく》しておられる。良い息子さんをお持ちですな』と、言ったものだ」と、普段は冷静な兼家殿までも、泣きながら話してくれた。

道綱に弓の稽古をつけたくれた先生にも、お礼をしようということで、お祝いの宴会にお呼びが掛かった。彼も、喜んでやって来る。宮中でも褒美をもらっていたのだが、ここでも、あれやこれやとお礼をもらって、大喜びである。

大喜びをしているのは、弓の先生だけではない。この私も、三十五歳になるまで、ずっと「人生は苦しみに満ちている」、「この世で生きてゆくのは辛いことだ」とばかり思ってきたが、そんな積もりに積もった苦しみが、一気に吹き飛んだような爽快さに包まれたのである。

その夜も、あちこちから、祝福の言葉が寄せられたが、それから二、三日経《た》っても、私の知人という知人のすべてから、「息子さん、おめでとう」という言葉が届いた。世俗的なことには関心が無さそうな出家者までから、「おめでとう」と言われたのには、びっくりした。

これほど祝福の嵐に包まれたのは、初めての体験だった。我が子・道綱の喜びは、母である私自身の喜びだったのである。》

それにしても、道綱が、いつもこの調子で活躍してくれればよいのに、と思わずにはいられない。この「賭弓」での輝きは、彼の人生の数少ない輝きで終わってしまったようである。

3 唐崎《からさき》祓い

『蜻蛉日記』中巻の世界へ、ようこそ。

天禄元年、作者は三十五歳である。前章では、宮中で催された「賭弓《のりゆみ》」の儀式で、道綱が弓を射たり、舞《まい》を舞《ま》ったりと、大活躍する場面を堪能した。兼家も、我が子の活躍に上機嫌だった。これが、三月十五日のことである。

ところが、その後、兼家の訪れは、ぱったり途絶《とだ》え、そのまま六月になった。

作者の不安は、高まるばかりである。作者は、兼家が自分の家に顔を出さなかった日の数を、数えてみた。

斯《か》くて、数《かぞ》ふれば、夜《よる》、見《み》ることは三十日余《みそかあま》り、昼《ひる》、見《み》ることは四十日余《よそかあま》りに成《な》りにけり。

それにしても、わかりにくい文章である。言葉の表面だけを見れば、夜に「来た日」が三十日以上、昼に「来た日」が四十日以上あった、というふうにも読める。でも、ここは、兼家がいかに永いあいだ、作者の家まで来なかったかを嘆く場面なのである。そこで、言葉を補って解釈することになる。

「こんなふうに、あの人の訪れが無くなったので、数えてみたところ、何と、夜にあの人がやってきて逢ったのは、三十日以上ぶり、昼にあの人がやって来て逢ったのは、四十日以上ぶりなのだった」、と解釈するのである。

これで意味は通じるのだが、もっと意味をわかりやすくしようと、本文を改める説もある。「斯《か》くて、数《かぞ》ふれば、夜《よる》《見《み》ぬ》ことは三十日余《みそかあま》り、昼《ひる》《見《み》ぬ》ことは四十日余《よそかあま》りに成《な》りにけり」。この説では、「夜見ること」ではなく「夜見ぬこと」、「昼見ること」ではなく「昼見ぬこと」と、本文を改める。

そうすると、「あの人の訪れが無くなったので、数えてみたところ、何と、夜にあの人がやってこなかったのは、三十日以上、昼にあの人がやって来なかったのは、四十日以上になるのだった」という意味になり、確かにすっきりする。

さらには、「斯《か》くて、数《かぞ》ふれば、夜《よる》、見《み》ることは三十日余《みそかあま》り、昼《ひる》、見《み》ることは四十日余《よそかあま》り、無《な》かりけり」というように、述語部分を「成りにけり」から「無かりけり」へと本文改訂する説もある。けれども、私は、最初に引用した通りの本文で、よいと思う。「夜見《よるみ》ることは三十日余《みそかあま》り、昼見《ひるみ》ることは四十日余《よそかあま》りに成《な》りにけり」。

長い途絶えを置いても、兼家がやって来るのは、まだ二人の関係が消滅しきっていないからである。だからこそ、作者の心は苦しむのだ。どうにかして、兼家の心を、自分のほうに向けさせたいと、彼女は願う。そうなると、神仏の力に縋《すが》るしかない。

ここで、思い出すのは、和泉式部のエピソードである。彼女は、最後の夫である藤原保昌《やすまさ》から忘れられつつある不安を感じ、洛北の貴船《きぶね》神社に詣でて、夫の自分への愛を復活させてほしいと、神に祈った。

物思《ものおも》へば沢《さは》の螢《ほたる》も我《わ》が身《み》よりあくがれ出《い》づる魂《たま》かとぞ見《み》る

という歌は、この時に詠まれた。

『蜻蛉日記』の作者も、神に祈ることにした。近江の国の唐崎《からさき》に出かけて、そこで「お祓い」をして、神に祈ろうと決心したのである。「唐崎の祓《はら》え」とか、「唐崎祓《ばら》い」などと言う。唐崎は、琵琶湖の西岸に面している。

それでは、作者が唐崎に出発する場面から、読んでゆこう。

斯《か》くながら、二十日余《はつかあま》りに成《な》りぬる心地《ここち》、為《せ》む方知《かたし》らず、奇《あや》しく、置《お》き所無《どころな》きを、(道綱の母)「如何《いか》で、涼《すず》しき方《かた》もや有《あ》る」と、(道綱の母)「心《こころ》も延《の》べがてら、浜面《はまづら》の方《かた》に、祓《はら》へもせむ」と思《おも》ひて、(道綱の母)「唐崎《からさき》へ」とて物《もの》す。

寅《とら》の時許《ときばか》りに、出《い》で立《た》つに、月《つき》、いと明《あ》かし。我《わ》が同《おな》じ様《やう》なる人《ひと》、また、供《とも》に、人一人許《ひとひとりばか》りぞ有《あ》れば、唯《ただ》、三人乗《みたりの》りて、馬《むま》に乗《の》りたる男《をのこ》ども、七人《ななたり》・八人許《やたりばか》りぞ有《あ》る。

「斯《か》くながら」、兼家の訪れが、何十日も途絶えていた状態のままで。「二十日余《はつかあま》り」、六月の下旬になった。「為《せ》む方知《かたし》らず、奇《あや》しく、置《お》き所無《どころな》き」。作者の心は、どうしようもないほどに、やりきれなさが募《つの》り、このまま都で、じっとしていられなくなった。晩夏なので、残暑の厳しい頃である。作者の心の中も、怒りと嫉妬で熱く焼けていたことだろう。

『如何《いか》で、涼《すず》しき方《かた》もや有《あ》る』と、『心《こころ》も延《の》べがてら、浜面《はまづら》の方《かた》に、祓《はら》へもせむ』と思《おも》ひて、『唐崎《からさき》へ』とて物《もの》す」。琵琶湖のほとりの唐崎で、湖面《こめん》を吹き渡る風に当たって涼みがてら、「お祓い」をして、運命を好転させようと思い立った。

「涼し」という形容詞は、煩悩を超越して悟りを開いた、澄み切った心境を指す場合がある。そういう心境への憧れや、今の煩悩まみれの生活への焦りも、作者にはあったことだろう。

「唐崎《からさき》」は、「辛崎」とも書く。『万葉集』で、柿本人麻呂《かきのもとのひとまろ》が、「ささなみの志賀の唐崎幸《さき》くあれど大宮人《おほみやびと》の舟待ちかねつ」と詠んだ、あの「唐崎」である。また、「近江八景」の一つには、「唐崎の夜雨《やう》」がある。さらに言えば、松尾芭蕉が、「唐崎の松は花より朧《おぼろ》にて」と詠んだ、その唐崎である。

平安時代には、天皇の身を守るために、天皇の身代わりとしての「人形《ひとがた》」を、七か所で水に流すことがあった。そのうちの一つが、この「唐崎」だった。『蜻蛉日記』の作者も、これまで溜《た》まりに溜まった苦しみや穢《けが》れを、この唐崎で祓い捨て、水に流してしまいたかったのだろう。

それでは、『蜻蛉日記』の本文に戻る。

「寅《とら》の時許《ときばか》りに、出《い》で立《た》つ」。現在の午前四時頃だから、ずいぶん早い出発である。日帰りする、という大前提があるからだろう。「月《つき》、いと明《あ》かし」。今は、二十日余りなので、空には「有明の月」が残っている。

「我《わ》が同《おな》じ様《やう》なる人《ひと》、また、供《とも》に、人一人許《ひとひとりばか》りぞ有《あ》れば、唯《ただ》、三人乗《みたりの》りて」。牛車の中には、作者を含めて三人が乗っていた。「我《わ》が同《おな》じ様《やう》なる人《ひと》」は、作者と同じように夫婦関係で悩んでいる女性で、おそらく作者と同居している妹だろうと、推測されている。「供《とも》に、人一人《ひとひとり》」とあるのは、おそらく作者と妹の世話をする女房であろう。

この時、道綱も同行しているが、既に十六歳である。だから、牛車の中に乗っているのではなく、「馬《むま》に乗《の》りたる男《をのこ》ども、七人《ななたり》・八人許《やたりばか》りぞ有《あ》る」と書いてある騎馬の男たちの中に、道綱も交じっていたと考えられる。

作者も妹も、夫婦関係の先行きが見えない不安を、心に抱えている。そういう目で見る自然は、新鮮に映った。精神の危機が、世界を見る目を変えてゆくのである。

都を出て、逢坂山に差しかかる場面を読もう。

賀茂川《かもがは》の程《ほど》にて、仄々《ほのぼの》と明《あ》く。打《う》ち過《す》ぎて、山路《やまち》に成《な》りて、京《きやう》に違《たが》ひたる様《さま》を見《み》るにも、此《こ》の頃《ごろ》の心地《ここち》なればにや有《あ》らむ、いと哀《あは》れなり。

況《いは》んや、関《せき》に到《いた》りて、暫《しば》し、車留《くるまとど》めて、牛飼《うしか》ひなどするに、空車《むなぐるま》、引《ひ》き続《つづ》けて、奇《あや》しき木《き》、樵《こ》り下《お》ろして、いと小暗《をぐら》き中《なか》より来《く》るも、心地《ここち》、引《ひ》き替《か》へたる様《やう》に覚《おぼ》えて、いとをかし。

「此《こ》の頃《ごろ》の心地《ここち》なればにや有《あ》らむ、いと哀《あは》れなり」。人間関係の悩みだけでなく、六月下旬の早朝の雰囲気も相俟《あいま》って、世界は「哀れ」という、しみじみとした情緒を生みだしていた。

「逢坂の関」がある逢坂山は、山城の国と近江の国の国境《くにざかい》である。「暫《しば》し、車留《くるまと》めて、牛飼《うしか》ひなどするに」。ここで休憩を取りながら、牛たちに水を飲ませたり、餌《えさ》を与えたりしていると、作者の目に、見慣れない光景が目に入った。

「空車《むなぐるま》、引《ひ》き続《つづ》けて、奇《あや》しき木《き》、樵《こ》り下《お》ろして、いと小暗《をぐら》き中《なか》より来《く》る」。「空車《むなぐるま》」は、屋根のない荷車《にぐるま》のこと。それが、何台も続けて、向こうからやって来たのである。その荷車で、何が運ばれているのか、作者ならずとも、好奇心を掻き立てられる。

「奇《あや》しき木《き》、樵《こ》り下《お》ろして、いと小暗《をぐら》き中《なか》より来《く》る」。「山で木を切り出す」ことを「樵《こ》る」と言う。「樵《こ》り下《お》ろして」だから、切り出したばかりの材木が、何台もの荷車に乗せられて、都へと運ばれてゆくのだ。「奇《あや》しき」とあるのは、都で暮らしている作者には、見慣れないものだったからである。切り出したばかりで、製材されていない丸太だったので見慣れないのか、それとも、庶民が用いる「薪《まき》」などだったので見慣れなかったのかの、どちらかだろう。

不思議な物体が、大量に、都へと運び込まれてゆく。自分は、その都から脱出を果たしたばかりであるから、自分のいなくなった都へと、不思議な物体が流れ込んでゆく。

普通ならば、見知らぬ山賤《やまがつ》たちが、見慣れない荷物を積んだ荷車を何台も連《つら》ねて、目の前を通り過ぎるのを見たら、恐怖を抱くところである。けれども、旅に出た作者は、「心地《ここち》、引《ひ》き替《か》へたる様《やう》に覚《おぼ》えて、いとをかし」と感じた。好奇心と恐怖は、違う。今、作者が感じているのは、期待にも似た、ときめきなのだと思われる。

都で暮らしていた時の自分の心と、今、唐崎に向かって旅をしている自分の心とは、まったく別のものに感じる、と言いたいのだろう。夫との恋愛生活が行き詰まっている都とは違う、荒々しいけれども神聖な世界が、都の外にはあり、そこへと、これから作者は向かってゆくのである。

逢坂山を越えると、近江の国になる。まもなく、琵琶湖が見えてくる。

関《せき》の山路《やまち》、（道綱の母）「哀《あは》れ、哀《あは》れ」と覚《おぼ》えて、行《ゆ》く先《さき》を見遣《みや》りたれば、行方《ゆくへ》も知《し》らず見《み》え渡《わた》りて、鳥《とり》の、二《ふた》つ三《み》つ居《ゐ》たると見《み》ゆる物《もの》を、強《し》ひて思《おも》へば、釣舟《つりぶね》なるべし。其処《そこ》にてぞ、え涙《なみだ》は留《とど》めず成《な》りぬる。

言《い》ふ甲斐無《かひな》き心《こころ》だに、斯《か》く思《おも》へば、増《ま》して、異人《ことひと》は、（妹）「哀《あは》れ」と泣《な》くなり。はしたなきまで覚《おぼ》ゆれば、目《め》も見合《みあ》はせられず。

作者たちは、再び牛車に乗って、出発した。「関《せき》の山路《やまち》」、逢坂の関のあたりの山道は、「哀《あは》れ、哀《あは》れ」、とても面白く感じられた。そして、突然に、視界が開けた。「行《ゆ》く先《さき》を見遣《みや》りたれば、行方《ゆくへ》も知《し》らず見《み》え渡《わた》りて」。牛車に乗っている作者の前方に、はてしない、どこまで広がっているのかわからない琵琶湖が、見えてきたのである。

作者の目には、広い琵琶湖に、点々と、二つか三つの小さなものが見えた。「鳥《とり》の、二《ふた》つ三《み》つ居《ゐ》たると見《み》ゆる」。小さな鳥が、二羽か三羽、琵琶湖に浮かんで、翼を休めているように見えた。けれども、「強《し》ひて思《おも》へば」、よくよく考えてみたら、水鳥ではないことがわかった。水鳥よりもずっと大きな物でなければ、遠く離れた場所にいる自分の目に見えるはずがないからである。そこで、「釣舟《つりぶね》なるべし」、まるで小さな鳥のように見えたのは、舟であるようだ、と思い直した。このあたり、作者の心の動きが、細かく描かれている。

『源氏物語』の須磨の巻にも、小さい鳥が浮かんでいると見えていたのは、舟だった、という哀れ深い場面がある。鳥かと見まがう舟は、旅人の旅情を掻き立てるのだろう。

「其処《そこ》にてぞ、え涙《なみだ》は留《とど》めず成《な》りぬる」。作者は、ここにいたって、涙を堪《こら》えきれなくなった。物悲しい気持ちになったのは、同行している妹も同じだったと見える。「増《ま》して、異人《ことひと》は、『哀《あは》れ』と泣《な》くなり」。「泣くなり」の「なり」は、音を聴いての推量を表す。作者は、妹が泣いている姿を、直接には見ていない。けれども、「異人《ことひと》」、つまり自分以外の人間の大きな泣き声が、作者の耳に聞こえてきたのだ。妹の心の中を描写せずに、「夫婦関係で苦しんでいる作者と同じ心境だから、妹も、感受性が研《と》ぎ澄まされて、敏感になっているのだろう」と読者に感じさせる、巧みな書き方である。

「はしたなきまで覚《おぼ》ゆれば、目《め》も見合《みあ》はせられず」。姉も妹も、自分が泣いてるのが決まり悪いので、互いに、相手の顔を直視できないでいた。

作者たちは、やがて大津を過ぎ、唐崎までの途中にある「清水《しみず》」という所で、休憩した。そこで、しばらく息を整えてから、いよいよ、お祓いをする唐崎に向かった。

然《さ》て、車掛《くるまか》けて、其《そ》の崎《さき》に差《さ》し到《いた》り、車引《くるまひ》き替《か》へて、祓《はら》へしに行《ゆ》くままに、見《み》れば、風打《かぜう》ち吹《ふ》きつつ、波高《なみたか》く成《な》る。行《ゆ》き交《か》ふ舟《ふね》ども、帆《ほ》、引《ひ》き上《あ》げつつ行《い》く。浜面《はまづら》に、男《をのこ》ども、集《あつ》まり居《ゐ》て、(供の者)「謡《うた》、仕《つかうまつ》りて罷《まか》れ」と言《い》へば、言《い》ふ甲斐《かひな》無き声《こゑ》、引《ひ》き出《い》でて、謡《うた》ひて行《ゆ》く。祓《はら》への程《ほど》に、懈怠《けだい》に成《な》りぬべくながら来《く》る。

この部分は、唐崎でのお祓いの直前を描いているが、ここでも、現地の漁師たちとの出会いが、新鮮な感動を作者にもたらしている。解説を兼ねた現代語訳で、読んでおきたい。

《さて、唐崎の手前にある清水《しみず》で、お弁当を食べたりして休息した。そのあとで、車に牛を付けて、目的地である唐崎を目指した。到着すると、お祓えをする場所までは、牛車の向きを変えて進むことになる。その移動中に、湖を見渡すと、風が強く吹きつけており、波も高い。遠くからは鳥のように見えていた舟も、間近では大きく見え、風があるので帆を上げて、行ったり来たりしている。浜辺には、今日のお祓えの手伝いをする現地の漁師たちが、前もって手配しておいた通りに集まり、群がって座っていた。私の供の者たちが、彼らに向かって、「お前たちが得意にしている歌声を、奥方様にお聞かせしながら、お祓いする場所まで付《つ》いてくるように」と命じている。彼らは、都ではまず耳にできない、いかにも鄙《ひな》びた声で、舟唄のようなものを歌いながら、牛車のお供をして、付いてくる。のんびりのんびり歩くので、予定していた時間に遅れそうになったけれども、何とか到着した。》

漁師たちは、これからお祓えの行事をする際に、網《あみ》を曳《ひ》く役目なのである。現地で、たまたま漁をしていた人々を見つけて、命じて付いて来《こ》させたのではなく、あらかじめ、ここに集まるようにと、手配しておいたのだろう。
それでは、いよいよ、唐崎でのお祓いの場面になる。漁師たちが、どういう役割をするのか、楽しみである。

いと程狭《ほどせば》き崎《さき》にて、下《しも》の方《かた》は、水際《みづぎは》に車立《くるまた》てたり。網《あみ》、下《お》ろしたれば、「頻波《しきなみ》に寄《よ》せて、余波《なごり》には無《な》し」と言《い》ひ古《ふる》したる貝《かひ》も、有《あ》りけり。後《しり》なる人々《ひとびと》は、落《お》ちぬばかり覗《のぞ》きて、打《う》ち現《あら》はす程《ほど》に、天下《てんげ》の、見《み》えぬ物《もの》ども、取《と》り上《あ》げ交《ま》ぜて、騒《さわ》ぐめり。若《わか》き男《をのこ》も、程差《ほどさ》し離《はな》れて、並《な》み居《ゐ》て、「ささなみや　志賀《しが》の唐崎《からさき》」など、例《れい》の神《かみ》声《ごゑ》、振《ふ》り出《い》だしたるも、いとをかしう聞《き》こえたり。風《かぜ》は、いみじう吹《ふ》けども、木陰無《こかげな》ければ、いと暑《あつ》し。（道綱の母）「何時《いつ》しか、清水《しみづ》に」と思《おも》ふ。未《ひつじ》の終《を》はり許《ばか》り、果《は》てぬれば、帰《かへ》る。

このあたりも、本文が「虫食い算」のように、混乱している。「網《あみ》、下《お》ろしたれば」とした部分の原文は、「皆《みな》、下ろしたれば」となっている。これだと、全員を牛車から下ろした、という意味になる。ただし、現在では、「皆《みな》」は「網《あみ》」の写し間違いで、網を湖に投げ入れた、という意味で解釈されている。この「網」を湖面に下《お》ろすのが、現地で手配していた漁師たちの仕事だったのである。

この部分も、解説を組み込んだ現代語訳で、意味を理解していただきたい。


《唐崎でお祓いをするのは、湖に突き出ている岬のような場所だった。そこは、とても狭かった。狭い岬の上手《かみて》のほうに、神棚を作り、私たちの乗った牛車は、下手《しもて》のほうに控えていたのだが、そこはもう琵琶湖の岸辺だった。私たちの祈りを、神様が聞き入れられたかどうか、神意《しんい》を占うために、漁師の男たちが、琵琶湖に向かって、一斉に網を打つのである。引き上げた網の中に、魚介類がたくさん入っていれば、神様が私たちの願いを快くお聞き届けになった、ということがわかるのである。

風が強く吹いているので、先程から、岸辺には波が幾重《いくえ》にも打ち寄せている。後《あと》から後《あと》から打ち寄せてくる波を、「頻波《しきなみ》」と言う。琵琶湖では、「頻波《しきなみ》」が引いていったあと、引き上げる網の中には、魚類は入っていても、貝類は入っていない、と言われている。


というのは、琵琶湖は淡水湖なので、海にしか棲息しない「貝」は採れないからである。けれども、打ち寄せた波が引いていったあとで、漁師たちが網を引き上げてみると、何と「貝」があるではないか。ただし、琵琶湖で採れる貝が何であるかを理解するには、ちょっとした遊び心が必要である。

漁師たちは、「ささなみ」という神楽歌を歌いながら、網を打っている。その「ささなみ」の歌詞が、まことに面白かった。その歌詞の中に、蟹が腕《うで》、つまり「かいな」を上げるような動作をすることを、「かいな上《あ》げ」、略して「かいなげ」と歌う箇所がある。

この「かいなげ」という言葉が、琵琶湖には「貝が無い」という連想をさそった。確かに、琵琶湖には貝はないけれども、「かいなげ」の神楽歌が歌われている。だから、琵琶湖には「貝」という言葉があった、と言える。

私は、唐崎まで来て、お祓いをした「甲斐《かい》」、効き目があったと、大いに喜んだことだった。

私は牛車の前のほうに据わっているので、引き上げられた網の中がよく見える。けれども、牛車の後ろのほうに乗っている者たちには、外の様子がよく見えない。それで、少しでも、網の中を見届けようとして、牛車から身を乗り出して、すんでのところで落っこちそうになっている。すぐそこは岸辺なので、車から落ちたら、湖に顚落《てんらく》してしまう。何とも、ひやひやすることだった。

網の中には、「かいなげ」という言葉の「かい」だけでなく、都では見たこともない、珍しい魚介類がたくさん混じっている。漁師たちは、「これが、ナントカで、これはナントカ。いろいろと採れました。大漁です」と、大声で、魚の種類を言い合っているようである。

すると、並んで据わって控えていた若い男たちが、神楽歌《かぐらうた》を歌い始めた。「ささなみや　志賀の唐崎」で始まる「ささなみ」という神楽歌である。やはり、蟹たちが、「かいなげ」をすると歌っている。

いかにも、神楽にふさわしい歌いぶりであり、歌声であるので、いつ聞いても、神楽歌は面白く感じられる。

お祓いの場所は琵琶湖のほとりなので、風は強く吹くのだが、あいにく岬には木蔭《こかげ》がない。暑いこと、この上もない。私は、「早く、冷たい水のある清水まで戻って、一息《ひといき》つきたい」と思い続けていた。やっと、午後三時頃にお祓いが終了したので、私たちは帰途に就《つ》いた。今日のうちに、都に戻らなければならない。》

唐崎に、木蔭《こかげ》が無かったと書いてあるのが、意外である。有名な「唐崎の松」は、この時には、枯れていたのだろうか。それとも、お祓いする場所とは離れている所に松の木があるので、木蔭に宿れなかったのだろうか。ちなみに、「唐崎の松」が詩歌に詠まれるようになるのは、『蜻蛉日記』よりも後の時代である、と考えられている。

神楽歌の歌詞をめぐる「貝がある」「貝がない」の洒落は、少しわかりにくかったかもしれない。『蜻蛉日記』を、正しく解釈しようと努力してきた研究者たちの永年の努力のたまもので、神楽歌「ささなみ」の歌詞との関連が判明したのである。

さて、作者たちが、都へ戻る途中でも、逢坂山の自然が、人間の不安な心を象徴していて、読みごたえがある。

旧《ふ》り難《がた》く、（道綱の母）「哀《あは》れ」と見《み》つつ行《ゆ》き過《す》ぎて、山口《やまぐち》に到《いた》り掛《か》かれば、申《さる》の果《は》て許《ばか》りに成《な》りにたり。

蜩《ひぐらし》、盛《さか》りと鳴《な》き満《み》ちたり。聞《き》けば、斯《か》くぞ覚《おぼ》えける。

（道綱の母）鳴《な》き返《かへ》る声《こゑ》ぞ競《きほ》ひて聞《き》こゆなる待《ま》ちやしつらむ関《せき》の蜩《ひぐらし》

とのみ言《い》へる、人《ひと》には言《い》はず。

この文章に籠められた作者の心を、読み取ろう。

「旧《ふ》り難《がた》く」は、忘れがたく、いつまでも新鮮な記憶として心に残っている、という意味。『源氏物語』にも見られる言葉だが、国語辞典で「ふりがたし」を引くと、『蜻蛉日記』の、この逢坂山の場面が用例として挙げられている。「ふりがたし」という言葉を用いた、古い時代の典型的な用例として『蜻蛉日記』がある、ということなのだ。『蜻蛉日記』の作者が切り拓いた言語世界の新しさ、「旧《ふ》り難《がた》さ」を、改めて感じさせられる。

作者は、唐崎での出来事を何度も心に思い返しながら、「山口《やまぐち》」、逢坂山の麓に差しかかった。都に戻る途中だから、東側の麓である。「申《さる》の果《は》て許《ばか》りに成《な》りにたり」。「申《さる》の時《とき》」は、現在の午後三時から五時まで。その「果《は》て」、終わり頃というのだから、午後五時近くに、逢坂山の麓まで戻ってきたのである。辛崎の祓いが終わってから、約二時間後である。夏の終わりなので、まだあたりは明るかったと思われる。

　すると、作者の耳に聞こえてきた音があった。「蜩《ひぐらし》、盛《さか》りと鳴《な》き満《み》ちたり」。蜩が、今を盛りと、大声で鳴き続けていた。その「蟬しぐれ」を聞いているうちに、作者の心に、一首の歌が浮かんできた。

（道綱の母）鳴《な》き返《かへ》る声《こゑ》ぞ競《きほ》ひて聞《き》こゆなる待《ま》ちやしつらむ関《せき》の蜩《ひぐらし》

「鳴き返る」の「返る」は、意味を強める言葉。ひどく鳴く、という意味になる。蜩の大きな鳴き声が、兼家との生活に悲観的になって、泣きながら都に帰ってゆく自分自身の泣き声と重なって聞こえたのである。

　ここでもまた国語辞典を引いてみると、「なきかえる」という言葉の用例として挙げられているのが、またしても『蜻蛉日記』のこの場面なのだ。『蜻蛉日記』が、珍しい言葉を使っているのでは、ないだろう。『蜻蛉日記』が用いた言葉が、日本語で書かれる女性の散文世界を切り開き、確立していったのである。逆に言えば、『蜻蛉日記』の決して読みやすくはない文章を、現代人が理解する手がかりとして、国語辞典が編纂されているのだ。

この歌の意味を、現代語訳しておこう。

《蜩は、ずっと大声で鳴き続けていた。今、私も、声には出さなくても、心の中で大泣きしながら、逢坂山まで戻ってきた。蜩は、私が帰ってくるのを待ちかねていて、どちらが、より大きな泣き声なのかを、私と競争しようとしている。》

宮沢賢治の詩に「無声慟哭」がある。妹のトシの死が、テーマになっている。「無声」は、声を上げないこと。「慟哭」は、大声を上げて泣くこと。「無声」と「慟哭」は矛盾している。「無声慟哭」は、表面では泣くのを堪《こら》えていても、心の中では涙をこらえきれない、極限的な状況を表している。『蜻蛉日記』の作者もまた、「無声慟哭」しているのだろう。その声なき泣き声を聞き取って、作者の代わりに、逢坂山の蜩が、「有声慟哭」してくれた。

「とのみ言《い》へる、人《ひと》には言《い》はず」。この「鳴き返る」の歌を、作者は心の中でだけ、口ずさんだ。「無声朗詠」である。この歌は、同じ車に乗っている妹にさえも、言わなかった。

ちなみに、私は、「蜩《ひぐらし》」と聞くと、『源氏物語』の幻《まぼろし》の巻を連想する。光源氏は、この世に自分だけを残して、一足先に亡くなった紫の上の思い出に浸《ひた》っている。今の彼には、ひたすら泣くことしかできない。すると、日が暮れた頃に、蜩の盛大な鳴き声が「はなやかに」聞こえてきた。そこで、光源氏は歌を詠んだ。

徒然《つれづれ》と我《わ》が泣き暮らす夏の日を託言《かごと》がましき虫の声《こゑ》かな

この「虫」が、蜩の声なのである。「かごと」は、ひとのせいにする、無関係な事柄のせいにする、という意味。蜩は、盛んに鳴いている。その声を聞いているうちに、光源氏は、自分が蜩から苦情を言われているように感じたのである。

「私、つまり蜩が鳴いているのは、あなた、つまり光源氏さんが、あまりにも悲しそうに泣き続けているから、自分までも一緒に鳴かなければならないような、切羽詰《せっぱつ》まった気持ちになって、あなたに鳴かされているのですよ」と、蜩が光源氏のせいにしているように聞こえた、というのである。悩みを抱えた人間の心と、蜩の鳴き声が一体化している。

『蜻蛉日記』に戻ると、逢坂の関近くには、「走り井」という湧き水がある。私も、このあたりを歩き回った体験があるが、その跡地とされる寺院以外にも、何か所か清冽な湧き水が、勢いよく流れていた。「走り井」の「走り」という言葉のニュアンスが、理解できた。

『枕草子』には、「走り井は、逢坂《あふさか》なるが、をかしき」とある。「井」は、井戸ではなく、泉、湧き水のこと。「走り井」と呼ばれる、流れの速い湧き水は、あちこちにあるが、逢坂山の走り井が最も面白い、と清少納言は断言している。

男が愛する女性のもとに、いっさんに走っていって「逢う」、という情熱的な物語性に、清少納言は興味を抱いているのだろう。

『蜻蛉日記』の作者には、自分のもとに走ってきてくれる恋人など、いない。また、自分のほうから、男のもとへ走ってゆこうという気持ちにもなれない。恋の季節は、既に終わっている。でも、そういう閉塞した状況を打開したくて、琵琶湖のほとりの唐崎で、お祓いを済ませてきたばかりなのだ。けれども、それで、自分の直面している八方塞《ふさ》がりが、打開されるはずがないことも、作者にはわかっている。だからこそ、「逢坂山の走り井」で、さまざまな思いに駆られたのだろう。

この走り井で、作者は、牛車に相乗りしている妹と、「連歌《れんが》」を詠み合っている。

走り井《はしりゐ》には、此彼《これかれ》、馬《むま》、打《う》ち速《はや》して、先立《さきだ》つも有《あ》りて、到《いた》り着《つ》きたれば、先立《さきだ》ちし人々《ひとびと》、いと良《よ》く休《やす》み涼《すず》みて、心地良気《ここちよげ》にて、車舁《くるまか》き下《お》ろす所《ところ》に寄《よ》り来《き》たれば、後《しり》なる人《ひと》、

（妹）羨《うらや》まし駒《こま》の足疾《あしと》く走《はし》り井《ゐ》の

と言《い》ひたれば、

（道綱の母）清水《しみづ》に影《かげ》は淀《よど》むものかは

内容を確認してゆこう。「走《はし》り井《ゐ》には、此彼《これかれ》、馬《うま》、打《う》ち速《はや》して、先立《さきだ》つも有《あ》りて」。作者たちは、牛車でゆっくり移動しているが、馬に乗って付き従っている男たちが、七、八人いたと、旅立ちの場面に書かれていた。道綱も、その中に含まれていた。

彼らは、馬に乗っているので、牛より早く移動できる。それで、一足先に逢坂の走り井に到着していた者もいた。これは、自分たちだけが涼しい思いをしようとしたのではなくて、作者たちが到着した時に、人目を気にせず、ゆっくりと涼めるように、人払いをして、休憩場所を確保しておくためだったのだろう。

「到《いた》り着《つ》きたれば、先立《さきだ》ちし人々《ひとびと》、いと良《よ》く休《やす》み涼《すず》みて、心地良気《ここちよげ》にて、車舁《くるまか》き下《お》ろす所《ところ》に寄《よ》り来《き》たれば」。作者たちが、猛烈な残暑に苦しみながら、やっとのことで走り井に辿り着くと、馬に乗って先着していた者たちが寄ってきて、牛車から牛をはずしたりする作業を手伝ってくれた。その様子が、作者たちの目には、自分たちだけ先に涼んで、いかにも気持ちよさそうにしている、と見えたのである。それで、妹が、思ったことを口ずさんだ。それが、「五七五」で、和歌の「上の句」だったのである。

（妹）羨《うらや》まし／駒《こま》の足疾《あしと》く／走《はし》り井《ゐ》の

「駒」は、「馬」のこと。和歌では、「鶴《つる》」を「たづ」と詠むように、「馬《うま》」を「駒」と詠む。「疾《と》く」は、

「早く」という意味。名詞である「走り井」の「走り」が、馬が早く「走る」という意味の掛詞になっている。

何て、羨ましいことでしょう。足の速い馬に乗って、一っ走りして、主人たちより早く、この走り井で涼んでいる男の人たちは。……

これに対する作者の返事が、「七七」で、和歌の「下の句」になっている。二人で「五七五」と「七七」を別々に詠む連歌が、ここで作られたのである。作者が詠んだのは、

（道綱の母）清水《しみづ》に影《かげ》は／淀《よど》むものかは

だった。「影」という言葉が、水に姿が映る「影」、リフレクションと、馬の毛並みの色の「鹿毛《かげ》」の掛詞である。

妹が「羨《うらや》まし駒《こま》の足疾《あしと》く走《はし》り井《ゐ》の」と詠んだのを受けて、作者は、「そんなに足の速い鹿毛《かげ》、つまり駿馬ならば、この走り井で水を飲んだりして、無駄に時間を費やす必要はないでしょう。疲れることなく、さっさとここを駆け過ぎて、都まで一気に駆け戻っているでしょうから」と、応じた。

つまり、「ここに先回りしているのは、それほどの駿馬ではなくて、普通の馬なのですよ、別に羨むことはありません」、と妹をたしなめつつ、笑いを誘ったのである。

このあと、作者たちは、走り井で、手や足を冷たい水に浸《ひた》して、暑さを凌ぎ、暗くなってから都に

戻った。永い、日帰りの移動だった。

留守中に、意外な事態が起きていた。何と、何十日も足が遠退《とおの》いていた兼家が、なぜか、この日の昼間にやってきて、作者の不在を知り、不愉快そうに戻っていった、という報告を受けたのである。作者と兼家は、ちぐはぐなのだ。あるいは、兼家は、わざと作者の不在を狙って、訪問したのかもしれない。

作者の唐崎祓いは、あまり効果がなかったようだ。けれども、唐崎までの往復を描写する作者の文体は、散文としての魅力と清新さに溢れていた。そのことが、唐崎祓いの最大の成果だったと言えるだろう。

4　道綱、鷹を空に放つ

『蜻蛉日記』中巻の世界へ、ようこそ。

本章では、『蜻蛉日記』の中でも広く知られている名場面を味読する。道綱が、大切に飼育していた鷹を空に解《と》き放って、母親への強い愛情を示す箇所である。

作者は、相変わらず、兼家の訪れの少なさに苦しんでいる。そんなある日の情景が、生育状況の悪い「稲」をめぐって描かれている。

先つ頃《ころ》、徒然《つれづれ》なるままに、草《くさ》ども繕《つくろ》はせなどせしに、数多《あまた》、若苗《わかなへ》の生《お》ひたりしを、取《と》り集《あつ》めさせて、屋《や》の軒《のき》に当《あ》てて植《う》ゑさせしが、いとをかしう胎《はら》みて、水引《みづまか》せなど、せさせしかど、色付《いろづ》る葉《は》の、滞《なづ》みて立《た》てるを、見《み》れば、いと悲《かな》しくて、

（道綱の母）稲妻《いなづま》の光《ひかり》だに来《こ》ぬ屋隠《やがく》れは軒端《のきば》の苗《なへ》も物思《ものおも》ふらしと見《み》えたる。

庭に、稲の苗を植えたけれども、日光に当たらない軒下だったので、実らなかった、というエピソードである。貴族の屋敷の庭で「稲」を育てるのは、珍しい。

先日、と言っても、夏の初めのことだが、兼家の訪れも絶えて、所在が無かったので、作者は、庭の草花の手入れをした。すると、どこから種がこぼれ落ちたのか、稲の苗が、たくさん生《は》えているのに気づいた。あちこちに、分散して生えていたので、一か所に集めさせた。

植え直したのは、ほかに適当な場所が無かったので、屋根の軒下だった。かわいらしい蕾《つぼみ》もでき、

水をたくさん与えさせたりして、作者は収穫を楽しみにしていた。

ところが、ある日気づいてみたら、葉は変な色に黄ばみ、実《み》の付き方がひどく悪くて、立ち枯れそうになっていたのである。悲しくなった作者は、歌を詠んだ。


稲妻《いなづま》の光《ひかり》だに来《こ》ぬ屋隠《やがく》れは軒端《のきば》の苗《なへ》も物思《ものおも》ふらし

「雷《かみなり》」のことを「いなづま」と言う。この場合の「つま」は、夫という意味である。つまり、「いなづま」は、稲の夫なのだ。夫である稲妻の光を浴びると、妻である稲が胎《はら》んで実が稔ると、古代人には信じられていた。

作者の家では、夫の兼家が姿を現さないので、妻の作者も、しょんぼりして、生き甲斐を見失っている。軒の下に植えた稲も、夫である雷の光が届かないので、生気を無くしている。作者は、稔らない秋の稲に、夫から飽きられた自分自身の不毛な人生を投影させて、歌を詠んだのである。

この場面は、『古今和歌集』の小野小町の歌に通じる悲しみを歌っている。


秋風に遭《あ》ふ田《た》の実《み》こそ悲しけれ我《わ》が身空《みむな》しく成《な》りぬと思へば

小町は、実のない稲穂《いなほ》に、この歌を結び付けて、不実な男のもとに贈ったと、詞書《ことばがき》では説明されている。「田《た》の実《み》」は、田んぼに稔る稲の実と、男の訪れを女が期待して待つ「頼み」の掛詞。「我《わ》が身《み》空《むな》しく」の部分には、「我が身」、つまり自分自身と、稲の「実」が掛詞になっている。男に「飽き」られた女の心の空しさを、「秋」になっても稔らない稲穂に喩えているのだ。

さて、作者と兼家は、どういう日々を送っていたのだろうか。ある日の二人の「心のすれちがい」を、読んでみよう。

文《ふみ》、有《あ》り。（兼家）「文《ふみ》、物《もの》すれど、返《かへ》り事《ごと》も無《な》く、はしたな気《げ》にのみ有《あ》ンめれば、慎《つつ》ましくてなむ。『今日《けふ》も』と思《おも》へども」などぞ有《あ》ンめる。此彼《これかれ》、唆《そそのか》せば、返《かへ》り事《ごと》書《か》く程《ほど》に、日《ひ》、暮《く》れぬ。（道綱の母）「未《ま》だ、行《い》きも着《つ》かじかし」と思《おも》ふ程《ほど》に、見《み》えたる。人々《ひとびと》、（女房）「猶《なほ》、有《あ》る様《やう》、有《あ》らむ。つれなくて、気色《けしき》を見《み》よ」など言《い》へば、思《おも》ひ返《かへ》してのみ有《あ》り。（兼家）「慎《つつし》む事《こと》のみ有《あ》ればこそ有《あ》れ、更《さら》に、（兼家）『来《こ》じ』となむ我《われ》は思《おも》はぬ。人《ひと》の気色《けしき》ばみ、曲々《くせぐせ》しきをなむ、奇《あや》しと思《おも》ふ」など、心無《うらな》く、気色《けしき》も無《な》ければ、気疎《けうと》く覚《おぼ》ゆ。

ここには、和歌は含まれていない。散文でしか書けない、人間の心の領域があるからだろう。人間関係のもつれを、散文でありのままに書き記すのは、『蜻蛉日記』が発見した新しい文学手法だった。その手法は、王朝物語文学だけでなく、近代の小説にも通じている。

「ボタンの掛け違い」という言葉がある。一度、ボタンを掛け間違えると、その後もずっと違ってしまい、最後の最後になって、ボタンを間違って掛けていたことに気づくけれども、もう最初からはやり直せない。

作者と兼家は、いつから、どこで、心のボタンを掛け違えたのだろうか。そのことを、『蜻蛉日記』の作者は、散文を書き綴りながら、考え続けるのである。

それでは、文章の意味を確認しながら、作者の心の中を覗き込むことにしよう。

「文《ふみ》、有《あ》り」。兼家から、手紙が届いた。その手紙には、これまで、彼が直接の訪問をせず、手紙も出さなかったことの言い訳が、書いてあった。

「文《ふみ》、物《もの》すれど、返《かへ》り事《ごと》も無《な》く、はしたな気《げ》にのみ有《あ》ンめれば、慎《つつ》ましくてなむ」。私から、あなたに手紙を書いても、あなたからは返事も来ないじゃないですか。あなたの態度は、「はしたな気《げ》」、私が取り付く島もないほどに冷たいものだったので、私としても手紙を書くのも、ためらわれたのだよ。

兼家は、二人の関係が冷却化した原因は、作者の側の態度にある、と言っている。

兼家の手紙には、「『今日《けふ》も』と思《おも》へども」、とも書いてあった。「『今日も、行かむ』と思へども」という意味である。手紙では埒《らち》があかないから、直接会って誤解を解きたいのだけれども、例によって、取り付く島もないような態度を、あなたがするだろうと予想されるので、あまり気が進まない、というのである。ここでも、兼家は、作者の側に、二人の関係がギクシャクした原因がある、と決めつけている。

作者は、当然、カチンと来た。そこで、返事を書こうとはしなかった。「此彼《これかれ》、唆《そそのか》せば、返《かへ》り事書《ごとか》く程《ほど》に、日《ひ》、暮《く》れぬ」。「此彼《これかれ》」は、作者に仕えている女房たち。彼女たちは口々に、作者に兼家への返事を書け、と勧める。兼家が来なくなると、女房たちまで、経済的に干上《ひあ》がってしまうからである。だから、作者に、「そんなにお高く止まっていないで、少しは下手《したて》に出たほうがよいですよ」と、意見したのである。作者は、渋渋《しぶしぶ》、書きたくない手紙を書いているうちに、日が暮れた。

ところが、意外な成り行きで、兼家がやってきた。「『未《ま》だ、行《い》きも着《つ》かじかし』と思《おも》ふ程《ほど》に、見《み》えたる」。兼家は作者の手紙を読んでいないようなので、作者の書いた手紙が、功を奏したのではない。気ままな兼家が、たまたま足を運んだだけなのだ。

女房たちは、作者に、またまた助言する。「猶《なほ》、有《あ》る様《やう》、有《あ》らむ。つれなくて、気色《けしき》を見《み》よ」。兼家様の足が、最近、めっきり遠退《とおの》いたのにも、今夜、たまたま、ここを訪れたのにも、それぞれ、しかるべき理由があるのですから、何げないふりをして、兼家様の心に、さぐりを入れたら、いかがでしょうか。

それに対する作者の反応が、「思《おも》ひ返《かへ》してのみ有《あ》り」。もし、女房たちの助言が無かったならば、作者は、兼家に対して、ふだんから思っていることを、言葉の礫《つぶて》にしてぶつけたはずである。けれども、ここは、ぐっと我慢することにして、黙っていた。兼家に、しゃべらせて、その言葉から、彼の本心を知ろうとしたのだろう。

ところが、兼家は、したたかな男である。そう簡単には尻尾《しっぽ》を出さない。訪れが減った理由を、説明しただけだった。

「慎《つつし》む事《こと》のみ有《あ》ればこそ有《あ》れ」。ここのところ、ずっと物忌《ものいみ》だったので、外出できない日が続いていたのだよ。「更《さら》に、（兼家）『来《こ》じ』となむ我《われ》は思《おも》はぬ」。私は、ねえ、絶対に、この家に「来《き》たくない」などとは思っていませんよ。「人《ひと》の気色《けしき》ばみ、曲々《くせぐせ》しきをなむ、奇《あや》しと思《おも》ふ」。だから、今夜、ここに、こうやって足を運んだわけなんだけれども、何か、あなたの様子が、変だね。何だか、私に対して、ぷりぷりしているじゃないか。何を、そんなに、すねているのかな。もっと、素直な女に、なりなさいよ。

兼家は、言いたい放題である。聞いている作者の心には、むくむくと反発心が湧き上がる。

「心無《うらな》く、気色《けしき》も無《な》ければ、気疎《けうと》く覚《おぼ》ゆ」。「心無《うらな》し」は、さばさばして、含むところがない様子のこと。意訳すると、兼家が、ずけずけ、ずばずばと、作者の聞きたくないことを口にした、ということである。「気色《けしき》も無《な》ければ」。作者が兼家に対して、「気色ばんでいる」のとは対照的に、兼家は本心を隠すこともなく、上機嫌だった。

作者は、兼家という男の人間性が、恐ろしくなってきた。この男は、私がこんなに悲しくて、こんなに苦しんでいるのに、どうして、こんなにもつまらない言葉をぺらぺらしゃべり、楽しそうに笑っていられるのだろうか。作者の兼家に寄せる気持ちが、「気疎《けうと》し」である。疎《うと》ましい、ぞっとする、不吉である、などというニュアンスである。

もう二人の心の距離は、離れてしまっているのだろう。

兼家は、その夜は、一緒に過ごし、翌朝、帰っていった。その場面も読もう。

翌朝《つとめて》は、（兼家）「物《もの》すべき事《こと》の有《あ》ればなむ。今《いま》、明日《あす》、明後日《あさて》の程《ほど》にも」など有《あ》るに、真《まこと》とは思《おも》はねど、（兼家）「思《おも》ひ直《なほ》るにや有《あ》らむ」と思《おも》ふべし、（道綱の母）「もし、将《はた》、此《こ》の度許《たびばか》りにや有《あ》らむ」と心見《こころみ》るに、漸《やうや》う、また、日数《ひかず》、過《す》ぎ行《ゆ》く。（道綱の母）「然《さ》ればよ」と思《おも》ふに、有《あ》りしよりも異《け》に、物《もの》ぞ悲《かな》しき。

近代小説にも通じる心理分析が、ここにはある。

作者の心の中に入ってゆこう。まず、作者は、朝、家を出てゆく兼家の言葉を聞かされた。「『物《もの》すべき事《こと》の有《あ》ればなむ。今《いま》、明日《あす》、明後日《あさて》の程《ほど》にも』など有《あ》るに」。古文の「物《もの》す」は、さまざまな動詞の代わりをする。英語の「do」と、似ている。ここでは、「いろいろとしなくてはならない用事があるので、今日は失礼するよ。すぐに、そうだな、明日《あした》か、明後日《あさって》にでも、来るつもりだ」という意味になる。

この言葉を聞いた作者の率直な気持ちが、「真《まこと》とは思《おも》はねど」、である。あれほど足の遠退《とおの》いていた兼家が、今日に続いて、明日《あす》か明後日《あさって》に、続けざまに来ることがあるだろうか、という疑問である。

その次の文章が、いささかわかりにくい。

「『思《おも》ひ直《なほ》るにや有《あ》らむ』と思《おも》ふべし」。私がこの文章を初めて読んだ時には、「思ひ直る」の主語は作者で、「と思ふべし」の主語は兼家だと理解した。兼家は、よそで自分が愛人を作っていることに、作者が立腹しているので、作者と逢っていても面白くなく、足が遠退いている。けれども、昨夜は、作者のほうで我慢して、嫌みの一言も口にしなかった。そこで、兼家は、作者の嫉妬心が収まったものと考え、また、近いうちに来るよ、と上機嫌で言ったのだろう。

ところが、この文章には、別の解釈もできる。「『思《おも》ひ直《なほ》るにや有《あ》らむ』と思《おも》ふべし」。「思ひ直る」の主語を兼家、「と思ふべし」の主語を作者とするのが、意外なことではあるが、現在では有力なのである。この立場に立つと、「明日か明後日《あさって》にも来るよ」と兼家が言ったのは、「これまで私に対して冷淡だったあの人が、心を改めて、私への愛情を復活させつつあるのではないかと、その時の私は楽観的に考えたのであろう」、という意味になる。作者が、兼家の言葉を聞いた時点の自分自身の心を思い出している、とするのだ。

どちらにも取れるけれども、最初に述べた読み方で良いと、私は考える。あの人は、私のご機嫌が直って、「嫉妬しない女」になってくれたと思っているようだが、どうしてどうして、私という人間は、そんな、男にとって都合の良い女ではない、という作者のプライドが籠《こ》められている。

けれども、作者は、そう思った直後に、弱気になってしまう。「もし、将《はた》、此《こ》の度許《たびばか》りにや有《あ》らむ」。自分が妥協することなく、自分の生き方を貫いたならば、あの人は、もう二度と、この家に来てくれないかもしれない。そう思って、兼家の様子を、なおも観察していた。

「また、日数《ひかず》、過《す》ぎ行《ゆ》く」。すると、再び、兼家が来ない日が、続いたのだった。作者は、「然《さ》ればよ」、思った通りだ、と兼家の愛情の薄さに、とことん失望した。「有《あ》りしよりも異《け》に、物《もの》ぞ悲《かな》しき」。これまで以上に、絶望的な気持ちに、落ち込んでしまったのである。

そして、いよいよ、道綱が鷹を空に放つ場面になる。この緊迫した場面は、一気に読みたい。

熟々《つくづく》と思《おも》ひ続《つづ》くる事《こと》は、（道綱の母）「猶《なほ》、如何《いか》で、心《こころ》として、死《し》にもしにしがな」と思《おも》ふより他《ほか》の事《こと》も無《な》きを、唯《ただ》、此《こ》の、一人《ひとり》有《あ》る人《ひと》を思《おも》ふにぞ、いと悲《かな》しき。
（道綱の母）「人《ひと》と為《な》して、後《うし》ろ易《やす》からむ妻《め》などに預《あづ》けてこそ、死《しに》も心安《こころやす》からむ」とは思《おも》ひしか、（道綱の母）「如何《いか》なる心地《ここち》して、流離《さすら》へむずらむ」と思ふに、猶《なほ》、いと死《し》に難《がた》し。（道綱の母）「如何《いか》がは、せむ。容貌《かたち》を変《か》へて、世《よ》を思《おも》ひ離《はな》るやと心見《こころみ》む」と語《かた》らへば、未《ま》だ深《ふか》くも有《あ》らぬなれど、いみじう、噦《さく》りも、よよと泣《な》きて、（道綱）「然《さ》、成《な》り給《たま》はば、麿《まろ》も、法師《ほふし》に成《な》りてこそ有《あ》らめ。何《なに》せむにかは、世《よ》にも交《ま》じろはむ」とて、いみじく、よよと泣《な》けば、我《われ》も、え堰《せ》き敢《あ》へねど、いみじさに、（道綱の母）「戯《たはぶ》れに、言《い》ひ成《な》さむ」とて、（道綱の母）「然《さ》て、鷹飼《たかか》はでは、如何《いか》が、し給《たま》はむずる」と言《い》ひたれば、やをら、立《た》ち走《はし》りて、し据《す》ゑたる鷹《たか》を、握《にぎ》り放《はな》ちつ。

見《み》る人《ひと》も、涙《なみだ》、堰《せ》き敢《あ》へず。増《ま》して、日《ひ》、暮《く》らし難《がた》し。心地《ここち》に覚《おぼ》ゆる様《やう》、

（道綱の母）争《あらそ》へば思《おも》ひに侘《わ》ぶる天雲《あまぐも》に先《ま》づ逸《そ》る鷹《たか》ぞ悲《かな》しかりける

とぞ。

日《ひ》、暮《く》るる程《ほど》に、文《ふみ》、見《み》えたり。（道綱の母）「天下《てんげ》の空言《そらごと》ならむ」と思《おも》へば、（道綱の母）「唯今《ただいま》、心地《ここち》悪《あ》しくて。漸々《やうやう》は」とて、遣《や》りつ。

この場面には、和歌が含まれている。緊迫した場面の結びに、和歌が詠まれることで、物語性を帯び、全体が抒情的に書き納められている。そのためもあって、この場面は読者に大きな感動を与えてきたのだろう。散文と和歌の関係について、さまざまな思索に誘われる。

それでは、少しずつ、文脈を読みほどいてゆこう。

「熟々《つくづく》と思《おも》ひ続《つづ》くる事《こと》は、(道綱の母)『猶《なほ》、如何《いか》で、心《こころ》として、死《し》にもしにしがな』と思《おも》ふより他《ほか》の事《こと》も無《な》きを」。絶望の底に沈んでいる作者の考えは、どうしても悲観的なものになる。自分は、兼家とやり直したい気持ちも少しはあったが、それは不可能なようである。そうなると、自分は、やはり、この世に生きていないほうがよいのではないか。いや、自分のような人間は、自分の意志で、死ぬことを心から願うべきなのではないか。「死にもしにしがな」。死んでしまいたい。この言葉の強さに、読者はたじろぐ。そこまで、作者は追い詰められていたのだ。

けれども、作者には、死ぬに死ねない「絆《ほだし》」があった。「唯《ただ》、此《こ》の、一人有《ひとりあ》る人《ひと》を思《おも》ふにぞ、いと悲《かな》しき」。今、目の前にいる、たった一人しかいない、我が子・道綱の存在が、母親である作者には心残りなのである。

道綱は、数えの十六歳。まだ、元服も済ませていない。当然、結婚もしていない。

作者は、自分が今死んだならば、天涯孤独の身の上になるであろう道綱が、不憫《ふびん》でならない。しかも、自分が「夫から愛されない妻」であるように、道綱も、「父親から愛されない息子」なのである。思い合わされるのが、『源氏物語』の宇治十帖の親子関係である。八の宮は、妻に先立たれた後、二人の娘を育てている。この二人の娘が、八の宮の「絆《ほだし》」なのだ。大君と中の君という、二人の娘の存在ゆえに、八の宮は出家もできなかったし、安心して臨終を迎えることができない。そこで、八の宮は、自分が亡き後の娘たちの未来を、薫という若者に託した。

その際に、八の宮は、「後に残すのが男の子であれば、これほど親の心は乱れないでしょう。娘だから、心配でたまらないのです」と語っている。宇治十帖の読者は、八の宮の言葉を、その通りだと納得する。

けれども、『蜻蛉日記』のこの場面を読めば、後に残されるのが男の子であっても、先立つ親、特に母親の心配が大きいことを納得できる。

『蜻蛉日記』に戻ろう。

「人《ひと》と為《な》して、後《うし》ろ易《やす》からむ妻《め》などに預《あづ》けてこそ、死《しに》も心安《こころやす》からむ」。「妻《め》」は、妻《つま》のこと。後に残る（残す）者の未来が心配であれば「うしろめたし」、安心であれば「うしろやすし」である。

作者は、道綱が元服して妻を娶《めと》った後でならば、自分は安心して、この世を去れる、と思った。でも、現実は、そうではないのだから、安心して死ぬことなどできない。

「『如何《いか》なる心地《ここち》して、流離《さすら》へむずらむ』と思ふに、猶《なほ》、いと死《し》に難《がた》し」。自分に死に遅れた我が子は、父親の兼家が頼りにならないので、ひとりぼっちで、この世の中を、どのように生きてゆくのだろうか。「流離《さすら》へむずらむ」。どういうふうに、厳しい政治の世界を、後ろ盾《うしだて》もなしに、漂流してゆくのだろうか。そう思うと、作者は、死ぬに死ねないのである。

我が子の存在ゆえに、自分はまだ死ねないと悟った作者は、次善の策として、出家して尼になろうか、とも思った。目の前に道綱がいたので、作者は、出家のことをほのめかした。「『如何《いか》がは、せむ。容貌《かたち》を変《か》へて、世《よ》を思《おも》ひ離《はな》るやと心見《こころみ》む』と語《かた》らへば」。「ねえ、お前。母さんは、どうしたら良いかしらねえ。思い切って、出家して尼になって、この世の中への未練が断ち切れるかどうか、試してみようかしら」などと、道綱に語りかけた。

道綱は、十六歳。現代人から見れば、立派な大人なのだが、『蜻蛉日記』の作者から見たら、まだ「幼き人」である。「未《ま》だ深《ふか》くも有《あ》らぬなれど」。世の中の仕組みや、男と女のすれ違いなど、大人の世界の出来事には詳しくない道綱ではあるが、それでも母親の抱えている悲しみは、十分に理解できた。おそらく、作者の気配から、よほど思い詰めたものを感じ取ったのだろう。

「いみじう、嘖《さく》りも、よよと泣《な》きて」。「嘖《さく》りも、よよと」は、激しく泣く、という意味の慣用句。「さくり」の本来の意味は「しゃっくり」のことで、しゃくり上げながら、息ができないほどに噎《むせ》びつつ、ひっくひっくと泣きじゃくる様子をも表す。

道綱は、泣くのが一息ついた頃に、言葉を口にした。「然《さ》、成《な》り給《たま》はば、麿《まろ》も、法師《ほふし》に成《な》りてこそ有《あ》らめ。何《なに》せむにかは、世《よ》にも交《ま》じろはむ」。そう言ったあとで、再び、「いみじく、よよと」、泣きじゃくったのだった。

「然《さ》、成《な》り給《たま》はば」の「然《さ》」は、「尼」を指す。お母さんが、今、おっしゃったように、尼姿になってしまわれるのでしたら、この私にも覚悟があります。「麿《まろ》も、法師《ほふし》に成《な》りてこそ有《あ》らめ」。「麿《まろ》」は一人称。僕も、出家して法師になるからね。そして、尼になったお母さんと一緒に、修行して暮らすんだ。

「何《なに》せむにかは、世《よ》にも交《ま》じろはむ」。どういう希望や生き甲斐があって、世知辛《せちがら》い俗世間で、一人で生き続けられるでしょうか。お母さんがいなければ、僕は、こんな人生なんか、送りたくないんだ。お母さんに喜んでもらおうと思って、僕も精一杯がんばって、何とか生きているんだからね。

作者は、我が子の思い詰めた言葉を聞いて、びっくりした。「我《われ》も、え堰《せ》き敢《あ》へねど」。作者は、自分の悲しみに加えて、我が子の悲しみまで抱え込んでしまい、我が子と一緒に泣くことしかできない。

そのうち、自分が尼になると言ったから、道綱が自分の未来を思い詰めたのだと気づいた。そこで、「戯《たはぶ》れに、言《い》ひ成《な》さむ」と、作者は考えた。「さっきの言葉は、冗談よ。本気にしなくてもよいのよ。

だから、泣くのはお止めなさい」と、なだめにかかったのである。

作者は、道綱の口にした、「僕も出家して、法師になる」という言葉を、取り消させるには、道綱が出家できない理由を示せば良い、と思いついた。

「『然《さ》て、鷹飼《たかか》はでは、如何《いか》が、し給《たま》はむずる』と言《い》ひたれば」。道綱は、鷹を飼っていたのである。それも、大切に飼育していたようだ。

平安時代の男性貴族は、鷹狩を好んだ。『伊勢物語』の第一段は、「昔、男、初冠《うひかうぶり》して、奈良の京《きやう》、春日《かすが》の里に、領《し》る由《よし》して、狩《かり》に去《い》にけり」という文章で始まっている。この「狩《かり》に去《い》にけり」は、鷹狩に出かけた、という意味である。それほど、鷹狩は、男性貴族たちに愛好されていた。鷹は肉食だから、与える餌《えさ》も生き物の肉ということになる。

仏教では、生き物の命を奪う「殺生《せっしょう》」を戒めているので、道綱が出家したならば、鷹を飼うことはできない。道綱の母は、そこを突いたのである。

「ところで、ねえ、お前は、鷹狩りが大好きで、この家でも大事に鷹を飼っているでしょう。出家して僧侶になったならば、生き物を大切にしなくてはなりませんから、もう鷹を飼えないのですよ。鷹を飼えなくなったら、お前の楽しみが、何一つなくなってしまうのよ。それでも、いいのかしら」。

作者が予想したのは、「そうだね。うっかりしていて、気づかなかったよ。僕は鷹が大好きだから、鷹を飼うのを止《や》められないや。だから、出家するのも思い留《とど》まるよ」という返事だった。けれども、道綱が取った行動は、作者の予想もできないことだった。

「やをら、立《た》ち走《はし》りて、し据《す》ゑたる鷹《たか》を、握《にぎ》り放《はな》ちつ」。「やをら」は、そっと、という意味だが、ここでは、「一言も言わず、黙って」くらいのニュアンスだろう。

道綱は、すっと立ち上がり、小走りに走って行く。庭に、鷹を飼育する小屋が建ててあり、そこの止まり木に、鷹が紐か縄で繋がれていたのだろう。その小屋まで走って行って、拳《こぶし》に乗せて、紐を解き放った。縛めを解かれた鷹は、大空へと飛び去っていった。作者たちは、道綱の後ろ姿を、ずっと母屋の部屋の中から眺めていた。

道綱は、自分の最も大切な宝物である「鷹」を、空に放った。手放したのである。その代わりに、母親と一緒に暮らし続けるという、もっと大きな幸福を手に入れようとした。尼になる母親と一緒に暮らすには、どんな大切なものであっても、喜んで捨てよう、という決意表明である。

「見る人《ひと》も、涙《なみだ》、堰《せ》き敢《あ》へず」。作者と道綱の、行き詰まるやりとりを、傍《はた》で見ていた女房たちも、思わず、もらい泣きをした。「増《ま》して、日《ひ》、暮《く》らし難《がた》し」。「増して」、道綱の母親である作者は、女房たち以上に、胸に迫るものがあって、一日じゅう、落ちつかない気持ちで過ごしたのだった。

ここで、作者の和歌が、挿入されている。

（道綱の母）争《あらそ》へば思《おも》ひに侘《わ》ぶる天雲《あまぐも》に先《ま》づ逸《そ》る鷹《たか》ぞ悲《かな》しかりける

初句の「争へば」は、誰と誰が争うのだろうか。直前では、作者と道綱が、母と子で、「出家する、しない」で、ちょっとした争いごとをしていた。けれども、大きな状況としては、兼家と作者の夫婦関係がうまくいっていないことがある。だから、「争へば」は、作者と兼家の関係がもつれているので、という意味だと思われる。

「思ひに侘《わ》ぶる」。兼家との関係をずるずる続けるのが苦しくて、作者が困っている、という状況である。

「天雲《あまぐも》に先《ま》づ逸《そ》る鷹《たか》ぞ悲《かな》しかりける」。「天雲《あまぐも》」の「あま」は、「空」という意味の「天《あま》」と、作者が出家して「尼」になることの掛詞。「逸《そ》る鷹《たか》」の「そる」は、出家に際して髪の毛を「剃る」ことと、空に放たれた鷹が、思わぬ方向に飛び去ってゆくという意味の「逸《そ》る」との掛詞。

自分は、夫婦関係に絶望して、尼になろうかと思っている。すると、我が子の道綱までが、髪の毛を剃ると言いだし、その手始めに、飼育していた鷹を空に解き放った。それが、悲しい、というのである。我が子を、そこまで追い詰めたことが、作者には悲しかったのだろう。

そんなことがあった日に、兼家からの手紙が届いた。「日《ひ》、暮《く》るる程《ほど》に、文《ふみ》、見《み》えたり」。暗くなってから、届いた手紙には、何が書いてあったのだろうか。おそらく、「今夜は、物忌《ものいみ》なので、来られない。明日《あす》か、明後日《あさって》には、必ず行くから、そのつもりで」というような、内容だったのだろう。作者は、「天下《てんげ》の空言《そらごと》ならむ」、兼家の言葉は、徹頭徹尾、嘘だ、と見抜いている。今夜、来られない理由も、嘘。明日《あす》は来るという約束も、嘘。あの人は、私には嘘しか、つかない。

けれども、作者は、返事だけは、することにした。「唯今《ただいま》、心地悪《ここちあ》しくて。漸々《やうやう》は」。このあたり、『蜻蛉日記』の本文は、大変に混乱している。最後の「漸々《やうやう》は」という部分を、消してしまう説まである。いずれにしても、「今は、気分がよくないので、返事できません。そのうち、返事します」という、素《そ》っ気《け》ない返事を、兼家に贈ったのだった。

それでは、この名場面を、現代語訳で、通して読んでおこう。

《自分という人間に相当な自信を持っており、自分という人間が他人から愛されることにも自信を持っていた私でも、兼家殿との関係が、どうにも修復不可能であることを、認めないわけにはいかなくなった。私という人間の居場所は、「藤原兼家の妻」ではなかったのだ。そうなってみると、私という人間の居場所が、かつては無限大に大きいと感じられていた広い世の中の、どこにも存在しないことが、痛いほどにわかってきた。

私は、死を思い始めた。そうなっても、私にはプライドがある。運命に追い詰められて死ぬのは、みじめである、死にたくないなどと逃げ回って、けれども、ほかにどうしようもなくなって、仕方なく死んでゆくような、情け無い死に方は絶対にしたくなかった。

自分の意志で、人間としての尊厳に満ちた死を主体的に選びたいものだと、そのことばかりを思うようになった。夫から捨てられて、みじめな死に方をするのではなく、夫を捨て、夫によってみじめなものにさせられた自分の人生をも潔く捨ててしまう、そういう潔い死を、私は求め続けた。

けれども、ただ一つだけではあるが、私が捨てられないものが存在し、そのことが、死を思う私を苦しめ始めた。私の生んだ、たった一人の男の子、道綱である。道綱のことが脳裏をちらとよぎっただけで、人生を捨てようという私の決心が、鈍《にぶ》ってしまう。私の唯一の弱点は、道綱だった。最も愛する我が子が、私の「美しい死」を妨げている。何と、悲しいことだろう。

現在、十六歳の道綱は、まだ元服も済ませていない。むろん、妻など、いるはずもない。早く元服させ、婚姻させて、しっかりした妻に彼の将来をすべて任せられるのならば、私は安心して、この世から去ってゆける。でも、それは、いったい何年先になるのだろうか。その前に、私が自分の魂の救済だけを求めてあの世に赴いたならば、道綱はどんなにか孤独に、よるべのない生き方をしながら、蜻蛉《かげろう》という虫のように浮遊し続けねばならないことだろうか。そう思い至ると、私の胸は締めつけられ、まだ死ぬわけにはいかないと、生の世界へと踵《きびす》を返すのだった。

私は思った。「死なないのならば、次善の策として、出家して尼になるのはどうだろう。そうすれば、私は、兼家殿の妻という、救いようのない地獄から、逃れられるかもしれない。そうだ。出家しよう」。その時、たまたま目の前に、私を苦しめる、最愛の道綱がいた。それで、思っていることを、口にしてみた。

すると、大人の世界のことや、男と女のややこしい関係など、道綱はわかるはずはないのに、私が向かい合っている人生の断崖絶壁を、はっきりと感じ取ったのだろう。しゃっくりをしながら、大声を上げて泣きじゃくり始めた。

やっと、一息ついた道綱は、「お母さんが、もしも、その綺麗な髪をお切りになって、尼君になられるのならば、この僕も、一緒に髪を剃って、法師になります。僕だって、こんなつまらない世の中に、いつまでも生きていたくはないんです。お母さんと一緒にいて、仏様にお仕えしたいと思います」と言うではないか。そこまで、喘《あえ》ぎ喘《あえ》ぎ言うや、再び、嗚咽《おえつ》し始めた。

私は、心の中では大泣きしても、人の前では涙を見せないことを、信条にしてきた。けれども、さすがに、涙を堪《こら》えきれずに、泣いてしまった。

私は、この愁嘆場《しゅうたんば》を、どうにか終わらせたくて、良いことを思い付いた。道綱の出家願望に水を差し、彼がどうしても出家できないようにすれば、涙の連鎖反応を断ち切れる。そして、「今のは冗談よ」と、笑い話に変えてしまえる。

道綱は、童殿上《わらわてんじょう》を始めてから、急速に大人びてきており、目下のところは、鷹狩に夢中である。鷹狩で使う鷹も、庭に小屋を作って飼育しており、自分で餌をあげたりして可愛がっている。その餌は、小さな動物の肉である。私は、ふだんから、殺生《せっしょう》を好まないので、そのことを快からず思っていた。それを話題にしようと、思い付いたのである。

「ねえ、道綱。お前は、鷹を飼っていますね。そして、鷹に、餌をあげると言っては、小さな動物の命を奪っていますね。仏様は、生き物の命を奪うことを、厳しく戒めておられます。だから鷹を飼っているお前は、出家することを許してもらえません。出家したいなどと口にするのは、止《や》めましょうね」。

すると、道綱が、私の予想もつかない行動に出たのには、心底、驚かされた。道綱は、床《ゆか》に俯《うつぶ》して、泣いていたのに、むっくり起き上がった。黙って、小走りに部屋を出て行った。どこに行くのかと、目で道綱のあとを追うと、庭に作ってある鷹の飼育小屋だった。逃げないように、止まり木に綱で縛ってあった鷹に近づくや、拳《こぶし》の上に乗せ、道綱は、綱を切った。

その瞬間、鷹は勢いよく舞い上がり、大空のかなたへと、飛び去って行った。

一部始終を見ていた女房たちも、道綱の断固とした行動に言葉を失い、やがて、彼が母親を思う心の強さに心打たれ、泣き始めた。母親である私が、悲しくないはずはない。そして、嬉しくないはずはない。

ああ、私は、この子を捨てられない。道綱は、鷹を捨ててまで、私を選んでくれた。その道綱を捨てて、自分だけの心の平安を求めることは、できない。

こんなことがあったあと、私は、一日中、しょんぼりして暮らした。心に浮かんできた思いを、歌にしてみた。

（道綱の母）争《あらそ》へば思《おも》ひに侘《わ》ぶる天雲《あまぐも》に先《ま》づ逸《そ》る鷹《たか》ぞ悲《かな》しかりける

（私は、ともすれば道綱のことを忘れてしまい、夫の兼家殿との心のすれ違いで、頭を悩まし、途方に暮れてしまう。その苦しみから逃れようと、「尼《あま》」となつて、大空を漂う「天《あま》」雲のように、自由を手に入れたかった。そのことを口にしたら、聞いていた道綱が、まず、髪を「剃《そ》る」のは僕だ、僕も法師となって、尼になったお母さんと一緒に暮らします、と言うではないか。しかも、殺生を戒める仏の道に入るために、これまで可愛がっていた鷹を放って、捨ててしまう行動に出た。鷹は、束縛を解かれて、「逸《そ》る」ように、天雲《あまぐも》のかなたに飛び去っていた。道綱の覚悟は、私の心の奥底を、激しく揺さぶった。）

夜《よる》が更《ふ》けてから、あの人の手紙が来た。私と道綱は、「真《まこと》」の世界に生きているが、兼家殿は「空《そら》事《ごと》」の世界、偽りの世界に生きている。そんな手紙などは、読むに値しない。「目下の所、具合がよ

くありませんで、お返事を書くことができません。そのうち、おいおい、お返事します」と、返事だけはしておいた。》

『蜻蛉日記』の作者も、藤原兼家という夫の束縛を断ち切って、大空の遙か向こうまで、自由を求めて飛んでいきたかったことだろう。

縄につながれていた鷹は、道綱が解き放った。けれども、『蜻蛉日記』の作者が兼家から自由になって出家することを妨害しているのが、ほかならぬ道綱なのだった。

5　石山詣で・その一

『蜻蛉日記』中巻の世界へ、ようこそ。

本章と次章で、作者が石山寺に詣《もう》でる場面を読みたい。本章は、都を出て石山寺に到着し、観音様にお祈りをするまでを鑑賞する。

作者は、「夫の足が遠のいている」という状態に苦しんでいる。

この時期、兼家は、政治の世界で活躍していた。それと当時に、彼の女性関係も活発になっていた。そのあたりの事情を記した箇所がある。

斯《か》くてのみ思《おも》ふに、（道綱の母）「猶《なほ》、いと奇《あや》し。（世間の噂）『珍《めづら》しき人《ひと》に、移《うつ》りて』なども無《な》し。俄《にはか》に、斯《か》かる事《こと》」を思《おも》ふに、心延《こころば》へ、知《し》りたる人《ひと》の、（女房A）「失《う》せ給《たま》ひぬる小野《をの》の宮《みや》の大臣《おとど》の御召人《おんめしうど》ども、有《あ》り。此《これ》らをぞ、思《おも》ひ掛《か》くらむ。近江《あふみ》ぞ、奇《あや》しき事《こと》など有《あ》りて、色《いろ》めく者《もの》なンめれば、（兼家）『其《そ》れらに、此処《ここ》に通《かよ》ふと知《し》らせじと、予《かね》て断《た》ち置《お》かむ』とならむ」と言《い》へば、聞《き》く人《ひと》、（女房B）「いでや、然《さ》らずとも、彼《かれ》ら、『いと心易《こころやす》し』と聞《き》く人《ひと》なれば、何《なに》か、然《さ》、態々《わざわざ》しう、構《かま》へ給《たま》はずとも有《あ》りなむ」などぞ言《い》ふ。（女房C）「もし、然《さ》らずは、先帝《せんだい》の皇女達《みこたち》がならむ」と疑《うたが》ふ。

女房たちの口さがない世間話で、兼家の節度のない女性関係があばかれてゆく。ここは、内容を要約して説明しよう。

まず、作者の感じた疑問が書かれている。とにかく、おかしい。「『珍《めづら》しき人《ひと》に、移《うつ》りて』なども無《な》し」。兼家が、新しい愛人を作って入れ揚《あ》げている、という噂は聞いたことがない。けれども、急速に、私への訪れは減少している。なぜだろうか。

そう思っていると、「心延《こころば》へ、知《し》りたる人《ひと》」、世の中の事情に精通している人のことである。世間のゴシップに通じた人が、作者に仕えている女房の中にもいたのだ。彼女がもたらした情報は、具体的だった。

「失《う》せ給《たま》ひぬる小野《をの》の宮《みや》の大臣《おとど》の御召人《おんめしうど》ども、有《あ》り。此《これ》らをぞ、思《おも》ひ掛《か》くらむ。近江《あふみ》ぞ、奇《あや》しき事《こと》」。

「小野《をの》の宮《みや》の大臣《おとど》」は、兼家から見たら伯父《おじ》に当たる藤原実頼《さねより》のこと。彼は、この年の五月に亡くなっている。その直後から兼家の足が遠のいたのだった。

その亡くなった実頼には、「召人《めしうど》」だった「近江《おうみ》」という女がいて、彼女が兼家の新しい愛人ではないか、というのである。「召人」は、女房ではあるものの、主人の愛人でもある女性のこと。『和泉式部日記』では、和泉式部は敦道親王の「召人」として、親王の屋敷に上がったのだった。

「近江」は、藤原国章《くにあき》の娘とする説が有力である。「くにのり」と読む説もある。

近江という女性は、太政大臣の藤原実頼《さねより》の愛人だったあとで、その甥《おい》に当たる兼家の愛人となり、さらには、兼家の長男である道隆《みちたか》の愛人になった。このあたりを捉えて、「色《いろ》めく者《もの》なンめれば」、大変に艶《なまめ》かしく、男好きのする女のようです、という訳知《わけし》りの女房の情報となったのだろう。

その情報をもたらした女房は、「『其《そ》れらに、此処《ここ》に通《かよ》ふと知《し》らせじと、予《かね》て断《た》ち置《お》かむ』とならむ」、と推理した。新しい恋人の機嫌を取るために、『蜻蛉日記』の作者の家に足繁く通うのを止《や》めたいと、兼家様はお考えなのでしょう、という推測である。

それを聞いていた別の女房が、「たかが、実頼様の召人だった女のために、兼家様は、そこまで手の込んだ配慮をしないでしょう。彼女は、大切にしなければならない女ではありません」と、反対意見を述べる。

すると、さらに別の女房が、近江よりも、もっと身分の高い女性のもとに、兼家が通っており、その女性の手前、こちらへの足が遠のいているのではないか、という新しい情報をもたらした。それが、「先帝《せんだい》の皇女達《みこたち》がならむ」という言葉である。「皇女達《みこたち》が中《なか》の、誰《たれ》かならむ」という意味である。

「先帝《せんだい》」は、「せんてい」とも読むが、前の天皇という意味である。現在は、円融天皇の御代《みよ》であるが、ここでは、その前の前の帝である「村上天皇」を指している。『栄花物語』には、兼家が、村上天皇の第三皇女、いわゆる「女三の宮」である保子《やすこ》内親王と男女の関係にあった、と記されている。そのことだと思われる。

噂だけでなく、事実として、兼家は、近江や、村上天皇の皇女と交際していたのである。それが、作者への冷淡な態度になっていた。

女房たちは、気分転換を助言する。

ともあれ、かくもあれ、唯《ただ》、いと奇《あや》しきを、（女房）「入《い》る日《ひ》を見《み》る様《やう》にてのみやは、御座《おは》しますべき。此処《ここ》・彼処《かしこ》に、詣《まう》でなども、し給《たま》へかし」など、唯《ただ》、此《こ》の頃《ごろ》は、異事無《ことごとな》く、明《あ》くれば言《い》ひ、暮《く》るれば嘆《なげ》きて、（道綱の母）「然《さ》らば、いと暑《あつ》き程《ほど》なりとも、実《げ》に、然《さ》、言《い》ひてのみやは」と思《おも》ひ立《た》ちて、（道綱の母）「石山《いしやま》に、十日許《とをかばか》り」と思《おも》ひ立《た》つ。

わかりやすい文章であるが、一つだけ気になる箇所がある。「入《い》る日《ひ》を見《み》る様《やう》にてのみやは、御座《おは》しますべき」という部分である。ぼんやり夕日を眺めているような気分で、毎日を過ごしてはなりません。これは、夕日が沈むのを見て、自分の人生ももう終わりだなと思うような消極的な気持ちを、指《さ》しているのだろう。

そこで、女房たちの勧めに従い、作者は十日ほど、石山寺にお籠《こ》もりしようと決心した。夕日を、もう一度、空の真上まで招き戻すように、自分の人生にも、もう一度輝きを取り戻したかったのである。

近江の国の唐崎《からさき》でのお祓いには、妹が一緒に付いてきた。今回は、彼女を誘わなかった。しかも、唐崎へは牛車で往復したが、今度は、往路を徒歩で歩いて、石山寺を目指すことにした。並々ならぬ作者の覚悟が、感じられる。

それでは、石山寺への旅立ちの場面を読もう。

「忍《しの》びて」と思《おも》へば、姉妹《はらから》と言《い》ふ許《ばか》りの人《ひと》にも知《し》らせず、心一《こころひと》つに思《おも》ひ立《た》ちて、（道綱の母）「明《あ》けぬらむ」と思《おも》ふ程《ほど》に、出《い》で走《はし》りて、賀茂川《かもがは》の程許《ほどばか》りなどにぞ、如何《いか》で聞《き》き敢《あ》へつらむ、追《お》ひて物《もの》したる人《ひと》も有《あ》り。

有明《ありあけ》の月《つき》は、いと明《あ》かけれど、会《あ》ふ人《ひと》も無《な》し。「河原《かはら》には、死人《しにびと》も臥《ふ》せり」と見聞《みき》けど、恐《おそ》ろしくも有《あ》らず。

粟田山《あはたやま》と言《い》ふ程《ほど》に、行《ゆ》き去《さ》りて、いと苦《くる》しきを、打《う》ち休《やす》めば、ともかくも思《おも》ひ分《わ》かれず、唯《ただ》、涙《なみだ》ぞ零《こぼ》るる。（道綱の母）「人《ひと》や見《み》る」と、涙《なみだ》は、つれなし作《づく》りて、唯《ただ》、走《はし》りて、行《ゆ》き持《も》て行《ゆ》く。

賀茂川の河原で、「死人《しにびと》」、放置されたままの死体を見ても、作者はまったく恐れなかった。異様なまでに、彼女の心は高揚していたのである。

意味を、少しずつ確認しよう。「『忍《しの》びて』と思《おも》へば、姉妹《はらから》と言《い》ふ許《ばか》りの人《ひと》にも知《し》らせず、心一《こころひと》つに思《おも》ひ立《た》ちて」。このたびの「石山詣で」は、誰にも知らせたくなかったので、「姉妹《はらから》」、具体的には妹にも知らせずに、「心一つ」、自分一人だけで思い立った、というのである。

「『明《あ》けぬらむ』と思《おも》ふ程《ほど》に、出《い》で走《はし》りて」。作者は、夜《よる》が明けるのを、待ちきれない。「夜が明け始めた」と思った瞬間に、家を出て、一人、旅立った。「出《い》で走《はし》りて」とあるように、走るようにして、歩き始めたのである。

私は、『源氏物語』の浮舟が、宇治川に身を投げようとして、こっそり家を出る場面すら連想する。「出奔」に近い旅立ちだった。

「賀茂川《かもがは》の程許《ほどばか》りなどにぞ、如何《いか》で聞《き》き敢《あ》へつらむ、追《お》ひて物《もの》したる人《ひと》も有《あ》り」。「如何《いか》で聞《き》き敢《あ》へつらむ」を直訳すると、「どうして、私が家を出たことを、十分に聞き知ったのであろうか」という意味。国語辞典には、「ききあう（ききあふ）」の用例として、『蜻蛉日記』のこの場面が載っているものがある。賀茂川のほとりで、従者たちに追いつかれてしまった。作者の一人旅は実現しなかったが、警備してくれる人がいないと女性の一人旅は危険である。

「有明《ありあけ》の月《つき》は、いと明《あ》かけれど、会《あ》ふ人《ひと》も無《な》し」。月が明るかったので、知り合いに会えば、自分の素性を知られる危険性があった。けれども、幸い、誰とも会わなかった。

その次の文章には、ドキッとする。

「『河原《かはら》には、死人《しにびと》も臥《ふ》せり』と見聞《みき》けど、恐《おそ》ろしくも有《あ》らず」。前章は、道綱が鷹を放つ場面を読んだが、そこでも、作者は「死にたい」という気持ちを、はっきりと書いていた。常に、自分の死を意識しているから、他人の死にも、たじろがないのだろう。打ち捨てられた人間の死体が、いくつも転《ころ》がっている河原を、身分の高い女性がすたすたと通り過ぎてゆく情景は、説話文学を連想させるものがある。

「粟田山《あはたやま》と言《い》ふ程《ほど》に、行《ゆ》き去《さ》りて」。三条大橋あたりで賀茂川を渡り、粟田山まで来た。粟田口は、山科《やましな》や大津へ向かう、京都の出入り口である。この「行《ゆ》き去《さ》る」という言葉も珍しい。国語辞典には、『蜻蛉日記』のこの場面が、用例として載っている。

「いと苦《くる》しきを、打《う》ち休《やす》めば、ともかくも思《おも》ひ分《わ》かれず、唯《ただ》、涙《なみだ》ぞ零《こぼ》るる」。徒歩で歩き続けてきたので、疲労が激しい。休息していると、張り詰めていた気持ちが、ふとゆるんで、涙がこぼれ落ちるのだった。

「『人《ひと》や見《み》る』と、涙《なみだ》は、つれなし作《づく》りて、唯《ただ》、走《はし》りて、行《ゆ》き持《も》て行《ゆ》く」。この箇所の本文を、「人《ひと》や来《く》る」とする説もある。作者は、自分が泣いているのを誰にも見られないように、平気な顔をして、再び、走るように、石山寺を目ざした。

私は、作者が「走る女」だった事実に、興味を抱く。古典文学で女性が走る時には、自分から逃げてゆく男を、鬼のような形相で追いかける場合が多い。この時、『蜻蛉日記』の作者も、何かを追いかけていたのだと思う。彼女が追いかけていたのは、自分から逃げていった兼家ではなく、「見失った自分の心の安らぎ」だったように、私には思われる。東へ向かって歩み続ける作者は、「山科《やましな》」まで来た。ここで、夜が完全に明けて、あたりは明るくなった。そして、唐崎へのお祓いの際にも休憩を取った、逢坂山の「走り井」に着いた。

その場面を読もう。

山科《やましな》にて、明《あ》け離《はな》るるにぞ、いと顕証《けんしよう》なる心地《ここち》すれば、「吾《あれ》か人《ひと》か」に覚《おぼ》ゆる。人《ひと》は皆《みな》、遅《おく》らかし、先立《さいだ》てなどして、微《かす》かにて、歩《あゆ》み行《ゆ》けば、会《あ》ふ者《もの》、見《み》る人《ひと》、奇《あや》し気《げ》に思《おも》ひて、ささめき騒《さわ》ぐぞ、いと侘《わ》びしき。

辛《から》うじて、行《い》き過《す》ぎて、走《はし》り井《ゐ》にて、破子《わりご》など物《もの》すとて、幕《まく》、引《ひ》き回《まは》して、とかくする程《ほど》に、いみじく罵《ののし》る者《もの》、来《く》。

（道綱の母）「如何《いか》にせむ。誰《たれ》ならむ。供《とも》なる人《ひと》、見知《みし》るべき者《もの》にもこそ有《あ》れ。あな、いみじ」と思《おも》ふ程《ほど》に、馬《うま》に乗《の》りたる者《もの》、数多《あまた》、車《くるま》、二《ふた》つ三《み》つ、引《ひ》き続《つづ》けて、罵《ののし》りて来《く》。

「若狭《わかさ》の守《かみ》の車《くるま》なりけり」と言《い》ふ。立《た》ちも止《と》まらで、行《ゆ》き過《す》ぐれば、心地《ここち》、和《のど》めて思《おも》ふ。（道綱の母）「哀《あは》れ、程《ほど》に従《したが》ひては、思《おも》ふ事無気《ことなげ》にても、行《ゆ》くかな。然《さ》るは、明《あ》け暮《く》れ、跪《ひざまづ》き歩《あり》く者《もの》、罵《ののし》りて行《ゆ》くにこそは有《あ》ンめれ」と思《おも》ふにも、胸《むね》、割《さ》くる心地《ここち》す。

下種《げす》ども、車《くるま》の口《くち》に付《つ》けるも、然《さ》、有《あ》らぬも、此《こ》の幕近《まくちか》く立《た》ち寄《よ》りつつ、水浴《みづあ》み騒《さわ》ぐ。振《ふ》る舞《ま》ひの、無礼《なめ》う覚《おぼ》ゆる事《こと》、物《もの》に似《に》ず。我《わ》が供《とも》の人《ひと》、纔《わづ》かに、（道綱の母の従者）「あふ、立《た》ち退《の》きて」など言《い》ふめれば、「例《れい》も、行《ゆ》き来《き》の人《ひと》、寄《よ》る所《ところ》とは、知《し》り給《たま》はぬか。咎《とが》め給《たま》ふは」など言《い》ふを見《み》る心地《ここち》は、如何《いか》がは有《あ》る。

若狭の守《かみ》の従者たちが、徒歩で旅をしている女性に対しては遠慮せずに、無礼極まりないのは、人間味を感じさせ、これまた説話のようである。

この部分は、私の現代語訳で読んでおこう。

《私の気持ちとしては、走るように歩き続けたかったのだが、馴れない徒歩《かちある》歩きのために、よちよち・よろよろと滞って、あたりが明るくなった時には、まだ山科《やましな》までしか来ていなかった。姿を窶《やつ》していても、私の姿を見た人には、しかるべき身分の人が、訳《わけ》あって徒歩で旅していると、見抜かれてしまうだろう。そう思うと、かぁ〜っと、頭に血が上《のぼ》って、冷静な判断ができなくなってしまう。だんだん、すれ違う人の目が気になりだし、皆が私の顔を覗き込んでいるような気がし始めた。私は、庶民の一人旅であるというふうに、人々から思われたいので、賀茂川のあたりで私に追いついてきた従者たちを、ある者には先を歩かせ、ある者には遅《おく》れて歩かせして、自分は一人だけで歩き続けた。それでも、すれ違う人々は、私を見ると、ただごとではないと感じるらしく、私のほうを不審そうに眺め、仲間たちと、私の素性をひそひそ話し合っているようなので、困ってしまった。

それでも、何とかやり過ごして、逢坂山の「走り井」まで来た。ここは、一月《ひとつき》前に唐崎までお祓いに出かけた時に、暑さを凌いで、涼んだ場所である。私は、従者たちと、お弁当を使った。通行人から見られないように、私たちの周りには幕を引き回してある。そのうち、遠くからドヤドヤ・ガヤガヤという大騒ぎが聞こえ、それがだんだん大きくなった。誰か、身分の高い人が、ここを通るらしい。

私は、「誰かしら。私は幕の中に入っているし、通り過ぎる人も牛車の中だから、たとえ知り合いでも、直接に目と目とを合わせる心配はない。けれども、こちらの従者と、あちらの従者が、どこかで顔見知りになっていたら、私の素性が相手に知られてしまう。そうなったら、困る」などと、心配していた。すると、馬に乗った先駆けの者たちが、たくさん通り過ぎ、そのあとで、牛車の二台か、三台かが、通り過ぎる音が聞こえた。何とも、威勢の良い一行ではあった。

私の従者から、報告があった。「よかったです。こちらには、先方が誰であるかがわかりましたが、先方には、こちらのことを気づかれませんでした。若狭《わかさ》の守《かみ》の一行でした」。若狭の守は、先を急いでいるのだろう、この「走り井」に留まることなく、大騒ぎしながら通り過ぎたので、私としては一《ひと》安心である。

そのあとで、私は、しみじみと、人の世の仕組みの不思議さについて、考えた。「ああ、何と不思議なことだろう。上《かみ》は、天皇様や皇族、摂政・関白・太政大臣から、中《なか》は、国司などを務める受領《ずりょう》、下《しも》は、庶民にいたるまで、人間には誰しも、それぞれの身分に応じた満足感というものが、あるのだな。この若狭の守にしても、ふだんは、摂関家に対して這いつくばるほどに平身低頭しているのに、いったん都を離れるや、まるで自分がこの世の中で最も偉い人間であるかのように我が物顔に振る舞い、得意げに大騒ぎしながら、通っていったことだ」。そう考えると、そんな受領からまで、眼中にない扱いを受けた、今の自分の姿が、何ともみじめで、胸が張り裂けそうな痛みを感じるのだった。私は兼家殿から忘れられようとしているが、完全にあの人との関係が断ち切られたならば、いったい、何者になってしまうのだろうか。「蜻蛉」どころでは、あるまい。

若狭の守の牛車は、二、三台が通り過ぎていったが、まだ遅れてきた牛車があったのだろう。その牛車の牛を扱う者や、荷物を持って徒歩で歩く従者たちが、統制も取れずに歩いてきた。彼らは、遠慮などもせず、私が弁当を使っている幕のすぐ近くまで、中を覗き込まんばかりに寄ってきたり、走り井で汚い足を冷やしたりして、やりたい放題である。無礼なこと、この上もない。

さすがに、私の従者たちが、見るに見かねて、「おう、おう、そこの者たち。走り井に近づくではない。まして、幕の中を覗き込むようなことを、してはならぬぞ」と叱りつけているようであるが、彼らは、おとなしく引き下がるような手合いではなかった。

「えっ、何ですって。ここは、天下の公道ですよ。いつだって、誰だって、この泉には近寄ってよいし、自由に水を呑んだり、浴びたりしてよいことになっているんですぜ。そんなことも、御存じないんですかい。こちとらに文句をいいなさるのは、お門違《かどちが》いって言うもんだ」などと、真っ向から反発して、言い返している。そのようすを、すぐ近くの幕の中で見たり聞いたりしている私の心中は、かつてないほどの不安で満たされた。》

女性の徒歩での「石山詣で」は、このように危険なものだった。けれども、このような極度の不安に耐えて、徒歩でお参りしたことが、次章で読む石山寺での神秘的な体験を呼び込んだのだと思われる。

作者は、なおも死に物狂いで歩き続け、琵琶湖のほとりの「打出《うちいで》の浜」まで来た。「うちでのはま」とも言うが、『和泉式部日記』にも、この地名が出ている。ここからは、舟に乗って瀬田川を下り、石山寺の近くまで向かうのである。

やっと、石山寺に到着した。

申《さる》の終《を》はり許《ばか》りに、寺《てら》の中《なか》に着《つ》きぬ。斎屋《ゆや》に、物《もの》など敷《し》きたりければ、行《い》きて臥《ふ》しぬ。心地《ここち》、為《せ》む方《かた》知《し》らず、苦《くる》しきままに、臥《ふ》し転《まろ》びてぞ泣《な》かる。
夜《よる》に成《な》りて、湯《ゆ》など物《もの》して、御堂《みだう》に上《のぼ》る。身《み》の有《あ》る様《やう》を、仏《ほとけ》に申《まう》すにも、涙《なみだ》に噎《むせ》ぶ許《ばか》りにて、言《い》ひも遣《や》られず。

「申《さる》の時」は、午後三時から五時まで。「申《さる》の終《を》はり許《ばか》り」とあるので、作者は、午後五時近くに、石山寺に辿り着いたことになる。「寺《てら》の中《なか》」とあるのは、石山寺の境内《けいだい》にいくつかある「塔頭《たっちゅう》」、小さな寺院の一つ、という意味だろう。作者は、そこを「宿坊《しゅくぼう》」、宿泊場所に決めていたのである。

「斎屋《ゆや》に、物《もの》など敷《し》きたりければ、行《い》きて臥《ふ》しぬ」。「斎屋《ゆや》」は、湯浴みなどをして、身体を清める建物。『更級日記』で、菅原孝標の女《むすめ》が石山寺にお籠もりした時にも、まず「斎屋《ゆや》」でお清めをしてから、本堂に上《のぼ》っている。ここは、石山寺の大きな「斎屋《ゆや》」とも取れるが、作者が宿泊している塔頭《たっちゅう》の中にある「斎屋《ゆや》」の可能性が高い。そこに、敷物を敷いて、早朝から歩き続けて、疲労困憊している身体を休めたのだった。

「心地《ここち》、為《せ》む方《かた》知《し》らず、苦《くる》しきままに、臥《ふ》し転《まろ》びてぞ泣《な》かる」。作者は、横になっても、あまりの痛みにじっとしていられず、何度も身体をよじって、泣き続けた。肉体的に、どん底である。精神的にも、兼家との関係がうまくいっていないので、これまた、どん底である。ここまで落ちてしまうと、あとは、上《のぼ》ってゆくだけのように思えるが、そう簡単なことではない。

「夜《よる》に成《な》りて、湯《ゆ》など物《もの》して御堂《みだう》に上《のぼ》る」。しばし横になって、ようやっと疲れが癒されたので、そこでお湯で身体を清め、それから御堂《みどう》、すなわち本堂に上《のぼ》った。ここには、人間の心からの願いを聞き届け、叶えてくれる観音様がいらっしゃる。

「身《み》の有《あ》る様《やう》を、仏《ほとけ》に申《まう》すにも、涙《なみだ》に噎《むせ》ぶ許《ばか》りにて、言《い》ひも遣《や》られず」。「我が身」が、現在、直面している苦しみを、観音様にお祈り申し上げて、救っていただけるようにお願いしたのだった。祈っているうちに、兼家との出会いから今までのすべてが、走馬燈のように脳裏をよぎったことだろう。むせび泣きたい気持ちになり、言葉が口から出て来なかった。

　お祈りが一段落したあと、作者は、本堂から外を見渡した。心のゆとりが、少しは出てきたのだろう。

　夜《よ》、打《う》ち更《ふ》けて、外《と》の方《かた》を見出《みい》だしたれば、堂《だう》は高《たか》くて、下《しも》は、谷《たに》と見《み》えたり。片崖《かたきし》に、木《き》ども生《お》ひ凝《こ》りて、いと木暗《こぐら》がりたる、二十日《はつか》の月《つき》、夜《よ》、更《ふ》けて、いと明《あ》かかりけれど、木陰《こかげ》に漏《も》りて、所々《ところどころ》に、来《き》し方《かた》ぞ見《み》え渡《わた》りたる。
見下《みお》ろしたれば、麓《ふもと》に有《あ》る泉《いづみ》は、鏡《かがみ》の如《ごと》、見《み》えたり。

この場面を読むと、紫式部が石山寺にお籠もりして、琵琶湖に映る仲秋の名月を見て、『源氏物語』の発想を得た、という伝説を連想する。ただし、『蜻蛉日記』の作者は、琵琶湖ではなく、石山寺の麓の泉を眺めている。

「夜《よ》、打《う》ち更《ふ》けて、外《と》の方《かた》を見出《みい》だしたれば、堂《だう》は高《たか》くて、下《しも》は、谷《たに》と見《み》えたり」。石山寺の北側は、高い山である。南側が、谷間になっている。

「片崖《かたきし》に、木《き》ども生《お》ひ凝《こ》りて、いと木暗《こぐら》がりたる」。「片崖《かたきし》」は、谷間の片方の崖。「木《き》ども生《お》ひ凝《こ》りて」。木々が鬱蒼と、盛り上がるように生《お》い繁っているのである。「木暗《こぐら》がりたる」、木々が繁っているので、あたりは暗く見える。

「二十日《はつか》の月《つき》、夜《よ》、更《ふ》けて、いと明《あ》かかりけれど」。今は、七月の二十日過ぎ。「いと明《あ》かかりけれど」とした箇所の原文は、「あかなくけれと」である。ここもまた、本文が虫食い算になっている。

「明かかりけれど」とする説に従ったが、「明かかりければ」とする説もある。二十日過ぎの月は、それほど明るいわけではないので、一番明るい時でも、あたりは全体的に暗い。そう考えると、「明《あ》かかりけれど」のほうが、よいと思う。

「木陰《こかげ》に漏《も》りて、所々《ところどころ》に、来《き》し方《かた》ぞ見《み》え渡《わた》りたる」。月の光が、生《お》い繁った木々の枝の隙間《すきま》を抜けて、地上まで届いている所もあった。高い場所にある本堂から谷間の下を見下ろしている作者には、「来《き》し方《かた》」、自分がここまで通ってきた途中の道が見えた。琵琶湖が見えたかどうかは、書かれていない。瀬田川で舟を下りた場所から、本堂まで上ってきた道が、ところどころ見届けられたのだろう。

「見下《みお》ろしたれば、麓《ふもと》に有《あ》る泉《いづみ》は、鏡《かがみ》の如《ごと》、見《み》えたり」。現在も、本堂の下には池があるが、昔は、もっと大きな池だったと伝えられている。その池に月の光が差すと、本堂からは、まるで鏡が光っているように見えた。この「鏡」の比喩は、苦しみを抱えている作者の心に、救いがもたらされる希望を表しているのだろうか。

さらに、作者の観察は続く。

高欄《かうらん》に押《お》し掛《か》かりて、とばかり、目守《まも》り居《ゐ》たれば、片崖《かたきし》に、草《くさ》の中《なか》に、そよそよ白《しら》みたる物《もの》、奇《あや》しき声《こゑ》するを、(道綱の母)「此《こ》は、何《なに》ぞ」と問《と》ひたれば、(寺の者)「鹿《しか》の言《い》ふなり」と言《い》ふ。「何《な》どか、例《れい》の声《こゑ》には鳴《な》かざらむ」と思《おも》ふ程《ほど》に、差《さ》し離《はな》れたる谷《たに》の方《かた》より、いとうら若《わか》き声《こゑ》に、遙《はる》かに、長《なが》め鳴《な》きたンなり。「聞《き》く心地《ここち》、空《そら》なり」と言《い》へば、疎《おろ》かなり。

思《おも》ひ入《い》りて行《おこな》ふ心地《ここち》、物覚《ものおぼ》えで、猶《なほ》、有《あ》れば、見遣《みや》りなる山《やま》の彼方許《あなたばか》りに、田守《たもり》の、物追《ものお》ひたる声《こゑ》、言《い》ふ甲斐無《かひな》く、情《なさ》け無気《なげ》に、打《う》ち呼《よ》ばひたり。
(道綱の母)「斯《か》うしも、取《と》り集《あつ》めて、肝《きも》を砕《くだ》く事《こと》、多《おほ》からむ」と思《おも》ふに、果《は》ては呆《あき》れてぞ居《ゐ》たる。
然《さ》て、後夜《ごや》、行《おこな》ひつれば、下《お》りぬ。身《み》、弱《よわ》ければ、斎屋《ゆや》に有《あ》り。

鹿をめぐる描写が、面白い。

石山寺で鹿の鳴き声を聞くという和歌は、赤染衛門《あかぞめえもん》にもある。また、『風につれなき』という物語にも、石山寺の鹿を詠んだ和歌がある。ところが、『蜻蛉日記』の作者は、ここで和歌を詠んでいない。和歌ではなくて、散文で、鹿の鳴き声の哀れさを、描き切っている。卓越した散文の書き手へと脱皮しつつある作者の、文学者としての成長が、この鹿の場面から窺われる。

『蜻蛉日記』の表現を、味わってゆこう。

「高欄《かうらん》に押《お》し掛《か》かりて、とばかり、目守《まも》り居《ゐ》たれば」。「高欄」は、建物の周囲に設けられている「てすり」、「欄干」のこと。作者は、欄干に凭《もた》れかかって、二十日過ぎの月の光に照らされた風景を、じっと凝視していた。

欄干の下は、崖になっていた。「片崖《かたきし》に、草《くさ》の中《なか》に、そよそよ白《しら》みたる物《もの》、奇《あや》しき声《こゑ》する」。「片崖《かたきし》」

は前にもあったが、本堂の南側に広がっている谷間の、片一方の崖のこと。木々が鬱蒼と生《お》い繁っている、と書かれていたあたりである。木々だけでなく、草も生い繁っていたのだ。

その草の中を、よく見えないのだけれども、何か、白っぽい物がいて、動いているようだった。しかも、これまで聞いたことのないような、不思議な声を出している。

「『此《こ》は、何《なに》ぞ』と問《と》ひたれば、『鹿《しか》の言《い》ふなり』と言《い》ふ」。「あの声は、何の声ですか」と、作者は、お寺の人に聞いたのだろう。すると、返ってきた返事が、「あの声は、鹿が鳴いているのです」。

そう言えば、『更級日記』にも、菅原孝標の女《むすめ》が、東山で暮らしていた時期の思い出で、すぐ近くまで近づいてきた鹿には、あまり情緒を感じない、懐かしさを感じない、と書いてあった。動物の生《なま》の声なので、遠くから聞くのと、近くで聞くのとでは、まったく受け取る感じが違うのだろう。

おそらく、この時の『蜻蛉日記』の作者も、鹿と同じで、都で暮らしている時とはまったく違った顔つきになり、まったく違った考え方をしていたのではないだろうか。彼女は「生《なま》の人間」、「素《す》の人間」に戻って、人間の本能というか、原点に返っていたように思う。というのは、次章で読む場面で、作者は不思議な夢のお告げを受けるからである。これまで、現実的に生きてきた作者ではあったが、徒歩で石山寺まで歩き通したことで、普段の作者とは違う感受性を持つようになったのではないかと、私は思う。

「何《な》どか、例《れい》の声《こゑ》には鳴《な》かざらむ」。作者は、「あれは鹿の声です」と教えられても、納得できなかった。「えっ、あれが鹿の声かしら」と、半信半疑である。

「と思《おも》ふ程《ほど》に、差《さ》し離《はな》れたる谷《たに》の方《かた》より、いとうら若き声《こゑ》に、遙《はる》かに、長《なが》め鳴《な》きたンなり」。そのうちに、「差《さ》し離《はな》れたる谷《たに》の方《かた》」、これは、欄干のすぐ近くの崖ではなく、谷底のさらに向こうにある、遠くのほうである。「遙かに」声がした。その声は、「うら若く」、若々しい声だった。「長《なが》め鳴《な》きたンなり」は、長く尾を引き、余韻を残して、鳴いているのであったよ。「鳴きたンなり」は「鳴きたるなり」の撥音便《はつおんびん》で、「なり」は感動を表す。

鹿の声は、近くで聞いたら、鹿の声に聞こえず、遠くで聞いたら、身に沁みて感動的だというのである。牡《おす》の鹿は、牝《めす》の鹿を恋い慕って鳴いている。その恋心の強さと哀切さが、夫から愛されなくなって久しい作者の心に、空しく響く。

「『聞《き》く心地《ここち》、空《そら》なり』と言《い》へば、疎《おろ》かなり」。遠くで鳴く、哀れ深い鹿の声を聞いた感想を、「心が空《そら》になってしまうようだ、魂が身体から脱け出し、さまよいだしそうになる」と言ったら、陳腐な感想になってしまう、と書いている。

美術作品には、人間の視覚に関して、「遠近法」がある。『蜻蛉日記』の作者は、ここで、鹿の、近い声と、遠い声の両方を聞いて、「音の遠近法」に気づいたのではないだろうか。それは、人間を見る目の遠近法にも通じているし、散文作品を執筆する際の「描写する対象との距離の取り方」にも通じている。そして、「自分が自分を見る」時の視点を、どこに置くか、ということとも関わる。

さて、鹿の声について考えをめぐらしているうちに、作者の集中力が少し緩《ゆる》んだ。「思《おも》ひ入《い》りて行《おこな》ふ心地《ここち》、物覚《ものおぼ》えで、猶《なほ》、有《あ》れば」。鹿の声を聞く以前は、集中して観音様に祈っていたのに、鹿の声を聞いてからは、心がここにはないような感じで、そのままぼんやり過ごしていた、というのである。でも、かえって、そのほうが、自分、そして兼家、道綱という身近な存在を、遠くから客観的に観察できるようになった、とも言えるだろう。

さらに、作者のお祈りを妨げる声が、遠くに見えている山の向こうから、聞こえてきた。「見遣《みや》りなる山《やま》の彼方許《あなたばか》りに、田守《たもり》の、物追《ものお》ひたる声《こゑ》、言《い》ふ甲斐無《かひな》く、情《なさ》け無気《なげ》に、打《う》ち呼《よ》ばひたり」。「田《た》守《もり》」は、田んぼに稔った稲穂を動物などから守るために、夜通し見張りをしている農夫のこと。彼らが、稲を食べようとして寄ってきた動物を、憎々しげに追い払う声が、聞こえてきた。「しっ、しっ」どころではない、もっと、露骨な罵声《ばせい》だったのだろう。

「斯《か》うしも、取《と》り集《あつ》めて、肝《きも》を砕《くだ》く事《こと》、多《おほ》からむ」。鹿の声と言い、農夫が鹿を追い払う声と言い、どうして、ここでは、私の集中心を妨害することばかりが多いのだろうか。作者は、呆れ果ててしまった。

「然《さ》て、後夜《ごや》、行《おこな》ひつれば、下《お》りぬ。身《み》、弱《よわ》ければ、斎屋《ゆや》に有《あ》り」。「後夜」は、午前五時くらい。作者は、歩いて石山寺に到着し、わずかばかりの休息をしただけで本堂に上《のぼ》り、午前五時近くまでお勤めをしたことになる。疲れ果てて、本堂から「斎屋《ゆや》」に戻り、そこで横になった。

ここまでが、『蜻蛉日記』の「石山詣で」の前半である。話題が満載だった。都を旅立つ場面では、賀茂川の河原に放置されている人間の死体を、平然とやり過ごす場面が、衝撃的だった。今、思い返せば、人間の「生と死」を見る、独自の文学的な遠近法が、作者にはあったということだろう。

逢坂山の「走り井」の場面では、都ではぺこぺこしている受領が、いったん都の外へ出るや、偉そうに振る舞う姿が、印象的だった。人間の身分に関しても、作者は、独自の遠近法を獲得しているようだ。だからこそ、下人たちの無礼な態度も、客観的に描写できたのだろう。

先ほど、『蜻蛉日記』の文章は「説話的である」と書いた。今、思うには、「散文的」なのではないだろうか。このような散文の力が、後の時代の『源氏物語』につながってゆくと、私は思うのである。

6　石山詣で・その二

『蜻蛉日記』中巻の世界へ、ようこそ。

前章に引き続き、作者が石山寺にお籠もりした場面を読む。

石山寺から眺める景色は、作者には新鮮に感じられた。


夜《よ》の明《あ》くるままに、見遣《みや》りたれば、東《ひんがし》に、風《かぜ》はいと長閑《のどか》にて、霧立《きりた》ち渡《わた》り、川《かは》の彼方《あなた》は、絵《ゑ》に描《か》きたる様《やう》に見《み》えたり。川面《かはづら》に、放《はな》ち馬《むま》どもの、漁《あさ》り歩《あり》くも、遙《はる》かに見《み》えたり。いと哀《あは》れなり。


前章では、夜の時間帯の、鹿の鳴き声が印象的だった。明るくなると、馬の姿が見えてきた。

「夜《よ》の明《あ》くるままに、見遣《みや》りたれば」。あたりが明るくなると、視界が開ける。「東《ひんがし》に、風《かぜ》はいと長閑《のどか》にて、霧立《きりた》ち渡《わた》り、川《かは》の彼方《あなた》は、絵《ゑ》に描《か》きたる様《やう》に見《み》えたり」。石山寺の東側は、瀬田川《せたがわ》が流れている。作者は、「打出《うちいで》の浜」から瀬田川を下って、石山寺に着いたのだった。

東のほうでは、ゆったりした朝風が吹いているらしく、立ちこめている霧も、緩《ゆる》やかに動いている。それが、まるで絵に描いたような景色のように見えた。

「川面《かはづら》に、放《はな》ち馬《むま》どもの、漁《あさ》り歩《あり》くも、遙《はる》かに見《み》えたり。いと哀《あは》れなり」。石山寺の近くには、馬を放し飼いする牧場《まきば》があったようで、川岸では馬が餌である草を食べ歩いている。「いと哀《あは》れなり」とあるのは、馬の中には、母馬と子馬が仲良く並んで動き回っている姿も、見られたからだろう。作者は、今回、道綱を都に残してきた。馬の親子が、作者に道綱を思い出させたのかもしれない。

二無《にな》く思《おも》ふ人《ひと》をも、人目《ひとめ》に因《よ》りて、留《とど》め置《お》きてしかば、（道綱の母）「いで、離《はな》れたる序《つい》でに、死《し》ぬる謀《たばか》りをも、せばや」と思《おも》ふには、先《ま》づ、此《こ》の絆《ほだし》、覚《おぼ》えて、恋《こひ》しう、悲《かな》し。涙《なみだ》の限《かぎ》りをぞ、尽《つ》くし果《は》つる。

男《をのこ》どもの中《なか》には、（従者たち）「此《これ》より、いと近《ちか》かンなり。いざ、佐久奈谷《さくなだに》、見《み》には出《い》でむ」、「口引《くちひ》き過《す》ごすと聞《き》くぞ、辛《から》かンなるや」など言《い》ふを聞《き》くに、（道綱の母）「然《さ》て、心《こころ》にも有《あ》らず、引《ひ》かれ去《い》なばや」と思《おも》ふ。

この部分は、作者の心の動きに注目しながら、味読しよう。

「二無《にな》く思《おも》ふ人《ひと》をも、人目《ひとめ》に因《よ》りて、留《とど》め置《お》きてしかば」。「二無《にな》し」という形容詞は、二つと無い、唯一無比の、大切な、という意味。作者から見てたった一人の子どもである道綱を、都に残してきた寂しさを、作者は感じている。先ほど説明したように、「馬の親子」を見たことからの連想だろう。『いで、離《はな》れたる序《つい》でに、死《し》ぬる謀《たばか》りをも、せばや』と思《おも》ふには、先《ま》づ、此《こ》の絆《ほだし》、覚《おぼ》えて、恋《こひ》しう、悲《かな》し」。作者は、自分が死ぬことを望んでいる。

「いで」は、「さあ」という意味の感動詞だと思う。「出《い》で離《はな》る」、都を出て離れている、という意味の複合動詞だとする説もあるが、「いで」、さあ、と自分を励ましている口ぶりではないだろうか。我が子と離れている今こそ、何とかして、この世の苦しみから逃れる方法を見つけよう。

けれども、道綱の存在が「絆《ほだし》」となって、作者をこの世に結び付け、なかなか死なせてはくれない。「涙《なみだ》の限《かぎ》りをぞ、尽《つ》くし果《は》つる」。死にたい、でも、死ねない。その二つの願いの間で、作者の心は引き裂かれ、涙が尽きないのである。

ふと、耳を澄ますと、石山寺まで付いてきた従者たちが、世間話をしている。「此《これ》より、いと近《ちか》かんなり。いざ、佐久奈谷《さくなだに》、見《み》には出《い》でむ」。作者がお勧めしているあいだに、自分たちは観光旅行をしよう、というわけである。一人が、「佐久奈谷《さくなだに》まで、行ってみないか」と言っているようだ。

佐久奈谷は、石山寺から六キロほど南の距離にあり、瀬田川が信楽川《しがらきがわ》と合流する場所にある。第三章で読んだ「唐崎《からさき》」は、お祓いをする場所だったが、この「佐久奈谷」もお祓いをする場所として知られている。

従者の一人は、「口《くち》引《ひ》き過《す》ごすと聞《き》くぞ、辛《から》かンなるや」と言って、行くのを止《や》めたい、と返事している。実は、このあたりの『蜻蛉日記』の本文は、虫食い算がひどくて、正しい本文がわからない。それで、この部分も解釈がむずかしいのだが、「谷の口から、魔物か何かに引っ張り込まれて、谷底に転落して命を失ってしまうこともあり、危ないと聞くから、俺は気が向かないな」という意味だと思われる。

それを聞いた作者の反応が、次に書かれている。「『然《さ》て、心《こころ》にも有《あ》らず、引《ひ》かれ去《い》なばや』と思《おも》ふ」。私は、その佐久奈谷《さくなだに》に行きたい。そして、否《いや》も応《おう》もなく、強引にでも、あの世に私を引っ張って行ってもらいたい。これは、道綱が絆《ほだし》となって、自分が死ぬに死ねないで困っているので、無理矢理にでも、私を死の世界に吸い込んでほしい、と言っているのである。

この瀬田川の下流が、宇治川である。宇治川も流れが速く、多くの人が川に流されて命を失った。女房たちがその話をしているのを聞いた宇治十帖の浮舟は、自分も宇治川に身を投げて死にたいと願うようになる。『源氏物語』の浮舟の巻は、従者たちの発言で死を思うようになる『蜻蛉日記』の「佐《さ》久《く》奈《な》谷《だに》」の場面と似ている。

ただし、作者の石山寺での日々は、死と向かい合う深刻な体験ばかりではなかった。珍しいものを食べたことも、書かれている。

斯《か》くのみ心尽《こころつ》くせば、物《もの》なども食《く》はれず。「後方《しりへ》の方《かた》なる池《いけ》に、蕺《しぶき》と言《い》ふ物《もの》、生《お》ひたる」と言《い》へば、（道綱の母）「取《と》りて、持《も》て来《こ》」と言《い》へば、持《も》て来《き》たり。笥《け》に、あへしらひて、柚《ゆ》、押《お》し切《き》りて、打《う》ち挿頭《かざ》したるぞ、いとをかしう、覚《おぼ》えたる。

この部分は、要約して説明したい。

作者は、悩みを深く抱えているので、食欲がない。けれども、いかにもお寺らしい、さっぱりした食べ物を出してもらった。「後方《しりへ》の方《かた》なる池《いけ》」は、作者が宿泊している塔頭《たっちゅう》の裏側にある池のことだろう。そこに「しぶき」という植物が生えていて、それを調理してもらって、食べたというのだ。「しぶき」という草は、よくわからない。ドクダミとも、ギシギシとも言われている。どちらにしても、茹《ゆ》でて、和《あ》え物《もの》にしたのだろう。それを、「笥《け》」、食べ物を入れる容器にあしらって、「柚《ゆ》」、柚《ゆ》子《ず》を切って、シブキの上に「挿頭《かざし》」のようにかぶせて食べたのである。さっぱりして、おいしかったというか、都では、まず食べない物なので、作者には新鮮な味覚だったのだろう。

初瀬詣での時も、橋寺《はしでら》の宿で食べた物を書き記していたが、『蜻蛉日記』は、平安時代の貴重な食文化の資料となっている。

それでは、ここまでの部分を、私の現代語訳で、通して読んでおこう。行間をかなり読み込んでいるが、『蜻蛉日記』の作者の心の中に湧き上がっていた思いの数々を、汲み上げようとした結果である。一つの解釈として、読んでいただきたい。

《石山寺での最初の夜が、明けてきた。少しずつ、遠くの気色が見え始めたので、まずは、東側を見下ろした。昨日、舟に乗ってきた瀬田川が、流れている。その向こう岸には、川霧が立ちこめている。けれども、その霧がゆっくりとではあるが、動いているように見える。風が、ゆるやかに吹いているからだろうと、私は気づいた。そう言えば、山の上にいる私の頬にも、心地良い風が感じられた。

遠くの景色は、都で見慣れた景色とはまったく違う。つまり、どこへ行ってもたくさんの人がいて、どこまで行っても人の住む家が連なっているという、人工的な風景ではない。川があって、山があって、霧が立ち、木が茂り、草が生えている。まるで、絵に描かれたような天然の風景が、見晴るかす限りに広がっているのだ。

やがて、霧が少しずつ晴れだすと、瀬田川の岸辺に、何か動いている物が見えてきた。いくつも、動いている。かなりの数だ。

あっ、馬だ。そう言えば、このあたりには、馬を放し飼いにする牧場《まきば》がある、と聞いたことがある。

馬たちは、餌になる草を求めて、川岸を自由に走り回っている。見ていると、一頭だけで動いている馬もいるが、二頭とか、三頭がまとまっていることもある。二頭なのは、母親と子どもだろうか。三頭いるのは、父と母と子どもの家族なのか。

それを見ている私は、無意識のうちに、自分たち家族の姿を思い浮かべていた。兼家殿と私と道綱。この三人で、仲良く暮らした思い出は、ほとんど無い。あるのは、私と道綱が、二人で、しょんぼりと暮らしてきた姿だけである。

私は、自分の見ているのが馬だとは思えないで、しばらく眺めていた。

その大切に思っている道綱さえ、私は都に残して、たった一人で、この石山寺までやって来た。誰にも知られずに、我が子にさえ知られずに、石山寺の観音様にお願いしたいことがあったからである。兼家殿の冷たい仕打ちには、ほとほと愛想が尽きたし、彼の華やかな女性遍歴も終わらないだろうから、私の人生に、明るい未来などない。ならば、いっそ、今、ここで、誰にも知られないで、自分の命を絶ってしまおう。どうすれば私は死ねるだろうか。

ここまで考えて、はっとして、自分には道綱がいたことに、思い至って愕然となる。あの子の幸せのためならば、私は、いつでも自分の命を捨てられる。でも、後《あと》に残る道綱が、一人ぽつんと寂しそうに草を食《は》んでいる「離れ駒」になったら可哀想だ。ああ、やはり、私は死ねない。そう思うと、涙がまた溢れてくる。

私は一人で家を出たのだが、途中から、警備の男たちや、身の周りの世話をする侍女たちが追いついてきた。その男たちは、私がお勤めしているあいだ、手持ち無沙汰なので、どうやって時間つぶしをしたらよいか、相談している。

「ここから、近い所に、佐久奈谷《さくなだに》があるよ。つい、このあいだ、出かけた唐崎と同じで、お祓いする名所らしいが、流れが速いことで有名らしい。そこへ出かけないか」と一人が言うと、もう一人が、「いや、俺は止《や》めとくよ。流れが速すぎて、谷の底を覗いていると、流れの中に吸い込まれるように落ち込んでしまい、激流に押し流されて、命を失くすと言うじゃないか。俺はまだ死にたくないから、行かないよ」などと言っている声が、私の耳に聞こえてくる。

私は、心が動いた。「そんな急流があるのならば、私もぜひ、そこへ行ってみたい。絆《ほだし》である道綱のことで、心を迷わすことなく、無理矢理にでも、私を死の世界へと連れ去って欲しい」、と思った。これまでの私は、追い詰められて、どうしようもなくなって死を選ぶような、人生の敗北者として、死にたくはない、と思ってきた。そのプライドが、もう今の私には、無くなりつつあるのだろう。

こんなふうに、私の心は、「生きるべきか、死ぬべきか」、そのことばかりを考えていた。当然ながら、食欲など、あるはずがない。石山寺で、何かと私の世話をしてくれている僧侶が、私の健康を心配してくれた。彼は、「この寺のうしろのほうに、池があって、その周りに、シブキという草が自生しているのです。それが食用にもなりまして、さっぱりした食感なのです」と言う。私は、思わず、「面白そうね。話の種に、食べてみようかしら。そのシブキとやらを、採ってきてちょうだい」と言ってしまった。彼は、このシブキを食べ慣れているのだろう、早速、池で採ってきた。そして湯《ゆ》がいて、和《あ》え物《もの》にして、食器に盛り付けて、持参した。シブキの上には、切り刻んだ柚《ゆ》子《ず》が、飾り物のように被《かぶ》さっている。見た目もさっぱりしているし、食べた感じも、いかにもお寺で食べる食事という感じがして、面白かった。この時に食べたシブキの記憶が鮮やかなので、この日記にも書き付けておきたい。》

どうだろう。この自在な筆の運びは。

旅に出た作者が獲得した物の見方が、まことに新鮮である。

そして、いよいよ、今回の最大の読みどころになる。作者は、夢で、神秘的な体験をしたのである。

その部分を読もう。

然《さ》ては、夜《よ》に成《な》りぬ。御堂《みだう》にて、万《よろづ》、申《まう》し、泣《な》き明《あ》かして、暁方《あかつきがた》に、微睡《まどろ》みたるに、見《み》ゆる様《やう》、此《こ》の寺《てら》の別当《べたう》と思《おぼ》しき法師《ほふし》、銚子《てうし》に水《みづ》を入れて、持《も》て来《き》て、右《みぎ》の方《かた》の膝《ひざ》に沃掛《いか》く、と見《み》る。ふと、驚《おどろ》かされて、「仏《ほとけ》の、見《み》せ給《たま》ふにこそは有《あ》らめ」と思《おも》ふに、増《ま》して、物《もの》ぞ哀《あは》れに、悲《かな》しく覚《おぼ》ゆる。

文章を、解きほぐしてゆこう。

「然《さ》ては、夜《よ》に成《な》りぬ」。従者たちの「佐久奈谷《さくなだに》」の話を聞いたり、「葺《しぶき》」という珍しい食べ物を食べたりしているうちに、早くも日が暮れて、夜になった。作者は、夜通し、本堂の観音様の前に額《ぬか》ずき、お勤めをする。

「御堂《みだう》にて、万《よろづ》、申《まう》し、泣《な》き明《あ》かして」。本堂に上《のぼ》って、観音様の前で、自分が困っていること、願っていることを、すべて、心を込めてお祈り申し上げた。お祈りしているうちに、涙が溢れてきて止まらず、とうとう一晩《ひとばん》、泣き明かしたのだった。

「暁方《あかつきがた》に、微睡《まどろ》みたるに、見《み》ゆる様《やう》」。精神を集中して、お祈り申し上げ続けたので、明け方近くになって、疲れが出て、つい、うとうと微睡《まどろ》んでしまった。その夢の中で、作者は不思議な体験をすることになる。

「此《こ》の寺《てら》の別当《べたう》と思《おぼ》しき法師《ほふし》、銚子《てうし》に水《みづ》を入れて、持《も》て来《き》て、右《みぎ》の方《かた》の膝《ひざ》に沃掛《いか》く、と見《み》る」。「別《べ》当《とう》」は、「べっとう」とも読み、お寺の仕事を総括する、身分の高い僧侶である。

『更級日記』でも、夢のお告げの中で、何度も現れたのが、「別当」と思われる僧侶だった。『蜻蛉日記』が先に書かれているのだから、『更級日記』の作者は、母方の伯母が書いた『蜻蛉日記』の「別当」を、参考にしたのかもしれない。

『蜻蛉日記』の作者は、「初瀬詣で」の際には、神秘的な体験はしなかった。唐崎でのお祓いの時も、昼間だったこともあり、神秘的な出来事は起きなかった。ところが、この石山寺では、起きたのである。

自分の足で歩いて、石山寺を目指したこと。賀茂川の河原で、死体にもたじろがなかったこと。佐《さ》久奈谷《くなだに》の激流の中に、巻き込まれたいと願ったこと。それらの覚悟が、この不思議な夢のお告げを呼び込んだのだろう。

けれども、いかにも作者らしいと思うのは、「簡潔な夢」である点である。『更級日記』ならば、もっと詳しい夢になったのではないだろうか。

さて、『蜻蛉日記』では、別当と思われる高僧が現れた。手には、水を入れた「銚子」を持っていた。銚子は、金属あるいは木製の器で、中には液体を入れる。

夢の中に現れた僧侶は、「右《みぎ》の方《かた》の膝《ひざ》に沃掛《いか》く」、銚子の中に入っている水を、作者の右の膝に注ぎ掛けた。

この時、作者の右膝には、水を掛けられた、「ひやっ」という感覚が走ったのだろう。おお、冷たい。「ふと、驚《おどろ》かされて」、ここで、作者の目が覚めた。「『仏《ほとけ》の、見《み》せ給《たま》ふにこそは有《あ》らめ』と思《おも》ふに、増《ま》して、物《もの》ぞ哀《あは》れに、悲《かな》しく覚《おぼ》ゆる」。この不思議な夢は、観音様が私に見せてくださった、お告げの夢であろうと、作者は悟った。これまで以上に、観音を信じる気持ちが強まり、胸がしめつけられるような感動を覚えたのだった。

それでは、この場面も、現代語訳しておきたい。


《こんなふうに、瀬田川の岸辺の馬を眺めたり、従者たちが佐久奈谷《さくなだに》について語り合うのを聞いたり、シブキという珍しい草を食べたりしているうちに、暗くなり夜になった。夜は、お祈りの時間である。

本堂で、観音様に向かって、私という人間が生まれてから、ずっと願ってきた「自分らしい生き方」の理想について、そして、十九歳で藤原兼家という男と結婚してから、「自分らしい生き方」が踏みにじられてきたことへの不満について、そして不本意な人生の中で、ただ一つの光である道綱という我が子の存在について、などなど、ありとあらゆる願い事を、お祈りしたのだった。祈っているうちに、涙がこぼれてきて、だんだん、自分が今、何をお祈りしているのかも、わからなくなってきた。

しかも、この夜は、私が石山寺にお籠もりできる最後の夜に当たっていた。朝になったら、私は本堂を下りて、そのまま都へ戻らなくてはならない。どうしても、願い事はたくさんになり、必死なものになる。

いつしか、明け方近くになっていたようだった。私は、極度に集中していたためか、精神的な疲労も激しかった。つい、うとうと微睡《まどろ》んでしまったようだった。すると、まことに不思議な夢を見たのだった。話には聞いていたが、私もとうとう宗教的な奇蹟に立ち合うことができた。

このお寺を統轄している、最高の地位にあると思われる僧侶が、観音様が安置されている場所のあたりから、最初はぼんやりと姿を現し、少しずつ私のほうへと近づいてくる。その手には、銚子を持っている。中には、水のような液体がなみなみと入っているようで、重そうな感じだ。私は、その水を飲みたいと思った。飲めないのならば、体に浴びたいと思った。喉が渇いて、ひりひりする。ああ、水が欲しい。

そう思った途端に、僧侶の手が動き、銚子の注《つ》ぎ口《ぐち》が、私の体のほうへと傾けられた。注ぎ口から、水のようなものが、何と、私の右の膝へと注がれてゆくではないか。

「あっ、冷たい」。思わず叫びそうになって、目が覚めた。あたりには、私の侍女たちが、いかにも眠そうな顔をして、突然に目を覚ました私を、何事かと、不思議そうに眺めている。

夢だったのか。それにしても、不思議な夢だった。手応《てごた》えのある、ずっしりした夢だった。八方塞《はっぽうふさ》がりの私の人生に差してきた、一条の希望の光のようだった。私に注がれた水は、光だった。そして、光は、命だった。

観音様は、私に、もうしばらく生きよ、と命じられた。生きながらえれば、生きていて良かったと確信できる日が、きっと来る。観音様は、そう教えてくださった。

私は、生きられる。ならば、私は、生きよう。銚子から注がれた水は、私の体の中に、沁み込んだ。あれは、私が三十五年間、生きているうちに、いつのまにか見失っていた「人生の希望」であり、「私の命」だったのだろう。私は、命の光を、取り戻すことができたのである。》

この夢は、さまざまに解釈できる。今から五十年近く前に、私が学生だった頃には、フロイトの深層心理学（夢分析）を参考にして、『蜻蛉日記』の作者の性的な欲求不満が、この夢で解消されたのだろう、という解釈も教わった。

当時の私は、フロイトよりもユングの本を熱心に読んでいたので、『蜻蛉日記』に性的な欲求を読み取る姿勢には、賛同できなかった。

美術作品に、『石山寺縁起絵巻』がある。ここには、『蜻蛉日記』と『更級日記』の両方が、描かれている。『蜻蛉日記』は、先ほど読んだ夢の場面である。部屋の外には、男の従者二人と、侍女が一人、控えているが、彼らは眠りこけている。男二人は武器を持っているので、警備役ということがわかる。部屋の中には、眠っている作者のほかに、二人の女房がいる。彼女たちは起きていて、おしゃべりしている。

作者の枕元には、一人の僧侶が立っていて、両手で銚子を持って、それを傾けて、水を注いでいる。ただし、作者は体の上に布団を掛けているので、僧侶が注いでいる水は、右の膝には直接に当たらず、掛け布団の上に当たっている。

この『石山寺縁起絵巻』には、詞書《ことばがき》が付いている。私の現代語訳で、読んでおこう。

《「大納言道綱の母」と呼ばれる女性は、陸奥《むつ》の守《かみ》などを歴任した藤原倫寧《ともやす》の娘である。彼女は、藤原兼家の妻であったけれども、兼家の愛が薄れ、訪れがほとんど絶えていた頃、ある年の七月十日過ぎであったけれども、我《わ》が石山寺に参詣して、夜通し、兼家の愛情の復活を祈り続けた。

ほんの少し、まどろんだ夢の中に、我が石山寺の宗務を統轄していると思われる僧侶が、銚子の中に水を入れて、右の膝に注ぎかけた、と見て、目が覚めた。

これは、仏様のお導きであろうと、自分の未来を頼もしく思っていたところ、まもなく、八月二日、兼家が作者の家を訪れ、物忌《ものいみ》だからという理由で、しばらく滞在された。それ以来、二人の夫婦仲は、もとのように睦《むつ》まじくなったので、道綱の母は、これも我が石山寺の観音様のお蔭であると、信仰心をいっそう高めて、何度も我が寺に参詣した、ということである。》

『石山寺縁起絵巻』は、石山寺の観音の霊験があらたかで、足が遠のいていた兼家の作者への愛情が、見事に蘇った、めでたし、めでたし、という内容だった。夢のお告げは、兼家の愛情が復活し、作者が幸せになる、という未来の諭《さと》しだった、というわけである。

確かに、石山寺から都に戻った八月二日に、兼家は、作者の屋敷を訪れている。けれども、二人の心は、すれ違ったままだった。「元の鞘に納まった」、めでたし、めでたしという感じでは、まったくない。『石山寺縁起絵巻』の結末は、我田引水というか、「吾《あ》が仏《ほとけ》、尊《とうと》し」である。

『蜻蛉日記』が、なぜ書かれたか、それはわからない。けれども、作者は『蜻蛉日記』を書いているうちに、朝に生まれて夕方には死んでしまう、昆虫の「蜻蛉」のように儚《はかな》い自分の人生を、見つめ始めた。そして、『蜻蛉日記』は、人間の心の真実を探求した作品として完成した。だからこそ、時代を超えて、読み継がれているのだと思われる。

人間の真実とは、何なのだろうか。それは、自分が、自分の願った通りの人生を生きられずに苦しんだとしても、苦しむことに、生きる価値を発見することだと思う。「自己実現」が達成できなかったとしても、それは不幸ではない。誠実に苦しみ続けることに、生きる意味を見出す。それが傑作と呼ばれる文学作品の主題ではないだろうか。

ただし、苦しみ続ける人間には、それに耐えるだけのモチベーションが必要で、そのために、「希望」が求められるのだろう。現在の苦しみのかなたには、「生きていて良かった」と思える出来事が待ち受けていることを、夢のお告げは、人間に教えてくれる。

ここまで考えて、『蜻蛉日記』の夢に、話を戻そう。

この不思議な夢は、兼家の愛情が復活することを、予言しているだけでは、ないだろう。今回、作者は、道綱も連れずに、石山寺にお籠もりしている。よほどの強い願いがあったと思われる。

それは、たとえば、三十五歳になった自分に、新たな子どもが恵まれない運命であるならば、道綱がすばらしい結婚相手に恵まれるとか、自分の養女として親類の娘を引き取るなどの、子孫の幸福につながる願い事ではないだろうか。

『源氏物語』に登場する明石の入道は、自分が見た不思議な夢を信じた。そして、自分自身は犠牲となって一生を終えるけれども、子孫が天皇に即位するという、この上もない幸福を手に入れたのだった。
『蜻蛉日記』の作者は、自分の死を覚悟している。自分の命と引き換えに、願うこと。それは、夫の愛情ではなくて、子どもの幸福ではないか、と思う。読者の皆さんは、どうお考えだろうか。

さて、作者が石山寺を下りる日が来た。前章で読んだ、石山寺への旅立ちの部分には、「十日許《ばか》り」、お籠もりしたいと書いてあった。ところが、実際に『蜻蛉日記』の本文を読んでみると、二泊三日くらいのお籠もりだったような印象を受ける。

これは、十日間のお籠もりを、一日ずつ書いたのではなく、夜、朝、昼と、こんなことがあったと、まとめて書いているからだろう。

それでは、作者が石山寺を後《あと》にする場面を読もう。

「明《あ》けぬ」と言《い》ふなれば、やがて、御堂《みだう》より下《お》りぬ。未《ま》だ、いと暗《くら》けれど、湖《うみ》の上《うへ》、白《しろ》く見《み》え渡《わた》りて、然《さ》、言《い》ふ言《い》ふ、人《ひと》、二十人許《はたたりばか》り有《あ》るを、乗《の》らむとする舟《ふね》の、差掛《さしかけ》の片方《かたへ》許《ばか》りに、見下《みくだ》されたるぞ、いと哀《あは》れに、奇《あや》しき。

御燈明《みあかし》、奉《たてまつ》らせし僧《そう》の、見送《みおく》るとて、岸《きし》に立《た》てるに、唯差《たださ》し出《い》でに差《さ》し出《い》でつれば、いと心細《こころぼそ》気《げ》にて立《た》てるを、見遣《みや》れば、（道綱の母）「彼《かれ》は、目馴《めな》れにたらむ所《ところ》に、悲《かな》しくや留《と》まりて思《おも》ふらむ」とぞ、見《み》る。男《をのこ》ども、（従者たち）「今《いま》、来年《らいねん》の七月《ふみづき》、参《まゐ》らむよ」と呼《よ》ばひたれば、（僧）「然《さ》なり」と答《こた》へて、遠《とほ》く成《な》るままに、影《かげ》の如《ごと》見《み》えたるも、いと悲《かな》し。

意味を、少しずつ説明したい。

『明《あ》けぬ』と言《い》ふなれば、やがて、御堂《みだう》より下《お》りぬ」。「明けぬ」、朝になった、と告げたのが誰であるかは、わからない。どこかから、「朝になったぞ」という声が、聞こえてきたのだろう。作者は、すぐに、本堂を下がった。そして、都への帰途に就《つ》いた。

往路では、作者は都から琵琶湖のほとりの「打出《うちいで》の浜」まで歩き、そこから舟に乗って瀬田川を下り、石山寺の近くまで来た。帰路では、舟に乗って、瀬田川から琵琶湖をめざすのである。

「未《ま》だ、いと暗《くら》けれど、湖《うみ》の上《うへ》、白《しろ》く見《み》え渡《わた》りて」。まだあたりには暗さが残っていたけれども、遠くの琵琶湖の湖面は、ほのかに白《しら》んで見えた。

「然《さ》、言《い》ふ言《い》ふ、人《ひと》、二十人許《はたたりばか》り有《あ》るを」。「然《さ》、言《い》ふ言《い》ふ」は、そうは言っても、そうは言いながら、という意味。「然《さ》」という指示語は、具体的に何を指すのか。通説では、「今回の石山詣では、お忍びだったので、人少なだったのだけれども」というふうに理解されている。石山寺の境内《けいだい》まで入っていたのは、四、五人だと思われるが、「人《ひと》、二十人《はたたり》許《ばか》り有《あ》るを」。何と、総勢では二十人近く、付添がいたのである。

「乗《の》らむとする舟《ふね》の、差掛《さしかけ》の片方許《かたへばか》りに、見下《みくだ》されたるぞ、いと哀《あは》れに、奇《あや》しき」。作者は、石山寺の本堂を下り、坂道を下り、船着き場に向かった。すると、上から見下《みお》ろした舟が、小さく見えた。舟は、「差掛《さしかけ》の片方許《かたへばか》り」に見えた、とある。「差掛《さしかけ》」は、四位以下の男性官人が履《は》く沓《くつ》のことである。その「片方《かたへ》」、二つあるうちの片一方のように見えた、というのだ。この舟は、都から作者たちを迎えに来た舟ではなく、地元で調達したものらしく、そのため、余計に小さく見えたのだろう。

「御燈明《みあかし》、奉《たてまつ》らせし僧《そう》の、見送《みおく》るとて、岸《きし》に立《た》てる」。作者が石山寺にお籠もりしているあいだ、本堂でお祈りする時などに、観音様にお燈明《とうみょう》を差し上げる手伝いをしてくれた僧侶が、見送りのために川の岸辺まで来ていた。

「唯差《たださ》し出《い》でに差《さ》し出《い》でつれば、いと心細気《こころぼそげ》にて立《た》てるを、見遣《みや》れば」。作者の乗った舟は、岸を漕ぎ出したあとは、一気に力を入れて漕ぐので、どんどん岸から遠ざかってゆく。岸辺から、次第に遠ざかりつつある舟の中で、作者は見送りの僧を見続けた。彼の姿は、どこか心細そうに見えた。

「『彼《かれ》は、目馴《めな》れにたらむ所《ところ》に、悲《かな》しくや留《と》まりて思《おも》ふらむ』とぞ、見《み》る」。あの僧侶は、これまでずっと慣れ親しんできた石山寺に、当然のこととして残ったのだけれども、私としばらくのあいだ、起居を共にしたので、私に対して親近感を抱くようになっていた。その私が都に戻るので、一抹の寂しさを感じるのだろう、と作者は思いやっていた。

ただし、ここの本文も「虫食い算」で、「目馴《めな》れにたらむ所《ところ》」を「目馴《めな》れにたらむ心《こころ》」と、改める説もある。そうすると、「あの僧侶は、私たちと馴れ親しんだ心から、別れを悲しく思いつつも、石山寺に留まるのだろう」という意味になる。

作者の従者たちも、僧侶との別れを惜しむ。「男《をのこ》ども、『今《いま》、来年《らいねん》の七月《ふみづき》、参《まゐ》らむよ』と呼《よ》ばひたれば」。さようならあ、あと一年経《た》ったら、また、今年と同じ頃、七月に、また、ここに来るからね、元気でいてくれよ、などと叫んでいる。

それが聞こえたのか、僧侶も、「然《さ》なり」、そうですか、わかりました、と返事した。「遠《とほ》く成《な》るままに、影《かげ》の如見《ごとみ》えたるも、いと悲《かな》し」。その僧も、だんだん小さくなって、人間の輪郭がなくなり、ただ黒い影のようにしか見えなくなった。

こうして、作者は、石山寺を去ったのである。

前章と本章で、二回に分けて、石山詣での旅を読んできた。

『蜻蛉日記』は、日記というジャンルに分類されている。けれども、これまで読んできたように、初瀬の長谷寺、琵琶湖のほとりの唐崎でのお祓い、今度の石山寺など、『蜻蛉日記』には「旅」の要素も濃厚に含まれていた。

仮名《かな》で書かれた日記文学の始まりとされる『土佐日記』は、全編が船旅の記録だった。『更級日記』は、冒頭に東海道を上る大きな旅が描かれているし、その後も、「物詣で」の旅が何度も繰り返されていた。そして、この『蜻蛉日記』にも、旅の要素があった。

人生は旅である、とは良く言われることである。だから、「物詣で」を含めて、旅に出た人間は、人生について深く考えることになる。旅に出たからこそ初めて見えてくる「人間の真実」が、たくさんあるのだ。

文学者にとって、執筆もまた旅であるとすれば、作者には『蜻蛉日記』を書くことで初めて見えてきた「自分の真実」と「人間の真実」があったのだと思われる。

そして、読者にとって、読書もまた旅であるとすれば、『蜻蛉日記』を読むことで初めて見えてくる「人間の真実」があるのだ。

7　新しいライバル「近江」

『蜻蛉日記』中巻の世界へ、ようこそ。

天禄元年、西暦では九七〇年は、三十五歳の作者にとって激動の年だった。琵琶湖のほとりの唐崎にお祓いに出かけたのも、石山寺にお籠もりしたのも、この年だった。それだけ、夫の兼家との関係が冷え込んでいたのである。

むろん、喜ばしいこともあった。道綱は、八月に元服し、十一月には「従五位下《じゅごいげ》」に叙爵された。十六歳だった。道綱の貴族としての人生が、やっとスタートしたのである。

ちなみに、兼家が時姫との間にもうけた子どもを見てみると、後に摂政関白となった長男の道隆、これまた短期間ではあるものの関白となった兼家の三男・道兼、さらには空前の権力を掌握した道長が、従五位下に叙爵されたのは、三人とも十五歳の時である。道綱は十六歳だから、父親である兼家の心の中では明瞭な区別があったのかもしれない。

年が明けて、天禄二年になった。作者は、三十六歳。この年までの出来事が、『蜻蛉日記』の中巻には書かれている。

年明け早々、作者は兼家への不信感を募《つの》らせる。その原因は、兼家が最近、夢中になっている「近江」という愛人にあった。

作者が迎えた寂しいお正月の光景を、読もう。

然《さ》て、年頃《としごろ》思へば、何《な》どにか有《あ》らむ、元旦《ついたち》の日《ひ》は、見《み》えずして止《や》む世《よ》、無《な》かりき。（道綱の母）「然《さ》もや」と思《おも》ふ心遣《こころづか》ひ、せらる。未《ひつじ》の時許《ときばか》りに、前駆《さき》、追《お》ひ罵《ののし》る。（女房）「其其《そそ》」など、人《ひと》も騒《さわ》ぐ程《ほど》に、ふと引《ひ》き過《す》ぎぬ。（道綱の母）「急《いそ》ぐにこそは」と思《おも》ひ返《かへ》しつれど、夜《よ》も、然《さ》て、止《や》みぬ。翌朝《つとめて》、此処《ここ》に縫《ぬ》ふ物《もの》ども、取《と》りがてら、（兼家）「昨日《きのふ》の前渡《まへわた》りは、日《ひ》の暮《く》れにし」など、有《あ》り。いと、返《かへ》り事《ごと》、せま憂《う》けれど、（女房）「猶《なほ》、年《とし》の始《はじ》めに、腹立《はらだ》ち、な初《そ》めそ」など言《い》へば、少《すこ》しは、拗《くね》りて書《か》きつ。

まず、今年こそは兼家との関係を好転させたいという、作者の期待感が書かれている。「然《さ》て、年頃《としごろ》思へば、何《な》どにか有《あ》らむ、元旦《ついたち》の日《ひ》は、見《み》えずして止《や》む世《よ》、無《な》かりき」。作者が結婚したのは十九歳の時だったから、二人で迎えた最初の正月は、二十歳《はたち》の時だった。今年は三十六歳。昨年の正月まで、合計して十六回の元旦の情景を思い出してみると、「何《な》どにか有《あ》らむ」、不思議なことではあるが、兼家が顔を見せなかった年はなかったのである。

だから、作者は、「『然《さ》もや』と思《おも》ふ心遣《こころづか》ひ、せらる」。今年も、例年通りに新年の挨拶をしに来てくれるだろうと、兼家を迎える心の準備をしていた。二人の関係はしっくりしなくなっているけれども、さすがに、正月の元日くらいは来てくれて、夫婦の絆《きずな》を確認してくれるだろう、と思っていたのである。

元日の「未《ひつじ》の時許《ときばか》りに、前駆《さき》、追《お》ひ罵《ののし》る」。午後二時くらいに、聞き慣れた兼家の従者たちの声が聞こえてきた。牛車を先導する「露払い・先触れ」の声である。女房たちは、「其其《そそ》」、「それそれ、案《あん》の定《じょう》、お来《こ》しになったみたい」と、大忙しで、お迎えの準備に入った。

けれども、「ふと引《ひ》き過《す》ぎぬ」。兼家の牛車は、さっさと、あっという間《ま》に、門の前を通り過ぎたのだった。作者は、思わず、かっとなったが、「急《いそ》ぐにこそは」、この時間帯は、宮中や大臣などへの挨拶で、急ぎの用事があるのだろう、夜になったら来てくれるだろうと考え直して、心を静めた。

「夜《よる》も、然《さ》て、止《や》みぬ」。ところが、元日の夜になっても、それっきり、何の音沙汰もなかった。

翌朝、つまり一月二日にも、兼家本人は来ずに、手紙が届いた。作者が兼家のために裁縫した晴着を、受け取る必要があったからである。手紙を持ってきた従者が、着物を受け取って戻っていった。

兼家の手紙には、「昨日《きのふ》の前渡《まへわた》りは、日《ひ》の暮《く》れにし」、昨日、お宅の前を通ったのだけれども、あいにく、日が暮れたので、立ち寄れなかったのだ、と言い訳がしてあった。「いと、返《かへ》り事《ごと》、せま憂《う》けれど」。「せまほし」、したい、の反対語が、「せまうし」。したくない、という意味である。返事なんか絶対にしたくない、と作者は、思ったのだが、女房たちが宥《なだ》める。「猶《なほ》、年《とし》の始《はじ》めに、腹立《はらだ》ち、な初《そ》めそ」。今は、お正月ですから、やはり、年の始めくらい、お心を平静に保ってください。新しい年が夫婦喧嘩から始まると、縁起が良くない、という理由である。作者は、何とか心を落ち着けたが、「少《すこ》しは、拗《くね》りて書《か》きつ」。兼家の返事には、どうしても、嫉妬や恨み、つらみが、滲《にじ》み出てしまった。

作者の立腹には、理由があった。「近江」という愛人の存在である。

次の場面を読もう。

斯《か》くしも、安《やす》からず、覚《おぼ》え、言《い》ふ様《やう》は、（世間の噂）「此《こ》の、推《お》し量《はか》りし近江《あふみ》になむ、文通《ふみかよ》ふ。然《さ》、成《な》りたるべし」と、世《よ》にも言《い》ひ騒《さわ》ぐ、心付無《こころづきな》さになりけり。然《さ》て、二日《ふつか》・三日《みか》も、過《す》ごしつ。三日《みか》、また、申《さる》の時《とき》に、一日《ひとひ》よりも異《け》に、罵《のの》りて来《く》るを、（女房）「御座《おは》します」「御座《おは》します」と言《い》ひ続《つづ》くるを、（道綱の母）「一日《ひとひ》の様《やう》にもこそ有《あ》れ。傍《かたは》ら痛《いた》し」と思《おも》ひつつ、さすがに胸走《むねはし》りするを、近《ちか》く成《な》れば、此処《ここ》なる男《をのこ》ども、中門《ちゆうもん》押《お》し開《ひら》きて、跪《ひざまづ》きて、居《を》るに、宜《むべ》も無《な》く、引《ひ》き過《す》ぎぬ。今日《けふ》、増《ま》して思《おも》ふ心《こころ》、推《お》し量《はか》らなむ。

最後の「推《お》し量《はか》らなむ」、私の心を、推し量ってくださいな、という言葉には、びっくりさせられる。作者は、この『蜻蛉日記』を読んでいる読者に向かって、直接、呼びかけているのである。何と大胆な手法だろう。

私は永く、古典文学を大学生に教えてきた。そして、痛感したことがある。彼らが最初に抱くのは、「この作品は、具体的には誰を読者として想定していたのですか」という疑問のようなのだ。『源氏物語』は、誰が、最初の読者だったのですか、という質問は、何十回と聞いた。この『蜻蛉日記』には、兼家の依頼で書いたとする『大鏡』などの説がある。それだと、作者は読者である兼家に対して、強烈な皮肉を言っていることになる。近江という愛人に気持ちが移りかけている兼家に向かって、私の気持ちを想像して欲しいと、訴えているのだから。

けれども、ここは、この『蜻蛉日記』という作品を、縁あって手にする、不特定多数の読者を想定しているのだと考えるべきだろう。作者の魂の叫びは、もはや兼家などという想定読者を通り越している。だから、彼女のメッセージは、二十一世紀の私たちにも届くのだ。

それでは、意味を確認しながら、作者の心の動きを追体験してゆこう。

「斯《か》くしも、安《やす》からず、覚《おぼ》え、言《い》ふ様《やう》は」。このように、私が、心を動揺させて、そのことを考えたり、口にして言ったり、文章として書いたりするのは、原因があるのです。作者から読者への呼びかけは、既に、この部分から始まっているのかもしれない。

「此《こ》の、推《お》し量《はか》りし近江《あふみ》になむ、文通《ふみかよ》ふ」。この『蜻蛉日記』の前の部分にも書いたことではありますが、私が兼家殿との関係を疑っている、「あの近江とかいう女」のことなのです。彼女の存在は、世間の人にも知られていて、「然《さ》、成《な》りたるべし」、二人は既に夫婦のような関係になっているのだろうというのが、もっぱらの噂なのです。その「心付無《こころづきな》さになりけり」。そのことが、不愉快千万で、そのために私の気持ちが波立っていて、平静ではいられないのです。と、作者は読者に向かって訴えている。

「然《さ》て、二日《ふつか》・三日《みか》も、過《す》ごしつ」。そんな風にして、つまり、兼家の訪れが正月早々から絶えた状態で、二日と三日が過ぎた。お正月三が日を、作者は寂しく過ごしたのである。

「三日《みか》」。これが『蜻蛉日記』の原文だが、「二日と三日が過ぎた」とあるので、正しくは「四日《よか》」、「よっか」だろうと考えて、本文を「四日《よか》」と改める説もある。私は、「三日《みか》」のままで、よいと思う。「二日と三日が空しく過ぎた」、その中に、一月三日の屈辱があったと考えればよい。

「申《さる》の時《とき》に、一日《ひとひ》よりも異《け》に、罵《ののし》りて来《く》る」。午後四時くらいに、元日よりも大騒ぎしながら、兼家の牛車が近づいてきた。作者の耳には、「御座《おは》します」「御座《おは》します」という声が聞こえてきた。「兼家様が、いらっしゃいます」と、まず、門番などの男の従者が気づき、それが女房たちに伝わり、作者の耳まで届いたのである。

作者は、「一日《ひとひ》の様《やう》にもこそ有《あ》れ。傍《かたは》ら痛《いた》し」と、考えた。元日の時は、まさかの素通りだった。家の前を通るので、「前渡り」と言う。今回もまた「前渡り」されたら、従者や女房たちからも、「うちの女主人は、すっかり男主人様に見限られてしまったようだ」と侮られるに違いなく、それが辛《つら》い。そうは思いつつ、「さすがに胸走《むねはし》りするを」、兼家の訪れがあるのだったら嬉しいと、胸がどきどきする作者であった。

「近《ちか》く成《な》れば、此処《ここ》なる男《をのこ》ども、中門《ちゆうもん》押《お》し開《ひら》きて、跪《ひざまづ》きて、居《を》る」。兼家の乗った牛車が近づいてきたので、作者の家の者たちは、表門だけでなく、屋敷の中にある中門《ちゆうもん》まで開《あ》け放って、すぐに牛車が作者のいる寝殿に横付けできるように、準備していた。男たちは、跪《ひざまず》いて、兼家を待ち受ける。

ところが、である。「宜《むべ》も無《な》く、引《ひ》き過《す》ぎぬ」。案の定と言うか、悪い予感が的中して、兼家の車は、作者の家の真ん前を、またしても一言の挨拶もなしに、過ぎ去ってしまった。

「今日《けふ》、増《ま》して思《おも》ふ心《こころ》、推《お》し量《はか》らなむ」。読者の方々よ、これまでにも増して、苦々しく思う私の心を、想像してみてくださいな。

『蜻蛉日記』の作者は、読者を作品の中に招き入れている。読者を味方に引き込む手法によって、

け、この数年後には娘を生んでいる。

近江が生んだ娘は、「綏子《すいし》」という名前である。綏子は、三条天皇が東宮、次期天皇であった頃に、東宮から寵愛された。綏子は、とても素直な人柄だったと伝えられる。

『大鏡』の伝える綏子のエピソードを、紹介したい。彼女の母親である「近江」の性格も、おそらく娘と似ていただろうと思うからである。

それでは、『大鏡』の一節を読もう。夏の暑い日に、氷《ひ》を手に持たせた、というエピソードである。

> 夏《なつ》、いと暑《あつ》き日《ひ》、渡《わた》らせ給《たま》へるに、御前《おまへ》なる氷《ひ》を取《と》らせ給《たま》ひて、（東宮）「此《これ》、暫《しば》し、持《も》ち給《たま》ひたれ。麿《まろ》を思《おも》ひ給《たま》はば、『今《いま》は』と言《い》はざらむ限《かぎ》りは、置《お》き給《たま》ふな」とて、持《も》たせ聞《き》こえさせ給《たま》ひて、御覧《ごらん》じければ、実《まこと》に、痕《かた》の黒《くろ》むまでこそ持《も》ち給《たま》ひたりけれ。（東宮）「『然《さ》りとも、暫《しば》しぞ有《あ》らむ』と思《おぼ》ししに、哀《あは》れさ過《す》ぎて、疎《うと》ましくこそ覚《おぼ》えしか」とぞ、院《ゐん》は仰《おほ》せられける。

『大鏡』の伝える、近江が兼家とのあいだに生んだ娘の逸話である。

三条天皇が、即位前の、まだ東宮だった頃に、綏子を寵愛された時期があった。夏の暑さが耐えがたかった日に、目の前に、涼を取るために氷が置かれていたので、天皇は綏子に、「この氷を、暫く、手で直《じか》に持っていなさい。私を愛しているのだったら、私が『もう良いから、放しなさい』と言うまで、氷を手から放して、下に置いてはいけないからね」と、軽い冗談で仰《おお》せられた。

天皇が、そのまま様子を見ていると、綏子は言われた通りに氷を持ち続け、とうとう低温火傷《やけど》で、手が黒ずみ、その跡が残るまで、持ち続けたのである。天皇は、「すぐに我慢できなくなって、持つのを止めると思っていたのに、火傷するまで持ち続けるというのは、かわいさを通り越して、恐ろしいことだな」とお思いになり、そういう感想を述べられた。

近江が生んだ娘は、素直というか、従順すぎる女性だった。彼女の母親も、おそらく、そうだったのだろう。

『大鏡』は、さらに綏子の驚くべきエピソードを、紹介している。綏子は、源頼定《よりさだ》という貴族と、密通したというのだ。しかも、不義の子を懐妊したという噂も、流れた。三条天皇は、綏子の異母兄である藤原道長に、事の真偽を確認するように命じられた。

この時、道長は、既に藤原氏の「氏《うじ》の長者」であり、権力を掌握していた。我が国の政治史上、空前の権力者であった藤原道長という人物の本性を明らかにするエピソードであるので、ここで紹介しておきたい。

道長と綏子は、どちらも兼家の子どもであるが、道長は、時姫の子、綏子は、近江、こと「対《たい》の御《おん》方《かた》」の子である。仲が良いことは、ないだろう。道長の兄の道隆は、父の没後、父の妻であった近江を自分の愛人としたが、道長はそんなことはしない。

道長は、綏子のもとを訪れ、噂の真偽を明らかにするために、綏子の着ていた服の胸元を、いきなり引き開《あ》けて、綏子のお乳をひねり上げた。すると、綏子のお乳からは、白い母乳が、ほとばしり出たという。道長は、三条天皇に、「懐妊しているという噂は、真実でした」と報告した。天皇は、「そこまでしなくても、よかったのに」と、綏子を不憫にお思いになった、ということである。

この綏子の母親が、『蜻蛉日記』の作者で、誇り高き才媛である道綱の母が、心から憎悪した「近江」なのである。嫌悪したというか、唾棄《だき》した、と言ってもよだろう。

それにしても、藤原道長という人物には、驚かされる。彼もまた、巨大な心の闇を抱え込んでいたのではないだろうか。だからこそ、さらに大きなブラックホールを抱えている紫式部が、『源氏物語』を完成することに、協力を惜しまなかったのではないだろうか。

私は、いずれ『紫式部日記』を全訳したいと思っている。その日記には、紫式部の局《つぼね》を、道長が訪れる場面がある。紫式部が道長の愛人であったという伝承は、ここに由来している。この二人が、夜の暗闇の中で、向かい合い、何を話し合ったのか、あるいは何も話し合わなかったのか、私にははなはだ興味がある。

史上稀《まれ》に見る権力者である道長と、史上稀に見る文学者だった紫式部は、果たして、男と女として話し合ったのか。それとも、素裸《すはだか》の人間同士として、魂の会話を交わしたのか。『紫式部日記』を読む時に、この答えを見出したい。

さて、『蜻蛉日記』に戻ろう。

作者は、息子の道綱と共に、長期間の精進生活を始めた。そんな、ある日、彼女の心に、こみ上げてきた思いがあった。

> 哀《あは》れ、（或る人）「今様《いまやう》は、女《をんな》も数珠《ずず》、引《ひ》き下《さ》げ、経《きやう》、引《ひ》き下《さ》げぬ、無《な》し」と聞《き》きし時《とき》、（道綱の母）「あな、勝《まさ》り顔無《がほな》。然《さ》る者《もの》ぞ、寡婦《やもめ》には成《な》るてふ」など、もどきし心《こころ》は、何処《いづち》か行《ゆ》きけむ。
> 夜《よ》の明《あ》け暮《く》るるも、心許無《こころもとな》く、暇無《いとまな》きまで、そこはかとも無《な》けれど、行《おこな》ふと噪《そそ》くままに、（道綱の母）「哀《あは》れ、然《さ》、言《い》ひしを聞《き》く人《ひと》、如何《いか》にをかしと、思《おも》ひ見《み》るらむ。儚《はかな》かりける世《よ》を、何《な》どて、然《さ》、言《い》ひけむ」と思《おも》ふ思《おも》ふ、行《おこな》へば、片時《かたとき》、涙《なみだ》、浮《う》かばぬ時《とき》、無《な》し。
> 人目《ひとめ》ぞ、いと勝《まさ》り顔無《がほな》く、恥《は》づかしければ、押《お》し返《かへ》しつつ、明《あ》かし暮《く》らす。

「勝《まさ》り顔無《がほな》し」という形容詞が二回、用いられている。「みっともない」とか、「見苦しい」という意味である。

かつて、仏道修行に励む他の女性を見て、「みっともない」と批判した言葉が、今の自分にそっくりそのまま跳ね返ってきて、自分自身の「みっともない」姿を痛感し、苦しむ羽目になったのである。かつての自分の言葉が、今の自分を攻撃してきた。

ここは、作者の心の揺れに留意しながら、私の現代語で読んでおきたい。

《今、私は兼家殿との仲がうまくゆかなくなり、藁《わら》にもすがる気持ちで、仏様にお祈りをしている。ああ、今になって、昔の自分が口にした言葉が、悔やまれてならない。

かつては、兼家殿から自分は愛されており、自分は幸せな女である、という自信があった。そんな時、私が仏様へのお勤めを怠りがちだったので、ある人から、「あら、そんな不信心な態度は、よくありませんわ。昔は、女性のお勤めを嫌がったものですけれども、当節では、ほとんどの女性が、数珠を手に持ち、お経を手に持つという具合ですわよ」という忠告を受けたことさえあった。

その時、私は、「ああ、何て、みっともない振る舞いですこと。御主人が元気なうちから、そんな辛気《しんき》くさいことをしている女性に限って、御主人に先立たれて寡婦《かふ》になってしまうと、聞いたことがありますわ」と、返事して、反論したものだ。その時の意気揚々とした、誇り高き私の心は、今、どこに行ったやら、完全に消滅してしまった。
毎日、夜が明け、また、日が暮れる。私は、ほかの仕事は手に付かず、追い駆けられるように、仏様のお勤めをしている。それほどはかばかしい、本格的な修行というほどのことはないが、お勤めに心を傾けている。

そういう自分を、ふと振り返って、「ああ、かつて、私は、『夫が生きているのにお勤めばかりしているような女は、夫から飽きられたり、夫に先立たれたりして、不幸を招き寄せてしまうに違いない』などと、口にしたことがあった。その時の私の言葉を聞いて、記憶している人がいたら、今の私を見て、どんなにか滑稽に思うだろうか。私は、兼家殿からいつ忘れられてもおかしくはない、蜻蛉のような身の上だったのに、何を錯覚して、あんなことを言ったり、思ったりしたのだろうか」と反省することがある。一度、そういう思いが、心に浮かんでしまうと、お勤めしていても、心がお祈りに集中できず、涙ばかりが浮かんできてしまう。

ここで、私が泣いているのを人に見られてしまうと、恥ずかしいだけでなく、みっともないこと、この上もない。あふれ落ちる寸前の涙を、出てこないように必死に押しとどめ、毎日を過ごしているのであった。》

作者は、自分の生き方に、自信を無くしている。落ち込んだ時に、昔の自分が、いかに人の心の痛みを理解できなかったか、身に沁みて痛感したのである。かつて、口にした自分の不謹慎な言葉が、自分の今の不幸を呼び込んでしまった。言葉の恐ろしさを、作者は苦々しく噛みしめている。

こういうふうに苦しんでいる作者は、不思議な夢を見た。『蜻蛉日記』の作者は、今、大きな精神の危機に直面しているようだ。

二十日《はつか》許《ばか》り行《おこな》ひたる夢に、「我《わ》が頭《かしら》を取《と》り下《お》ろして、額《ひたひ》を分《わ》く」と、見《み》る。悪《あ》し良《よ》しも、え知《し》らず。

七日《なぬか》・八日《やうか》許《ばか》り有《あ》りて、「我《わ》が腹《はら》の中《うち》なる蛇《くちなは》、歩《あり》きて、肝《きも》を食《は》む。此《これ》を治《ち》せむ様《やう》は、面《おもて》に、水《みづ》なむ沃《い》るべき」と、見《み》る。此《これ》も、悪《あ》し良《よ》しも知《し》らねど、斯《か》く、記《しる》し置《お》く様《やう》は、「斯《か》かる身《み》の果《は》てを、見《み》・聞《き》かむ人《ひと》、『夢《ゆめ》をも仏《ほとけ》をも、用《もち》ゐるべしや、用《もち》ゐるまじや』と定《さだ》めよ」となり。

ここには、二つの夢が書かれている。

まず、一つ目の夢は、本格的な仏道修行を開始してから、二十日ほど経《た》った頃に、現れた。お勤めは、七日間が一つのサイクルであることが多い。三週間が経過した頃のことである。「『我《わ》が頭《かしら》を取り下《お》ろして、額《ひたひ》を分《わ》く』と、見《み》る」。自分の髪の毛を短く削《そ》いで、額から左右に分けて、尼姿になった、という夢を見たのである。

平安時代には、女性が出家して尼になる時も、髪の毛を全部剃って、丸刈りになることはない。髪の毛を、肩のあたりまでで切り揃える。残った髪の毛は、額のあたりで、振分髪《ふりわけがみ》にして、左右に分ける。こういう髪型を、「尼削《あまそ》ぎ」と言う。

作者は、自分が出家する夢を見て、「悪《あ》し良《よ》しも、え知らず」、これが縁起の良い夢なのか、それとも不吉な夢なのか、判断できなかった。というか、夢の内容を解釈するのが職業の「夢解き」たちに、この夢を占ってもらうこともしなかった。「良《よ》し悪《あ》しも、え知らず」ではなく、「悪《あ》し良《よ》しも、え知《し》らず」である点が、面白い。

さらに、「七日《なぬか》・八日許《やうかばか》り有りて」、次の一週間が経った頃に、二つ目の夢が現れた。その夢が、何とも、異様《いよう》なのだ。読者も、ギョッとするに違いない。

「我《わ》が腹《はら》の中《うち》なる蛇《くちなは》、歩《あり》きて、肝《きも》を食《は》む」。作者のお腹《なか》の内部を、「蛇《くちなは》」、つまり蛇が、動き回っており、「肝」、内臓を食べている、という恐ろしい夢だった。ただし、治療方法も、同時に示されていた。「『此《これ》を治《ち》せむ様《やう》は、面《おもて》に、水《みづ》なむ沃《い》るべき』と、見《み》る」。「此《これ》」、すなわち、作者の体内に棲みついている蛇が、内臓を食べ続けるのを「治《ち》す」、治療するためには、「面《おもて》」、つまり顔に、水を注いだらよい、というのだ。

石山寺では、夢の中に僧侶が現れ、作者の右の膝に水を注いだのだった。今度は、顔に注げ、というのである。

「此《これ》も、悪《あ》し良《よ》しも知《し》らねど、斯《か》く記《しる》し置《お》く様《やう》は」。作者は、この二つの夢について、良い夢か悪い夢かの判断は保留して、そのままこの日記に書き記すことにした。その判断をするのは、自分ではなく、『蜻蛉日記』の読者である、という考えに基づいている。

「斯《か》かる身《み》の果《は》てを、見《み》・聞《き》かむ人《ひと》、『夢《ゆめ》をも仏《ほとけ》をも、用《もち》ゐるべしや、用《もち》ゐるまじや』と定《さだ》めよ、となり」。「斯《か》かる身《み》の果《は》てを、見《み》・聞《き》かむ人《ひと》」とは、作者が、人生の最期を、どういうふうな身の上で、どういう心境で迎えたかを、見届ける人、という意味である。具体的には、『蜻蛉日記』の読者を指している。作者と同時代の読者を超えて、この『蜻蛉日記』を読み継いでくれる「未来の読者」に向かって、呼びかけているのだと考えられる。

これまで、作者は、『蜻蛉日記』を書き続けてきた。藤原兼家から求婚された十九歳の出来事から書き始め、今、作者は三十六歳である。そして、これからも、三十九歳までの人生が、書き続けられる。

この日記で書いてきた私の人生を、最後まで読んでくれる、私と同時代人の読者よ。そして、私の死後もこの日記を読んでくれ未来の読者よ。私の人生を知ったうえで、この二つの夢が、吉夢であったか、凶夢であったかを、客観的に判断してほしい。そして、「夢を信じたほうがよいか、夢など信じないほうがよいか」、「仏の救いを信ずべきか、仏など信ずる必要はないか」を、とくと判定していただきたい。それが、読者であるあなたたちの人生を、大きく左右するだろう。

『蜻蛉日記』の作者は、読者に、「私の失敗した人生を参考にして、皆さんは、悔いの無い人生を、正しく生きてください」と、呼びかけているのだろう。

それにしても、蛇の夢は、すさまじい。この夢を、夫から愛されなくなった妻の感じた「性的な欲求不満」という解釈で、片づけてよいものだろうか。

この夢について、私個人の感想を述べる前に、現代語訳しておこう。

《私は、毎日、仏様へのお勤め三昧《さんまい》の日々に入った。長期の精進を始めてから、三週間ほど経《た》った頃、不思議な夢を見た。そのことを、ここに書き記すので、この日記を読む人は、記憶に刻印していただきたい。私は、夢を見ていた。「これまで私の自慢であった長くて黒くて、つやつやとした髪を短く削《そ》ぎ落として、肩のあたりで切りそろえた」という内容の夢だった。これが縁起の良い夢であるか、縁起の悪い夢であるかの判断は、あえてしなかった。

それから、さらに一週間が過ぎた頃、新しい夢を見た。「私のお腹《なか》の中に、何と一匹の蛇が棲みついている。その蛇は、私の体内をあちこち、動き回って移動しては、私の内臓を食べている。あまりの痛みに私が声を上げると、どこかから声が聞こえてきて、この蛇を退治して、お前の苦しみを取り除くためには、顔に水を掛けると良いだろう、と告げられた」という夢だった。この夢も、吉夢なのか凶夢なのか、自分でも判断しなかったし、人にも相談しなかった。けれども、この日記には、はっきりと書き留めておきたい。

自分の顔に冷たい水が注がれて、蛇が消滅するような爽やかさは感じなかった。

『蜻蛉日記』と私が名づけた、この日記を、縁あって、最後まで読み通した読者よ、判断を下すのはあなたたちである。こういう人生を生きてきた私という人間が、人生の最期に救われたか、救われなかったかを、はっきりと見届けていただきたい。そうすれば、あなたたち自身にとって、夢を信じてもよいか、仏を信じてもよいかという難問に関して、一つの結論が得られるだろう。こういう気持ちから、ここに、二つの夢を書き記しておくのである。》

それにしても、不思議な夢である。蛇の夢に関しては、フロイトの深層心理学の観点から分析されることもあった。

私がこの二つの夢について最も重要だと考えるのは、最初に、自分が出家する夢を見た後で、自分の体の中に蛇が棲みついていて、自分の内臓を食い破っている、という夢を見たことである。

つまり、この二つの夢は、作者がたとえ出家できたとしても、その後も苦しみは終わらないで、なおも続く、というお告げのように思える。むしろ、出家した後のほうが、悩みも苦しみも大きくなる、という諭《さと》しではないだろうか。

蛇は、自分が宿っている作者の体内の内臓を食べている。作者が死んでしまえば、蛇も共倒れになってしまうはずだが、そうとも知らずに、作者を苦しめているのである。

この蛇が象徴するのは、夫である藤原兼家なのだろうか。

それとも、最愛の息子である藤原道綱なのだろうか。

はたまた、作者自身の心なのだろうか。

そもそも、この蛇は、作者を苦しめる存在なのだろうか。作者自身の本性が蛇であることを、意味しているのだろうか。

作者自身ですら、正しい解釈ができなかったのだから、読者にわかるはずはない。けれども、『蜻蛉日記』を、他人事《ひとごと》ではなく、自分自身が生きるかもしれない人生の記録として読み込めば、何かしらの発見があるに違いない。

正直言って、『蜻蛉日記』の作者は、読者から見て、感情移入することがかなりむずかしい性格の持ち主である。『源氏物語』で言えば、六条御息所か、葵の上か、というところではないか。

けれども、読者に向かって、「私という人間」を理解してほしい、と本心から呼びかけている。その叫びを聞き届けたい。

8　鳴滝に籠もる・その一

『蜻蛉日記』中巻の世界へ、ようこそ。

これから、二章に分けて、『蜻蛉日記』中巻の山場である「鳴滝籠《なるたきご》もり」を読む。

天禄二年、三十六歳の作者は、六月四日から、その月の下旬まで、鳴滝の般若寺《はんにゃじ》に籠もった。兼家の訪れが、ないだけではない。兼家は、作者の家の前を通るのにもかかわらず、立ち寄らず、言付《ことづ》けもせず、通り過ぎてゆくのである。繰り返される「前渡り」の屈辱に、作者の心は疲れ切った。

またしても、そのような屈辱の一日が、あった。作者が、兼家のいない山寺に脱出したいと熱望するきっかけになった。

あさましき人《ひと》、我《わ》が門《かど》より、例《れい》の、煌々《きらきら》しう、追《お》ひ散《ち》らして、渡《わた》る日《ひ》、有《あ》り。行《おこな》ひし居《ゐ》たる程《ほど》に、（女房）「御座《おは》します」、「御座《おは》します」と罵《ののし》れば、（道綱の母）「例《れい》の如《ごと》ぞ有《あ》らむ」と思《おも》ふに、胸《むね》、つぶつぶと走《はし》るに、引《ひ》き過《す》ぎぬれば、皆人《みなひと》、面《おもて》を目守《まぼ》り交《か》はして居《ゐ》たり。我《われ》は、増《ま》して、二時《ふたとき》・三時《みとき》まで、物《もの》も言《い》はれず。

人《ひと》は、（女房）「あな、珍《めづ》らか。如何《いか》なる御心《みこころ》ならむ」とて、泣《な》くも有《あ》り。纔《わづ》かに、躊躇《ためら》ひて、（道綱の母）「いみじう、悔《くや》しう、人《ひと》に言《い》ひ妨《さまた》げられて、今《いま》まで、斯《か》かる里住《さとず》みをして、また、斯《か》かる目《め》を見《み》つるかな」と許《ばか》り言《い》ひて、胸《むね》の焦《こ》がるる事《こと》は、言《い》ふ限《かぎ》りにも有《あ》らず。

兼家の牛車が、「煌々《きらきら》しう」、賑やかに、ド派手に、大騒ぎをしながらやって来た。そして、「胸」を「つぶつぶ」と走らせ、期待と不安に心を乱している作者の家の前を、素通りして去ってゆく。作者は、都に留まる「里住み」を続けてしまい、山寺にもっと早く赴かなかったことを悔やむのだった。

この場面は、説明を兼ねた現代語訳で、理解を深めよう。

《驚くほどに非常識で、愛情のかけらも持ち合わせていないあの人が、――そう、兼家殿のことである――例によって、大勢の従者を引き連れ、大声で威嚇《いかく》するように先払いをさせながら、我が家《わや》の前を通りかかった日があった。私は、心静かに仏様のお勤めをしている最中であったが、女房たちの、「殿様がお出《い》でです」、「お出《い》でです」という大騒ぎに、心が掻き乱されてしまった。

私は、これまで何度も「前渡り」をされてきたので、最悪の成り行きを覚悟して、「いつものように、私の存在を無視して、通り過ぎるのだろう」と思うものの、心の片隅ではあの人の訪れを待ち続ける自分が存在すると見え、胸がドキドキし始めた。

けれども、あの人の乗った牛車は、何事もなかったかのように、我が家の前を通り過ぎてゆくではないか。女房たちも、使用人たちも、口をぽかんと開《あ》けて、互いの顔を見つめ合っているばかりで、言葉を口にする気力もなくしている。まして、これだけの屈辱を受けた私の心の傷手《いたで》は深く、それから四時間、いや六時間も、茫然自失していた。

そのうち、女房たちは、口々に兼家殿への怨嗟《えんさ》の声を上げ始めた。中には、「何ということをなさるのでしょうか。人としての温かいお心を、お持ちだとはとても思えません」などと言って、悔し泣きする者もいる。私も、やっとのことで気を取り直した。そして、泣きわめいている女房たちに向かって、「私が以前、都を遠く逃れて、山寺に移り住みたいと願った時に、お前たちは口々に私を諫めて、計画を中止させたでしょう。あの時に、お前たちの反対を押し切って山寺に籠もっていれば、今日のような辱めは受けずに済んだでしょうに」とだけは言った。そう言いながらも、私は自分の胸が焼け付くように熱く感じられ、まるで心臓から焔が出て、焼け死んでしまうのではないかと思ったほどだった。》

原文の最後の「胸《むね》の焦《こ》がる事《こと》は、言《い》ふ限《かぎ》りにも有《あ》らず」という部分を、思い切って意訳してあることに、気づいていただけただろうか。というのは、ここと、『源氏物語』の帚木《ははきぎ》の巻とを響き合わせて読みたいからである。

帚木の巻の「雨夜《あまよ》の品定《しなさだ》め」で、頭中将《とうのちゅうじょう》が夕顔との思い出を語る場面がある。頭中将は、夕顔に心引かれ、娘まで儲《もう》けたが、夕顔は頭中将の正妻から脅されて、突然に姿を消してしまった。あの女は、今でも私のことを思い出して、「胸《むね》焦《こ》がる夕《ゆふ》べ」があるだろう、と頭中将は語り終えた。紫式部は、この「胸《むね》焦《こ》がる夕《ゆふ》べ」という言葉を、もしかしたら『蜻蛉日記』の「胸《むね》の焦《こ》がる事《こと》は、言《い》ふ限《かぎ》りにも有《あ》らず」という文章から学んだのかもしれない。夕顔の巻には、夕顔の侍女たちが、頭中将の乗った牛車を見ようとして、大騒ぎする場面もある。

さて、『蜻蛉日記』の作者は、「胸《むね》焦《こ》がる夕《ゆふ》べ」とは無縁の世界を求めて、鳴滝への山籠もりを決断した。

然《さ》て、思《おも》ふに、(道綱の母)「斯《か》くだに思《おも》ひ出《い》づるも、難《むつ》かしく、前《さき》の様《やう》に、悔《くや》しき事《こと》もこそ有《あ》れ。猶《なほ》、暫《しば》し、身《み》を去《さ》りなむ」と思《おも》ひ立《た》ちて、(道綱の母)「西山《にしやま》に、例《れい》の、物《もの》する寺《てら》、有《あ》り。其方《そち》、物《もの》しなむ。彼《か》の物忌《ものいみ》、果《は》てぬ前《さき》に」とて、四日《よか》、出《い》で立《た》つ。

この直前には、兼家が物忌《ものいみ》に当たっているので、来られないという手紙が来たことが書かれている。「鬼の居ぬ間に洗濯」ではないが、兼家の物忌中《ちゅう》に山寺へ、と作者は決断したのである。

ここも、解説を兼ねた現代語訳で、内容を理解しておきたい。

≪ こういう日々の中で、私は考えることがあった。「こんなふうに、あの人の私への屈辱的な仕打ちを思い出すだけで、むしゃくしゃするし、心臓が焼け焦げて、火が出るほどの苦しみにのたうち回ってしまう。ここは、あの人の前から、私がいなくなるのが一番だ。よし、ここは、思い切って身を引こう」と決心した。

「西山に、いつも、私が出かける山寺がある。そうだ、そこへ行こう。あの人の物忌が終わらない

うちに、黙って、さっさと都から脱出を果たすのだ」と思い立って、六月四日に、自宅を後にして、般若寺《はんにゃじ》に向かうことにした。》

「胸《むね》の焦《こ》がるる事《こと》は、言《い》ふ限《かぎ》りにも有《あ》らず」という表現が、ここまで響いている。「胸焦がるる夕べ」という言葉は、夕顔と結びついていた。ここでも、夕顔が突然に頭中将の前から消え失せたことが、『蜻蛉日記』作者の鳴滝籠もりと対応しているのである。紫式部は、『蜻蛉日記』を深く読んで、夕顔というヒロインを描いたように、私には思えてならない。

もう一つ、気づいたことがある。前章で、作者が見た不思議な夢を紹介した。作者の体の中に蛇が住んでいて、作者の内臓を食い破っているという夢だった。

作者が兼家との関係で悩み、「胸を焦がすこと」が、蛇に内臓を食われることであり、顔に水を掛けると良いと告げられたことが、鳴滝の般若寺に籠もって仏道修行に励むことと対応しているのかもしれない。

さて、作者は鳴滝に向かう前に、兼家に、「さよなら」という手紙を書いた。

文《ふみ》には、(道綱の母)『身《み》をし変《か》へねば』とぞ言《い》ふめれど、『前渡《まへわた》りせさせ給《たま》はぬ世界《せかい》もや有《あ》る』

とて、今日《けふ》なむ。此《これ》も、奇《あや》しき問《と》はず語《がた》りにこそ成《な》りにけれ」とて、幼《をさな》き人《ひと》の、(道綱)「直屋籠《ひたやご》もりならむ。消息《せうそこ》、聞《き》こえに」とて、物《もの》するに付《つ》けたり。

意味を確認してゆこう。「文《ふみ》には」。作者から兼家に宛《あ》てた手紙には、次のようなことを書いた。『身《み》をし変《か》へねば』とぞ言《い》ふめれど」。ここには、和歌が引用されている。

何処《いづく》へも身《み》をし変《か》へねば雲懸《くもか》かる山踏《やまぶ》みしても訪《と》はれざりけり

私が雲の懸《か》かる奥山に赴いたとしても、私という人間はどこまでも私なので、私がお嫌いなあなたは、私に逢ってくださらないのでしょうね。作者は、この和歌を引用しながら、「自分という人間は変われない。変わりようがない。変わらない私が嫌いなあなたには、もう逢えないかもしれません」と、訴えているのである。

『前渡《まへわた》りせさせ給《たま》はぬ世界《せかい》もや有《あ》る』とて、今日《けふ》なむ」。この広い世界のどこかには、あなたから、自分の屋敷の前を素通りされる屈辱のない場所があるかもしれないと思って、今日、私は、あなたから旅立つことにする。

「此《これ》も、奇《あや》しき問《と》はず語《がた》りにこそ成《な》りにけれ」。この言葉もまた、あなたから聞かれてもいないのに、自分から押し付けがましく、勝手に話し始めた「自分語り」になってしまった。「問《と》はず語《がた》り」は、話し好きの老女が、自分の若かりし頃の思い出を、聞き手の迷惑も構わずに話し続ける、というニュアンスである。中世の女性日記文学にも、『問はず語り』という名作がある。ここで語りかけられている「あなた」は、直接には兼家であるが、読者である「あなた」をも、作者は念頭に浮かべていたのではあるまいか。

「とて、幼《をさな》き人《ひと》の、（道綱）『直屋籠《ひたやご》もりならむ。消息《せうそこ》、聞《き》こえに』とて、物《もの》するに付《つ》けたり」。という内容の手紙を書いて、作者は、その手紙を道綱に持たせ、兼家に届けた。「母上は、これからしばらく鳴滝の般若寺にひたすら山籠もりなさるのでしょう。そうすると父上にも会えないでしょうから、その旨、報告に行ってきます」と道綱は言って、兼家に暇乞《いとまご》いをしに行ったのである。

道綱は、律義というか、父親を恐れているのだろう。すべて、父の耳に入れておかないと、あとが恐いのだ。道綱が、自分の母親が山籠もりするという情報を伝えに、兼家のもとに行くので、作者も手紙を言付けたのである。

なお、「ひたやごもり」という言葉は、『和泉式部日記』や『源氏物語』にも使われている。作品が成立した時代では『蜻蛉日記』が古いので、国語辞典の中には、この箇所を「ひたやごもり」の用例として挙げているものがある。ただし、ある辞典は、「幼き人の、ひたやごもりならむ」という部分だけの切り出し方なので、「ひたやごもり」という言葉の言葉の意味がまったく推測できないのが、残念である。ひたすら籠もる、という意味である。

さて、作者は、兼家の前渡りのない世界、自分が兼家から苦しめられることのない世界を求めて、鳴滝にやってきた。

先《ま》づ、僧坊《そうぼう》に下《お》り居《ゐ》て、見出《みい》だしたれば、前《まへ》に、籬《ませ》、結《ゆ》ひ渡《わた》して、また、何《なに》とも知《し》らぬ草《くさ》ども、繁《しげ》き中《なか》に、牡丹草《ぼうたんぐさ》ども、いと情《なさ》け無気《なげ》にて、花《はな》、散《ち》り果《は》てて立《た》てるを、見《み》るにも、「花《はな》も一時《ひととき》」といふ言《こと》を、返《かへ》し覚《おぼ》えつつ、いと悲《かな》し。

牡丹《ぼたん》の花が描かれているのが、珍しい。

この箇所でも、本文の「虫食い算」が甚だしい。「花《はな》も一時《ひととき》」とした箇所の原文は、「散るかつはとき」である。さまざまに、本文を改める説が林立しているが、決着は付いていない。

意味を確認してゆこう。

「先《ま》づ、僧坊《そうぼう》に下《お》り居《ゐ》て」。般若寺に到着した作者は、牛車から下りて、「僧坊」に落ちついた。「僧坊」は、僧侶たちが生活している場所である。それに対して、祈りの空間である本堂がある。

「見出《みい》だしたれば、前《まへ》に、籬《ませ》、結《ゆ》ひ渡《わた》して」。作者は、ほっと一息ついたあとで、部屋の外を眺めた。

すると、建物の前の庭には、「籬《ませ》」、つまり低い垣根が結《ゆ》ってあった。草花を大切に育てているのだろう。

「また、何《なに》とも知《し》らぬ草《くさ》ども、繁《しげ》き中《なか》に」。垣根の中には、何の花かわからない草が、たくさん植えてあった。今は六月で、晩夏だから、春や初夏の花は、散っている。葉っぱだけでは、秋になって花開く秋の花の種類が、作者にはわからなかったのかもしれない。

「牡丹草《ぼうたんぐさ》ども、いと情《なさ》け無気《なげ》にて、花《はな》、散《ち》り果《は》てて立《た》てるを」。「ぼうたんぐさ」は、中国で「花の王」とされる「牡丹《ぼたん》」のこと。和歌では、「深見草《ふかみぐさ》」とか「二十日草《はつかぐさ》」などと詠まれる。四月か五月の頃に、花を付ける。今は六月だから、牡丹の花は散っていて、葉っぱだけが残っていたのである。

「見《み》るにも、『花《はな》も一時《ひととき》』といふ言《こと》を、返《かへ》し覚《おぼ》えつつ、いと悲《かな》し」。「花《はな》も一時《ひととき》」の箇所の本文が、ひどく混乱していることは、先ほど述べた。秋を代表する花に「女郎花《おみなえし》」がある。その女郎花を詠んだ歌がある。

　秋《あき》の野《の》に艶《なま》めき立《た》てる女郎花《をみなへし》あなかしがまし花《はな》も一時《ひととき》

女郎花が群がって華麗に咲いているのを、若い女性たちが、にぎやかにおしゃべりしている様子に喩えたのである。

作者は、花が散っている牡丹を見て、季節は違うけれども、この女郎花の歌の「花も一時」という言葉を思い出し、自分の人生も、花の盛りを越えてしまったな、何と花の盛りが短かったことかと、悲しく思ったのだろう。それで、本文を「花《はな》も一時《ひととき》」に改める説に従った。

私は、この文章が、清少納言の『枕草子』の「草の花は」の段に紛れ込んでいたとしても、気づかないと思う。それほど味わい深い散文である。

鳴滝の般若寺では、夜になると螢が飛び交《か》った。また、鳥も盛んに鳴いていた。作者は、都とは違う自然に包まれる。

木陰《こかげ》、いと哀《あは》れなり。山陰《やまかげ》の暗《くら》がりたる所《ところ》を、見《み》れば、螢《ほたる》は、驚《おどろ》くまで照《て》らすめり。里《さと》にて、昔《むかし》、物思《ものおも》ひ薄《うす》かりし時《とき》、「二声《ふたこゑ》と聞《き》くとは無《な》しに」と腹立《はらだ》たしかりし時鳥《ほととぎす》も、打《う》ち解《と》けて鳴《な》く。水鶏《くひな》は、「其処《そこ》」と思《おも》ふまで敲《たた》く。いといみじ気《げ》さ増《ま》さる、物思《ものおも》ひの住《す》みかなり。

この自然描写も、『枕草子』に通じている。『蜻蛉日記』の作者は、人間としての悩みに向かい合うことで、散文の書き手として成熟していったのである。

それでは、文章を味わおう。

「木陰《こかげ》、いと哀《あは》れなり。山陰《やまかげ》の暗《くら》がりたる所《ところ》を、見《み》れば、螢《ほたる》は、驚《おどろ》くまで照《て》らすめり」。木陰《こかげ》は、とても風情《ふぜい》がある。作者は、心の中に暗い闇を抱えているので、暗い場所に、おのずと心引かれてしまうのだろう。そして、「木陰《こかげ》」を、「山陰《やまかげ》の暗《くら》がりたる所《ところ》」と言い換える。西山の暗くなっている部分である。

ところが、その暗い闇の中に、明るいものが点々と見えた。「螢《ほたる》は、驚《おどろ》くまで照《て》らすめり」。螢が、驚くほど明るく、あたりを輝かしているようだ。「照《て》らすめり」の「めり」は婉曲《えんきょく》の助動詞であるから、明るい光の正体が、たぶん螢だろうと、遠くから見て推測しているのである。この箇所も、和歌を踏まえている。和歌を踏まえた散文が、『蜻蛉日記』の自然描写の真髄なのである。

小夜更《さよふ》けて我《わ》が待《ま》つ人《ひと》や今来《いまく》ると驚《おどろ》くまでに照《て》らす螢《ほたる》か

この歌は、男の訪れを空しく待ち続けた女性の立場で詠まれている。待ち続けているのに、あの人は、来ない。いつの間《ま》にか、あたりは暗くなり、女は思わず、うとうとしてしまった。すると、急に、周りが明るくなった。まるで、あの人が牛車でやって来て、その前に、松明《たいまつ》を高くかざした従者が立っているかのような明るさだった。女は、はっとして、意識が戻る。すると、明るく見えた物の正体が、螢だったという事実に気づいたのである。

『蜻蛉日記』の作者は、夫の兼家から逃れるために、山寺まで来た。けれども、松明を照らしながら、兼家の乗った車が山寺までやって来るのを、心の奥底では待っているのだろう。ここで、私は『源氏物語』の夢浮橋《ゆめのうきはし》の巻を連想する。

浮舟は、出家して尼となり、京都の北にある小野《おの》の山里で暮らしている。小野は、比叡山の麓に当たっている。浮舟は、深く生い茂った青葉の山を眺めている。そして、螢を見て、昔を思い出しながら、ぼんやり物思いに耽っていた。すると、遠くの谷あいを、松明《たいまつ》の火をたくさん燃やした光が、浮舟の目に入った。皆は、薫が比叡山まで登って行って、今下《お》りてくるところだと、浮舟に教えてくれた。

山里、螢、そして松明《たいまつ》の光。『蜻蛉日記』の鳴滝の山寺と、『源氏物語』の小野の山里には、通じ合うところがある。『蜻蛉日記』の作者と、浮舟とが通じ合う、ということである。ならば、浮舟を何とか還俗《げんぞく》させて、小野の山里から都へと呼び戻そうとしている薫は、『蜻蛉日記』の作者を鳴滝の山寺から都に連れ戻そうとしている藤原兼家と対応することになる。『蜻蛉日記』から『源氏物語』への水脈は、確かに存在している。

『蜻蛉日記』の自然描写に、話を戻す。「里《さと》にて、昔《むかし》、物思《ものおも》ひ薄《うす》かりし時《とき》、『二声《ふたこゑ》と聞《き》くとは無《な》しに』と腹立《はらだ》たしかりし時鳥《ほととぎす》も、打《う》ち解《と》けて鳴《な》く」。鳴滝では、時鳥が、ごく当たり前に鳴いている。「二声《ふたこゑ》と聞《き》くとは無《な》しに」の部分にも、和歌が引用され、散文に溶け込んでいる。

二声《ふたこゑ》と聞《き》くとは無《な》しに時鳥《ほととぎす》夜深《よぶか》く目《め》をも覚《さ》ましつるかな

都では、時鳥のたった一声《ひとこゑ》を聞くために、夜遅くまで起きていなければならない。その頃は、まだ対人関係の物思いにも苦しまずに済んでいたので、人間ではなく、かろうじて、たった一声だけを聞かせてくれる時鳥を腹立たしく思ったものだった。ところが、この鳴滝では、二声どころか、数え切れないほど、ごく自然に、当たり前のこととして、時鳥が鳴いている。

螢、時鳥。次は、水鶏《くいな》である。水鶏は、『源氏物語』や『更級日記』にも登場している。また、和歌でも、夏の景物として詠まれる。鳴き声が、戸口を敲《たた》き続ける音に似ている、とされる。「水鶏《くひな》は、『其処《そこ》』と思《おも》ふまで敲《たた》く」。水鶏の鳴き声が、作者の滞在している僧坊のすぐそこで、戸口を敲いているように、間近に聞こえたのである。やはり、心の奥底では、作者は兼家が迎えに来てくれるのを、待っているのだろう。

このような自然描写のあとで、作者は一つの結論を書き記す。「いといみじ気《げ》さ増《ま》さる、物思《ものおも》ひの住《す》みかなり」。形容詞「いみじ」は、ひどく良いことにも、ひどく悪いことにも使う。その形容動詞が「いみじ気《げ》なり」で、その名詞が「いみじ気《げ》さ」。ここは、通説では、「ひどく寂しい、ひどく侘《わび》しい」という意味で、解釈されてきた。そうだろうか。

私が面白いと思うのは、「物思《ものおも》ひの住《す》みか」という言葉である。「ことあるごとに物思いに駆られてしまう住まい」と聞いて、まず連想するのは、秋の山里ではないだろうか。けれども、ここは、六月である。晩夏なのだ。

そこで、思い出すのは、『源氏物語』の明石《あかし》の巻である。水鶏が鳴いている場面がある。明石の巻を読んでみよう。

はるばると、物《もの》の滞《とどこほ》り無《な》き海面《うみづら》なるに、なかなか春《はる》・秋《あき》の、花《はな》・紅葉《もみち》の盛《さか》りなるよりは、唯《ただ》、そこはかとなう茂《しげ》れる陰《かげ》ども、艶《なま》めかしきに、水鶏《くひな》の打《う》ち敲《たた》きたるは、「誰《た》が門《かど》鎖《さ》して」と、哀《あは》れに覚《おぼ》ゆ。

『源氏物語』明石の巻の有名な一節である。藤原定家《ていか》の、「見渡せば花《はな》も紅葉《もみち》も無《な》かりけり浦の苫屋《とまや》の秋の夕暮れ」という歌は、この場面を踏まえているとされる。

明石の巻の、この場面は、『蜻蛉日記』と同じ夏の情景である。「そこはかとなう茂れる陰《かげ》ども、艶《なま》めかしきに」の部分で、「陰」、すなわち、木陰が描かれている。そして、水鶏の風情が加わる。『源氏物語』では、光源氏は、「哀れ」と、しみじみ感じ入っている。

私は、明石の巻の名場面も、『蜻蛉日記』の鳴滝籠もりの影響があるのではないか、と考える。そうすると、『蜻蛉日記』の「いといみじ気《げ》さ増《ま》さる、物思《ものおも》ひの住《す》みかなり」という文章も、侘《わび》しさだけではなく、美的な感動も含まれるのではないか、と思われてくる。

先ほど述べたように、「いみじ」は、物事の程度が甚だしい時に用いられる。ひどく驚いたり、ひどく感動したり、ひどく悲しんだり、そういう「喜怒哀楽」のはっきりした日々を、『蜻蛉日記』の作者は、この鳴滝の般若寺で過ごしている。

都で暮らしている時には、自制心があった。自分の心が、ストレートに言葉になることも、行動になることも少なかったことだろう。今、自分は、「心」というものが、文化や文明などの人工的な装置に染まらない以前の、素裸の自分の状態に戻っている。心が、リセットされている。そのことを、この場面は描いているのではないだろうか。

それでは、『蜻蛉日記』の自然描写の極致とも言える、枯れた牡丹から、水鶏までを、現代語訳に移し替えてみたい。

《藤原兼家という男と結婚して以来、私は、私でなくなってしまった。何とか、自分という人間の本来の生き方を取り戻したく思って、私は兼家殿の力が及ぶ都から逃れ出ることを願い続けた。

そして、鳴滝の般若寺に向かった。ここは、これまで何度も訪れたことがあるし、最愛の母親が亡くなった場所でもある。私も、この場所で生まれ変わって、自分の人生を取り戻したい。

到着して、まずは、僧坊に落ちついた。荷物一式を運び込み、ここで自分は生まれ変わるのだと思って、庭を眺めた。すると、庭先には、丈《たけ》の低い垣根が、きちんと結《ゆ》い合わされている。垣根の中は、綺麗な花を咲かせる草が、植えられているのだろう。けれども、今は夏の終わりの六月なので、春の花は散った後《あと》であるし、秋の花は蕾《つぼみ》も付いていない。何の花とも見分けの付かない草の葉っぱだけが、垣根の中に見えた。

あっ、あれは、もしかしたら牡丹かしら。ふと、そう思ったのだが、花はとっくに散り失せている。でも、やはり牡丹の花が散ったあとの牡丹草《ぼたんぐさ》であるようだ。そう確信した私は、突然、我が身も、花が散ったあとの見所のない牡丹草なのだと気づいて、悲しくなった。若かりし頃の美貌が影を潜めた、というのではない。自分の生き方に自信と誇りを持っていた私の「心の中の毅然とした花」が、今はあとかたもないことに気づいて、愕然となったのだ。

花の散った牡丹草には、まったく魅力がない。兼家殿の目に映っている今の私も、そうなのだろうと、思わずにはいられなかった。「花も一時《ひととき》、人も一時《ひととき》」。どうして、人間は、自分らしい生き方を、生涯、貫くことができないのだろう。悲しくて、たまらなかった。

この僧坊から眺める遠くの景色は、山の姿だけである。今は、夏の夜。空には、明るい月が上《のぼ》り、その月の光で、山の陰が真っ黒に見える。どんな明るい月の光にも照らされない、闇の領域。そこは、私の心の中の闇なのでもあろう。そう思って、胸を締めつけられるような気持ちで、暗い山陰を見つめていた。

すると、ぴか、ぴかぴか、ぴかぴかぴかぴか。最初は小さくて目に見えなかった光が、いつのまにか、巨大な松明《たいまつ》となって、私の目に飛び込んできた。その光は、「目覚めよ、目を覚まして自分の心の中の光を発見せよ」と、私に告げているかのようだった。それは、無数の螢が乱舞している光で、あたかも松明のようだった。

ああ、私は、螢の光を無数に集めた透明な光を高く掲げた貴公子に、夜《よ》ごと夜《よ》ごと愛される人生を、夢見てきた。私は、そういう人生を生きるべきだった。藤原兼家という夫は、そういう私の理想の夫とは似ても似つかなかった。彼が、私を連れ戻しに、ここに来たとしても、私たちはやり直せるのだろうか。

そんなことを考えていると、時鳥《ほととぎす》の声で、我に返った。都では、時鳥の声は希少価値があり、二声《ふたこえ》と聞いたためしはない。ところが、この山寺では、朝から晩まで、ごく普通に、時鳥は鳴きしきっている。都では、どうしてこんなにも鳴いてくれないのだろうと腹立たしかった時鳥が、ここでは、どうしてこんなにも鳴くのだろうかと、苦情を言いたいくらいに鳴いている。

藤原兼家という私の夫は、時鳥ではないが、滅多に私の前に姿を現してはくれなかった。夜《よ》ごと、昼ごと、ごく自然に、当たり前のこととして我が家に足を運んでくれる夫は、私が望んで遂に得られなかった幻だった。

私は、孤独である。なぜ、孤独なのだろう。そう思い詰めていると、すぐ近くで、「今晩は。トントン」と、戸口を敲《たた》く音がする。誰が来てくれたのだろう。誰が、私に逢いに来たのだろう。藤原兼家ではなく、私が結ばれることのなかった、「どこにもいるはずのない、理想の夫」なのだろうか。いや、あれは、水鶏《くいな》の鳴き声だ。

どこにもいなかった、私の理想の夫よ。あなたは、蛍だ。あなたは、時鳥だ。そして、あなたは、水鶏だ。そんな思いに駆られた私は、この山里で、「あるべき自分」と「現にある自分」との食い違いに、心を傷めている。それは、そのまま、「現にある夫」と、「あるべき夫」との違いでもある。私の人生は、もうやり直せない。だから、辛《つら》い。けれども、「あるべき自分」や「あるべき夫」を願い続けることは、許されている。それを求めるのが、この『蜻蛉日記』であり、私の紡ぐ散文であり、私の求める文学なのだ。》

いかがだろうか。自然描写が客観的であればあるほど、作者の主観が浮かび上がってくる。作者は、私の現代語訳で汲み上げたことを心の中で考え、そのうえで、簡潔に、自然描写だけを書き付けたのである。だからこそ、実際には書かなかったことを汲み上げ、理解すること。それも、『蜻蛉日記』を読む際のポイントとなるのではないだろうか。

さて、心を強く持って、鳴滝の般若寺に籠もった作者にとって、唯一の弱点は、息子の道綱である。道綱を見つめる作者の心は、どのようなものだったろうか。

人遣《ひとや》りならぬ業《わざ》なれば、訪《と》ひ、訪《とぶら》はぬ人《ひと》、有《あ》りとも、夢《ゆめ》に、（道綱の母）「辛《つら》く」など、思《おも》ふべきならねば、いと心安《こころやす》くて有《あ》るを、唯《ただ》、斯《か》かる住《す》まひをさへせむと、構《かま》へたりける身《み》の宿世《すくせ》許《ばか》りを、眺《なが》むるに添《そ》ひて、悲《かな》しき事《こと》は、日頃《ひごろ》の長精進《ながしやうじ》しつる人《ひと》の、頼《たの》もし気無《げな》けれど、見譲《みゆづ》る人《ひと》も無《な》ければ、頭《かしら》も差《さ》し出《い》でず、松《まつ》の葉許《はばか》りに思《おも》ひ成《な》りにたる身《み》の、同《おな》じ様《さま》にて、食《く》はせたれば、えも食《く》ひ遣《や》らぬを、見《み》る度《たび》にぞ、涙《なみだ》は零《こぼ》れ増《ま》さる。

意味を確認しよう。

「人遣《ひとや》りならぬ業《わざ》なれば」。「人遣《ひとや》り」は、他人に命じられて、何かをすること。ここは、「人遣《ひとや》りやらぬ」だから、山寺に籠もったのは自分自身の判断であり、すべての責任は自分にある、という意味になる。

「訪《と》ひ、訪《とぶら》はぬ人《ひと》も有《あ》りとも、夢《ゆめ》に、『辛《つら》く』など、思《おも》ふべきならねば、いと心安《こころやす》くて有《あ》る」。この「夢に」は、「夢にも」、少しも、という意味。この山寺まで訪《たず》ねてきてくれる人もいるし、訪《たず》ねてこない人もいる。けれども、自分の決めた行動なので、人が訪れてくれなくても、「恨めしい」などと、不満に思うことは、少しもない。

ここにも、和歌が取り込まれている。

忘《わす》れねと言《い》ひしに適《かな》ふ君《きみ》なれど訪《と》はぬは辛《つら》きものにぞありける

この歌は、女がどんなに強がりを言っていたとしても、男から訪問されないのは、辛《つら》いに決まっている、という内容である。『蜻蛉日記』の作者は、それを逆転させて、私は自分の山籠もりに全責任を取るから、誰も訪ねてこなくてもその人を恨むことはない、と言っているわけである。和歌を踏まえ、和歌を溶け込ませることで、『蜻蛉日記』の散文には強靭さが備わった。そのような散文を、それ以降の『源氏物語』などは踏襲した、ということである。

「唯《ただ》、斯《か》かる住《す》まひをさへせむと、構《かま》へたりける身《み》の宿世《すくせ》許《ばか》りを、眺《なが》むる」。他人を恨むことはないのだが、自分自身が持って生まれた、拙い宿命は、恨めしく思う。夫との不幸な結婚で苦しみ続け、とうとうこんな山寺にまで緊急避難しなくてはならなかった自分は、前世で、どんな悪いことをしていたから、現世で、こんなに苦しむのだろうかと、そればかりが恨めしいのである。「眺《なが》むるに添《そ》ひて、悲《かな》しき事《こと》は」。自分の宿命の拙さに嘆きつつ、しょんぼりと物思いに沈む作者であったが、それに添えて、もう一つ、悩みの種があった。「眺《なが》むるに添《そ》ひて」は原文のままであるが、意味をわかりやすくしようとして、「眺《なが》むるに添《そ》へて」と、本文を改める説もある。

「日頃《ひごろ》の長精進《ながしやうじ》しつる人《ひと》の、頼《たの》もし気無《げな》けれど」。作者と一緒に山寺に籠もって、長期間、精進している我が子・道綱が、見るからにしょんぼりして、元気がなくなってきているのだ。

「見譲《みゆづ》る人《ひと》も無《な》ければ、頭《かしら》も差《さ》し出《い》でず」。我が子を誰かに預けることもできないので、都には残さず、この山寺に連れてきている。道綱は、作者と一緒に、「ひたやごもり」で、山寺に閉じ籠もっているので、外出したりしない。「頭《かしら》も差《さ》し出《い》でず」は、家から外へ出ることができない様子。山寺から出ないのだから、道綱は都へも、顔を出していないことになる。

中でも、作者が心配しているのは、道綱の食事の内容である。「松《まつ》の葉許《はばか》りに思《おも》ひ成《な》りにたる身《み》の、同《おな》じ様《さま》にて、食《く》はせたれば、えも食《く》ひ遣《や》らぬを、見《み》る度《たび》にぞ、涙《なみだ》は零《こぼ》れ増《ま》さる」。

「松の葉」は、「霞」と並んで、仙人や山伏《やまぶし》が食べる粗食の代名詞である。作者は、精進料理しか食べなくても平気なのだが、若い道綱が栄養のない精進料理にお相伴しているので、体が痩せ細っているのだろうと、母親として我が子の健康を心配している。

見る見る痩せ細ってゆく道綱を見て、作者は涙がこぼれて仕方がなかった。けれども、私が思うには、道綱に元気がないのは、食事のためではないだろう。心の中に、悩みがあるからではないか。道綱にとって望ましいのは、父と母が仲良く暮らすことである。そして、父の後ろ盾を得て、政治の世界で生きてゆくことである。

母が、我《が》を通して、山寺に籠もっていればいるほど、道綱の「公《おおやけ》」の世界での幸福は遠のいてしまう。道綱も、父親と母親の板挟みで、苦しいのだろう。だから、元気がないのだ。

次章では、永く籠もっている山寺から、作者が都に連れ戻される場面を読む。そこでは、道綱が重要な役割を果たすことになる。

9　鳴滝に籠もる・その二

『蜻蛉日記』中巻の世界へ、ようこそ。

前章に引き続いて、「鳴滝籠もり」の後半を読む。本章では、鳴滝の般若寺から、作者は都に連れ戻されてしまう。

山籠もりしている作者には、兼家本人もやってきて下山を促したし、兼家は手紙もたびたび書いて寄越《よこ》した。知人や親戚も訪《たず》ねてきた。また、時姫が生んだ兼家の長男・道隆《みちたか》までが訪れて、下山を促した。そして、作者の父親である倫寧《ともやす》が、最後の説得に来た。総掛かりなのだ。父親は、明日にでも迎えに来るからね、と強く言って、帰っていった。これで、作者が安らいで生きられる「心の王国」の外堀は、完全に埋められた。

作者は、追い詰められたのである。

そして、兼家が鳴滝まで乗り込んできて、一気に内堀を埋めてしまう。その場面を、読もう。

釣《つり》する海人《あま》の浮子《うけ》許《ばか》り思《おも》ひ乱《みだ》るるに、罵《ののし》りて、者《もの》、来《き》ぬ。（道綱の母）「然《さ》、なンめり」と思《おも》ふに、心地《ここち》、惑《まど》ひ立《た》ちぬ。此度《こたみ》は、慎《つつ》む事《こと》無《な》く、差《さ》し歩《あゆ》みて、唯入《ただい》りに入《い》れば、侘《わ》びて、几帳《きちやう》許《ばか》りを引《ひ》き寄《よ》せて、端隠《はたかく》るれど、何《なに》の甲斐《かひ》無《な》し。

追い詰められた作者ではあるが、本心は、やはり都に戻りたくない。なぜなら、兼家と自分の二人には、不毛な結婚生活しか予見できないからである。

作者の心は、「釣《つり》する海人《あま》の浮子《うけ》」のように、思い乱れている。「浮子《うけ》」は、釣《つり》をする際に、釣り糸に付ける「浮き」のこと。

『古今和歌集』に、読み人知らずの歌がある。

伊勢《いせ》の海《うみ》に釣《つり》する海人《あま》の浮子《うけ》なれや心一《こころひと》つを定《さだ》めかねつる

漁師は、魚を釣るために、竿を海に投げ入れる。つりばりに魚が掛かると、「浮子《うけ》」、つまり「浮き」が激しく動くので、竿を引き上げて魚を捕獲するのだ。人間の心が激しく動揺しているようすを、「海人《あま》の浮子《うけ》」が象徴している。

『古今和歌集』の歌は、『源氏物語』の葵《あおい》の巻でも、引用された。六条御息所は、自分を愛してくれない薄情な光源氏に、絶望して久しい。そして、伊勢の斎宮に任命されて、伊勢の国に下向してゆく娘と一緒に、自分も都を離れようかと思い悩む。

都に留まるか、都から離れるか。心一つを決めかねている六条御息所の心が、「釣《つり》する海人《あま》の浮子《うけ》なれや、と起《お》き伏《ふ》し煩《わづら》ふ」と表現されている。

『蜻蛉日記』の作者は、山寺に留まるか、都に戻るかで、心一つを決めかねている。『源氏物語』の六条御息所は、都に留まるか、伊勢の国に下るかで、心一つを決めかねている。『蜻蛉日記』の作者は、藤原兼家という男が信用できず、六条御息所は光源氏という男に絶望している。

『蜻蛉日記』から『源氏物語』へという水脈は、確かに存在していると考えられる。紫式部は、『蜻蛉日記』から多くのものを学んだ。その一つに、「釣《つり》する海人《あま》の浮子《うけ》」という言葉に籠められた、女性の葛藤劇があったのである。

『蜻蛉日記』に戻る。「罵《ののし》りて、者《もの》、来《き》ぬ」。大騒ぎをしながら、男たちが、般若寺にやってくる音が、作者の耳に聞こえてきた。

「『然《さ》、なンめり』と思《おも》ふに、心地《ここち》、惑《まど》ひ立《た》ちぬ」。「あの声は、兼家の従者たちだろう。兼家殿本人も、来るに違いない」と、作者は考え、激しく心が乱れた。今度こそは、逃《のが》れられないかもしれない。

「惑《まど》ひ立《た》ちぬ」。古典文学を専門に研究していても、「惑《まど》ひ立《た》つ」という動詞に、お目にかかる機会は、めったにない。あるいは、作者の心が乱れているのにも似て、『蜻蛉日記』の本文が乱れているのかもしれない。

「此度《こたみ》は、慎《つつ》む事無《ことな》く、差《さ》し歩《あゆ》みて、唯入《ただい》りに入《い》れば」。やはり、兼家も、自ら乗り込んできた。以前に、彼が山寺に来た時には、物忌中《ものいみちゅう》だったので、牛車から下りずに、そのまま戻っていった。今度は、何の遠慮もなく、ずかずかと、近づいてきて、ためらうこともなく、あっという間《ま》に作者の部屋に入ってきた。兼家は、本気だった。

道隆が来て、作者の父親が来た段階で、既に作者への説得は終わっている。父親も、娘の心の奥の奥を読み取って、兼家には、「あなた本人が乗り込んで説得すれば、娘は山を下りるだろう」と告げていたのだろう。

それでも作者が山を下りなければ、兼家の面子《めんつ》がつぶれるだけでなく、作者と兼家の夫婦関係が、完全に消滅する。道綱の政治家としての未来も、閉ざされる。作者は、覚悟を決めるしかない。けれども、兼家と顔を合わせることは、気が進まない。

「侘《わ》びて、几帳許《きちやうばか》りを引《ひ》き寄《よ》せて、端隠《はたかく》れれど、何《なに》の甲斐無《かひな》し」。「端隠《はたかく》る」は、半分隠れる、半ば隠れるという意味。「侘びて」は、兼家と顔を合わせるのを嫌って、というニュアンス。「几帳」、移動式のカーテンを自分の前に据えて、兼家の視線から自分の顔を遮《さえぎ》るのだが、全身は隠しようがない。作者は、透明人間になるか、壁の中に入ってしまいたかったことだろう。「何《なに》の甲斐無《かひな》し」は、もう逃げ場所がない、という進退窮《きわ》まった状態である。

ここから、兼家と作者の対決となる。兼家の巧妙さは、作者が大切に思っている道綱を、自分の味方に引きずり込む点に表れている。このあたり、兼家の政治家としての能力を、示してあまりある。ある人間を動かすには、別の人間をどう動かせば良いか、兼家は知り抜いている。

兼家・作者・道綱の三者三様の「心」と「行動」を、読み分けよう。


香《かう》、盛《も》り据《す》ゑ、数珠《ずず》、引《ひ》き下《さ》げ、経《きやう》、打《う》ち置《お》きなどしたるを、見《み》て、(兼家)「あな、恐《おそ》ろし。

いと斯《か》くは、思《おも》はずこそ有《あ》りつれ。いみじく気疎《けうと》くても、御座《おは》しけるかな。『もし、出《い》で給《たま》ひぬべくや』と思《おも》ひて、参《まう》で来《き》つれど、却《かへ》りては、罪《つみ》、得《う》べかンめり。如何《いか》に、大夫《たいふ》。斯《か》くてのみ有《あ》るをば、如何《いか》が思《おも》ふ」と問《と》へば、（道綱）「いと苦《くる》しう侍《はべ》れど、如何《いか》がは」と、打《う》ち俯《うつぶ》して居《ゐ》たれば、（兼家）「哀《あは》れ」と、打《う》ち言《い》ひて、（兼家）「然《さ》らば、ともかくも、汝《きんぢ》が心《こころ》。出《い》で給《たま》ひぬべくは、車《くるま》、寄《よ》せさせよ」と言《い》ひも果《は》てぬに、立《た》ち走《はし》りて、散《ち》り交《か》ひたる物《もの》ども、唯取《ただと》りに包《つつ》み、袋《ふくろ》に入《い》るべきは入《い》れて、車《くるま》どもに、皆《みな》、入《い》れさせ、引《ひ》きたる軟障《ぜざう》なども放《はな》ち、立《た》てたる物《もの》ども、みしみしと取《と》り払《はら》ふに、……

説明の都合上、文章の途中で区切った。緊迫した場面であり、いかにも劇的に描写されている。

まず、兼家の目に映った作者自身の姿が、客観的に書かれている。「香《かう》、盛《も》り据《す》ゑ、数珠《ずず》、引《ひ》き下《さ》げ、経《きやう》、打《う》ち置《お》きなどしたるを、見《み》て」。お香を、土で出来た器の中に盛って、それをおそらく脇息《きょうそく》の上に置いていたのだろう。お香は、仏様への供養である。

「数珠《ずず》、引《ひ》き下《さ》げ」の部分の原文は、「引き下げ」ではなく、「るきあけ」である。このままでは意味不明なので、「掻《か》き上げ」、「引き上げ」などとも解釈されるが、『蜻蛉日記』には、以前にも女性がお勤めする様子を、数珠を「引き下げ」と書いた箇所があるので、ここでも「引き下げ」としておきたい。

兼家が部屋に乱入してきた時に、作者は数珠を手にしていたのである。「経《きやう》、打《う》ち置《お》き」、経典、お経も、誦《よ》むために身近に置いてあった。

つまり、兼家が山寺に足を踏み入れて最初に目にしたのは、「お香、数珠、お経」の三点セットに囲まれて、作者がひたすら仏道修行している姿だったのである。

ここから、兼家の本領発揮となる。すべてを滑稽な笑い話に変えてしまうのである。彼が冗談好きな性格であるのは、こういう深刻な場面で功を奏する。真面目な作者を、真面目に説得していては、いつまでも問題は解決しない。大声で「あっはっはっ」と笑い飛ばすくらいの、異次元の対応をしないと、事態は打開できない。

「あな、恐《おそ》ろし。いと斯《か》くは、思《おも》はずこそ有《あ》りつれ」。これが、悲劇を喜劇に変えてしまう、兼家の言葉である。「いやはや、何とも、恐ろしいことですな。あなたがここまでなさっているとは、さすがの私も思ってもみなかったですな」。むろん、「お香、数珠、お経」の三点セットを見た兼家の反応である。「くわばら、くわばら」とでも、兼家は言いたかったことだろう。

「いみじく気疎《けうと》くても、御座《おは》しけるかな」。「気疎《けうと》し」は、現代語で言うと、「思わず引いてしまう」というくらいのニュアンスである。作者が、本格的に仏道修行に励んでいるのを、いきなり茶化したのである。

「『もし、出《い》で給《たま》ひぬべくや』と思《おも》ひて、参《まう》で来《き》つれど、却《かへ》りては、罪《つみ》、得《う》べかンめり」。これも、兼家の言葉である。「あなたの父上から報告を受けましてね。あなたにも、山を下りても良いという気持ちがあるようだ、とのことでしたので、お迎えに来たわけですが、ここまで熱心に仏道修行しておられるあなたを、俗世間に連れ戻したら、あなたのために良かれと思ってした私の振る舞いが、かえって仏様の怒りを買い、仏罰を蒙《こうむ》ってしまうかもしれませんな」。これも、作者への痛烈な皮肉である。おそらく、兼家は、ぶるぶると震えるジェスチャーをしたのではないだろうか。

だが、兼家の本領発揮は、ここからである。彼は、どうなることかと思って、縮《ちぢ》こまっている道綱を見つけて、話しかける。「『如何《いか》に、大夫《たいふ》。斯《か》くてのみ有《あ》るをば、如何《いか》が思《おも》ふ』と問《と》へば」。「どうだ、大夫《たゆう》よ」。「大夫《たゆう》」は「たいふ」が正式の言い方であるが、「たゆう」が一般的かと思われる。五位に任じられた貴族のこと。道綱は、従五位下に叙爵されているから、「大夫《たゆう》」なのである。

「斯《か》くてのみ有《あ》るをば、如何《いか》が思《おも》ふ」。これは、母親の仏道修行に付き合わされて、山籠もりしている道綱に向かって、父親の兼家が、「お前自身は、こんな暮らしを続けているのを、どう思っているのか」と、質問、というか詰問しているのである。お前自身は、こんな抹香臭い生活を続けていて、それで幸せなのか。

この問いかけは、「お前は、大好きなお母さんに、こんな生活をさせていても、良いのか。良いわけは、ないだろう」と、叱っているのである。

道綱は、震え上がった。道綱の兼家への返事が、「いと苦《くる》しう侍《はべ》れど、如何《いか》がは」。はい、私としても、とても辛《つら》い思いをしています。けれども、母親には背《そむ》けませんので、こうして山籠もりをしております。「打《う》ち俯《うつぶ》して居《ゐ》たれば」。道綱は、そのように返事しながら、うつむいて座っていた。父親の顔を、まともに見られないのである。

兼家は、「哀《あは》れ」と言って、大きな溜息をついた。おお、かわいそうに。お前も、意固地な母親を持って、大変だなあ。この言葉は、黙って聞いている作者の心に、突き刺さったことだろう。兼家は、作者に向かって、「お前が、いつまでも自分だけの幸せにこだわっていると、息子までが道連れになって、駄目になってしまうぞ。それで、いいのか」と、暗に批判しているのである。巧みな駆け引きであり、相手に譲歩を迫る交渉術だと言えよう。

そして、兼家は、道綱に命令した。「然《さ》らば、ともかくも、汝《きんち》が心《こころ》。出《い》で給《たま》ひぬべくは、車《くるま》、寄《よ》させよ」。「然《さ》らば」は、「そうか、わかった」というのが、直訳。「ともかくも、汝《きんち》が心《こころ》」。「きんち」は、お前、そなたという意味の二人称である。山を下りるのも、下りないのも、どちらにするかは、お前の判断に任せよう。兼家は、道綱を突き放す。道綱が、こういう威圧的な態度に弱いのを、よく知っているのである。

兼家の道綱への命令は、なおも続く。「出《い》で給《たま》ひぬべくは、車《くるま》、寄《よ》せさせよ」。ここには「給ふ」という尊敬語があるから、作者のことを言っている。「お母さんが、山寺を下りられたほうがよいと、息子のお前が考えるのであれば、すぐにお母さんが乗るための牛車を、ここに横付けさせよ」。

「と言《い》ひも果《は》てぬに」。兼家の、道綱への言葉が終わらないうちに、という意味である。「立《た》ち走《はし》りて、散《ち》り交《か》ひたる物《もの》ども、唯取《ただと》りに包《つつ》み、袋《ふくろ》に入《い》るべきは入《い》れて、車《くるま》どもに、皆《みな》、入《い》れさせ、引《ひ》きたる軟障《ぜざう》なども放《はな》ち、立《た》てたる物《もの》ども、みしみしと取《と》り払《はら》ふ」。ここには、主語が書かれていない。作者の身の周りの品物を引きまとめ、牛車の中に押し込んだのは、いったい誰なのだろうか。

私は、息子の道綱だと思うけれども、夫の兼家だとする説も根強い。読者の皆さんは、どちらだと思われるだろうか。道綱は、母親思いの、優しい息子である。だからこそ、母親には、山から下りて、都に戻ってきて欲しいのではないだろうか。

道綱は、下を向いて座っていたが、父親の厳しい言葉を聞いて、これが最後のチャンスだと思ったのだろう。「立ち走《はし》りて」、急に立ち上がって、部屋の中を走り回った。「散《ち》り交《か》ひたる物《もの》ども、唯取《ただと》りに包《つつ》み、袋《ふくろ》に入《い》るべきは入《い》れて、車《くるま》どもに、皆《みな》、入《い》れさせ」。あたりに散らかっている衣類などを、片端《かたはし》から掴んでは、袋に入るだけ入れて、牛車の中に押し込んでしまった。

「唯取《ただと》りに包《つつ》み」という箇所は、何となく落ちつかないので、本来は、「唯取《ただと》りに取り、包《つつ》み」とでもあったのかもしれない。

「引《ひ》きたる軟障《ぜざう》なども放《はな》ち、立《た》てたる物《もの》ども、みしみしと取《と》り払《はら》ふ」。「軟障《ぜざう》」は、「ぜじょう」とも発音するが、布で作った、壁替わりの移動式カーテンのこと。「立《た》てたる物《もの》」は、几帳《きちょう》や衝立《ついたて》などだろう。さすがに、ここまで乱暴なことは道綱にはできないと考え、従者たちが作業を手伝ったとする説もある。

けれども、私は、道綱が、何かに取り憑《つ》かれたように、母親を都に戻したい一心で、こういう乱暴な行動に出たのではないかと考えたい。ふだん、おとなしい性格だからこそ、感情が一度爆発すると、抑制できなくなるのだ。そういう人間の悲しい側面を、『蜻蛉日記』は見事に描ききっている。

そういう道綱を目の前にした作者の衝撃と、満足そうな兼家の対照的な姿が、次の場面では書かれている。

心地《ここち》は呆《あき》れて、「吾《あれ》か人《ひと》か」にて有《あ》れば、人《ひと》は、目《め》を交《く》はせつつ、いと良《よ》く笑《ゑ》みて、目守《まも》り居《ゐ》たるべし。（兼家）「此《こ》の事《こと》、斯《か》くすれば、出《い》で給《たま》ひぬべきにこそは有《あ》ンめれ。仏《ほとけ》に、事《こと》の由《よし》、申《まう》し給《たま》へ。例《れい》の作法《さほふ》なる」とて、天下《てんげ》の猿楽言《さるがうごと》を、言《い》ひ罵《ののし》るめれど、夢《ゆめ》に、物《もの》も言《い》はれず、涙《なみだ》のみ浮《う》けれど、念《ねん》じ返《かへ》して有《あ》るに、車寄《くるまよ》せて、いと久《ひさ》しく成《な》りぬ。

作者が感じている無念さや、悔しさが、ひしひしと伝わってくる。意味を確認してゆこう。

「心地《ここち》は呆《あき》れて」。作者の心は、まさに茫然自失である。あの母親思いの道綱が、こんな振る舞いに出るとは、母親である作者ですらも、予想ができなかったことだろう。でも、大切に飼っていた鷹を大空に放った行動もあったので、道綱は思い詰めたら、大胆な行動に出る性格だったのだろう。

『吾《あれ》か人《ひと》か』にて有《あ》れば」。作者は、自分と他人の区別もできないほど、打ちのめされた。ぼ〜っと、してしまったのである。

「人《ひと》は、目《め》を交《く》はせつつ、いと良《よ》く笑《ゑ》みて、目守《まぼ》り居《ゐ》たるべし」。この「人」は、兼家である。道綱の振る舞いを、兼家は、いかにも満足そうに、悦《えつ》に入《い》って眺めていた。「目《め》を交《く》はせつつ」は、言葉にせず、目配せで、自分の心を表すこと。ここは、兼家が、道綱に向かって、「そうそう、それでいいのだ。もっと、やれ」と、目配《めくば》せしているとする説が、一つある。もう一つは、兼家が作者に目配せして、「ほらほら、あなたの自慢の道綱も、あなたに山を下りてほしいんだよ。どうだね。これでも、まだ山に留《とど》まるつもりかね」と言わんばかりだった、とする説がある。

私は、兼家が作者に向かって目配せしたのだ、と思う。なお、「目守《まぼ》り居《ゐ》たるべし」は、兼家が道綱と作者の両方を、見守っているという状況であろう。

やがて、兼家は作者に向かって、言葉を口にした。「此《こ》の事《こと》、斯《か》くすれば、出《い》で給《たま》ひぬべきにこそは有《あ》ンめれ」。御覧のように、道綱は、あなたが、いつでもお寺を離れられるように、綺麗に後片づけをしてくれましたよ。こうなったら、あなたも、いよいよこのお寺を出て、都に戻らなくてはなりませんな。

兼家は、なおも、言い募《つの》った。『仏《ほとけ》に、事《こと》の由《よし》、申《まう》し給《たま》へ。例《れい》の作法《さほふ》なる』とて、天下《てんげ》の猿楽言《さるがうごと》を、言《い》ひ罵《ののし》らるめれど」。「さあさあ、あなたをずっと守ってくださっている仏様に、このお寺を出て都に戻る旨《むね》を、報告なさったらいかがですかな。出家した僧侶や尼には、いろいろと厳しい掟や決まりがあるそうだから、黙ってお寺を離れるわけにはいかないでしょう。いや、あなたはまだ尼になっていないから、そういう決まりには従わなくてもよいのかな」。

などと、兼家は、「天下《てんげ》の猿楽言《さるがうごと》」、まことにくだらない冗談を、口にした。「猿楽《さるがう》」は、「さるがく」と同じで、滑稽な動作や言葉、という意味。兼家は、もっとたくさん、作者や仏様を愚弄する冗談を言い続けたのだろうが、作者の耳にはまったく入ってこない。「言《い》ひ罵《ののし》らるめれど」の「めれ」は、婉曲の助動詞「めり」の活用形。何か、さかんに言っているようだが、まったく記憶には残っていない、というのである。

また、「言《い》ひ罵《ののし》らる」の「る」は、尊敬の助動詞である。受身の助動詞とする説もあるが、自然に読めば、尊敬であることは明らかである。作者も、心の奥底では、道綱のこともあり、都に戻らなければならないことはわかっており、兼家が、自分を連れ戻しに来てくれたことには、無意識のうちの感謝もしている。このあたり、複雑な人間心理が、精緻に描かれている。夏目漱石の近代小説にも通じていて、読みごたえがある。

「夢《ゆめ》に、物《もの》も言《い》はれず」、兼家の暴言に少しは反論したいのだけれども、作者の口からは、まったく、一言も言葉が出てこない。「涙《なみだ》のみ浮《う》けれど、念《ねん》じ返《かへ》して有《あ》るに」。涙ばかりが浮かんでくるのだが、ここで泣いたら負けだと、じっと我慢して、もう少しでこぼれ落ちそうになる涙を、ぐっと呑み込んだ。

「車寄《くるまよ》せて、いと久《ひさ》しく成《な》りぬ」。ここでは、作者の無言の抵抗が、語られている。作者は根っこが生《は》えているかのように、動こうともしなかった。時間だけが、過ぎてゆく。

そして、いよいよ、寺を離れる時が来た。

申《さる》の時許《ときばか》りに物《もの》せしを、火燈《ひとも》す程《ほど》に成《な》りにけり。つれなくて動《うご》かねば、（兼家）「よしよし、我《われ》は出《い》でなむ。汝《きんち》に任《まか》す」とて、立《た》ち出《い》でぬれば、（道綱）「疾《と》く、疾《と》く」と、手《て》を取《と》りて、泣《な》きぬ許《ばか》りに言《い》へば、言《い》ふ甲斐《かひ》も無《な》さに、出《い》づる心地《ここち》ぞ、更《さら》に、我《われ》にも有《あ》らぬ。

意味を確認してゆこう。

「申《さる》の時許《ときばか》りに物《もの》せしを、火燈《ひとも》す程《ほど》に成《な》りにけり」。兼家が鳴滝に到着したのは、「申《さる》の時《とき》」、つまり、午後四時くらいだった。けれども、作者が動かないので、「火燈《ひとも》す程《ほど》」、灯《あか》りを点《とも》す暗い時間帯になってしまった。旧暦の六月下旬だから、午後七時が八時くらいだろうか。都に戻るのならば、今が限度である。

「つれなくて動《うご》かねば」。この「つれなし」は、知らぬ存ぜぬという態度のこと。作者は、心を持たない石か岩にでもなったかのように、兼家や道綱の言葉に反応しなかった。

兼家は、ここで、またしても、道綱を使う。「『よしよし、我《われ》は出《い》でなむ。汝《きんち》に任《まか》す』とて、立《た》ち出《い》でぬれば」。兼家は、道綱に向かって、「よし、もう、これまでだ。私にできることは、すべてやった。これからあとは、お前に任せるぞ」と言って、その場を去ろうとする演技を見せたのである。

道綱は、脅えて、すぐに行動に出た。「『疾《と》く、疾《と》く』と、手《て》を取《と》りて、泣《な》きぬ許《ばか》りに言《い》へば」。「疾《と》く」は、早く、という意味。「思へばいと疾《と》し、この年月」の「疾《と》し」である。「お母さん、早く、早く」と、今にも泣きださんばかりに、作者の手を取って、立ち上がらせ、牛車に乗り込ませようとした。

こういう時、人間には余計な力が入るものだから、道綱はかなりの力で作者の腕を摑んだはずである。作者は、肉体の痛みではなく、道綱の必死さに胸が痛んでならなかったことだろう。

「言《い》ふ甲斐《かひ》も無《な》さに、出《い》づる心地《ここち》ぞ、更《さら》に、我《われ》にも有《あ》らぬ」。作者は、万策、尽きた。もはや、作者には言うべき言葉もなく、抵抗のしようもない。仕方なしに牛車に乗って、鳴滝の般若寺を出て、都に向かったのだった。その時の気持ちは、まったく、自分が自分でないような、不思議な気持ちがしていた。

この場面は、『源氏物語』の夕霧《ゆうぎり》の巻で、小野の山里に籠もる落葉《おちば》の宮《みや》を、夕霧が強引に都へと連れ戻して、自分の妻にする場面を連想させる。

そして、夢浮橋の巻で、尼になった浮舟を、薫が何とか還俗《げんぞく》させて、都に連れ戻そうとする場面をも連想させる。薫は、浮舟を説得する際に、浮舟の異父弟である「小君《こぎみ》」を利用している。これは、『蜻蛉日記』で、兼家が作者を説得する際に、息子の道綱を利用したことと対応している。

それでは、ここまでを、私の現代語訳で、通して読んでおこう。

《山寺に留《とど》まるべきか、それとも山を下りて都に戻るべきか。私の心は、二つの選択肢の間《あいだ》で、揺れ続けた。まるで、海で釣りをしている漁師が用いる「浮き」が、浮いたり沈んだりしているかのように。私がまだ結論を出せないでいるうちに、遠くから大騒ぎが聞こえてきた。誰かが近づいてきたのだ。

「あの人が、私を連れ戻しに乗り込んできたのだろう」と思った途端に、私の心は混乱の極みに陥った。私が二つの道のどちらを選ぶにしても、もう取り返しが付かないだろう。兼家殿は、前回やって来た時には物忌中だったので、遠慮して私の部屋の中まで来なかった。今度は、遠慮もなく、ずかずかと私の部屋に踏み込んできた。私は、あの人と顔を合わせるのがつらいので、几帳《きちょう》を私の正面に据えて、体の半分だけでも隠そうとするのだけれども、「頭隠して、何とやら」である。あの人は、平気で動き回って、横から私の様子を、ずけずけ、しげしげと観察したものだ。

あの人の目には、私の修行三昧《ざんまい》の日常が、どう見えたのであろう。お香を土器に持って、脇息《きょうそく》の上に置き、数珠を手に持って提げ、お経を身のまわりに置いているのを、あの人は見て、驚きの声を上げた。

「ああ、なんと恐ろしいことだ。くわばらくわばら。ここまでの仏道修行とは思いもしなかったですな。あなたは、もう、この世の女人《にょにん》とは違う世界に足を踏み入れておられる。何か、こう、近づきがたい雰囲気を発散しておられる。『私みずからが説得すれば、あなたも山寺から戻ってきてくれるかもしれない』と思って、ここに来てはみましたものの、ここまで深く仏の道に入っておられるあなたを俗世間に引き戻しては、私は仏罰を蒙るかもしれませんな。どうしたものでしょうかな。おい、そこにいる道綱。お前は、この山寺で、母さんと一緒に仏教三昧の日々を送っていて、どう思う。正直なところを、答えてみよ」。

道綱は、小さな声で、「私も苦しゅうございますが、母さんのお気持ちに背くことは、私にはできません」と、顔も上げずに返事して、うつむいて座ったままでいる。

あの人は、「お前も、母さんに巻き込まれて、大変なんだな。だが、いつまでも、どっちつかずの宙ぶらりんは、よくない。お前が考えて、母さんはこの山寺を下りたほうがよいと思うのならば、今すぐ、牛車を用意して、母さんを乗り込ませよ」と、道綱に命じた。すると、道綱は、あの人の言葉が終わるか終わらないかのうちに、弾《はじ》けたように立ち上がった。そして、部屋中を走り回って、あたりにそのまま置いてあった衣類などを、片端《かたはし》からつかみ上げては、袋に入《はい》る物は中に入《い》れ、牛車の中に運び込むように、従者に命じている。私の姿を他人から見られないように幕などを引き回していたのだが、それも引きはがし、衝立《ついたて》や屏風なども、みしみしと大きな音を立てながら、運び去っている。道綱があまりに夢中に作業しているので、従者たちもあっけにとられて、見守っている。

私は、道綱の、何かに取り憑《つ》かれたような姿を見て、動揺した。自分と他人の区別も付かないほど、呆然となったのである。あの人は、私に目配せして、「ほらほら、あなたの息子も、都に戻りたがっているんだよ」と言わんばかりの勝ち誇った表情で、事の成り行きを満足そうに眺めている。

あの人は、やっと口を開いた。「こうなった以上、あなたも、いよいよ、このお寺を後にする決心をしなくてはなりませんよ。仏様に、お寺を去るに当たっての挨拶をしておいたほうが、よいのではありませんか。仏事《ぶつじ》には、たくさんの決まりがあって、守らないといけないのでしょう。大変なことですな」などと、無意味で、くだらない言葉を口にして、自分では気の利《き》いた言葉を言ったと満足している。

私は、一言《ひとこと》も言葉を口にできない。涙が溢れそうになるが、「ここで、泣いたら負けだ」と強く思い返して、我慢した。そうこうするうちに、牛車が部屋の前に横付けされてから、長い時間が経《た》ってしまった。

あの人が、ここに到着したのが、午後四時くらいで、今は、あたりが暗くなって明かりを燈《とも》す時間帯なので、午後七時は過ぎているだろう。都に戻るのならば、もうここを発《た》たなくてはならない。あの人は、「よし、あなたは、帰りたくないようですな。私は、都に戻りますよ。おい、道綱。母さんのことは、お前に任せたぞ」と言って、自分だけさっさと帰ろうとする。

これは、むろん演技なのだが、道綱にはわからない。本気と取った道綱は、泣き出さんばかりの顔つきで、「母さん、早く。早くしないと、父さんは戻ってしまいますよ」と言って、私の手を必死に取って、私を立たせて、牛車に乗り込ませようとする。もはや、どうしようもない。私は、何を言っても無駄だと悟り、山寺を出た。その時の気持ちは、悪い夢を見ているようで、不愉快きわまりなかった。》

父親と母親と息子、三人の家族のありのままの姿が、ここには書かれている。

帰京した作者は、留守を守っていた女房から、報告を受けた。この場面にも、また、何とも言えない味わいがある。深刻な場面なのに、なぜか笑ってしまう。兼家の信念通りに、悲劇は喜劇に通じているのだろうか。

心地《ここち》も苦《くる》しければ、几帳隔《きちやうへだ》てて打《う》ち臥《ふ》す所《ところ》に、此処《ここ》に有《あ》る人《ひと》、ひやうと寄《よ》り来《き》て、言《い》ふ。（女房）「撫子《なでしこ》の種《たね》、取《と》らむと、し侍《はべ》りしかど、根《ね》も無《な》くなりにけり。呉竹《くれたけ》も、一筋《ひとすぢ》、倒《たふ》れて侍《はべ》りし。繕《つくろ》はせしかど」など言《い》ふ。

（道綱の母）「唯今《ただいま》、言《い》はでも有《あ》りぬべき事《こと》かな」と思《おも》へば、答《いら》へもせで、有《あ》るに、（道綱の母）「眠《ねぶ》るか」と思《おも》ひし人《ひと》、いと良《よ》く聞《き》き付《つ》けて、此《こ》の一《ひと》つ車《くるま》にて物《もの》しつる人《ひと》の、障子《さうじ》を隔《へだ》てて有《あ》るに、（兼家）「聞《き》い給《たま》ふや。此処《ここ》に、事有《ことあ》り。此《こ》の世《よ》を背《そむ》きて、家《いへ》を出《い》でて、菩提《ぼだい》を求《もと》むる人《ひと》に、唯今《ただいま》、此処《ここ》なる人々《ひとびと》が言《い》ふを聞《き》けば、『撫子《なでしこ》は、撫《な》で生《お》ほしたりや。呉竹《くれたけ》は、立《た》てたりや』とは言《い》ふ物《もの》か」と語《かた》れば、聞《き》く人《ひと》、いみじう笑《わら》ふ。あさましう、をかしけれど、露《つゆ》ばかり、笑《わら》ふ気色《けしき》も見《み》せず。

この場面は、説明を兼ねた私の現代語訳で、理解を深めたい。

《久しぶりに我が家に帰ってきたけれども、ひどく気分が優れないので、ゆっくりしたかった私は、あの人――兼家殿である――との間に、几帳《きちょう》を据えて、一人で横になっていた。あの人も、鳴滝で、お香と数珠とお経に囲まれた私の姿を見ているので、同衾することを遠慮したのだろう。

するると、この屋敷で、留守をしていた女房が、ひょっこりと顔を出して、留守中の出来事の報告をするではないか。誰も、そんなことをするように、などとは命じていないのに。

彼女は、これだけは言っておかなければ、あとで私からきつく叱られると思ったのだろう。私が丹精していた庭の草花のことを話し始めた。「奥様が大切にされていた撫子《なでしこ》の種ですが、来年に撒くために保管しておかなければと気をつけていたのですが、はっと思い出した時には、撫子は花も葉も根っこすら枯れ果てておりまして、種を取ることができませんでした。申しわけございません。また、これも奥様が気に入っておられました呉竹《くれたけ》でございますが、一本だけですが、折れて倒れてしまいました。ただし、手入れさせましたので、何とか、立つことは立っております。以上です」、などと言う。

私は、「どうして、この女は今、こんなにつまらないことを、言うのだろう。自分は、尼になるか、ならないかという、ぎりぎりの二者択一を迫られて、疲れ切っているというのに。俗世間の出来事の最たるものである庭の草花の話なんて、あの人の耳にだけは入れたくないわ。あの人が眠っていて、今の言葉を聞かなかったらよいのだけれども」と思って、女房には返事もしないでおいた。

「寝ているのだろうか、できれば寝ていてほしい」と思っていた、あの人は、案の定、起きていた。そして、地獄耳で、しっかり女房の報告を聞いたようだ。あの人は、鳴滝から戻ってくる時に、同じ牛車に乗っていた私の妹が、襖越《ふすまご》しに横になっていたので、その妹に向かって話しかけるではないか。私に直接言えばよいだろうに、妹に言うほうが、より効果的だと判断したのだろう。

「もしもし、襖の向こうで寝ておられる義妹《いもうと》さん、今の女房の報告をお聞きになりましたか。今、我が奥方殿に、重大事件が発生したようなのですよ。奥方殿は、私との夫婦生活を捨て、俗世間とはきっぱり縁を絶ちきって、悟りの世界を目指しておられますが、奥方殿に仕えている女房たちの言葉を聞きますと、『奥様のお指図通りに、撫子の花は撫でるように大切に育てましたとか、呉竹は倒れたのを立てました』などと、草花のことが宗教の悟りの世界よりも大切であるかのように、言うではありませんか」。

あの人の言葉は、「ナデしこをナデ、くれタけをタて」と語呂が良いので、自分でも気の利いた洒落《しゃれ》を言ったと、悦に入《い》っている。聞かされた妹も、おかしかったようで、声を立てて笑っている。私までが、ひどく面白くはあったのだが、我慢して、笑うそぶりも見せなかった。》

どうだろうか。作者が深刻な気持ちになっていて、そのことを夫にも少しはわかってほしいと思っている時に、女房が、場違いな発言をしたのである。こういうことは、現実世界にもしばしば起きる。客人と深刻な相談をしている時に、子どもが突然現れて、思っても見ない言葉を口にして、主人も客人も呆気《あっけ》に取られることは、よくある。私も、この場面は、とても気に入っている。

10　初瀬詣で、再び

『蜻蛉日記』中巻の世界へ、ようこそ。

この章で、『蜻蛉日記』の中巻を読み納める。天禄二年、西暦九七一年、作者は三十六歳である。兼家が「近江」という愛人のもとに通い詰めているのに絶望して、この年の六月に、作者は鳴滝の般若寺に籠もったものの、都に連れ戻されてしまった。その後、七月に、父親と一緒に初瀬の長谷寺に詣《もう》でた。作者の「初瀬詣で」は、これが二回目となる。

それでは、作者が二度目の初瀬詣での準備をしている場面から読み始めたい。ここでも、兼家が「妻を理解しない夫」として、描かれている。兼家の戯画化された姿は、滑稽なほどである。

県歩《あがたあり》きの所《ところ》、（倫寧）「初瀬《はつせ》へ」など有《あ》れば、（道綱の母）「諸共《もろとも》に」とて、慎《つつし》む所《ところ》に渡《わた》りぬ。所変《ところか》へたる甲斐無《かひな》く、午時許《むまどきばか》りに、俄《にはか》に罵《ののし》る。（倫寧）「あさましや。誰《たれ》か、彼方《あなた》の門《かど》は開《あ》けつる」など、主《あるじ》も驚《おどろ》き騒《さわ》ぐに、ふと、這《は》ひ入《い》りて、日頃《ひごろ》、例《れい》の、香《かう》、盛《も》り据《す》ゑて、行《おこな》ひつるも、俄《にはか》に投《な》げ散《ち》らし、数珠《ずず》も、間木《まぎ》に打《う》ち上《あ》げなど、乱《らう》がはしきに、いとぞ奇《あや》しき。其《そ》の日《ひ》、長閑《のどか》に暮《く》らして、又《また》の日《ひ》、帰《かへ》る。

少しずつ、意味を取ってゆこう。

「県歩《あがたあり》きの所《ところ》」とは、国司として地方勤務の続いていた作者の父親、藤原倫寧《ともやす》のことである。倫寧は、この時、丹波の守《かみ》であったが、都に滞在していた。その父親が、『初瀬《はつせ》へ』など有《あ》れば」。初瀬の長谷寺に詣でたいと言い出したのである。作者は、「それならば」と、自分も一緒に行きたいと申し出た。

『諸共《もろとも》に』とて、慎《つつし》む所《ところ》に渡《わた》りぬ」。長谷寺は、観音信仰の聖地であるので、出かける前には、精進潔斎をしなくてはならない。作者も、精進すべく、おそらく父親の屋敷の一室に滞在していたのであろう。この期間は、人との接触を避けるので、たとえ夫婦であっても、男女関係を持つことができない建前である。

「所変《ところか》へたる甲斐無《かひな》く、午時許《むまときばか》りに、俄《にはか》に罵《ののし》る」。ところが、ここからが兼家という男の、面目躍如である。ふだんなら、「来てくれ」と言っても、作者のもとに足の向くことがない兼家が、来られたら困る時に限って、押しかけてくるのである。正午頃に、兼家が大騒ぎをしながら、やって来て、立ち入りが禁止されている屋敷の中に押し入ってしまった。

作者の父親の倫寧は、驚いた。「『あさましや。誰《たれ》か、彼方《あなた》の門《かど》は開《あ》けつる』など、主《あるじ》も驚《おどろ》き騒《さわ》ぐに」。この文章の「主《あるじ》も」とあるのが、父親の倫寧のこと。「あさましや」。何ということをしてくれたんだ。これじゃ、精進潔斎が台無しだ。なぜ、門を開けて、外部からの客人を入れてしまったんだ。

温厚な倫寧も、さすがにおかんむりである。ただし、兼家が権力者なので、倫寧の怒りは兼家を家に入れてしまった使用人に向けられている。それが、また笑いを誘う。

「ふと、這《は》ひ入《い》りて」。けれども、兼家は、他人の気持ちなど、一向に忖度《そんたく》しない。堂々としていると言うか、肚《はら》が据わっていると言うか、他人の迷惑に無頓着と言うか、どこまでも自分のやりたいことを貫く。それが、藤原兼家という男の真骨頂なのである。

「日頃《ひごろ》、例《れい》の、香《かう》、盛《も》り据《す》ゑて、行《おこな》ひつるも、俄《にはか》に投げ散《ち》らし、数珠《ずず》も、間木《まぎ》に打《う》ち上《あ》げなど、乱《らう》がはしきに、いとぞ奇《あや》しき」。兼家が作者の部屋に入ってきて、取った行動が、これだった。

作者は、ここのところずっと、いつものように、土製の器にお香を盛って、仏道修行に励んでいた。兼家は、鳴滝の般若寺に作者を迎えに来た時もそうだったけれども、「お香、数珠、お経」の三点セットを、目の敵《かたき》にしているのだ。兼家は、お香を突然に投げ散らかし、数珠を、「間木《まぎ》」のところまで放り投げて、目茶苦茶にしてしまった。「間木《まぎ》」は、部屋の上のほうに作ってある棚のこと。現代風に言えば、天井に向かって、放り投げたのである。「乱《らう》がはしきに、いとぞ奇《あや》しき」。この人は、どうしてこんなに乱暴なことをするのだろうかと、作者は兼家の人間性が不思議でならない。

ちなみに、兼家は最晩年、亡くなる数か月前に出家しているが、その時、『蜻蛉日記』の作者の数珠を投げ散らかしたことを、少しは後悔したのだろうか。

兼家としては、作者に対して、仏道修行に励むことより、もっと、夫である自分を大切にして、構ってくれよ、という気持ちだったのかもしれない。

「其《そ》の日《ひ》、長閑《のどか》に暮《く》らして、又《また》の日《ひ》、帰《かへ》る」。作者が、しかたなく、兼家をなだめるために、相手をしてあげたので、彼はそのあとはおとなしくなって、翌日、満足げに戻っていった。

それから、精進潔斎をやり直したのだろう。七日か八日が経《た》って、作者は父親と一緒に、初瀬へと旅立った。都を出て南へ向かい、宇治に着いた。作者が初めて長谷寺に詣でたのは、『蜻蛉日記』上巻の終わりに近い頃で、三十三歳の時だった。二回目の初瀬詣では、中巻の終わり近くに位置しており、三十六歳の時。三年の歳月が流れている。

一回目の初瀬詣での時には、宇治に戻って来た時に、兼家が待ち受けていて、叔父に当たる師氏《もろうじ》と、楽しい交流があった。その師氏は、前の年に亡くなっている。

それでは、作者が宇治で、さまざまな思いに耽っている場面を鑑賞しよう。

困《こう》じにたるに、風《かぜ》は払《はら》ふ様《やう》に吹《ふ》きて、頭《かしら》さへ痛《いた》きまで有《あ》れば、風隠《かざがく》れ作《つく》りて、見出《みい》だしたるに、暗《くら》く成《な》りぬれば、鵜舟《うぶね》ども、篝火《かがりび》、点《さ》し燈《とも》しつつ、一川《ひとかは》、差《さ》し行《い》きたり。をかしく見《み》ゆる事《こと》、限《かぎ》り無《な》し。

頭《かしら》の痛《いた》さの紛《まぎ》れぬれば、端《はし》の簾《す》、巻《ま》き上《あ》げて、見出《みい》だして、（道綱の母）「哀《あは》れ、我《わ》が心《こころ》と、詣《まう》でし度《たび》、帰《かへ》さに、県《あがた》の院《ゐん》にぞ行《ゆ》き帰《かへ》りせし、此処《ここ》になりけり。此処《ここ》に、按察使殿《あぜちどの》の御座《おは》して、物《もの》など致《おこ》せ給《たま》ふめりしは。哀《あは》れにも有《あ》りけるかな。如何《いか》なる世《よ》に、然《さ》だに有《あ》りけむ」と、思《おも》ひ続《つづ》くれば、目《め》も合《あ》はで、夜中《よなか》過《す》ぐるまで、眺《なが》むる。

鵜舟《うぶね》ども、上《のぼ》り下《くだ》り、行《ゆ》き違《ちが》ふを、見《み》つつは、

（道綱の母）上下《うへした》と焦《こ》がるる事《こと》を尋《たづ》ぬれば胸《むね》の外《ほか》には鵜舟《うぶね》なりけり

など覚《おぼ》えて、猶《なほ》、見《み》れば、暁方《あかつきがた》には、引《ひ》き替《か》へて、漁《いさ》りと言《い》ふ物《もの》をぞする。又無《またな》く、をかしく、哀《あは》れなり。

宇治川の鵜飼いを見る場面が、印象的である。それでは、作者の心の動きを、追体験してゆこう。

「困《こう》じにたるに」。「困《こう》ず」は「困る」とか、「疲れる」などの意味。まず、作者の疲労困憊《ひろうこんぱい》ぶりが、強調されている。その疲れを吹き飛ばしたのが、鵜飼いをするために宇治川を行《ゆ》き交《か》っている鵜舟《うぶね》の情景だった。

「風《かぜ》は払《はら》ふ様《やう》に吹《ふ》きて、頭《かしら》さへ痛《いた》きまで有《あ》れば、風隠《かざがく》れ作《つく》りて、見出《みい》だしたるに」。川風が激しく吹いてくるので、頭までが痛くなるほどだった。「頭《かしら》さへ」とあるのは、牛車に乗ってきたので、体の

節々《ふしぶし》が痛いだけでなく、風に当たって、頭までもが痛くなってきた、というニュアンスである。

作者は、風を防ぐために、「風隠《かざがく》れ」を作ってもらい、そこから宇治川の情景を眺めた。「風隠《かざがく》れ」という特別の品物があるわけではなく、屛風とか衝立《ついたて》などを周りに立て巡らして、風が頭に直接には当たらないようにしてくれたのである。

「暗《くら》く成《な》りぬれば、鵜舟《うぶね》ども、篝火《かがりび》、点《さ》し燈《とも》しつつ、一川《ひとかは》、差《さ》し行《い》きたり」。暗くなってくると、いよいよ鵜飼いが始まる。篝火を明るく点《とも》した鵜舟が、何艘も行き違っていて、宇治川の川面《かわも》が、真っ赤に燃える篝火で埋めつくされているように見えた。「一川《ひとかは》、差《さ》し行《い》きたり」は、川全体を、鵜舟の船頭たちが、棹を差しながら動き回っているという意味。ただし、この部分は、『蜻蛉日記』特有の「虫食い算」であり、本文が混乱している。「一川《ひとかは》、騒ぎたり」、川全体が賑わっている、と本文を改める説もある。

「をかしく見《み》ゆる事《こと》、限《かぎ》り無《な》し」。作者は、とても面白く感じたのだった。

「頭《かしら》の痛《いた》さの紛《まぎ》れぬれば、端《はし》の簾《す》、巻《ま》き上《あ》げて、見出《みい》だして」。作者は、美しい光景を目にして、体の疲れや、風によって頭が痛くなっていたことも忘れた。そして、「端《はし》の簾《す》」、部屋の端っこで、外に近い場所に架けられている簾《すだれ》を巻き上げて、あたりの景色を、広く眺め渡した。

「哀《あは》れ、我《わ》が心《こころ》と、詣《まう》で度《たび》、帰《かへ》さに、県《あがた》の院《ゐん》にぞ行《ゆ》き帰《かへ》りせし、此処《ここ》になりけり」。作者は今から三年前に、自分の強い希望で最初に初瀬に詣でた時を、思い出している。初瀬からの帰り道、この宇治で、楽しい出来事があったなあ、と思い出したのである。「県《あがた》の院《ゐん》にぞ行《ゆ》き帰《かへ》りせし、此処《ここ》になりけり」。「県《あがた》の院《ゐん》」の「あがた」は地名で、現在でも、宇治の平等院の近くに「県《あがた》神社」がある。

兼家たちが舟に乗って遊びに行ったのが、ここだった、と思い出したのである。ただし、「あなたの院」と本文を改める説もある。この場合は、川の向こう側の別荘という意味になる。なお、先ほど紹介した「県《あがた》神社」を、現在でも地元の人たちは「あなた神社」と呼び慣わしているという説もある。

楽しい記憶なので、作者は、師氏を好意的に思い出している。「此処《ここ》に、按察使殿《あぜちどの》の御座《おは》して、物《もの》など致《おこ》せ給《たま》ふめりしは。哀《あは》れにも有《あ》りけるかな」。ここに、「按察使殿《あぜちどの》」、按察使《あぜち》の大納言と呼ばれた師氏様が、別荘を作って住んでおられた。そして、三年前は、雉《きじ》や氷魚《ひお》などを遣わしてくれた。

そのあとに、「如何《いか》なる世《よ》に、然《さ》だに有《あ》りけむ」という、作者の思いが書かれている。この部分も、本文が虫食い算なので、意味が取りにくい。本文を、「如何《いか》なる世《よ》に、定《さだ》まりけむ」と改めて、「お亡くなりになった師氏様は、今頃、どんなところに生まれ変わっているだろうか」と、極楽往生してほしいという作者の気持ちを読み取る説がある。

ただし、現在では、「如何《いか》なる世《よ》に、然《さ》だに有《あ》りけむ」と解釈するのが普通で、私もこちらが良いと思う。「然《さ》」は、指示語の「さ」。そういう出来事があったのは、いつの頃だっただろうか、という意味になる。

師氏が生きていた三年前が、今となっては遠く感じられる。あの時は、夫の兼家が宇治まで迎えにきてくれたので、夫とうまくいっていたあの頃が、今となっては懐かしく感じられるのである。

このように、本文が虫食い算なので、この箇所の解釈はさまざまである。けれども、文脈としては、師氏への追悼の気持ちから、現在の兼家に対する不満へと、作者の意識が流れていったことは確かである。師氏も亡くなったし、兼家との夫婦生活も変わり果てた。そういうことを、宇治川全体を真っ赤に焦がしている鵜飼い舟を見ながら、しみじみと考えているうちに、作者は眠れなかった。

「思《おも》ひ続《つづ》くれば、目《め》も合《あ》はで、夜中過《よなかす》ぐるまで、眺《なが》むる」。夜中過ぎまで、物思いを続けた。はっと我に返ると、目の前では、相変わらず、「鵜舟」が川面《かわも》を行《ゆ》き交《か》っていた。「鵜舟《うぶね》どもの、上《のぼ》り下《くだ》り、行《ゆ》き違《ちが》ふを、見《み》つつ」、作者は歌を詠んだ。

上下《うへした》と焦《こ》がるる事《こと》を尋《たづ》ぬれば胸《むね》の外《ほか》には鵜舟《うぶね》なりけり

「上下《うへした》と焦《こ》がるる」という歌い出しが、面白い。「鵜舟《うぶね》どもの、上《のぼ》り下《くだ》り、行《ゆ》き違《ちが》ふ」とあるのを受けて、この歌が詠まれているのだから、宇治川を上《のぼ》ったり下《くだ》ったりしている舟が、赤々と篝火を燃やしていることが、「上下《うへした》と焦《こ》がるる」という「上下《うへした》」の部分には、籠められている。

ただし、それだけでなく、水の上で燃えている篝火と、それが水に映って、水の底で燃えているようにも見える「篝火の影」の二つを、「上下《うへした》」と表現している。それが、表面でも、心の中でも、嫉妬や怒りの炎を燃やしている自分自身と同じだ、というのだ。

このように、実際には、目の前の鵜舟の篝火を見ているうちに、自分自身の心の炎と同じだと思い至ったのであろう。けれども、歌では、順序は逆になっている。

上下《うへした》と焦《こ》がるる事《こと》を尋《たづ》ぬれば胸《むね》の外《ほか》には鵜舟《うぶね》なりけり

自分の胸の中で燃えさかっている炎、情《こころ》の炎と同じ物を、ほかに探し求めたら、宇治川の鵜舟の篝火が見つかった、と歌っているからである。そこが、面白い。『蜻蛉日記』の作者は、自分中心主義なのだ。

仏教の認識論・唯識論《ゆいしきろん》では、世界とは、客観的に存在する実在ではなく、生きている人間の心、すなわち、主観が作り出した仮象《かしょう》である、という説明がなされている。自分はこういう世界で暮らしたいと思った主観が、そのまま、その人にとっての世界となるのだ。『蜻蛉日記』は、作者の主観が生みだした世界を、言葉に写し取ったものだと考えられる。言葉が、世界を作り出す。正確には、心を写し取ろうとした言葉が、王朝日記文学を作り出したのである。

物思いに耽っている作者は、いつの間にか、朝になっているのに気づいた。

「猶《なほ》、見《み》れば、暁方《あかつきがた》には、引《ひ》き替《か》へて、漁《いさ》りと言《い》ふ物《もの》をぞする。又無《またな》く、をかしく、哀《あは》れなり」。

朝になると篝火の明かりで、鮎をおびき出すことができなくなるので、鮎の捕り方が変わる。「漁《いさ》りと言《い》ふ物《もの》をぞする」の「漁《いさ》り」は、網で採る方法である。それもまた、作者には面白く思われた。

それにしても、私は、作者の歌が、心に残る。もう一度、引用しておく。

　上下《うへした》と焦《こ》がるる事《こと》を尋《たづ》ぬれば胸《むね》の外《ほか》には鵜舟《うぶね》なりけり

作者の心は、篝火のように燃えているだけではなく、明るい篝火に引き寄せられ、おびき出されて、川の底から水面まで浮かび上がり、鵜に捕まってしまう鮎でもあるだろう。

作者が「鮎」だとすれば、この場合に、篝火の光に該当するものは、何だろうか。『源氏物語』ならば、「鮎＝女君たち」にとっての篝火は、光源氏という男性が放つ輝かしい魅力だと思われる。ところが、紫の上は、光源氏という人間に絶望して、仏の道の真理へと、求める光を変更してゆく。『蜻蛉日記』の作者は、結婚当初から、兼家という人物に失望していた。彼女にとって、兼家は篝火たりえただろうか。『蜻蛉日記』という作品こそが、彼女にとっての光の源、篝火なのではないかと思われる。

鵜舟の篝火は、水の上で燃えている炎が本物で、水に映って、水の底で燃えているように見える炎は、贋物である。『蜻蛉日記』の場合には、作者の心の中で燃えている炎が先で、それを何とか言葉に移し替えて、『蜻蛉日記』という作品が生まれたのだった。篝火は、文学者の心の中で燃えている創作意欲のことなのだろう。

そうなると、文学者が作り出した作品の放つ篝火のような魅力に、引き寄せられる鮎として、『蜻蛉日記』の読者が存在することになる。『蜻蛉日記』を読み進めるうちに、作者の心の中で燃えさかっていた熱い炎に照らされて、読者は、自分の心の中でも命の炎が燃えている事実に気づかされる。

さて、作者と父親は、長谷寺に詣でた。ここでは、特に神秘的な体験は起きなかった。そして、帰路で、再び宇治で、鵜飼いの様子を見た。

この部分も鑑賞したい。


然《さ》る用意《ようい》したりければ、鵜飼《うか》ひ、数《かず》を尽《つ》くして、一川《ひとかは》、浮《う》きて騒《さわ》ぐ。「いざ、近《ちか》くて見《み》む」とて、岸面《きしづら》に、物立《ものた》て、榻《しち》など、取《と》り持《も》て行《い》きて、下《お》りたれば、足《あし》の下《した》に、鵜飼《うか》ひ違《ちが》ふ。魚《うを》どもなど、未《ま》だ見《み》ざりつる事《こと》なれば、いとをかしう見《み》ゆ。

来困《きこう》じたる心地《ここち》なれど、夜《よ》の更《ふ》くるも知《し》らず、見入《みい》りて有《あ》れば、此彼《これかれ》、（女房）「今《いま》は、帰《かへ》らせ給《たま》ひなむ。此《これ》より外《ほか》に、今《いま》は事無《ことな》きを」など言《い》へば、（道綱の母）「然《さ》は」とて、上《のぼ》りぬ。

然《さ》ても、飽《あ》かず見遣《みや》れば、例《れい》の、夜一夜《よひとよ》、燈《とも》し渡《わた》る。些《いささ》か微睡《まどろ》めば、船端《ふなばた》を、ごほごほと打《う》ち敲《たた》く音《おと》に、我《われ》をしも驚《おどろ》かすらむ様《やう》にぞ覚《さ》むる。

明《あ》けて、見《み》れば、昨夜《よべ》の鮎《あゆ》、いと多《おほ》かり。其《そ》れより、然《さ》ンべき所々《ところどころ》に、遣《や》り頒《あか》つめるも、あらまほしき業《わざ》なり。

少しずつ、読んでゆこう。

「然《さ》る用意《ようい》したりければ、鵜飼《うか》ひ、数《かず》を尽《つ》くして、一川《ひとかは》、浮《う》きて騒《さわ》ぐ」。「然《さ》る用意《ようい》したりければ」とは、作者たちが鵜飼いの見物するのを、鵜飼いする側の人々が待ち受けていた、という意味である。おそらく、往路で鵜飼いを見物した時に、とても楽しかったから、帰路、もう一度、見物したいと、作者の父親が言い置いていたのであろう。

作者たちをもてなし、喜ばせようと、「数を尽くして」、鵜舟が何艘も宇治川に浮かんでいた。「一川《ひとかは》、浮《う》きて騒《さわ》ぐ」。往路の際には、「一川《ひとかは》、差《さ》し行《い》きたり」という本文を、「一川《ひとかは》、騒《さわ》ぎたり」と改める説を紹介した。それは、この復路に「一川《ひとかは》、騒ぎたり」とあるので、それをそのまま往路でも使おうとしたからだろう。

おそらく、往路の時よりも、復路の時のほうが、宇治川に浮かんでいる鵜舟は多かったことだろう。川の水面《みなも》が、篝火の光で埋めつくされていた。

『いざ、近《ちか》くて見《み》む』とて、岸面《きしづら》に、物立《ものた》て、榻《しち》など、取《と》り持《も》て行《い》きて、下《お》りたれば、足《あし》の下《した》に、鵜飼ひ違ふ」。宇治川の川べりに、川に張り出すようなかたちで、作者たち専用の桟敷席が特別に設《しつら》えてあったのだろう。「いざ、近《ちか》くて見《み》む」というからには、相当近くで、鵜飼いを見物できたのである。「岸面《きしづら》に、物立《ものた》て」、屏風や衝立を建てたり、幔幕を垂らしたりした。これは、風除けだけでなく、作者の顔かたちを他人に見せないためでもあるだろう。

「榻《しぢ》など、取《と》り持《も》て行《い》きて、下《お》りたれば」。「榻《しぢ》」は、牛車の轅《ながえ》を固定する道具である。ここでは、牛車から作者たちが下りる際の踏み台にするためだったのだろう。そして、作者は、牛車から下りて、桟敷に移った。すると、「足《あし》の下《した》」、すぐ足許《あしもと》で、鵜舟が行き違っているのが見えた。「百聞は一見にしかず」と言うが、遠くで見るのと、近くで見るのも大違いだった。

「魚《うを》どもなど、未《ま》だ見《み》ざりつる事《こと》なれば、いとをかしう見《み》ゆ」。「魚《うを》」とした部分の本文は、「うつし」である。「かへし」とも読めないことはない。『蜻蛉日記』の虫食い算には、本当に困らせられる。ここは、鮎を間近で見たことの驚きが書かれていると、考えておきたい。

「来困《きこう》じたる心地《ここち》なれど、夜《よ》の更《ふ》くるも知《し》らず、見入《みい》りて有《あ》れば」。作者は、間近で見る鵜飼いの実態に、興味津々《しんしん》である。夜が更けるのも忘れて、鵜飼いに見入った。いつしか、初瀬の長谷寺から戻ってきた旅の疲れも忘れていた。

さすがに、周りの者たちが、「そろそろ、引き上げましょう」と提案した。「此彼《これかれ》、（女房）『今《いま》は、帰《かへ》らせ給《たま》ひなむ。此《これ》より外《ほか》に、今《いま》は事無《ことな》きを』など言《い》へば、（道綱の母）『然《さ》は』とて、上《のぼ》りぬ」。付き添っている女房たちが、口々に、「このあたりで、お戻りになってはいかがでしょうか」と言う。その根拠が、「もう鵜飼いの山場は終わっています。このあとは、これ以上に面白いことは、何もございません」という部分である。もっと見ていたかった作者も、「そうであれば」と諦めて、河岸から戻ったのだった。

「然《さ》ても、飽《あ》かず見遣《みや》れば、例《れい》の、夜一夜《よひとよ》、燈《とも》し渡《わた》る」。これ以上の見所はないという女房たちの進言を信じて、建物に戻った作者だったけれども、鵜飼いへの興味は消えることなく、飽きもせず、遠くから鵜飼いを眺め続けた。初瀬へ向かう時に見たのと同じように、夜通し、川面は燃えるように、真っ赤な篝火の絨緞《じゅうたん》で染まっていた。

「些《いささ》か微睡《まどろ》めば、船端《ふなばた》を、ごほごほと打《う》ち敲《たた》く音《おと》に、我《われ》をしも驚《おどろ》かすらむ様《やう》にぞ覚《さ》むる」。そのうち、さすがの作者も、疲れが出て、思わず、うとうとした。その時、「ゴホゴホ、ゴンゴン」という大きな音がして、作者の目が覚めた。

作者の眠りを覚ました音の正体は、何だったのだろうか。鵜舟の船端を、何ものかがゴンゴンと敲く音だったのである。私は、この文章を初めて読んだ時に、獲《と》られた魚たちが、舟の中に設けられている水槽の中で、音を立てて暴れているのかと思った。

でも、それは間違いで、船端を敲いているのは、鵜飼いをしている鵜匠《うしょう》、鵜を使う人の手だとするのが、通説である。宇治川の波が船端に打ち当たる音だとする説もあるが、波がゴンゴンとかゴーゴーと当たるのは大袈裟なので、鵜匠か船頭だろう。

では、何のために、鵜匠が大きな音を立てるのだろうか。鵜を舟の上から水に追いやって、魚を獲らせるために音を立てて威嚇《いかく》している、あるいは励ましているのだ、という説がある。たぶん、そうだろう。鵜飼いは、作者たちが引き上げた後も、まださかんに続いていたのである。鵜匠が鵜飼いを続ける音が、作者の眠りを覚ましたのだった。

「明《あ》けて、見《み》れば、昨夜《よべ》の鮎《あゆ》、いと多《おほ》かり」。翌朝、明るくなってから、昨日の鵜飼いの成果を確認すると、とてもたくさん、魚が捕れていた。「其《そ》れより、然《さ》ンべき所々《ところどころ》に、遣《や》り頒《あか》つめるも、あらまほしき業《わざ》なり」。「遣《や》り頒《あか》つ」の「遣《や》る」は、「送る」という意味。「頒《あか》つ」は「わかつ」と同じで、分配する、頒布《はんぷ》するという意味。その、たくさん獲れた鮎などの魚を、都のしかるべき方々に、少しずつ分けて送り届ける手配をしているようであるのも、好ましく見える。

このように、二度目の初瀬詣では、父親と一緒だったこともあり、お祈りよりも、往復で二度描かれている「宇治川の鵜飼い」が印象的だった。

そして、いよいよ、『蜻蛉日記』の中巻も、終わりに差しかかる。三十六歳の年が暮れてゆく十二月に、作者の気持ちを詠んだ歌がある。

山籠《やまご》もりの後《のち》は、「雨蛙《あまがへる》」と言《い》ふ名《な》を、付《つ》けられたりければ、斯《か》く物《もの》しけり。（道綱の母）「此方《こなた》様《ざま》ならでは、方《かた》も」など、怪《け》しくて、

（道綱の母）大葉子《おほばこ》の神《かみ》の佑《たす》けや無《な》かりけむ契《ちぎ》りし事《こと》を思《おも》ひ変《か》へるは

と様《やう》にて、例《れい》の、日過《ひす》ぎて、晦日《つごもり》に成《な》りにたり。

この直前に、雨が降っている描写がある。兼家は、「物忌《ものいみ》」があるという理由で、作者の家にやって来なかった。

文章を味わおう。「山籠《やまご》もりの後《のち》」とは、この年の六月に、鳴滝の般若寺に籠もったことを指している。作者は、兼家から都に連れ戻されたのだった。その時も、兼家は、「猿楽言《さるごうごと》」、つまり、面白くもない冗談や、下手な駄洒落《だじゃれ》を口にしては、一人で悦《えつ》に入っていた。その兼家が、作者に変な綽名《あだな》を付けたのである。

「『雨蛙《あまがへる》』と言《い》ふ名《な》を、付《つ》けられたりければ」。「雨蛙」は、雨が降りそうになると、木の上で鳴く蛙のことである。「ゲッゲッゲッゲッ」とか、「クワックワックワッ」と鳴く。この雨蛙と、お寺に籠

もって「尼」になろうとした作者が、俗世間に「帰って」来たことを重ね合わせたのである。兼家は、「尼、帰る」と、動物の「雨蛙」との駄洒落に、一人だけ満足していたのだ。

私は、文学作品で用いられている言葉の意味を調べる時には、最初に『日本国語大辞典』を引く。その『日本国語大辞典』で、「あまがえる」という項目を引くと、動物の「アマガエル」の次に、二番目の意味として、「尼から還俗《げんぞく》した女性を言う」と説明してある。そして、『蜻蛉日記』のこの場面の文章が、二番目の意味の用例として載っている。「あまがえる」という駄洒落は、藤原兼家の個人的な思いつき、アイデアだったのだろうが、普通名詞として、その後も用いられているというのが、『日本国語大辞典』を編纂した人たちの判断なのである。

作者は、「斯《か》く物《もの》しけり」、自分が「雨蛙」という、変な綽名を付けられていることを、逆手《さかて》にとって、兼家に、次のような返事をした。

「此方様《こなたざま》ならでは、方《かた》も」。兼家は、自分に対しては、「物忌《ものいみ》だから、あなたの屋敷に行きたくても行けないのだよ」と言うけれども、ほかの女、たとえば「近江」などの家に対しては、物忌だの、方《かた》塞《ふた》がりなどは気にせずに、逢いにゆくのだろうと思うと、作者は不愉快な気持ちになったので、「蛙」という言葉を含んだ歌を詠み送り、一矢《いっし》を報いたのである。

（道綱の母）大葉子《おほばこ》の神《かみ》の佑《たす》けや無《な》かりけむ契《ちぎ》りし事《こと》を思《おも》ひ変《か》へるは

「変《か》へる」が「蛙《かへる》」の掛詞である。「大葉子《おほばこ》」は、草の名前。「車前草」とも書く。死んだ蛙の上に、大葉子の葉っぱを乗せると、蛙が蘇るという俗信・迷信がある。「大葉子《おほばこ》の神《かみ》」は、死んだ蛙を生き返らせる力を持った神様のことである。その神様の「佑《たす》け」、御加護がなかったのでしょうね、「雨蛙」と呼ばれている、この私には。

「契《ちぎ》りし事《こと》を思《おも》ひ変《か》へるは」。あなたは、「今日の暮れには来るよ」と約束したのに、その思いを変えてしまって、「今夜は来ない」などと言ってきました。雨蛙の私は、大葉子の神様から見捨てられて、蘇ることもなく、今にも死んでしまいそうです。

「と様《やう》にて、例《れい》の、日過《ひす》ぎて、晦日《つごもり》に成《な》りにたり」。こんなやりとりを、作者と兼家がしているうちに、あっという間に、晦日《つごもり》、大晦日《おおみそか》になってしまった。

ところで、『蜻蛉日記』の作者の家族について、『新訳蜻蛉日記　上巻』で説明したことがあった。そこでは、作者の弟に、藤原長能《ながとう》という歌人がいることを紹介した。能因《のういん》の先生に当たる大歌人だったが、和歌の第一人者である藤原公任《きんとう》に、自分の詠んだ和歌を批判されて、病気になり、そのまま死んでしまった人である。

その長能《ながとう》に、「雨蛙」を詠んだ歌がある。

山寺に、馬に乗って詣でる途中、木々の下を通っていたら、雨蛙の鳴き声が聞こえてきた、という詞書《ことばがき》がある。

雨蛙《あまがへる》鳴《な》くや梢《こずゑ》のしるべとて濡《ぬ》れなむものを行《ゆ》けや我《わ》が駒《こま》

ここには、「蛙」と、ほかの言葉との掛詞はない。自然を詠んだ歌である。雨蛙が、高い木の梢で鳴いて、まもなく雨が降ってくると、教えてくれている。だから、私が乗っている馬よ、雨が降り出さないうちに、早くここを駆け抜けようじゃないか。

和歌で詠まれることの少ない「雨蛙」を、作者と、その弟が詠んでいる事実が、私には面白く思われる。それで、ここに紹介しておいた。

そして、大晦日の光景が語られて、『蜻蛉日記』の中巻は書き納められる。

「忌《いみ》の所《ところ》になむ、夜毎《よごと》に」と告《つ》ぐる人《ひと》、有《あ》れば、心安《こころやす》からで、有《あ》り経《ふ》るに、月日《つきひ》は、然《さ》ながら、「鬼遣《おにや》らひ、来《き》ぬる」と有《あ》れば、（道綱の母）「あさまし、あさまし」と思《おも》ひ果《は》つるも、いみじきに、人《ひと》は、童《わらは》・大人《おとな》とも言《い》はず、「儺遣《なや》らふ、儺遣《なや》らふ」と騒《さわ》ぎ罵《ののし》るを、我《われ》のみ長閑《のどか》にて、見聞《みき》けば、事《こと》しも、心地良気《ここちよげ》ならむ所《ところ》の限《かぎ》り、せまほし気《げ》なる業《わざ》にぞ見《み》えける。「雪《ゆき》なむ、いみじう降《ふ》る」と言《い》ふなり。年《とし》の終《を》はりには、何事《なにごと》に付《つ》けても、思《おも》ひ残《のこ》さざりけむかし。

「忌《いみ》の所《ところ》」は、作者が忌《い》み嫌っている所、すなわち、兼家の愛人である「近江」の屋敷である。「鬼《おに》遣《や》らひ」は、「追儺《ついな》」とも言う。現在は、二月の節分の行事になっているが、かつては、大晦日の夜に行われた。

この部分は、私の現代語訳で読んでおこう。

《 私の屋敷には、兼家殿の訪れは途絶えている。ところが、余計なお節介をする人がいて、「あなたが忌み嫌っていらっしゃる『近江』とかいう女性のもとへは、兼家様は、夜ごと夜ごと、通っていらっしゃっているようですわよ」などと、教えてくれるのである。

そういう情報を得てしまうと、私としても、精神状態が、とても平静ではいられない。けれども、そんなことにはお構いなしに、時は過ぎてゆく。気づいてみたら、今年、天禄二年も、大晦日になっていた。悪い鬼を追い払う「鬼遣《おにや》らい」、つまり「追儺《ついな》」の行事の日となった。

「今年、兼家殿の私への振る舞いは、まことに驚きあきれるほどに、ひどいものだった」と、身に沁みて思い知るのも、いやはや、何とも悲しく、みじめなものである。

私が、そんなうち沈んだ気持ちで生きているというのに、世間の人々は、子どもから大人まで、まさしく老若男女が、「今日は、追儺《ついな》だ。鬼遣《おにや》らいの日だ。一年間、溜まりに溜まった悪いものを、全部追い払って、帳消しにしてしまおう。来年は、良い年にするのだ」などと、大騒ぎで、打ち興じている。

私は、そういう騒ぎには無関心で、自分から参加するつもりにはなれず、ひたすら傍観している。この「鬼遣らい」という行事は、まるで、順風満帆《じゅんぷうまんぱん》な生活をしている人だけが、今の幸福を守り通すために熱中しているように思えてしまう。彼らは、ありもしない不幸を、無理にでも作って、追い払うことで、今の生活を守るのだろう。私のように、未来の展望がまったく開けない不幸な人生を生きている人間には、無縁の行事である。

どこかから、「あっ、雪よ。雪が降ってきたわ。かなりの大降《おおぶ》りよ」という声が、聞こえてきた。今日で、今年も終わりか。一年間の時間が、雪に埋《う》もれて行く。

今年の出来事を思い返せば、「苦しいこと」とか「悲しいこと」と聞いて連想する、すべてのことを、私は体験してきたように思う。私は「苦《く》の世界」を生きている。そう思いながら、行く年を送ったのだった。

ここまでで、『蜻蛉日記』の中巻の筆を置くことにしよう。》

降り積もる大雪に埋もれてゆく「女の一生」。それが『蜻蛉日記』の世界なのだった。私は反射的に、夢や希望が、沙漠の砂に徐々に埋もれてゆく、というような情景を思い浮かべる。

11　床離れ、下巻のあらまし

『蜻蛉日記』下巻の世界へ、ようこそ。

『蜻蛉日記』の本文を読むのは、本章で最後になる。前章で、「抜穂《ぬきほ》」、つまりセレクションではあるものの、中巻を読み終わった。本章では、下巻のあらましを説明し、その終わり方を確認したい。

『蜻蛉日記』の下巻は、天禄三年、西暦九七二年から、天延二年、西暦九七四年までを描いている。作者の年齢で言えば、三十七歳から三十九歳までである。『蜻蛉日記』の上巻は、作者が十九歳で兼家の求愛を受ける場面から始まったから、『蜻蛉日記』の上巻・中巻・下巻には、合わせて二十年間の「女の一生」が書かれていたことになる。

下巻には、道綱が女性に恋歌を詠み贈ったり、作者が養女を迎えて育てることなどが、書かれている。

その中に、夢のお告げが語られる場面があり、注目される。

十七日《とをかあまりなぬか》、雨《あめ》、長閑《のどやか》に降《ふ》るに、(道綱の母)「方《かた》、塞《ふた》がりたり」と思《おも》ふ事《こと》も有《あ》り。世《よ》の中《なか》、哀《あは》れに、心細《こころぼそ》く覚《おぼ》ゆる程《ほど》に、石山《いしやま》に、一昨年《をととし》、詣《まう》でたりしに、心細《こころぼそ》かりし夜《よ》な夜《よ》な、陀羅尼《だらに》、いと尊《たふと》う誦《よ》みつつ、礼堂《らいだう》に拝《をが》む法師《ほふし》、有《あ》りき。問《と》ひしかば、(法師)「去年《こぞ》から、山籠《やまご》もりして侍《はべ》るなり、穀断《こくだ》ちなり」など言《い》ひしかば、(道綱の母)「然《さ》らば、祈《いの》りせよ」と語《かた》らひし法師《ほふし》の許《もと》より、言《い》ひ遣《おこ》せたる様《やう》、(法師)「去《い》ぬる五日《いつか》の夜《よ》の夢《ゆめ》に、御袖《おんそで》に、月《つき》と日《ひ》とを受《う》け給《たま》ひて、月《つき》をば足《あし》の下《した》に踏《ふ》み、日《ひ》をば胸《むね》に当《あ》てて抱《いだ》き給《たま》ふとなむ、見《み》て侍《はべ》る。此《これ》、夢解《ゆめと》きに問《と》はせ給《たま》へ」と言《い》ひたり。

(道綱の母)「いと、うたて。おどろおどろし」と思《おも》ふに、疑《うたが》ひ添《そ》ひて、烏滸《をこ》なる心地《ここち》すれば、人《ひと》にも解《と》かせぬ時《とき》しも有《あ》れ、夢合《ゆめあ》はする者《もの》、来《き》たるに、異人《ことひと》の上《うへ》にて、問《と》はすれば、宜《むべ》も無《な》く、(夢解きする人)「如何《いか》なる人《ひと》の、見《み》たるぞ」と驚《おどろ》きて、(夢解きする人)「朝廷《みかど》を、我《わ》がままに、思《おぼ》しき様《さま》の政《まつりごと》せんものぞ」とぞ言《い》ふ。

(道綱の母)「然《さ》ればよ。此《これ》が空合《そらあ》はせには有《あ》らず。言《い》ひ遣《おこ》せたる僧《そう》の、疑《うたが》はしきなり。あな、囂《かま》。いと似気無《にげな》し」とて、止《や》みぬ。

この二年前、作者が三十五歳の時に、徒歩で石山寺に詣でたことがあった。この時、作者は、右の膝《ひざ》に水が注がれるという、不思議な夢を見た。それから二年が経《た》って、石山寺で修行している僧侶から、不思議な夢を見たという報告が届いたのである。

意味を確認しながら、読み進めよう。

「十七日《とをかあまりなぬか》」とあるのは、天禄三年の二月十七日のこと。「雨《あめ》、長閑《のどやか》に降《ふ》るに」。春雨《はるさめ》が、しとしとと降っていた。

『方《かた》、塞《ふた》がりたり』と思《おも》ふ事《こと》も有《あ》り」。兼家の屋敷から見て、作者の屋敷の方角が、良くないので、兼家の訪れはないだろうと、作者は考えた。「世《よ》の中《なか》、哀《あは》れに、心細《こころぼそ》く覚《おぼ》ゆる程《ほど》に」。夫婦関係も、世の中すべてのなりゆきも、心細く、作者には感じられたのである。

「石山《いしやま》に、一昨年《をととし》、詣《まう》でたりしに、心細《こころぼそ》かりし夜《よ》な夜《よ》な、陀羅尼《だらに》、いと尊《たふと》う誦《よ》みつつ、礼堂《らいだう》に拝《をが》む法師《ほふし》、有《あ》りき」。都で暮らす作者は、このように閉塞状態に置かれていたが、ここで、新しい登場人物が紹介される。一昨年《いっさくねん》の七月、作者が石山寺にお籠もりをした時のことである。作者が、不安に駆られている夜ごと夜ごと、「礼堂《らいだう》」で、「陀羅尼《だらに》」を、いかにも尊げな声で読誦している、一人の僧侶がいた。「礼堂《らいだう》」は、本堂に前にあり、本尊を拝む、礼拝《らいはい》するための建物である。「陀羅尼」は、漢語、つまり中国語に翻訳せずに、梵語《ぼんご》、つまりサンスクリット語のままで唱えるお経である。

その時、作者は、この僧侶の人となりに興味を抱いたので、本人に尋ねたところ、次のような返事があった。

「去年《こぞ》から、山籠《やまご》もりして侍《はべ》るなり、穀断《こくだ》ちなり」。去年《きょねん》から、この石山寺に籠もって、一度も下りて都に出ることなく、修行している者でございます。悟りを開くために、穀物類《こくもつるい》を食べずに、修行しています。穀物類を食べないで、木の根っこや、草の実だけを食べて、生きているのです。

作者は、感心して、「然《さ》らば、祈《いの》りせよ」と、お願いした。作者は、十日ほどで石山寺を下りたが、この僧侶は、これからもずっと寺に留まって修行するのだから、彼の徳の高さを見込んで、自分が下山した後《あと》も、自分の代理人として、観音様に祈り続けて欲しいと頼んでおいたのである。

それから、一年と七ヶ月が経《た》った。その僧侶から、作者のもとに連絡が届いた。「去《い》ぬる五日《いつか》の夜《よ》の夢《ゆめ》に、御袖《おんそで》に、月《つき》と日《ひ》とを受《う》け給《たま》ひて、月《つき》をば足《あし》の下《した》に踏《ふ》み、日《ひ》をば胸《むね》に当《あ》てて抱《いだ》き給《たま》ふとなむ、見《み》て侍《はべ》る。此《これ》、夢解《ゆめと》きに問《と》はせ給《たま》へ」。これが、僧侶の言葉である。おそらく、手紙の文面だと考えられる。

「去《い》ぬる五日《いつか》の夜《よ》の夢《ゆめ》」で、不思議なお告げを得たので、お知らせする、というのだ。「今を去る五《いつ》日《か》の日」とあるが、作者がこの知らせを受け取ったのが二月十七日なので、この「五日」は、二月五日ではなく、二月十五日のことだろうと考えられている。

「御袖《おんそで》に、月《つき》と日《ひ》とを受《う》け給《たま》ひて、月《つき》をば足《あし》の下《した》に踏《ふ》み、日《ひ》をば胸《むね》に当《あ》てて抱《いだ》き給《たま》ふとなむ、見《み》て侍《はべ》る」。愚僧への御依頼人である奥方様が、両袖に、太陽と月をお受け取りになられました。奥方様は、月を足の下にお踏みになり、太陽を胸に当てて、しっかりとお抱きになりました。「此《これ》、夢解《ゆめと》きに問《と》はせ給《たま》へ」。この夢が、奥方様のどのような未来の予兆であるのか、夢の解釈を職業とする専門家にお聞きください。

まことに縁起のよさそうな夢である。ところが、作者は、すぐには動かなかった。「いと、うたて。おどろおどろし」。まあ、なんて、嫌なこと。大げさだなあ。「疑《うたが》ひ添《そ》ひて、烏滸《をこ》なる心地《ここち》すれば、人《ひと》にも解《と》かせぬ時《とき》しも有《あ》れ」。自分は、あの僧侶を立派な修行者と見て、代理で祈り続けるように頼んではおいたが、もしかしたら、とんだ食《く》わせ者《もの》だったのかもしれない、という疑念が、湧いてきたのである。作者を喜ばせるような作り話で、お金を得ようとしているのかもしれないと思うと、その夢を信じる自分が愚か者に思えてしまい、夢の解釈を依頼しないでいた。

「夢合《ゆめあ》はする者《もの》、来《き》たるに、異人《ことひと》の上《うへ》にて、問《と》はすれば」。ところが、たまたま、夢の解釈を職業としている者が、屋敷にやって来たので、良い機会だと思って、石山寺の僧侶の見た夢を、自分の依頼だということを隠して、他人の身の上のこととして占ってもらった。

そうすると、「宜《むべ》も無《な》く」、案《あん》の定《じょう》とか、思った通り、という意味である。「如何《いか》なる人《ひと》の、見《み》たるぞ」、こんな素晴らしい夢を、誰が見たのですか、と驚いて、夢の解釈を告げた。「朝廷《みかど》を、我《わ》がままに、思《おぼ》しき様《さま》の政《まつりごと》せんものぞ」。この「朝廷《みかど》」は、朝廷、政府という意味。「国の政治を、思うままに支配し、自分の思った通りの政治を執《と》り行えるようになる」というお告げです、と解釈したのだった。天皇や中宮を、一門から輩出し、自分たちは摂政・関白・大臣として政《まつりごと》を行うという未来が、予言されているのである。

作者は、それを聞いたうえで、「然《さ》ればよ。此《これ》が空合《そらあ》はせには有《あ》らず。言《い》ひ遣《おこ》せたる僧《そう》の、疑《うたが》はしきなり。あな、嚚《かま》。いと似気《にげ》無《な》し」と、最終判断を下した。

「自分の予想した通りの解釈だった。この夢の解釈をした者は、間違ってはいないだろう。けれども、石山寺の僧侶が、本当にそのような夢を見たのかどうかが、疑わしい。このことは、これ以上、自分も口にはしないし、お前たちも人に話してはいけませんよ。本当に、我が身にふさわしくない、過分なまでの夢の内容だ」と思って、そのままにした。女房たちにも、この夢の話は、口止めした。

引用した文章は、ここまでであるが、この直後に、作者に仕える女房の一人が、作者の住んでいる屋敷の門を、大臣のお屋敷にふさわしい立派な門に作り替える夢を見た。

さらに、作者本人も、自分の右足の裏側に、「大臣門《おとどかど》」、大臣のお屋敷の門、という文字が書き付けられた、という夢を見た。

これら、三つの夢が指し示しているのは、作者の息子である道綱が、将来、大臣となって、国家運営の中枢に立ち、政治の中心人物となるという未来である。

二十一世紀を生きる私たちは、作者の願いが、とうとう実現せず、道綱が大納言止《ど》まりだったことを知っている。国家経営を牛耳ったのは、時姫の息子たちである。中でも道長なのだった。

『源氏物語』でも、たびたび、不思議な夢のお告げや予言が、なされている。そして、それらは実現し、光源氏の空前絶後の幸福や、明石の一族の繁栄をもたらした。

けれども、『蜻蛉日記』の夢のお告げは、実現しない。『蜻蛉日記』の作者の姪である菅原孝標の女《むすめ》が書いた『更級日記』でも、夢のお告げが頻繁に描かれている。王朝の女性たちは、夢の実現を、強く願い続けた。

女性たちの夢や希望が、「ぎゅっ」と圧縮されたもの。言わば「夢の遺伝子」が、『蜻蛉日記』であり、『源氏物語』であり、『更級日記』だったのだと思う。

『蜻蛉日記』の下巻は、作者の夢を託すべき道綱の恋愛や、養女をもらうことが、描かれている。夢の遺伝子が、発芽し、生育することを、作者は願い続けた。

そして、翌年、天禄《てんろく》四年は、天延《てんえん》元年と改元された。西暦では、九七三年。作者は、三十八歳である。十九歳から続いてきた兼家との夫婦生活に、いよいよ終止符を打つべき時が来た。夜、布団を共にしなくなることを、「床離《とこばな》れ」と言う。夫婦としての実質的な関係が、これで消滅する。

六月《みなづき》・七月《ふみづき》、同《おな》じ程《ほど》に有《あ》りつつ、果《は》てぬ。

晦日《つごもり》、二十八日《はつかあまりやうか》に、（兼家）「相撲《すまひ》の事《こと》に因《よ》り、内裏《うち》に候《さぶら》ひつれど、『此方《こち》、物《もの》せむ』とてなむ、急《いそ》ぎ出《い》でぬる」などて、見《み》えたりし人《ひと》、其《そ》のままに、八月二十日余《はづきはつかあま》りまで、見《み》えず。聞《き》けば、「例《れい》の所《ところ》に、繁《しげ》くなむ」と聞《き》く。

（道綱の母）「移《うつ》りにけり」と思《おも》へば、現《うつ》し心《ごころ》も無《な》くてのみ有《あ》るに、住《す》む所《ところ》は、愈々《いよいよ》荒《あ》れ行《ゆ》くを、人少《ひとずく》なにも有《あ》りしかば、（倫寧）「人《ひと》に物《もの》して。我《わ》が住《す》む所《ところ》に、有《あ》らせむ」と言《い》ふ事《こと》を、我《わ》が頼《たの》む人《ひと》、定《さだ》めて、今日《けふ》・明日《あす》、広幡中川《ひろはたなかがは》の程《ほど》に、渡《わた》りぬべし。

（道綱の母）「然《さ》ンべし」とは、先々仄《さきざきほの》めかしたれど、（道綱の母）『今日《けふ》』なども、無《な》くてやは」とて、（道綱の母）「聞《き》こえさすべき事《こと》」と、物《もの》したれど、（兼家）「慎《つつし》む事《こと》、有《あ》りてなむ」とて、つれも無《な》ければ、（道綱の母）「何《なに》かは」とて、音《おと》もせで、渡《わた》りぬ。

この箇所は、解説を加えた、私の現代語訳で味わいたい。

《天禄四年、私の三十六歳は、やはり兼家殿の訪れがほとんどないままに過ぎていった。晩夏の六月と、初秋の七月も、これまでと同じ頻度、つまり、訪れが数えるほどしかない状態のままで、過ぎた。

七月の月末頃、具体的には二十八日に、兼家殿が、珍しく顔を見せたことがあった。「ここのところ、相撲《すまい》の節会《せちえ》の関係で、ずっと宮中に詰めていたのだけれども、『あなたと、どうしても逢いたい』という気持ちになったのでね、こうやって急いで宮中を退出して、やって来たのだよ」と言う。相撲の節会は、七月の二十六日から二十九日にかけて行われる宮中行事である。

ところが、それからあとは、梨のつぶてのままに、八月の下旬になってしまった。一か月近くも、顔を見せなかったのである。私の耳に入ってくる噂では、「例の、近江とかいう愛人の屋敷には、足繁く通い詰めている」とかいう話である。いよいよ、私の心は切なくなる。

「あの人の心は、すっかり私から離れてしまった。私の生き方も、もうこれまでと同じではいられないだろう」と思うと、どうしたらよいかわからないまま、ぼ〜っとした精神状態で、一日一日が過ぎてゆく。

今、私が暮らしている屋敷は、あの人が家屋の修理や、庭の管理に必要な手配を何一つしてくれないので、傷んだり、荒れてゆく一方である。また、敷地が広い割には、使用人を雇う財力もないので、がらんとして寂しく感じられる。

見るに見かねた私の父親が、一つの提案をした。「よし、今、お前が住んでいる家は、誰か、ほかの人に売却して、譲ってしまおう。お前は、私が持っている家がもう一つあるから、そこに移ったらどうかね」。

そのうえで、父親は、いろいろと面倒なことを取り仕切ってくれた。私は、今日・明日にでも、広《ひろ》幡中川《はたなかがわ》のあたりに移り住むことになった。ここは、かつて、兼家殿が政治的な不遇をかこっていた時期に、「四十五日の物忌」のために、二人一緒に暮らしたことがある。風流な文人皇子として知られる章明《のりあきら》親王様が、隣に住んでおられた、そして雨漏りのした、あの屋敷である。

あの人には、「こういう次第になりました」と、私が近日中に引っ越すことを、前々から何度も仄めかしていたのだけれども、何の反応もない。黙って引っ越してもよいのだけれども、私の人生の大きな区切りであり、兼家殿との夫婦生活も大きな区切りとなることなので、『本日、これから引っ越します』くらいは、言っておかなければ何かと差し障りがあるだろう」と思って、あの人に、「直接、お逢いして、申し上げたいことがあるのです」と告げさせて、訪問を促したのだけれども、あの人からは、「今日は、あいにく、物忌でね。そちらへは行けないのだ」という、素っ気ない返事が返ってきただけだった。

私は、「そういうことなら、なに、構うものか。このまま引っ越してしまおう」と思って、広幡中川の家に転居したのだった。》

このあと、兼家とは手紙のやりとりだけになる。最後くらい、きちんとした別れの挨拶を交わしたかった、という作者の無念さが伝わってくる。

「床離れ」という風習が、貴族社会で定まっていたのではない。けれども、夜の営みを共にしなくなった作者と兼家との人間関係は、大きな転換点を迎えたのである。夫婦ではあるものの、直接の対面はなくなったのだから。

ちなみに、光源氏は、男女の関係がなくなってからも、花散里《はなちるさと》を六条院に住まわせているし、末摘花《すえつむはな》や空蟬《うつせみ》なども、二条東院《にじょうとういん》に住まわせて、庇護している。そもそも、空蟬とは夫婦ですらなかった。光源氏のような度量の大きさは、兼家にはなかった。

さて、新しい家に移った作者の空しい気持ちが、歌に詠まれている。

九月《ながつき》に成《な》りて、未《ま》だしきに、格子《かうし》を上《あ》げて、見出《みい》だしたれば、内《うち》なるにも、外《と》なるにも、川霧《かはぎり》、立《た》ち渡《わた》りて、麓《ふもと》も見《み》えぬ山《やま》の見遣《みや》られたるも、いと物悲《ものがな》しうて、

（道綱の母）流《なが》れての床《とこ》と頼《たの》みて来《こ》しかども我《わ》が中川《なかがは》は浅《あ》せにけらしも
とぞ言《い》はれける。

作者の心を汲み取ってゆこう。

「九月《ながつき》に成《な》りて」。作者が広幡中川の屋敷に移り住んだのは、八月の月末だった。それから数日して、九月になった。秋が深まる時期である。

「未《ま》だしきに、格子《かうし》を上《あ》げて、見出《みい》だしたれば」。「未《ま》だし」は、まだ明るくならない時間帯のことで、朝早く、という意味。作者は格子《こうし》を上げて、外を眺めていた。

「内《うち》なるにも、外《と》なるにも、川霧《かはぎり》、立《た》ち渡《わた》りて」。広幡中川という地名にある「中川」は、当時、平安京の中を流れていた川である。中川は、『源氏物語』にも描かれている。賀茂川の西を、寺町通りに沿って流れていた。その中川の水を、作者が移り住んだ家では、庭に引き入れて、遣水《やりみず》にしていた。

「内《うち》なるにも、外《と》なるにも」とは、敷地の内側の庭の遣水にも、敷地の外の中川でも、という意味になる。さらには、賀茂川の川霧も加わっていることだろう。「川霧《かはぎり》、立《た》ち渡《わた》りて」、いかにも秋の朝の情景として、ふさわしく思われる。

「麓《ふもと》も見《み》えぬ山《やま》の見遣《みや》られたるも、いと物悲《ものがな》しうて」。東の方角には、比叡山から続く東山連峰がある。その峰々の麓は、霧のために麓が見えなくなっており、頂《いただき》だけが見えている。その情景が、作者の心に、もの悲しさを掻き立てたのである。

（道綱の母）流《なが》れての床《とこ》と頼《たの》みて来《こ》しかども我《わ》が中川《なかがは》は浅《あ》せにけらしも

「流れての床」は、中川の川床《かわどこ》、川の底の上を、いつまでも川の水が流れてゆくように、という意味に加えて、作者と兼家が夫婦として共にする「寝床《ねどこ》」という意味を掛詞にしている。

「流《なが》れての床《とこ》と頼《たの》みて来《こ》しかども」。行く川の流れが絶えることがないように、私と兼家殿は、いつまでも愛し合い、睦み合う夫婦の関係が続くものだと信じていました。

「我《わ》が中川《なかがは》は浅《あ》せにけらしも」。「我《わ》が中川《なかがは》」は、作者が移り住んだ新しい家の前を流れている「中川」という固有名詞と、「夫婦の仲《なか》」との掛詞である。「浅《あ》せにけらしも」は、中川の川床は浅くならず、水は流れ続けているというのに、兼家殿と私の夫婦の「仲」だけは、すっかり「浅《あ》せて」、浅くなってしまったことです、という意味になる。

「とぞ言《い》はれける」。この「れ」は自発の助動詞で、思わず、このような言葉が、口を突いて出てきてしまった、というニュアンス。二人の愛は、終わった。後に残るのは、息子の道綱との関係、養女に迎えた娘との関係。そして、道綱や養女が作ってゆく人間関係、それだけである。

ちなみに、作者が養女に迎えたのは、兼家が、源兼忠《かねただ》の娘との間に儲けていた女性だとされている。

後に、兼家が時姫との間に儲けた詮子《せんし》が、円融天皇に入内《じゅだい》した時に、「宣旨《せんじ》」という肩書きで付き従ったのが、『蜻蛉日記』の作者が養女とした女性だろうと、言われている。「宣旨」は、女房なのだが、主人に近侍して、女房たちを束ね、秘書のような役割をする重要な役割である。『和泉式部日記』にも、敦道親王の信頼が厚い「宣旨」という女房が登場している。

さて、『蜻蛉日記』の下巻の終わり近くに、道綱が病気になる場面がある。コロナ禍で苦しむ二十一世紀の読者にとっても、切実な記述である。

八月《はづき》に成《な》りぬ。此《こ》の世《よ》の中《なか》は、皰瘡《もがさ》、発《おこ》りて、罵《ののし》る。二十日《はつか》の程《ほど》に、此《こ》の辺《わた》りにも、来《き》にたり。助《すけ》、言《い》ふ方無《かたな》く、重《おも》く患《わづら》ふ。（道綱の母）「如何《いかが》は、せむ」とて、言絶《ことた》えたる人《ひと》にも、告《つ》ぐ許《ばか》り有《あ》るに、我《わ》が心地《ここち》は、増《ま》いて、為《せ》む方知《かたし》らず。（道綱の母）「然《さ》、言《い》ひてやは」とて、文《ふみ》して、告《つ》げたれば、返《かへ》り事《ごと》、いと粗《あら》らかにて有《あ》り。然《さ》ては、言葉《ことば》にてぞ、「如何《いか》に」と、言《い》はせたる。「然《さ》るまじき人《ひと》だにぞ、来《き》、訪《とぶら》ふめる」と見《み》る心地《ここち》ぞ添《そ》ひて、直《ただ》ならざりける。右馬頭《むまのかみ》も、面無《おもな》く、屢々《しばしば》、訪《と》ひ給《たま》ふ。

九月朔日《ながつきついたち》に、怠《おこた》りぬ。

意味を確認してゆこう。「八月《はづき》に成《な》りぬ」。天延二年、西暦九七四年の八月である。「此《こ》の世《よ》の中《なか》は、皰瘡《もがさ》、発《おこ》りて、罵《ののし》る」。「皰瘡《もがさ》」は、天然痘のこと。この年、天然痘の大流行があり、多くの人が亡くなった。

「二十日《はつか》の程《ほど》に、此《こ》の辺《わた》りにも、来《き》にたり」。天然痘の猛威が、作者の身近にまで迫ってきたのである。「助《すけ》、言《い》ふ方無《かたな》く、重《おも》く患《わづら》ふ」。「助《すけ》」は、道綱のこと。この年の一月、道綱は二十歳で、「右馬助《うまのすけ》」、宮中の馬を司る役所の次官に任命されていた。その道綱が、天然痘に罹《かか》ってしまったのである。

「『如何《いかが》は、せむ』とて、言絶《ことた》えたる人《ひと》にも、告《つ》ぐ許《ばか》り有《あ》るに」。作者は、どうしたらよいものか、見当も付かない。「こういう緊急の事態には、どのように対処したらよいでしょうか」と、「言絶《ことた》えたる人《ひと》」、現在ではほとんど音信不通になっている兼家に、相談したいくらいの気持ちになった。作者は、そこまで追い詰められている。「我《わ》が心地《ここち》は、増《ま》いて、為《せ》む方知《かたし》らず」。道綱も、ひどく苦しんでいるけれども、見守るしかない作者は、もっと苦しい。

作者は、決心して、兼家に手紙を書いた。兼家に助言してもらいたいし、できれば、加持祈禱や治療などで、具体的な援助をしてもらいたい、という切迫した期待からだろう。「『然《さ》、言《い》ひてやは』とて、文《ふみ》して、告《つ》げたれば」。どうしたらよいものだろうか、兼家に手紙を書こうか、書くまいかなどと、ためらってばかりもいられないで、思い切って、兼家に手紙を書いたのである。

「返《かへ》り事《ごと》、いと粗《あら》らかにて有《あ》り」。「粗《あら》らか」は、おろそかである、そっけない、という意味。兼家からの返事は、まったく心が籠もっていないものだった。兼家の返事の文面は、書かれていない。道綱の病状を心配している、ということすら書いてなかったのだろう。父親失格、人間失格である。

「然《さ》ては、言葉《ことば》にてぞ、『如何《いか》に』と、言《い》はせたる」。兼家の手紙には、道綱を心配する言葉も、「自分にできることがあれば、何でもしよう」などという、作者が期待していた温かい言葉は、一言も書いてなかった。ただ、兼家からの返事を持参した使いの者が、口頭で、「道綱の具合は、どんなものか」という言葉だけを伝えただけだった。

作者は、兼家の心の冷たさが、許せない。「『然《さ》るまじき人《ひと》だにぞ、来《き》、訪《とぶら》ふめる』と見《み》る心地《ここち》ぞ添《そ》ひて、直《ただ》ならざりける」。天然痘で苦しんでいる道綱にとって、父親である兼家からの励ましがあれば、どんなにか力になったことだろうに。けれども、そんなものがあると期待したのは無駄だった、と作者は痛感する。道綱の父親でもない、赤の他人ですら、道綱を心配して、見舞いの言葉を寄せてくれているというのに。

「右馬頭《むまのかみ》も、面無《おもな》く、屢々《しばしば》、訪《と》ひ給《たま》ふ」。この「右馬頭《むまのかみ》」は、「右馬助《うまのすけ》」である道綱の役所の上司で、兼家の弟でもあり、なおかつ、道綱の母が養女とした女性への求婚者でもあった。作者たちを、さんざん困らせてあげくに、別の女性問題を起こして、作者の家には顔を出しづらくなっていた。その彼ですら、道綱を見舞ってくれた。それなのに、父親である兼家ときたら、という文脈である。

「九月朔日《ながつきついたち》に、怠《おこた》りぬ」。幸いにも、道綱の天然痘は、九月の上旬には癒えた。

ところが、世の中では天然痘は、なおも隆盛を極め、身分や名声のある人が、若い人たちまで、次々に亡くなっていった。

道綱は、九死に一生を得た、と言えるだろう。

そして、『蜻蛉日記』の下巻の末尾となる。これが、『蜻蛉日記』全体の結びともなっている。


今年《ことし》、甚《いた》う荒《あ》るると無《な》くて、斑雪《はだらゆき》、二度許《ふたたびばか》りぞ、降《ふ》りつる。助《すけ》の、元旦《ついたち》の物《もの》ども、また、白馬《あをむま》に物《もの》すべきなど、物《もの》しつる程《ほど》に、暮《く》れ果《は》つる日《ひ》には成《な》りにけり。明日《あす》の物《もの》、折《を》り巻《ま》かせつつ、人《ひと》に任《まか》せなどして、思《おも》へば、斯《か》う永《なが》らへ、今日《けふ》に成《な》りにけるも、あさましう、御魂《みたま》など見《み》るにも、例《れい》の、尽《つ》きせぬ事《こと》に惚《おぼ》ほれてぞ、果《は》てにける。京《きやう》の果《は》てなれば、夜《よ》、甚《いた》う更《ふ》けてぞ、敲《たた》き来《く》なる。とぞ、本《ほん》に。

これが、『蜻蛉日記』の閉じ目だと思うと、感無量である。

ここは、ぜひとも、私の現代語訳で、行間を読み取っておきたい。

《　今年、天延二年、私の三十九歳の年末の天気は、比較的穏やかで、ひどく荒れることはなかった。ほんの薄く、はだら雪、つまり「はだれ雪」の積もったのが、二回ほどあっただけである。私の人生も、これから穏やかな日々が続くのだろうか。

道綱が、新年の元旦に着用すべき衣裳や、一月七日の白馬《あおうま》の節会《せちえ》で着る衣服などを新調したり、仕立て直したりして、年末はあわただしかった。道綱は、「右馬助《うまのすけ》」で、馬を管理する役所の次官であるので、白馬の節会の際には、行列に加わるのである。その晴姿を思い浮かべながら、裁縫しているうちに、とうとう年の暮れの大晦日になった。

世の中から忘れられた日々を送っている私ではあるが、それでも明日の元旦には、親しい者たちが、何人かは年始の挨拶に訪れて来るだろう。その者たちへの引き出物とする衣裳を、きれいに畳《たた》ませたり、絹の反物《たんもの》を、贈り物にふさわしいようにくるくると巻かせたりする作業は、女房たちに任せて、私は、横目に見ていた。

これまで、私は、何回、お正月を迎えたのだろうか。来年は、私もいよいよ四十歳になる。ということは、四十回目の新年を迎えることになる。兼家殿と結ばれてからは、二十一回目の新年である。

兼家殿との「床離れ」を済ませた私には、これからどんな晩年が待ち受けているのか。

私は、しみじみと、これまでの人生の来《こ》し方《かた》・行く末に思いを馳せていた。考えてみれば、若い頃には、自分が四十歳まで生きているということが信じられなかった。どこかで、時間の流れが止まり、私は、自分がいつまでも若くいられるような錯覚に陥っていたのである。明日で、四十歳になる私の人生の一日一日の積み重ねが、二度ほど降って、たちどころに消えてしまった、はだら雪のように、記憶の底から蘇っては消えてゆく。

それにしても、この私が四十歳になるとは、まことにもって、驚きあきれるしかない。

年の暮れには、亡き人たちの御魂《みたま》が、戻って来るという。その魂《たましい》を迎え入れ、慰める「魂祭《たままつり》」が行われている。そのようすも、わたしは傍観するだけだった。今は亡き人たちが思い出されるし、その人たちと関わった若かりし私の姿も思い出されて、切ない。そして、大晦日の夜も、終わってしまうのだった。

そうそう、大晦日と言えば、「追儺《ついな》」、鬼遣《おにや》らいもあったっけ。でも、今年の大晦日は、鬼を追い払う威勢の良い声を聞かなかった。人々は、自分の屋敷の中だけでなく、他人の家の門を敲《たた》いて、都中《じゅう》を走り回るのだが、ここ、広幡中川の屋敷は、都のはずれなので、彼らがやって来るのも、ひどく夜が更《ふ》けてからになってしまうからだろう。

皆に忘れられ、私という人間が存在していた確かな記憶も、彼らの心の中から消えてゆくのだろう。それこそ、蜻蛉《かげろう》のような、私の人生であった。

ということが、私が今、こうして書き写してきた『蜻蛉日記』の写本には、書いてあります。これが、『蜻蛉日記』の下巻、すなわち、『蜻蛉日記』全体の最後なのです。》

最後に、『蜻蛉日記』を書き写していた人の立場からの、読者への挨拶が書かれている。原文では、「とぞ、本《ほん》に侍《はべ》ンめる」と結ばれている。

「とぞ、本《ほん》に」の部分である。ちなみに、『源氏物語』の最後の巻である夢浮橋の巻は、「とぞ、本《ほん》に侍《はべ》ンめる」と結ばれている。

このあと、彼女は、六十歳まで生き、西暦九九五年に亡くなった。『蜻蛉日記』の後に、二十年間の人生があったことになる。

『蜻蛉日記』は、作者が四十歳を迎える直前の大晦日で、筆が置かれた。

作者が四十五歳の時、兼家の正妻である時姫が亡くなる。

作者が五十一歳の時、一条天皇が即位し、兼家は摂政となった。兼家は、遂に権力の頂点を極めたのである。兼家が亡くなったのは、その四年後、作者が五十五歳の時だった。政治権力は、兼家の長男である道隆に移った。道隆の娘である定子は、一条天皇の中宮として、華やかな宮廷文化の花を咲かせた。その素晴らしさは、清少納言が『枕草子』に写し取った。

作者が亡くなった年には、疫病が大流行していた。兼家の息子の道隆と道兼も、相次いで死去した。兼家の息子の道長が権力を掌握したのは、作者たちが亡くなった翌年だった。

『蜻蛉日記』の作者が没してから、十三年後の西暦一〇〇八年には、一条天皇の中宮となった道長の娘・彰子に仕える紫式部によって『源氏物語』が執筆中であったことが、『紫式部日記』から判明している。その一〇〇八年に、『更級日記』の作者も生まれている。そして、『源氏物語』と相《あい》前後して、『和泉式部日記』も書かれた。

女性の手になる散文の名作や傑作が、続々と誕生した。その最初に位置づけられるのが、この『蜻蛉日記』なのだった。

12　『蜻蛉日記』と近代小説

『蜻蛉日記』の世界へ、ようこそ。

本章は、『蜻蛉日記』に題材を得た小説を書いた文学者を三人、取り上げたい。田山花袋《たやまかたい》、堀辰雄《ほりたつお》、室生犀星《むろうさいせい》の三人である。

まず、田山花袋から、紹介しよう。田山花袋は、島崎藤村と並ぶ自然主義文学の巨匠である。『蒲《ふ》団《とん》』や『田舎教師《いなかきょうし》』は、特に有名である。明治四年に生まれて、昭和五年に亡くなった。島崎藤村は、小説家になる以前は、『若菜集』などの文語定型詩で知られた詩人であった。花袋も、香川景樹《かがわかげき》の流れを汲む桂園派《けいえんは》の「旧派和歌」を学んだことがあった。そういうこともあって、花袋は、古典文学を原文で味読できた。

田山花袋に、『長篇小説の研究』という著作がある。大正十四年に出版された。外国文学から日本文学まで、すぐれた長篇小説の数々を論じながら、自分自身の文学観を展開している。その中で、日本文学からは、まず『源氏物語』を取り上げて、高く評価している。

それにしても何《ど》うしてあゝいうものがあの時代に出来《でき》たであろうか。また何《ど》うしてあゝいうすぐれたものが手近にあるのに、今の若い人達はそれを捨てゝ顧みないだろうか。あらゆるものがそこにあるではないか。権力の争い、骨肉の争い、秘密な恋、不倫な恋、恋を得たものの喜び、恋を失ったものの悲しみ、今と少しも変らずに静かに展開されて行っている人生、そういうものがすべてその中にさまざまの色彩をつけてあらわれ出して来ているではないか。

田山花袋は、古典である『源氏物語』の中に、近代文学と変わらない要素が、すべて揃っている、とまで言っている。

花袋の『長篇小説の研究』は、『源氏物語』の後で、『大鏡』や『今昔物語』にも触れている。その後で、『蜻蛉日記』に好意的な評価を下す。ある意味で、『源氏物語』よりも優れていると言っているのが、注目される。

この『蜻蛉日記』は体《てい》が日記で、その性質から言っても、その女の生活記録であるから、その視野は狭く、何処《どこ》かせゝこましいところはあるにはあるけれども、その代《かわ》りに『源氏物語』に比《ひ》して一層真面目《まじめ》な、測々《ママ》として人を動かすようなところの多いのを私は見透かすことが出来なかった。

つまり今の言葉で言ってみると、『源氏物語』は本格小説、『蜻蛉日記』は心境小説と言ったような形になるのであろうと私には思われる。だから、それを読んでビシビシと胸に来るのは、何《ど》うしても前者より後者で、心理的から言っても、今と少しも違わず、またあたりのさまを描いた形に於ても、非常にビビットで真に迫っている形があるのである。

「この『蜻蛉日記』は体《てい》が日記で」とあるのは、『蜻蛉日記』が物語というジャンルに属する『源氏物語』とは違って、日記文学というジャンルなので、という意味である。「私は見透かすことが出来なかった」とあるのは、自分は、どうしても『蜻蛉日記』の長所を見過ごすことは出来なかった、という意味だと考えられる。

それにしても、『源氏物語』を本格小説、『蜻蛉日記』を心境小説と区別したのは、さすがである。『蜻蛉日記』の心理描写が、田山花袋にはビシビシと胸に迫ってきて、ビビットに感じられたのである。「ビビット」は、「ビビッド」のことだろう。

『長篇小説の研究』によれば、花袋は、『蜻蛉日記』の中でも、特に作者が鳴滝の山寺に籠もる場面に感銘を受けたようだ。そして、『蜻蛉日記』を素材として、近代小説が自分にも書けるのではないか、と思うようになったという。

そして、書かれたのが、『道綱の母』という小説である。『婦人之友』という雑誌に、大正十四年、『愛と恋』というタイトルで連載された。『長篇小説の研究』と、ほぼ同じ時期の執筆である。

田山花袋の小説『道綱の母』は、『蜻蛉日記』上巻の、作者の母親が鳴滝の山寺で亡くなる場面までを描いている。なので、花袋が最も書きたかった、『蜻蛉日記』中巻の鳴滝籠もりまでは、書いてない。

花袋は、『蜻蛉日記』の作者に「窕子」という名前を与えている。「ちょうこ」と読むのだと思われるが、あるいは「ちょうし」と読ませるつもりかもしれない。「窕」には、しとやか、おくゆかしい、見《み》目麗《めうるわ》しい、などの意味がある。「窈窕《ようちょう》たる淑女」の「窕」を、名前に与えられたのである。

花袋は、窕子に仕える「呉葉《くれは》」という若い侍女を登場させ、女主人である窕子の人生を身近で目撃させ、窕子の心を覗き込ませている。

それでは、田山花袋の小説『道綱の母』から、窕子が夫の兼家との関係がしっくりいかないことに悩む場面を、読んでみよう。

窕子にはしかしそれだけでは物足らなかった。かの女《じょ》は一つの恋愛と言ったようなものにあくがれた。二つの心がひとつになってそれが何ものにも動かされないようになる恋！　何ものに打突《ぶつか》っても決して決して打壊《うちこわ》されない恋！　金剛不壊《こんごうふえ》な恋！　十年逢《あ》わなくっても一生逢わなくってもかわらない恋！　そうしたものをかの女《じょ》は常に眼の前に描いた。手を合せる仏の体の中にもそのまことの恋がかくされてあるような気がした。

美貌と文学の才能に恵まれた窕子は、このような「恋」に憧れているというのに、夫の兼家が与えてくれるものは、そういう「恋」ではなかった。そこに、彼女の悩みが始まった。寵子に、大きな転機が訪れたのは、母親との死別だった。人間の避けられない老い、そして死別という悲しい現実は、寵子が空想していた恋や愛についての意識をも変えたのである。その場面を読もう。母を失った衝撃で、道綱の母も病に倒れた場面である。

道綱はそれでもいくらか安心したというようにして母親の顔を見詰めた。と、それと同時に寵子の頭にはいろいろなことが一杯に漲《みなぎ》るようにあつまって押寄《おしよ》せて来た。兼家のことについてこれまで長く苦しんで悶えて来たこともあるが——今でもそのために苦しんでいないことはないのだが、しかもそれ以上にこの人生のことが深く大きくかの女《じょ》の頭にひろげられ逼《せま》って来るのを感じた。今までのかの女《じょ》の心持のような気分ではいられないような気がした。道綱と自分のことがそれとはっきり思い出されると共に、兼家と自分と道綱のことがはっきりその眼の前に浮んで来た。自分も一度はそうした悲哀をこの道綱に味わわせなければならないのである。母子の別れは何《ど》うしたって否定することは出来ないのである。そう思うと、恋というものに対する考え方も、愛ということに対する考え方も、今までとは違って、すっかりそこにその全面をあらわして来たような気がした。何《ど》んなに人間に悲哀があっても——その憤恚《しんに》と嫉妬とのために身も魂《たましい》も亡《ほろ》びそうになるようなことがあっても、そんなことには少しも頓着せずに、人生と自然とはその微妙な空気をつくって、徐《しず》かにその歩んで行くべきところへと歩いて行っているのだった。そう思った時には寃子はたまらなく悲しくなって来た。自分のその身が悲哀と共に何か大きな空間にでも漂っているような気がした。寃子は道綱に知れぬようにそのこみ上げて来る涙の潮を咽喉《のど》のところで堰《せ》きとめるようにした。

自分を慈しんでくれた母親の死を目の前にして、自分も、いつかは我が子・道綱と死に別れて、道綱に悲しい思いをさせなくてはならないことを悟った。このような人生の厳粛な真実を前にして、自分が求めてきた理想の「恋」に対する見方が、大きく変わったのである。自分が憧れてやまない恋愛が、「生老病死《しょうろうびょうし》」という人間の真実を前にすると、急速に色褪せて感じられたのではないだろうか。

兼家が愛人を作ったことで、寃子は悲しんだ。ただし、これまでは「嗔恚《しんに》と嫉妬」、つまり、怒りと妬みの感情に駆られて、自分はこれ以上、生きてはいられないという切羽詰《せっぱつ》まった気持ちになる、そういう悲哀だった。けれども、「生老病死」という人間の巨大な真実を前にすると、人間は生きていられる間は生きてゆけるものだし、また、どんなに生きていたくても、死ぬ時には死ぬのだ、と思い知らされたのである。怒りや嫉妬が、人間の命の前ではいかに些細な事柄であるかが、身に沁みて理解できたのだ。

田山花袋は、『蜻蛉日記』の作者にはできなかった、自分の人生を相対化することを、作者の代わりに、近代小説の中でやってあげたのだと思う。

田山花袋もまた、人間の個性を押しつぶす近代社会に苦しみ続けた。そのような自分自身の近代的な苦しみや悲しみを、王朝の女性に投影して、客観化・相対化したかったのだろう。自然主義文学者である田山花袋の面目躍如たる小説が、この『道綱の母』である。ただし、平安時代を生きる女性を主人公として近代人の孤独と苦悩を造型した点が、新機軸なのだと思われる。それは、モーパッサン『女の一生』という、ヨーロッパ自然主義の原点への回帰であり、そこからの日本的な新展開だったのかもしれない。

次に、堀辰雄に話題を移そう。堀辰雄は、明治三十七年に生まれ、昭和二十八年に没した。堀辰雄には、『蜻蛉日記』の上巻と中巻に題材を得た『かげろふの日記』と、下巻を扱った『ほととぎす』がある。『かげろふの日記』は昭和十二年、『ほととぎす』は昭和十四年に書かれた。

『かげろふの日記』の「日記」は、あるいは、「にき」と発音すべきかもしれないが、私が中学生の頃から愛読している新潮文庫の奥付には、「にっき」とルビが振ってある。それ以来の愛読書なので、

「かげろうのにっき」と読んでおきたい。

堀辰雄の代表作は『風立ちぬ』であるが、この『風立ちぬ』の最終章「死のかげの谷」が書かれたのは、『かげろふの日記』が書かれた一か月後だった。そのためか、『かげろふの日記』の文体は、『風立ちぬ』とよく似ていると感じられる。繊細で、抒情的な文体である。行間から、風が吹いてくるような文体である。

本書の第九章では、作者が鳴滝から連れ戻される場面を読んだ。都に戻ってきた作者は、信仰を貫けなかったことを悲しんだが、留守を守っていた侍女が寄ってきて、撫子《なでしこ》の種を取り忘れたことや、呉竹《くれたけ》が一本、倒れてしまったことを報告したのだった。

人間が深刻な問題に苦悩していることと、些細な日常生活を楽しみに生きていることの両面を照らし出し、印象的な場面になっている。

この場面を、堀辰雄は、どのように描いているだろうか。

京では、昼のうちから私の帰る由《よし》を言い置かれてあったと見え、人々は塵掃《ちりはら》いなどもし、遣戸《やりど》などもすっかり明け放してあった。私は渋々と車から降りた。そうして心もちも何だか悪いので、すぐ几帳《きちょう》を隔てて、打ち臥していると、其処《そこ》へ留守居《るすい》をしていた者がひょいと寄ってきて「瞿麦《なでしこ》の種をとろうとしましたら、根がすっかり無くなっておりました。それから呉竹《くれたけ》も一本倒れました、よく手入れをさせて置きましたのですが――」などと私に言い出した。こんなときに言わずとも好《よ》い事をと思って、返事もしずに居ると、睡っていられるのかと思っていたあの方が耳ざとくそれを聞きつけられて、障子《しょうじ》ごしにいた道綱に向って「聞いているか。こんな事があるよ。この世を背いて、家を出てまで菩提《ぼだい》を求めようとした人にな、留守居のものが何を言いに来たかと思うと、瞿麦がどうの、呉竹がどうのと、さも大事そうに聞かせているぞ」とお笑いになりながら仰《おっし》ゃると、あの子も障子の向うでくすくす笑い出していた。それを聞くと、私までもつい一しょになっておかしいような気もちになりかけていたが、ふとそんな自分に気がつくが早いか、それがいかにも自分でも思いがけないような気がしながら「私と云うものはたったこれっきりだったのかしらん」と思わずにはいられなかった。……

『蜻蛉日記』の原文を、よく理解し、咀嚼している。

堀辰雄は、東京帝国大学文学部国文学科の卒業である。ただし、フランス文学に傾倒していた彼が、日本の古典文学の魅力に目を開かれたのは、卒業後である。民俗学者の折口信夫《おりくちしのぶ》、歌人としてのペンネームは釈迢空《しゃくちょうくう》との交流を通してだった。

堀辰雄の古典解釈は、『蜻蛉日記』の原文を深く読んで、そのうえで近代日本語に移し替えようと努めている。ただし、第九章で説明したように、瞿麦《なでしこ》（撫子）と呉竹の話題を、兼家が語りかけた相手は、作者の妹なのだった。堀辰雄は、息子の道綱だと考えている。これは、解釈の相違である。

このような解釈の違いは、随所にあるものの、堀辰雄は、『蜻蛉日記』という古典作品をしっかりと読み込んだうえで、要約したり、変更したりして、近代小説へと組み換えている。

「あの方」とあるのが、夫の兼家である。兼家に対しては、「聞きつけられて」、「お笑いになりながら」、「仰《おっし》ゃる」などと、丁寧な敬語が用いられている。その結果、作者夫婦が、人間として互いに相手を理解し得ない精神の断崖絶壁に立たされているという、『蜻蛉日記』原作の持つ深刻さは薄められる。要するに、優雅であり、品が良いのである。

瞿麦や呉竹についての「留守居」の報告を耳ざとく聞き付けた兼家は、息子の道綱に語りかけた。道綱は笑いを抑えきれず、作者まで笑い出しそうになった。まことに微笑《ほほえ》ましい、家族三人の光景である。

ちなみに、この箇所の『蜻蛉日記』の原文は、兼家が話しかけている相手に尊敬語を用いている。私の考えでは、よほどの皮肉でなければ、父親の兼家が息子の道綱に尊敬語を用いることはないだろう。逆に言えば、堀辰雄は、家族の絆《きずな》というものに、強い憧れを抱いていたのだろう。

鳴滝の般若寺で、仏道修行に新しい自分の人生を見出そうとして挫折した作者の精神的な挫折感が、『私と云うものはたったこれっきりだったのかしらん』と思わずにはいられなかった」というふうにアレンジされている。「たったこれっきり」でありながら、掛け替えのない「私と云うもの」。そういう「私」の人生の真実を、堀辰雄は、『蜻蛉日記』から発見したのである。

堀辰雄の小説『かげろふの日記』から、もう一箇所、読みたい。この小説の終わりに近い場面である。

それからまた数日の後だった。今度伊勢守《いせのかみ》になられた私の父は、また近いうちに任国へお下りにならなければならなかった。それでしばらくでも御一緒に暮らしたいと思って、あの方にはお知らせもせずに、私は父と共に或《ある》物静かな家に移った。そんなにまでしたのに、それから二三日した或午頃《あるひるごろ》、急に南面《みなみおもて》の方が物騒がしくなった。「誰だろう、向《むこ》うの格子《こうし》を開けたのは」と私の父までも驚いて、皆と一しょに立ち騒いでいると、そこへ突然あの方がおはいりになって入《い》らしった。そうしていきなり私の前に立ちはだかって、いくらか色さえお変えになりながら、傍らにあった香《こう》や数珠《ずず》を投げ散らかされ出した。しかし私は身じろぎもせずに、どんな事をなされようとも、じっとこらえながらあの方のなさるがままにさせていた。

そんな心にもない乱暴な事をなさりながら、反《かえ》ってあの方が私にお苦しめられになっているのが、どうという事もなしに、只、そうやってあの方のなすがままになっているうちに、私には分かって来たのだった。しかし御自分ではそれには一向お気づきなされようともせずに入《い》らっしゃるらしかった。

ここは、第十章で取り上げた「初瀬詣で、再び」を基にしている。堀辰雄にしては大胆に脚色してある。原作の『蜻蛉日記』では、長谷寺にお参りするために、作者と父親は精進潔斎していて、兼家が乱入してきて、大暴れしたのだった。

堀辰雄は、この場面で、乱暴な振る舞いをして、作者を苦しめる兼家という男の心の中を、覗き込んでいる。「反《かえ》ってあの方が私にお苦しめられになっている」という箇所が、キー・センテンスである。原作である『蜻蛉日記』を読むと、兼家の女性問題に振り回される作者の苦しみが強調されている。けれども、堀辰雄は、妻を愛しているゆえに、自分の妻への愛情が妻に伝わっていないことに苦しむ夫の悩みもまた、読み取っているのである。

互いが互いを、無意識のうちに苦しめている。そのことに気づいて、更に苦しむ妻と、一向に気づかない夫。生きることの切なさ、別の言い方をすれば人生の不条理に自覚的な妻と、無自覚な夫。

悲しい夫婦の姿を、静謐な文体で、堀辰雄は描き上げた。平安時代の『蜻蛉日記』は、堀辰雄の手で、西洋的で、知性的な作風の小説に生まれ変わったと言えよう。

本章で取り上げる三人目の文学者は、室生犀星《むろうさいせい》である。犀星には、『かげろうの日記遺文《いぶん》』という小説がある。

室生犀星は、金沢出身の詩人・小説家である。明治二十二年に生まれ、昭和三十七年に没した。「ふるさとは遠きにありて思ふもの／そして悲しくうたふもの」という詩は、人口に膾炙《かいしゃ》している。犀星の『かげろうの日記遺文』は、昭和三十三年から翌年かけて『婦人之友』に連載された。完成後に単行本として出版されて、野間文芸賞を受賞した。犀星は、数々の王朝物を書いているが、『かげろうの日記遺文』は、その集大成とも言える作品である。

この作品も、「かげろうのにき・いぶん」と発音すべきかもしれないが、私が愛読している講談社文芸文庫の奥付に、「にっき」とルビが振ってあるので、それに従う。

「遺文」は、生前には発表されなかった文章、という意味である。犀星は、「遺文」という言葉を、かなり広い意味で用いており、古典文学としての『蜻蛉日記』には書かれなかった、もう一つの『蜻蛉日記』、という意味で用いているのだろう。

「いぶん」と発音する熟語には、異なる伝聞という意味の「異聞」もある。こちらは、世間によく知られている内容とは違っている、もう一つの奇妙な言い伝え、という意味になる。この異なる伝聞という意味の「異聞」、名作『蜻蛉日記』には書かれなかった、奇妙な出来事、という意味も、犀星は掛詞のように含めているかもしれない。

それほど、犀星の想像力、イマジネーションは、古典文学である『蜻蛉日記』から大きく逸脱していて奔放である。犀星は、『蜻蛉日記』を、現代文学に作り替えている。

まず、書き出しを読んでみよう。

　彼女の人眼を惹《ひ》いているわけは、見るとすぐにひやりとさせる顔の冷い美しさであった。それにも増して何時《いつ》も容易には笑わない子で、ただ、眼をチラつかせるだけで、それで言葉のかわりになり、笑いの意味をも、つたえた。品《ひん》とか位《くらい》とかいうものを生れながらに持った女と見てよい、品と位のある顔はもう十七歳になっていても、こぼれる色気を斥《しり》ぞけていると言ってよかつた。雪のふる日にも簾《すだれ》をあげて庭を見守る日常には、その景色に相応《ふさわ》しい顔だちと見るほかはなかった。余りに品の隆《たか》い顔というものには、人の心を容《い》れないあざけりが含まれている、こうごうしいという感覚には抒情が乏しいものなのだ。

かげろう日記の筆者である紫苑《しおん》の上《うえ》は、天暦《てんりゃく》七年には十八歳になっていたが、つやつやしい皮膚の明《あか》りはもっていたけれども、高慢とも、あざけりとも見えるかおつきは深まる一方で、それは消えがたいものになっていた。

堀辰雄の文体が静謐・優美だったのに対して、室生犀星の文体は、何とも妖艶で粘着的である。『蜻蛉日記』の作者は、「品《ひん》とか位《くらい》とかいうものを生れながらに持った女」とされている。気品《きひん》と、気位《きぐらい》。この二つが、彼女の人間性の本質なのだ。

『蜻蛉日記』の作者の本名は、わからない。大学やカルチャーで教えていると、受講者から、「こんな有名な文学作品なのに、どうして作者の実名がわからないのか」という、質問というか、お叱りを受けるのが通例である。一言で言って、天皇に関わる女性であれば、実名は残る。ただし、その場合でも、わかるのは実名の「文字」だけである。どう発音するのかについては、音読みするか、訓読みするか、諸説紛々である。

『蜻蛉日記』の作者は、父親の名前を用いて、藤原倫寧《ともやす》の女《むすめ》と呼ばれるし、息子の名前を用いて、藤原道綱の母とも呼ばれる。また、夫の名前を用いて、「藤原兼家の室《しつ》」とも呼ばれることがある。「室」は、妻という意味である。

でも、人物名がないことには、近代小説は書けない。先ほど読んだ田山花袋の小説『道綱の母』では、「寵子《ちょうこ》」という名前が与えられていた。堀辰雄の場合には、「日記」というスタイルを守った小説だったので、「私」という一人称で通してあった。名前を付けずに近代小説を書いた堀辰雄の才能にも、驚かされる。

室生犀星の場合は、「紫苑の上《しおんのうえ》」という名前を、『蜻蛉日記』の作者に与えている。「紫苑」は、紫色の花を付ける植物である。紫は、高貴な色であり、気品を感じさせる。

ちなみに、石川淳が『紫苑物語』という小説を雑誌に連載したのは、昭和三十一年であり、犀星の『かげろうの日記遺文』の連載の二年前に当たっている。

『蜻蛉日記』の作者である紫苑の上は、「冷い美しさ」の持ち主として、描かれていた。「品《ひん》」があり、「位《くらい》」が高い。そして、その美しさには、「あざけり」や「高慢」が含まれている、というのだ。犀星は、「紫苑の上」を省略して、単に「紫苑」と書くこともある。私も、これからは「紫苑」と呼ぶことにしよう。

十八歳の秋に、紫苑は、文章を書くことの喜びを知った。

書くということの嬉しさの果《はて》に紫苑は生きる自分を見ることに、疑いを持たなくなった。彼女は自分にいい聞かせてみた。何でもない事共《ことども》でも書き溜めて、昨日がなにの為にあったか、明日はまた何《なに》のよすがで訪《おと》ずれるかを、薄葉《うすよう》のうえに述べてみたかった。薄葉はおちついて落筆《らくひつ》を待ち、落筆は昨日よりも多くを尋ねるのである。物を書こうとする私よ、いままで何処かにかくれていてふいに私に溜ったものを、すくい上げようとして来てくれたあたらしい私、私はそなたを托《たの》み、そなたは私をかい抱《いだ》いてくれるようにと、紫苑は自分を摑んだ。

「薄葉《うすよう》」は、薄い紙のこと。「薄様」と書くこともある。「落筆」は、その薄い紙の上に、筆を下ろして文字を書き付けること。

室生犀星の文体は、まことに独特で、しかも、ゴツゴツしたところがある。

「書く女」としての自分に目覚めた紫苑は、これから藤原兼家との関わりを、日記に書き記すことになる。兼家は、紫苑を性愛の世界に引き入れることで、彼女の本質である「品」や「位」を、どうにかして壊そうとする。壊されたくない紫苑との戦いが、少しずつ二人の距離を作ってしまうのだった。また、紫苑が「書く女」であることで、兼家の心には、自分の心が見通されているという恐怖感を発生させた。「私の生涯をえがき尽し、詠《よ》みわけ、見とどける」存在だと、兼家は紫苑を恐れるに至った。

そういう紫苑とは正反対の女、すなわち、「女そのものである女」、性愛に溺れようとする男の願いのすべてを、無条件に、どこまでも、拒むことなく受け容れてくれる「町の小路の女」に、兼家が夢中になるのは、ある意味で必然だった。

室生犀星は、この町の小路の女に、「冴野《さえの》」という名前を与えている。「冴野」は、冬枯れの野原が、真っ白な霜や雪で一面に覆われている、というイメージだろうか。

『かげろうの日記遺文』で、「町の小路の女」、こと「冴野」が紹介される部分を読もう。

西洞院《にしのとういん》と室町の小路のあいだに、ともすれば蓬《よもぎ》、刈萱《かるかや》を刈らぬままの一つの小路があった。町の小路の女の邸宅《やしき》がそれだ、或る皇族の孫が、よこしまな結婚をして生んだ男子が、さらに身分賤しい女に生ませた娘として、冴野は物憂い眼で今も庭を見遣《みや》った。父、元下総介源《しもうさのすけみなもと》ノ雅房《まさふさ》の死後、二人の男渡りをしたと噂されているが、容顔の肉はおとろえを見せずに、こぼれる麗質はこの頃急にまた盛り返しを見せて、人はくちなわの君とさえ、その音もない立居《たちい》の美しさをなぞらえた。

『蜻蛉日記』の原文は、天皇の孫に当たるのが「町の小路の女」であると読むのが自然である。けれども、犀星は、天皇の孫が儲《もう》けた男の、さらに娘というように、町の小路の女と天皇の距離を、限りなく遠ざけている。それほど、冴野を「身分賤しい女」として描きたかったのである。

冴野の父親の名前も、役職も、明示されている。さらに、このあとで、冴野の前の夫まで、実名で登場し、兼家と鉢合わせして、男の本音《ほんね》を語り合う。

私が興味を持つのは、冴野が「くちなわの君」という綽名《あだな》を持っていた、とされる点である。犀星は詩人でもあったが、『青き魚《うお》を釣る人』という詩集がある。その中に、「瑠璃色《るりいろ》の黄昏《たそがれ》」という詩が、納められている。

をみなよ
君があやしき瑠璃色の黄昏《たそがれ》は
なにを求めつつ輝くぞ
匂ひをみなぎらす豊麗のしら蛇《へび》
なよらかに今
おんみが肌にまつはれるならずや。

いまだ春あさくはあれど
深き君が窓べに
絶ゆることなき秘密をつつむ。

何と官能的な詩であろうか。犀星は、男の欲望をありのままに受け容れてくれる女性を、「しら蛇」、すなわち、「くちなわ」に喩えている。それがそのまま、『かげろうの日記遺文』の冴野なのでもある。兼家には、時姫という正妻がいる。時姫は、犀星の小説の中でも、「時姫」として登場する。紫苑、冴野、時姫という、三つ巴の「女の戦い」が繰り広げられるのだ。するや、品《ひん》と位《くらい》を守り続け、兼家の肉体的な欲求に負けまいと努めてきた紫苑に、微妙な心の変化が見られるようになる。

原作の『蜻蛉日記』では、作者は「町の小路の女」を憎悪し続ける。町の小路の女が、生んだばかりの幼子《おさなご》を死なせた時には、快哉を叫んだほどである。『蜻蛉日記』の読者の多くは、この箇所で、作者の人間性に恐怖を感じ、思わず、引いてしまうだろう。

ところが、室生犀星の『かげろうの日記遺文』では、時姫と冴野が、直接に向かい合って、対決している。また、冴野が、紫苑の夢の中に現れて、女同士で、肚《はら》を割って、魂の会話を交わしている。

身長も高く、権高《けんだか》い時姫は、一方的に、冴野を攻撃し、姿を消すようにと脅迫する。紫苑以上に、時姫は冴野を憎悪している。このあたりは、『源氏物語』で、夕顔を脅迫して姿を消させた、頭中将の正妻を、連想させるものがある。

ところが、紫苑と冴野は、「女なるもの」の両極端であるのに、互いの本質を理解し合うのだ。冴野は、紫苑に、兼家が求めている安らぎを少しは与えるようにとアドバイスする。冴野は、兼家に対しても、紫苑のもとに足を運べと水を向ける。

冴野の本心を知った紫苑は、これまで自分が強固に身に纏《まと》ってきた「品」や「位」を客観視できるようになり、その結果、紫苑と兼家の夫婦仲は、好転したのである。

このあとは、皆さん、『かげろうの日記遺文』という作品を、読んでいただきたい。冴野には、室生犀星の実の母親への深い思いが込められている、と言われる。『蜻蛉日記』を、もし、「町の小路の女」の視点から再構成したら、どういう世界が現れるか。確認していただきたい。

本章は、田山花袋、堀辰雄、室生犀星という三人の文学者が『蜻蛉日記』から読み取ったものが何だったのかを、考えてきた。

『蜻蛉日記』は、まず、次の世代の文学者である紫式部に、大きな影響を与えた。

その後は、『源氏物語』の影響力があまりにも大きかったので、『蜻蛉日記』そのものの影響力は減少し始めた。その結果、『蜻蛉日記』の本文が、作者が書いたはずの文章から大きく逸《そ》れてしまい、虫食い算のような悲惨な状況に立ち至ったのだった。

それでも、近代に入るや、『蜻蛉日記』は、少しずつ評価され始めて、現代に至っている。

正直言って、私は国文学者でありながら、『蜻蛉日記』が苦手だった。今回、縁あって、この日記を読む機会があったのは、まことに幸運だった。今では、『蜻蛉日記』という作品の面白さや、道綱の母、倫寧の女《むすめ》という作者の人間性も、少しはわかってきたように思う。これによって、『源氏物語』を見る目が、格段に深まったと感じてもいる。

この成果を踏まえて、『紫式部日記』の世界に分け入りたい。むろん、『源氏物語』の作者が書き残した日記である。私自身、どんな発見があるか、楽しみでならない。

Ⅱ　『更級日記』の魅力

1　『源氏物語』から『更級日記』へ

『更級日記』の世界へ、ようこそ。

『更級日記』の原文と鑑賞、そして現代語訳は、『新訳更級日記』（花鳥社・二〇二〇年）に譲る。本書では、作者である菅原孝標《すがわらのたかすえ》の女《むすめ》について、考えたい。彼女は『更級日記』のほかにも、数々の物語を書いたとされる。その創作意欲をかき立てたのが、彼女の『源氏物語』体験だった。そこで、まず『更級日記』の中で『源氏物語』がどのように書かれているかを確認しておきたい。

『更級日記』の最も信用すべき写本は、藤原定家《ていか》が書き写した御物本《ぎょぶつぼん》である。この御物本『更級日記』の最後には、次のような「奥書《おくがき》」、すなわち、「あとがき」がある。むろん、藤原定家自身のコメントである。

> 常陸《ひたち》の守《かみ》、菅原孝標《すがはらのたかすゑ》の女《むすめ》の日記《にき》なり。母《はは》、倫寧朝臣《ともやすあそん》の女《むすめ》。傅《ふ》の殿《との》の母上《ははうへ》の姪《めひ》なり。
> 『夜半《よは》の寝覚《ねざめ》』『御津《みつ》の浜松《はままつ》』『自《みづか》ら悔《く》ゆる』『朝倉《あさくら》』などは、此《こ》の日記《にき》の人《ひと》の作《つく》られたる、とぞ。

短い文章だが、重要な情報が満載である。

この「奥書」は、この『更級日記』の本文を、最初から最後まで書き写してきた藤原定家から、この写本を目にするであろう将来の読者に向けての教えである。

「常陸《ひたち》の守《かみ》、菅原孝標《すがはらのたかすゑ》の女《むすめ》の日記《にき》なり」。まず、定家は、作者の父親の名前を挙げている。この『更級日記』は、常陸の国の守《かみ》などを勤めた「菅原孝標」の娘が書いた日記である、というのが直訳。定家の意識からすれば、「この『更級日記』の作者は女性で、その父親は菅原孝標である」、ということになる。菅原家は、「学問の神様」である菅原道真《みちざね》の子孫である。

「母《はは》、倫寧朝臣《ともやすあそん》の女《むすめ》」。『更級日記』の作者の母親は、「倫寧朝臣《ともやすあそん》の女《むすめ》」である。藤原倫寧《ともやす》は受領《ずりょう》で、国司を歴任した人物。蓄財にも成功した。その娘の一人が、『更級日記』の作者の母親なのである。

ところで、藤原倫寧《ともやす》には、もう一人、有名な娘がいる。彼女は、藤原氏の「氏《うじ》の長者」を務めた藤原兼家《かねいえ》の側室となった。兼家は、三人の関白の父親である。清少納言『枕草子』に闊達な性格が記録されている「中の関白」道隆《みちたか》、道隆の没後に短期間だけ最高権力者だった「七日関白」道兼《みちかね》、そして空前の権力を掌握した「御堂関白《みどうかんぱく》」道長《みちなが》の三人である。

兼家は、また二人の「国母」（天皇の母親）の父親でもある。超子《ちょうし》は、冷泉《れいぜい》天皇に入内し、三条天皇を生んだ。また、和泉式部の恋人として知られる為尊《ためたか》親王と敦道《あつみち》親王も、超子の子どもである。詮子《せんし》は、円融天皇に入内して、一条天皇を生んでいる。

この兼家の妻となったほうの「藤原倫寧《ともやす》の女《むすめ》」は、文学史に不朽の名声を留めた。『蜻蛉日記』という王朝日記の名作を書き残したからである。『更級日記』の作者から見たら、『蜻蛉日記』の作者は、「母方の伯母」に当たる。

「傅《ふ》の殿《との》の母上《ははうへ》の姪《めひ》なり」。『蜻蛉日記』の作者は、文学史の教科書では、「藤原倫寧《ともやす》の女《むすめ》」のほかに、「右大将道綱の母」、あるいは「藤原道綱の母」と呼ばれることもある。この道綱は、「東宮傅《とうぐうふ》」という、皇太子の教育役を仰せつかったので、「傅《ふ》の殿《との》」と言われる。

定家が「傅《ふ》の殿《との》の母上《ははうへ》の姪《めひ》なり」と書いたのは、『『更級日記』の作者は、藤原道綱の母親で『蜻蛉日記』を書いた女性から見たら、姪に当たる」という意味である。『更級日記』の作者が、母方の血筋を通して、文学者の才能を受け継いでいる、という意味で、定家は、『更級日記』の「奥書」を書き記したのだろう。中世では、俊成と定家の血を引く「御子左家《みこひだりけ》」の歌人が、和歌の道の体現者として尊崇された。文学的な才能の遺伝は、文化的な遺伝子の継承として、文学史上で何度か現れることがある。『蜻蛉日記』から『更級日記』へという流れも、その一例だった。

その次からが、『更級日記』の作者が書いた、『更級日記』以外の作品のリストである。

「『夜半《よは》の寝覚《ねざめ》』『御津《みつ》の浜松《はままつ》』『自《みづか》ら悔《く》ゆる』『朝倉《あさくら》』などは、此《こ》の日記《にき》の人《ひと》の作《つく》られたる、とぞ」。

もし、最後が「なり」で結ばれていれば、断定なのだが、ここでは、「とぞ」と結ばれており、「と言われている」という伝聞を表す。確定した情報ではないのである。ただし、私は、ここで藤原定家が上げた物語の数々は、実際に『更級日記』の作者が書いたものだろうと考えている。

『夜半《よわ》の寝覚』は、現代では『夜《よる》の寝覚』と呼ばれることが多く、単に『寝覚』とも言われる。長篇物語である。

『御津《みつ》の浜松《はままつ》』は、現代では『浜松中納言物語』と言われることが多く、こちらも長篇である。鎌倉時代に書かれた『松浦宮物語《まつらのみやものがたり》』という作品は、御物本『更級日記』の「奥書」を書いた藤原定家の手になると考えられている。この『松浦宮物語』は、『浜松中納言物語』の大きな影響を受けている。また、昭和の小説家である三島由紀夫が生涯の最後に完成させた「豊饒の海」四部作は、『浜松中納言物語』に大きなヒントを得ている。

そのほか、『自《みづか》ら悔《く》ゆる』と『朝倉《あさくら》』という物語も書いた、と定家は書き記しているが、残念なことに現在は残っていない。

藤原定家は、鎌倉時代の初めに、『源氏物語』の「青表紙本《あおびょうしぼん》」と呼ばれる本文を定めた古典学者としての顔も持っていた。『源氏物語』を、日本文化の中心に据えたのは、定家の大きな功績だと言える。その定家が書き写した『更級日記』の本文には、『源氏物語』と向き合った女性の一生が書かれていた。定家は、『更級日記』に流れている『源氏物語』への深い思い入れに感動したのではないだろうか。

それでは、これから、『更級日記』にとっての『源氏物語』の意味を、考えてみることにしよう。『更級日記』の全体像を念頭に思い浮かべながら、『更級日記』の有名な冒頭文から振り返ろう。

東路《あづまち》の道《みち》の果《は》てよりも、猶《なほ》、奥《おく》つ方《かた》に、生《お》ひ出《い》でたる人《ひと》、如何《いか》ばかりかは奇《あや》しかりけむを、如何《いか》に思《おも》ひ始《はじ》めける事《こと》にか、「世《よ》の中《なか》に、物語《ものがたり》と言《い》ふ物《もの》の有《あ》ンなるを、如何《いか》で見《み》ばや」と思《おも》ひつつ、徒然《つれづれ》なる昼間《ひるま》・宵居《よひゐ》などに、姉《あね》・継母《ままはは》など様《やう》の人々《ひとびと》の、其《そ》の物語《ものがたり》、彼《か》の物語《ものがたり》、光源氏《ひかるげんじ》の有《あ》る様《やう》など、所々《ところどころ》語《かた》るを聞《き》くに、いとど床《ゆか》しさ増《ま》されど、我《わ》が思《おも》ふままに、空《そら》に、如何《いか》でか覚《おぼ》え語《かた》らむ。

上総《かずさ》の国（国司の館は、現在の千葉県市原市にあった）で、作者が、姉や継母たちと一緒に暮らしながら、早く都に上って、物語、中でも『源氏物語』を読みたいと熱望している場面である。この文章を、『源氏物語』との関連という観点から、読み直してみよう。

「東路《あづまち》の道《みち》の果《は》てよりも、猶《なほ》、奥《おく》つ方《かた》に、生《お》ひ出《い》でたる人《ひと》、如何《いか》ばかりかは奇《あや》しかりけむを」。自分は、「奇《あや》しい」十三歳の少女であった、という自己紹介から、『更級日記』は始まった。「東路の道の果て」。つまり、東海道の果ての、さらに奥で、成長した自分は「奇しい」存在である、というのだ。

都人の常識の範疇から逸脱した、普通でない存在である少女は、世間の人とは異なる価値観を持っていた。「如何《いか》に思《おも》ひ始《はじ》めける事《こと》にか、『世《よ》の中《なか》に、物語《ものがたり》と言《い》ふ物《もの》の有《あ》ンなるを、如何《いか》で見《み》ばや』と思《おも》ひつつ」。少女は、「物語」というものに憧れ、それをどうにかして読みたいという希望を、胸に抱いた。普通の人であれば、幸福な結婚をしたいとか、温かい家庭生活を過ごしたいとか、立派な社会的地位に就《つ》きたいとか、お金に不自由しない暮らしをしたいとかを、人生の目標にするのではないだろうか。けれども、この少女は、ただひたすら「物語」を読みたかったのである。

唐突な連想だが、フランソワ・ラブレーの『ガルガンチュワ物語』の主人公は、「飲みたい、飲みたい」という産声《うぶごえ》を上げて、生まれてきたと言う。菅原孝標の女《むすめ》は、「読みたい、読みたい」という願いを、物心が付いたときから持っていた。彼女は、まさに「物語の申し子」だったのである。

物語の申し子の最終目標は、自分が物語作者になって、読者にすばらしい物語の世界を教えることだろう。そのためには、今ある、すべての物語を読んで、物語の本質を吸収しなくてはならない。物語の良いところは、読者に「夢」を与えることである。そして、物語の欠点は、読者の現実感覚を失わせることである。物語のプラスとマイナスの両面を、菅原孝標の女《むすめ》は身を持って体験することになる。何はともあれ、物語の最高傑作である『源氏物語』を、是が非でも読まなくてはならない。

この時、寛仁《かんにん》四年、西暦一〇二〇年だった。今からちょうど千年前である。『源氏物語』が完成してから、まだ十年くらいしか経《た》っていない。『源氏物語』は、生まれたてのほやほやだった。

けれども、物語の申し子である菅原孝標の女は、「東路《あづまち》の道《みち》の果《は》てよりも、猶《なほ》、奥《おく》つ方《かた》に、生《お》ひ出《い》でた」身でありながら、その『源氏物語』こそが究極の物語であり、これから物語作者になりたいと願う自分にとって最高のエネルギーであり、教科書であり、最大のライバルであることを知っていたのだった。

一般的に言って、『源氏物語』に深く入り込み、没入した読者は、『源氏物語』に対するある種の不満を抱くようになる。それに気づき、深く思索し、自分の感じた『源氏物語』への違和感を増大させれば、『源氏物語』を超える物語の種が手に入る。この時、「読みたい、読みたい」という願いは、「書きたい、書きたい」という新しい願いへと変貌する。

『更級日記』は、作者が五十二歳を過ぎてから書かれた。五十二歳になった菅原孝標の女は、既に『夜の寝覚』や『浜松中納言物語』を書き終えている。自分は『源氏物語』を超えた、という勝利感に浸《ひた》っていたのだろうか。それとも、自分は遂に『源氏物語』を越えられなかった、という敗北感を味わっていたのだろうか。

私の考えでは、菅原孝標の女は、「自分は、よくぞここまで『源氏物語』と戦った」という満足感を、抱いていたのではないか。「青は藍より出でて、藍より青し」という故事成語がある。けれども、正直に言って、『夜の寝覚』も『浜松中納言物語』も、『源氏物語』より出でて、『源氏物語』よりも優れている、とまでは言えない。そうでありながら、『源氏物語』とは異なるタイプの「新しい物語」を生みだすことに成功している、と私は評価する。あるいは、『源氏物語』にも、『夜の寝覚』にも、『浜松中納言物語』にも、「優れた物語」が共通して持っている特質が含まれている、と言ってもよいだろう。一見すると、『源氏物語』は正統的、オーソドックスであり、『夜の寝覚』や『浜松中納言物語』は、異端的、ヘテロドックスな世界であるかのように見える。けれども、物語と言うものは、正統的な側面と、異端的な側面を合わせ持つものではないであろうか。

私の考えを思い切って言わせてもらえるならば、『源氏物語』は、本来、きわめて通俗的なストーリーで組み立てられている。三角関係と不義密通ばかりが、書かれている。しかも、お后様の不倫など、スキャンダラスな話題に事欠かない。そうでありながら、全編を通読すると、まことに不思議なことではあるが、読者の背筋がシャキッとするような清潔さと倫理観に溢れている。つまり、『源氏物語』は、通俗的なメロドラマを、まことにオーソドックスに描いた物語なのである。

ちなみに、近代小説の最高峰とされる作家は、夏目漱石である。その漱石の小説には、ほとんど例外なく三角関係が描かれている。けれども、漱石文学の読後感は、まことに清潔で、倫理的である。漱石文学の読後感は、『源氏物語』の読後感と極めて近い。

菅原孝標の女が書いたと考えられる『浜松中納言物語』は、死んだ人間が別人として蘇るという

「輪廻転生《りんねてんしょう》」を、ストーリーの根幹に据えている。だから、本来はスピリチュアル的で、霊的で、怪奇的で、超自然的で、退廃的な内容のはずである。けれども、全体を通読して感じるのは、実に自然でオーソドックスな印象である。

先ほど、三島由紀夫の名前を出した。三島の代表作の一つである『金閣寺』は、国宝金閣寺に放火した犯人を描きながらも、「美＝永遠なるもの」との格闘を描いたドラマとして、格調の高さを感じさせる。そのことと、『浜松中納言物語』の読後感も似ている。

『更級日記』の冒頭に話を戻そう。「徒然《つれづれ》なる昼間《ひるま》・宵居《よひゐ》などに、姉《あね》・継母《ままはは》など様《やう》の人々《ひとびと》の、其《そ》の物語《ものがたり》、彼《か》の物語《ものがたり》、光源氏《ひかるげんじ》の有《あ》る様《やう》など、所々《ところどころ》語《かた》るを聞《き》くに、いとど床《ゆか》しさ増《ま》されど、我《わ》が思《おも》ふままに、空《そら》に、如何《いか》でか覚《おぼ》え語《かた》らむ」。都から遠く離れた上総の国の国司の館で、女たちが集まって物語を話題にしている。作者は、彼女たちが口にする物語の中で、「光源氏」が登場する『源氏物語』を、原文で、それも全部を読み通したいと願うのだった。

菅原孝標の女は、『源氏物語』を読むことで、真実の自分、本来の自分と出会いたいのである。そして、出会った。物語は、作者にとって「自分さがし」のスタートであり、ゴールでもあった。

それでは、都に上った彼女が、叔母さんから頂戴した『源氏物語』の全巻を、読み通した時の感動を回想した文章を読もう。

走《はし》る走《はし》る、僅《わづ》かに見《み》つつ、心《こころ》も得《え》ず、心許無《こころもとな》く思《おも》ふ『源氏《げんじ》』を、一《いち》の巻《まき》よりして、人《ひと》も交《ま》じらず、几帳《きちやう》の中《うち》に打《う》ち臥《ふ》して、引《ひ》き出《い》でつつ見《み》る心地《ここち》、后《きさき》の位《くらゐ》も、何《なに》にかは為《せ》む。昼《ひる》は、日暮《ひぐ》らし、夜《よる》は、目《め》の覚《さ》めたる限《かぎ》り、火《ひ》を近《ちか》く燈《とも》して、此《これ》を見《み》るより外《ほか》の事《こと》、無《な》ければ、自《おの》づからなどは、空《そら》に覚《おぼ》え浮《う》かぶを、いみじき事《こと》に思《おも》ふに、夢《ゆめ》に、いと清気《きよげ》なる僧《そう》の、黄《き》なる地《ち》の袈裟《けさ》、着《き》たるが、来《き》て、（夢の中の僧）「『法華経《ほけきやう》』五《ご》の巻《まき》を、疾《と》く習《なら》へ」と言《い》ふと、見《み》れど、人《ひと》にも語《かた》らず、習《なら》はむとも思《おも》ひ掛《か》けず、物語《ものがたり》の事《こと》をのみ心《こころ》に占《し》めて、（孝標の女）「我《われ》は、此《こ》の頃《ごろ》、悪《わ》ろきぞかし。盛《さか》りに成《な》らば、容貌《かたち》も、限《かぎ》り無《な》く良《よ》く、髪《かみ》も、いみじく長《なが》く成《な》りなむ。光《ひかる》の源氏《げんじ》の夕顔《ゆふがほ》、宇治《うち》の大《だい》将《しやう》の浮舟《うきふね》の女君《をんなぎみ》の様《やう》にこそ有《あ》らめ」と思《おも》ひける心《こころ》、先《ま》づ、いと儚《はかな》く、あさまし。

これまでは、ばらばらに、順不同で読むしかなかった『源氏物語』を、五十四帖まとめて、しかも桐壺巻から順を追って、通読できたのである。昼も夜も、几帳《きちょう》（移動式カーテン）の中に籠《こ》もり、夜は燈火《ともしび》を付けて、ひたすら読みふけった。あらすじも、登場人物の名前も、名文の数々も、ほとんど暗記できた。

そして、自分ももう少ししたら、夕顔や浮舟のようになって、光源氏や薫のような貴公子から愛されるようになるのではないか、と夢見たのだった。そういう作者の物語への没入を覚まそうとして、夢の中でお告げを授かったことも書いてある。

物語へと、引きつけられる心。そして、物語から逃れ出ようとする心。相反する二つの心性が、ここに書かれている。それは、いつまでも『源氏物語』の愛読者として生きてゆきたいという心と、『源氏物語』から脱け出して自分自身の物語を書きたいという心との「せめぎ合い」でもあったのではないか。

この時、『更級日記』の作者は、十四歳だった。もちろん、都に戻ってきている。今、読んだ文章のポイントは、どこにあるのだろうか。「一《いち》の巻《まき》よりして、人《ひと》も交《ま》じらず、几帳《きちやう》の中《うち》に打ち臥《ふ》して、引《ひ》き出《い》でつつ見《み》る心地《ここち》、后《きさき》の位《くらゐ》も、何《なに》にかは為《せ》む」とある箇所だと思う。『源氏物語』を読む喜びは、現実世界で自分が天皇のお后様になるよりも大きい、と考えている点である。

作者は、『源氏物語』に登場する個性的なヒロインたちの中で、夕顔や浮舟のようなタイプのヒロインに心が引きつけられる傾向があった。数奇な運命に翻弄されながら、波乱に満ちた女の一生を体験し、その中で「自分さがし」を続けるタイプのヒロインに、作者は心を寄せたのである。

そう言えば、『更級日記』には、足柄山をはじめ、美濃の国の野上《のがみ》、淀川の途中にある高浜《たかはま》などで、遊女たちの姿が印象的に描かれていた。

「后《きさき》の位《くらゐ》も、何《なに》にかは為《せ》む」という高らかな宣言は、「お后様になるのが、女性にとって最高の幸福ではない」という意味である。そうではなくて、光源氏や、薫のような男性から愛され、彼らの人生すら変えてしまうのが、女性にとっての幸福なのだ。

ところで、物語作者が作品を執筆する際に、どういうストーリーを採用するか、どういう人間関係を張り巡らせるかは、作者の『源氏物語』を始めるとする読書体験のほかに、作者自身の人生経験に基づいている。そういう観点から、作者と姉の関係について、考えてみよう。

作者は、二人姉妹だった。『更級日記』の中で、作者は「中《なか》の君《きみ》」と呼ばれている。ならば、姉は「大君《おおいぎみ》」のはずである。この姉が最も印象的なのは、自分が若くして死ぬ運命にあることを予期していた点である。

其《そ》の十三日《とをかあまりみか》の夜《よ》、月《つき》、いみじく隈無《くまな》く明《あ》かきに、皆人《みなひと》も寝《ね》たる夜中許《よなかばか》りに、縁《えん》に出《い》で居《ゐ》て、姉《あね》なる人《ひと》、空《そら》を、つくづくと眺《なが》めて、「唯今《ただいま》、行方無《ゆくへな》く、飛《と》び失《う》せなば、如何《いか》が思《おも》ふべき」と問《と》ふに、（孝標の女）「生恐《なまおそ》ろし」と思《おも》へる気色《けしき》を見《み》て、異事《ことごと》に言《い》ひ成《な》して笑《わら》ひなどして、聞《き》けば、傍《かたは》らなる所《ところ》に、前駆追《さきお》ふ車《くるま》、止《と》まりて、（男）「荻《をぎ》の葉《は》、荻《をぎ》の葉《は》」と呼《よ》ばすれど、答《こた》へざンなり。呼《よ》び煩《わづら》ひて、笛《ふえ》を、いとをかしく吹《ふ》き澄《す》まして、過《す》ぎぬなり。

この時、作者は十五歳だった。旧暦七月十三日の夜に、月を愛《め》でていると、お姉さんが、「もしも、この瞬間に、私の体が浮き上がって、どこへともなく飛んでいったのならば、お前はどういう気持ちがするかい？」と、話しかけてきたのだった。その翌々年、作者が十七歳の時に、姉は二人の子どもを残して、亡くなった。

ところで、『更級日記』には、作者のプライベートな人生が、ほとんど書かれていない。十八歳の作者は、東山にしばらく滞在したが、そこには、恋人が通ってきていたようである。三十三歳の年に、橘俊通と結婚したのだが、それ以前の恋愛については、まったく触れられていない。

作者と姉が暮らしていた屋敷は、両隣が内親王の邸宅であるという、とても大きな敷地だった。父親の蓄財ぶりが、うかがわれる。そこに通ってくる姉の夫は、相当な身分の男性だったのではないだろうか。

次の章で取り上げる『夜の寝覚』について、少しだけ触れておきたい。ヒロインは、「中の君」である。姉の大君《おおいぎみ》は、五つ年上という設定になっている。ところが、大君《おおいぎみ》の婚約者で後に夫となる男性と、十六歳の中の君は、運命のいたずらで、偶然に関係してしまった。その結果、中の君は懐妊し、娘を出産する。男と、中の君の関係は、姉の大君の知るところとなる。大君は、妹を愛している夫との関係に苦しみ、嫉妬する。大君も懐妊したが、産後の肥立ちが悪くて、女の子を出産して間もなく死去した。

『更級日記』では、作者が十五歳の時に、藤原行成大納言の姫君の生まれ変わりである猫が迷い込み、翌年、猫が火事で死んでしまい、さらにその翌年に、姉が子どもを生んで亡《な》くなっている。『夜の寝覚』には、姉の婚約者、つまり後には姉の夫となる男性と、妹が、運命的な結ばれ方をする、すさまじいドラマが設定されていた。その人間関係と、『更級日記』の姉妹関係を重ね合わせてみると、『更級日記』には書かれなかった「もう一つの物語」が、見えて来るように思う。

先ほど引用した文章には、「姉《あね》なる人《ひと》、空《そら》を、つくづくと眺《なが》めて、『唯今《ただいま》、行方無《ゆくへな》く、飛《と》び失《う》せなば、如何《いか》が思《おも》ふべき』と問《と》ふに、(孝標の女)『生恐《なまおそ》ろし』と思《おも》へる気色《けしき》を見《み》て」とあった。

姉は、自分と夫との関係がうまくいかないことに、悩んでいたのかもしれない。猫もまた、そうだった。大納言の姫君は、畜生道に堕《お》ちてまで猫に生まれ変わり、生前に自分を心から愛してくれた夫(藤原長家)のその後を見届けようとしたが、夫は、姫君の亡くなった年に、早くも別の女性と結婚したのだった。

『更級日記』の作者が、姉の言葉を「生恐《なまおそ》ろし」と感じたのには、理由があるのではないだろうか。姉は、自分の夫と妹との関係を疑っていたのかもしれない。ちなみに、東山に籠もっている作者のもとを尋ねる男性は、姉の夫だった人物ではないか、とする学説がある。その説も、私と同じように、「もう一つの物語」を『更級日記』の中に発見した結果なのだと思う。

などと、私は妄想を逞しくしているのだが、そういう読み方を決して否定しないのが『更級日記』である。何と言っても、『更級日記』には、基本的な事実が何も書かれていない。さらには、「夢」や「物語」の力を信じることに、この作品の本質があるのだから。

作者は、自分と姉の現実を、『源氏物語』宇治十帖の大君《おおいぎみ》と中の君の姉妹と重ね合わせつつ、そこからさまざまなイマジネーションを膨らませていたのだろう。それが、たとえば『夜の寝覚』の姉妹として結実したのである。

作者の父親が、常陸の介《すけ》に任命されて東国へ下って行ったのは、作者が二十五歳の時だった。その直前に、作者がどういう心で生きていたかを振り返った文章が置かれている。

斯様《かやう》に、そこはか無《な》き事《こと》を、思《おも》ひ続《つづ》くるを役《やく》にて、物詣《ものまう》でを僅《わづ》かにしても、渉々《はかばか》しく、人《ひと》の様《やう》ならむとも念《ねん》ぜられず。此《こ》の頃《ごろ》の世《よ》の人《ひと》は、十七《とをあまりななつ》、八《やつ》よりこそ、経誦《きやうよ》み、行《おこな》ひもすれ、然《さ》る事《こと》、思《おも》ひ掛《か》けられず。辛《から》うじて思《おも》ひ寄《よ》る事《こと》は、（孝標の女）「いみじく止事無《やんごとな》く、容貌《かたち》・有様《ありさま》、物語《ものがたり》に有《あ》る光源氏《ひかるげんじ》などの様《やう》に御座《おは》せむ人《ひと》を、年《とし》に一度《ひとたび》にても、通《かよ》はし奉《たてまつ》りて、浮舟《うきふね》の女君《をんなぎみ》の様《やう》に、山里《やまざと》に隠《かく》し据《す》ゑられて、花《はな》・紅葉《もみぢ》・月《つき》・雪《ゆき》を眺《なが》めて、いと心細気《こころぼそげ》にて、めでたからむ御文《おんふみ》などを、時々《ときどき》待《ま》ち見《み》などこそ、せめ」とばかり思《おも》ひ続《つづ》け、あらまし事《ごと》にも覚《おぼ》えけり。

「此《こ》の頃《ごろ》の世《よ》の人《ひと》は、十七《とをあまりななつ》、八《やつ》よりこそ、経誦《きやうよ》み、行《おこな》ひもすれ、然《さ》る事《こと》、思《おも》ひ掛《か》けられず」とある。五十二歳になった時点から、作者は二十四、五歳の自分を振り返って、今の若い娘たちは、十七、八歳の頃からしっかりしていて、仏道修行をするというのに、自分ときたら、その年齢には物語のことだけで頭がいっぱいだった、と振り返っているのである。

「最近の若い者は、なっていない」という年配者からの小言《こごと》は、しばしば耳にするが、『更級日記』の作者は、逆である。最近の若者は立派だ、と言っている。けれども、これも深読みをすれば、「最近の若い人たちは、現実的になってしまっており、夢を持たなくなっている」という批判なのかもしれない。

作者の十七、八歳の頃は、姉や猫とのやりとりで、過ぎた。どこからともなく迷い込んだ猫が、高貴なお姫様の生まれ変わりであるという空想を、姉と二人で繰り広げていた。また、自分を愛している高貴な男性が、ほかならぬ姉の夫である、というような空想の世界を、作者は生きていた可能性がある。作者は、夫に裏切られる姉の立場からも、苦しい三角関係に立たされた男の立場からも、この物語的な状況を眺め渡すことができた。そういう視点の自由さは、彼女の『源氏物語』体験によって鍛えられたものである。

宇治十帖では、姉の大君《おおいぎみ》は、自分を愛してくれる薫に向かって、「自分ではなく、妹と結婚してくれ」と言ったのだった。そういう『源氏物語』の構想力と、自分が紡いだ夢とを、作者は比較しているのだろう。

そして、やはり、物語というジャンルの醍醐味は紫式部の『源氏物語』にあったと、作者は結論する。光源氏のような男性が、一年に一度でよいから通ってきてくれるのだったら、自分は、浮舟のように、山里に隠し据えられていたとしても幸福である、と思うのである。

『源氏物語』で、宇治の山里に隠し据えられた浮舟のもとに通ってくるのは、薫であり、匂宮である。光源氏ではない。つまり、『源氏物語』に、光源氏が浮舟のもとを訪れる場面は存在しない。だから、「光源氏から愛される浮舟になりたい」と願う作者は、『源氏物語』を改作していることになる。『源氏物語』を作り直して、もう一つの『源氏物語』を創作しているのだ。

さらに、宇治十帖では、薫の絶え間がちな訪れに対して不満を感じた浮舟は、情熱的に通ってくる匂宮へと、心が引かれてゆく。だから、『更級日記』の作者が、ここで薫に囲われた浮舟のように過ごしたいと願うのは、これまた、もう一つの宇治十帖を創作していることになる。

『更級日記』の作者は、『源氏物語』を愛読し、まず、一人一人の登場人物に成り代わって、物語の空気を吸い、物語の中の世界を生きてみたのだろう。そのうち、『源氏物語』には書かれていないことを想像して補ったり、『源氏物語』の実際のストーリーとは異なる想像を、楽しんだりするようになった。

このように『源氏物語』の空白を補ったり、『源氏物語』を作り替え、作り改めることを繰り返して、菅原孝標の女は「物語作者」として自立していったのである。

『更級日記』の作者は、三十三歳の頃に、橘俊通と結婚したものと考えられる。その頃の心境を、述べた文章を読んでみよう。

其《そ》の後《のち》は、何《なに》と無《な》く紛《まぎ》らはしきに、物語《ものがたり》の事《こと》も、打《う》ち絶《た》え、忘《わす》られて、物忠実《ものまめ》やかなる様《さま》に、心《こころ》も成《な》り果《は》ててぞ、（孝標の女）「何《な》どて、多《おほ》くの年月《としつき》を、徒《いたづ》らにて、臥《ふ》し起《お》きしに、行《おこな》ひをも、物詣《ものまう》でをも、せざりけむ。この有《あ》らまし事《ごと》とても、思《おも》ひし事《こと》どもは、此《こ》の世《よ》に有《あ》ンべかりける事《こと》どもなりや。光源氏《ひかるげんじ》ばかりの人《ひと》は、此《こ》の世《よ》に御座《おは》しけりやは。薫大将《かをるだいしやう》の、宇治《うぢ》に隠《かく》し据《す》ゑ給《たま》ふべきも無《な》き世《よ》なり。あな、物狂《ものぐる》ほし。如何《いか》に由無《よしな》かりける心《こころ》なり」と思《おも》ひ沁《し》み果《は》てて、忠実忠実《まめまめ》しく過《す》ぐすとならば、然《さ》ても有《あ》り果《は》てず。

この文章のポイントは、二つある。

「光源氏のような男は、現実世界には存在しない」という点と、「自分が浮舟のような立場で、薫のような男性から宇治の山里に隠し据えられて愛されるようなことは、現実には起きない」という点である。

物語は現実ではない。物語と現実とは違っている。

考えてみれば、これは当たり前のことである。これをもって、作者が『源氏物語』に幻滅したとみなすのは、正確ではないだろう。

そもそも、『源氏物語』は作り話であり、虚構の世界である。けれども、読めば読むほど、読者はこの物語にリアリティを感じるようになる。人間の「心の真実」を、これほど、ぴったりと表現し得ている文学作品は、ほかにないからである。

ちなみに、私は、若い頃から短歌を創作しており、塚本邦雄という、前衛短歌の巨匠に師事していた。塚本邦雄は、普通の意味でのリアリズムではなくて、「魂のレアリスム」という信念を主張していた。英語で言えば、リアリズム。フランス語では、レアリスムである。私は「魂のレアリスム」という言葉を知った後で、『源氏物語』の研究者となった。そうすると、虚構の物語ではありながら、『源氏物語』ほど、人生の真実を穿った作品はない、と感じた。『源氏物語』は、まさに、「魂のレアリスム」の代表作なのである。

『更級日記』には、不思議な夢のお告げや、猫に生まれ変わったお姫様など、近代文学のリアリズム、レアリスムという概念には属さない事柄が、たくさん書かれている。けれども、読者は、それらの現実的でない事柄を読んでも、反発したり、読む気がしなくなるということはない。

なぜなのだろうか。その秘密は、『更級日記』の「文体」にあるのではないか。日本語を用いた表現の可能性を、飛躍的に拡大した文学者が、平安時代には続出している。紫式部の『源氏物語』と、清少納言の『枕草子』は、その双璧である。片や物語、片や批評文学。それらの独創的な文体は、摸倣する人を続出させる一方で、それを上回る文体は、中世の時代までほとんど出現しなかった。

その中にあって、菅原孝標の女は、物語でも、批評文学でもない、まして説話でも、歌集でもない、まったく新しい文体を、『更級日記』で作り出すことに成功した。この文体の魅力を見抜いたのが、藤原定家だったのだと思う。

『更級日記』は、余計なことはいっさい書かず、言葉を絞りに絞って、極限まで、余分な要素を排除する。そのことによって、文章の間から、生きることの切なさや、人生に対する悔恨が立ち上《のぼ》ってくる。読者は、作者が必死に生きてきたことに共感し、深く感動する。

『更級日記』には、生きることの悲しさが、見事に造型されている。それが、『源氏物語』とも、『枕草子』とも異なっている点に、菅原孝標の女《むすめ》という文学者の、たぐいまれな才能があった。

二十一世紀を生きる私たちは、今から千年も前に書かれた『源氏物語』の文章を、ここまで深く味わうことができない。菅原孝標の女は、『源氏物語』を、それが書かれてから十年経《た》つか経《た》たないかの同時代文学として、味わい尽くすことができた。そして、『源氏物語』とは異なる文学の領域を発見したのである。羨ましくてならない。

2　『夜の寝覚』への誘《いざな》い

『更級日記』の世界へ、ようこそ。

本章では、『更級日記』の作者が書いたとされる、『夜《よる》の寝覚《ねざめ》』という物語を紹介したい。

前章では、藤原定家が書き写した御物本『更級日記』の末尾に記されている「奥書《おくがき》」、すなわち、「あとがき」を紹介した。そこには、菅原孝標の女《むすめ》は、『夜半《よわ》の寝覚』や『浜松中納言物語』などの物語の作者だと言われている、と書かれていた。その『夜半の寝覚』である。

ただし、この物語は、現在は、『夜《よる》の寝覚』とも、単に『寝覚』とも言われることがある。

私が『夜の寝覚』に興味を持ったのは、中村真一郎の影響だった。フランス文学者であり、小説家でもある中村真一郎は、『源氏物語』などの古典物語を、西洋の恋愛小説・心理小説にも匹敵する水準だとして、高く評価した。

その中村には、『夢がたり』という短篇小説集がある。サブタイトルは、「王朝小説集」。全部で七つの短篇が収められているが、その中に、『夜の寝覚』に題材を得た短篇があった。中村真一郎の小説は、長篇も短篇もほとんど読んだが、中でも『夢がたり』は愛惜置くあたわぬ愛読書であり、若草色(萌葱《もえぎ》色)の表紙が好きだった。二十歳《はたち》の頃の私の愛読書である。

『夜の寝覚』については、何よりも原文に触れてもらい、どういう雰囲気なのかを、感じてもらうのが一番である。私の学生時代には、岩波書店の「日本古典文学大系」しかなかったが、現在は、小学館の「新編日本古典文学全集」のように、現代語訳の付いたテキストもある。

『夜の寝覚』は、印象的な書き出しから始まっている。

人《ひと》の世《よ》の様々《さまざま》なるを、見《み》聞《き》き積《つ》もるに、猶《なほ》、寝覚《ねざめ》の御仲《おんなか》らひばかり、浅《あさ》からぬ契《ちぎ》りながら、世《よ》に心尽《こころづ》くしなる例《ためし》は、ありがたくもありけるかな。

物語の冒頭で、語り手が登場して読者に話しかけ、作品全体の主題を教えてくれる。「人の世の様々《さまざま》なるを、見聞《みき》き積《つ》もるに」。自分は、これまで長く生きて、さまざまな人々の、さまざまな身の上を見聞《けんぶん》してきた。「猶《なほ》」。何と言っても、やはり。語り手は、自分が無数に見聞してきた世の中の人の生き方の中から、語るに値《あたい》するのは、やっぱり、この人たちしかいない、として主人公を限定したのである。

「寝覚《ねざめ》の御仲《おんなか》らひばかり、浅からぬ契《ちぎ》りながら、世に心尽《こころづ》くしなる例《ためし》は、ありがたくもありけるかな」。「寝覚《ねざめ》の御仲《おんなか》らひ」が、苦悩の余りに、夜も眠られずに寝覚を繰り返したヒロインと、その相手の男性の二人を指している。この二人の「仲《なか》らひ」、長く続いた男女関係ほど、「浅からぬ契《ちぎ》りながら」。浅くはない、深い運命で結ばれた恋人同士でありながら。「世に心尽《こころづ》くしなる例《ためし》は、ありがたくもありけるかな」。これほど悩みの極限を体験して、心を痛めた例は、めったにないものだった。その苦しい恋の話を、これから、この物語で語ろうと思う、と語り手は「前口上」を述べている。

ヒロインの父親は、天皇の子どもとして生まれたが、「源《みなもと》」という苗字を賜《たまわ》って皇族を離れ、太政大臣《だいじょう》となった。『源氏物語』の光源氏と同じである。二人の妻は亡くなっており、太政大臣《だいじん》は、男二人、女二人、合計で子ども四人を育てている。

娘二人のうち、お姉さんが「大君《おおいぎみ》」、妹が「中の君」と呼ばれている。この中の君が、『夜の寝覚』のヒロインである。音楽が好きだった父親は、姉には「琵琶《びわ》」、妹には「箏《しょう》の琴《こと》」を教えていた。中でも、妹の「中の君」の才能には傑出したものがあった。「箏《しょう》の琴《こと》」は「ソウのコト」とも発音するが、十三絃の琴《こと》のことである。

中の君が十三歳になった年の八月十五夜《や》のこと、中の君は「箏の琴」を見事に演奏した。すると、彼女の夢の中に、天人が現れて、彼女に「琵琶」の演奏方法の秘伝を伝えてくれた。「箏の琴」でなく、「琵琶」だったというのが、何とも面白い。『源氏物語』では、明石の君が琵琶の名手とされるが、琵琶の演奏方法は極めてむずかしいとされている。

翌年、中の君が十四歳の年である。またも八月十五夜の夜《よる》に、天人が夢の中に現れて、中の君に、去年、教え残した秘伝を、五つも、授けてくれた。そして、天人は、予言の言葉を残した。

「哀《あは》れ、あたら人《ひと》の、いたく物《もの》を思《おも》ひ、心《こころ》を乱《みだ》し給《たま》ふべき宿世《すくせ》の御座《おは》するかな」とて、帰《かへ》り給《たま》ひぬ、と見給《みたま》ふに、この手《て》ども、覚《さ》めて、更《さら》に滞《とどこほ》らず、弾《ひ》かる。

夢の中で、不思議な夢を授かるのは、『更級日記』で何度も用いられていた手法だった。天人は、十四歳になった中の君の未来が、苦しいものであることを告げた。「哀《あは》れ」は、「ああ」という溜息《ためいき》。「あたら人《ひと》の」。「あたら人」は、優れた人という意味だが、「あたら」には「惜しい、もったいない」という意味もある。こんなに美しくて、心も優しく、音楽の才能にも恵まれているので、これから不幸な人生を送るのが「もったいない、残念でならない」という、天人の溜息である。

天人から見ても、何とももったいない。「いたく物を思ひ、心を乱し給ふべき宿世《すくせ》の御座《おは》するかな」。苦悩が、彼女の心から去らず、平静でいられないほどに身もだえて苦しまなければならない宿世《すくせ》、運命が、中の君にはある、というのだ。

「帰り給ひぬ、と見給ふに、この手《て》ども、覚めて、更《さら》に滞《とどこほ》らず、弾《ひ》かる」。中の君は、天人が戻られたと見て、夢が覚めた。夢から覚めても、夢の中で教わった「手《て》」、琵琶の演奏方法を、しっかり身につけていて、難しい曲を易々《やすやす》と弾きこなせるようになっていた。

翌年、中の君は十五歳になった。八月十五夜の夢には、もう天人は現れてくれなかった。その替わり、これから中の君と深く関わり、彼女に悩みの限りを尽くさせる男が、登場したのである。彼は、この時、「中納言」だった。中の君と中納言の二人の関係が、「寝覚の御仲らひ」なのである。

中納言は、関白を兼任している左大臣の長男で、将来を約束されていた。彼は、中の君の姉である大君《おおいぎみ》と結婚する。ところが、中の君と、中納言は、互いに相手の素性を知らないまま、偶然に結ばれてしまった。女が「方違《かたたが》え」で赴いた外出先で、男に見初《みそ》められてしまったのである。その結果、中の君は懐妊した。

やがて、中納言は憧れの女性が「妻の妹」であることを知り、中の君のほうも、自分が心ならずも契った相手が「姉の夫」である事実を知る。妻の家を訪れた中納言は、妻の部屋ではなく、恋しい中の君の部屋を窺うようになった。

この場面を少しずつ読みながら、『夜の寝覚』という物語の特色を考えよう。

女君《をんなぎみ》の、いと気高《けだか》く、恥《は》づかしき様《さま》したるを見《み》るにつけても、思《おも》ひ遣《や》られて、ともすれば涙《なみだ》ぐましく、静心《しづごころ》なくて、人間《ひとま》には、中障子《なかさうじ》の許《もと》、立《た》ち離《はな》れず。心憎《こころにく》くもてなして、つゆも、女房《にようばう》の気配《けはひ》なども、漏《も》れ聞《き》こえず。心《こころ》も空《そら》に憧《あくが》れて、涙零《なみだこぼ》るる折《をり》のみ多《おほ》かるを、「人目《ひとめ》、如何《いか》に怪《あや》しと思《おも》ふらむ」と思《おも》へば、静心《しづごころ》なく、夜《よる》は、いとど、つゆも、微睡《まどろ》まれぬままに、……

説明の都合で、文章の途中で切ったことをお詫びする。

『源氏物語』よりも、主語を示す言葉が少ないように感じる。けれども、状況を頭に入れて読むと、おのずと主語が浮かんでくる書き方である。男が、妻よりも「妻の妹」を愛していて、妻と一緒に夜を過ごしながら、すぐ近くの部屋で寝ている「妻の妹」のことを思っている、しかも、その「妻の妹」は、男の子どもをお腹《なか》に宿している、という緊迫した状況である。

「女君《をんなぎみ》の、いと気高《けだか》く、恥《は》づかしき様《さま》したるを見るにつけても」。「見るにつけても」の主語は、男、中納言である。彼が見ている「女君」とは、自分の妻である大君《おおいぎみ》のこと。妹の「中の君」が愛くるしいのに対して、姉の大君は、よく言えば気品があり、悪く言えば、つんと、澄ましているところがあった。夫から見て、妻が取り澄ましすぎているので、一緒にいると自分が恥ずかしくなってしまうくらい、気詰まりなのだ。このあたりは、光源氏が、正妻である「葵の上」に対して抱いている気持ちと似ている。

「思ひ遣《や》られて、ともすれば涙ぐましく」。そういう冷たい妻と接していると、そうではない、柔らかな人柄である、妹の中の君の愛らしさを、男は思ってしまう。「静心《しづごころ》なくて、人間《ひとま》には、中障子《なかさうじ》の許《もと》、立ち離れず」。男は、中の君が愛《いと》おしくて、心の安まることがない。「人間《ひとま》には」、周りに誰も人がいない時には、「中障子《なかさうじ》の許《もと》、立ち離れず」、男は、部屋と部屋の仕切りになっている障子のあたりをうろうろしてしまうのだ。むろん、妻のいる部屋と、中の君がいる部屋との仕切りである。二つの部屋は、部屋を一つ隔てたくらいの近い距離にある。

男は、恋しい「中の君」の部屋の中のようすを、聞き耳を立てながら、障子《しょうじ》の外から窺っている。「心憎《こころにく》くもてなして、つゆも、女房《にょうぼう》の気配《けはひ》なども、漏れ聞こえず」。「心憎くもてなして」の主語は、部屋の中にいる「中の君」である。中の君は、奥ゆかしく振る舞っているようだと、部屋の外にいる男には感じられた。中の君に仕えている女房たちも同様で、障子の外にいる男の耳には、女房たちの言葉などは、まったく聞こえてこない。

「心も空《そら》に憧《あくが》れて」。男は、自分の体から魂が遊離して、ふわふわと空中を漂っているような気持ちになる。「涙零《なみだこぼ》るる折《をり》のみ多かるを」、中の君が恋しくて、逢いたくて、思わず涙がこぼれ落ちてしまうのだ。「『人目《ひとめ》、如何《いか》に怪《あや》しと思ふらむ』と思へば、静心《しづごころ》なく」。周りに人がいない隙を盗んで、中の君の部屋の前をうろうろしているのだが、さすがに何人かは、女房が近くを通るので、男が泣いているのを見られたら、まずいことになる。人目を気にして、あわてて涙を隠そうとするのだが、男は、我ながら落ち着かない。

「夜《よる》は、いとど、つゆも、微睡《まどろ》まれぬままに」。主語は男である。この男、中納言は、中の君と契ったその日から、物思いのために夜も眠れなくなったのだが、今、中の君の部屋のすぐ近くにいるので、心が騒ぎ、いっそう寝つけない。

それでは、この続きを読もう。

人《ひと》の寝入《ねい》りたる隙《ひま》には、やをら起《お》きて、そなたの格子《かうし》の列《つら》に寄《よ》りて、立《た》ち聞《ぎ》き給《たま》へば、人《ひと》は皆《みな》、寝《ね》たる気色《けしき》なるに、帳《ちやう》の内《うち》とても、廂一間《ひさしひとま》を隔《へだ》てたれば、程無《ほどな》きに、衾《ふすま》、押《お》し退《の》けらるる音《おと》、忍《しの》びやかに、鼻《はな》、打《う》ち擤《か》み、自《おの》づから寝入《ねい》らぬ気配《けはひ》の、ほのかに漏《も》り聞《き》こゆるを、「同《おな》じ心《こころ》に、寝《ね》覚《ざ》めたるにこそあンめれ」と思《おも》ふに、……

ここでも、文章の途中で切った。

「人の寝入《ねい》りたる隙《ひま》には」。この「人」は、妻の大君《おおいぎみ》や、そのお世話をする女房たちのことを指す。彼女たちが寝静まったのを確認した後で、寝つけない男は、行動を起こした。「やをら起きて」。こっそり、起き上がって、そ〜っと、妻のいる部屋を脱けだしたのだ。「そなたの格子《かうし》の列《つら》に寄りて、立ち聞き給《ぎ》へば」。中の君の部屋の格子に、ぴたっと体を密着させて、耳を押し当てて、中の物音を聞こうとした。「人は皆、寝たる気色《けしき》なるに」。これは、中の君の部屋の中にいて、中の君のお世話をしている女房たちのこと。彼女たちは、ぐっすりと寝込んでいるようで、すやすやという寝息が、男の耳に聞こえてきた。

「帳《ちやう》の内《うち》とても、廂一間《ひさしひとま》を隔てたれば、程無《ほどな》きに」。中の君がいらっしゃるのは、部屋の中でも、「帳《ちょう》」、とばりの中である。けれども、男が聞き耳を立てている格子《こうし》から、それほど距離が離れているわけではない。男の耳には、「衾《ふすま》、押し退《の》けらるる音《おと》」が、聞こえた。「衾《ふすま》」は、掛けぶとんのこと。中の君は、悩みのために心乱れて、眠れないのだろう。彼女は掛け布団を押しのけて、寝返りを打っているようだ。

「あっ、あの人は、まだ起きておられる」と、男が思った瞬間に、「忍《しの》びやかに、鼻、打《う》ち擤《か》み」、小さな音で、品良く、鼻をかむ音が、漏れ聞こえてきた。「あっ、あの人は、泣いていらっしゃる」。男の心臓は、早鐘を打つ。「自《おの》づから寝入《ねい》らぬ気配《けはひ》の、ほのかに漏《も》り聞こゆるを」。中の君は、夜も寝《ね》覚《ざ》めて、眠れずに物思いに耽《ふけ》り、忍び泣いている。そう思うと、男は、悲しいながらも、うれしくなった。

「『同じ心に、寝覚《ねざ》めたるにこそあンめれ』と思ふに」。男は、自分たち二人が「不眠」という苦しみを共有している事実を、喜ぶのだ。女を泣かせているのは自分なのに、それを棚に上げているのが、おかしい。

では、その先に進もう。

「異事《ことごと》ならじを。有《あ》りし夢《ゆめ》の名残《なごり》の、覚《さ》むる夜《よ》、無《な》きにこそは」と聞《き》き渡《わた》さるるさへ、身《み》も凍《し》み氷《こほ》り、哀《あは》れに悲《かな》しきにも、慎《つつ》み敢《あ》へず、

傍《はかな》くて君《きみ》に別《わか》れし後《のち》よりは寝《ね》覚《ざ》めぬ夜《よ》なく物《もの》ぞ悲《かな》しき

何《なに》なり、袖《そで》の氷《こほり》、融《と》けずは」と、格子《かうし》に近《ちか》く寄《よ》り居《ゐ》て、独《ひと》り言《ご》ち給《たま》ふ気色《けしき》を、聞《き》き付《つ》けて、胸《むね》つぶれて、顔《かほ》、引《ひ》き入《い》れ給《たま》ひぬるに、……

「『異事《ことごと》ならじを。有《あ》りし夢の名残《なごり》の、覚《さ》むる夜《よ》、無《な》きにこそは』」。女が眠れずに忍び泣いているのを、男は立ち聞きした。「異事《ことごと》ならじを」、彼女が泣いている理由は、「ほかでもない、この自分と、あの日、ああいう結ばれ方をした、そのためだったのだ」と、さすがに男は、自分の責任を痛感した。あの夜の逢瀬は、男にとっては、夢のように甘やかで、夢のように短いものだった。だが、中の君にとっては、夢のように掻き消してしまいたいことだった。中の君には、あの夜以来、心の安らぐ時はなかったのだ、と男は思い到る。

男は、「身も凍《し》み氷《こほ》り、哀れに悲しきにも」、自分の体中が身震いするほど、ぞくぞくっとしてしまい、女が可哀想で、女をそういうふうな運命に直面させてしまったことが悲しくて、たまらなくなった。ちなみに、この時の季節は冬である。

男は、心の奥底の思いを、歌に託して、女に伝えようとした。「慎《つつ》み敢《あ》へず」は、男が無言でいることを我慢できなかった、というニュアンス。そして、男は、女の耳に届くように、低い声ながら、はっきりと、和歌を口ずさんだ。

儚《はかな》くて君に別れし後《のち》よりは寝覚《ねざ》めぬ夜《よ》なく物ぞ悲しき

《あなたは、今夜のように、いつも、寝覚の苦しみと向き合っておられるのでしょう。こう言う私も、また、あなたと結ばれたものの、あっという間に別れてしまった夜以来、あなたを思って、寝覚めて苦しまない夜は一夜も無く、悲しくて、悲しくて、やりきれないのです。》

男は、歌を口ずさみ終わったあとで、さらに、独り言を付け加えた。「何《なに》なり、袖の氷《こほり》、融《と》けずは」。「いったい、どうしたというのでしょう。私の目からあふれる涙は、熱くて、とても寒さで凍ることはないのですよ」。「格子《かうし》に近く寄り居て、独《ひと》り言《ご》ち給ふ」。自分の声が女の耳に聞こえてほしい、と男は願っているのである。

すると、格子に耳を押し当てている男の耳に、部屋の中の動きが聞き取れた。「気色《けしき》を、聞き付けて、胸つぶれて、顔、引き入れ給ひぬる」。眠れずに起きていた中の君は、部屋のすぐ外で、男が自分に語りかけた歌と言葉を、聞き取った。そのとたん、「胸つぶれて」、すぐそこに、あの男がいると思っただけで、女の心臓は真っ二つに割れてしまいそうになった。

そして、「顔、引き入れ給ひぬる」。さっき、はねのけた掛け布団の中に、自分の顔を押し入れて、声が漏れないようにして、嗚咽《おえつ》し続けたのだった。

関白の長男として生まれて、将来を約束されている男。彼は、人間としても立派な人物である。女も、天皇の孫娘に当たり、音楽の天才だった。どんなにでも幸福に生きられたはずの男と女が、このように、夜《よ》な夜《よ》な、「寝覚《ねざめ》の苦しみ」の限りを尽くす運命を与えられたのである。

この二人の、強い、断ち切れない関係が、延々と続く。それが、『夜の寝覚』という長篇物語なのである。

姉と妹が、一人の男性から愛されるという関係は、『源氏物語』の宇治十帖に、発想の源《みなもと》があるのだろう。宇治十帖では、薫という貴公子が、姉の大君《おおいぎみ》を愛したが、大君は薫に向かって、「自分は結婚しないつもりだから、妹の中の君と結婚してくれ」と申し出た。ここから、摩訶不思議な恋愛模様が展開し始めた。

『夜の寝覚』は、中の君を愛する男性が、心ならずも姉の大君と結婚する三角関係であるから、宇治十帖との違いは大きい。『夜の寝覚』の作者、すなわち、菅原孝標の女《むすめ》は、宇治十帖を読みながら、姉の大君と、母親違いの妹である浮舟との間に挟まって、それほど個性が目立たない「中の君」をヒロインとする「もう一つの宇治十帖」、「もう一つの源氏物語」を空想していたのではないだろうか。

その際に、作者自身の、姉との現実の姉妹関係も、空想の中に入り込んできたと考えられる。結婚している姉の夫がどういう人なのか、『更級日記』にはまったく書かれていない。また、作者が東山にこもった理由も、はっきりとは書かれていない。

隙間だらけの『更級日記』の記述の「行間」に目をこらせば、姉の夫と、作者との何らかの関係が、浮かび上がってくるようにも思う。東山まで『更級日記』の作者を訪ねてきた男性の身分・立場についても、かなり身分の高い人物だったのではないか、と想像できるのである。受領階級の男ではないのではないか。

ところで、現在、残っている『夜の寝覚』の写本は、完全なものではない。物語の途中と、末尾に、本来は書かれていたはずの内容が書かれておらず、複数の巻が、現在は残っていないのである。これを、「散佚《さんいつ》」あるいは「散逸《さんいつ》」と言う。

平安時代には、たくさんの物語が書かれた。その中には、作品全部が散佚したものもある。藤原定家が、御物本『更級日記』の「奥書」で、菅原孝標の女の作品だとしてタイトルを列挙したうちの、『自《みづか》ら悔《く》ゆる』と『朝倉《あさくら》』は現存しないので、「散佚物語」である。

定家が菅原孝標の女の作品だとして、作品名を挙げた『夜の寝覚』と『浜松中納言物語』は、全編が散逸したのではなく、巻のうちのいくつかが散佚し、いくつかが残っているわけである。『夜の寝覚』は、残っている巻だけでも長篇であるから、全部が揃って残っていれば、どんなに堂々とした大長篇になっていたかと惜しまれる。

けれども、『夜の寝覚』が、どのような物語であるかは、今、読んだ場面からだけでも、おわかりいただけたのではないかと思う。『源氏物語』は、光源氏という男性を物語世界の焦点に据えることで、華麗な男女関係を繰り広げた。『夜の寝覚』は、女性である中の君に力点を置いて、一人の女性が大いなる苦しみを体験しながら、心を成熟させてゆくさまを描く。

ところで、文化人類学には、「苦しむ女神」や「殺された女神」という概念がある。女神は、人間たちを助ける救済者のはずであるが、女神本人は数々の苦しみに遭《あ》い続けるという矛盾に直面させられる。『竹取物語』のかぐや姫が、そうだった。『源氏物語』の浮舟も、そうである。『夜の寝覚』の中の君もまた、「苦しむ女神」だったのである。王朝物語は、人間の苦しみを「三角関係」や「不義密通」などの男女関係に着目して描き上げている。

苦しみが、人間を鍛え、成長させる。これが、『夜の寝覚』のテーマである。何と倫理的で、素晴らしいメッセージではないか。先ほど、大君《おおいぎみ》の夫である中納言が、同じ屋敷で暮らしている「妻の妹」の寝室を窺う場面を、原文で、詳しく鑑賞した。

読者は、読みながら、どう感じただろうか。「まあ、何て、汚らわしい。とても、純真な子どもたちには読ませられない。だから、王朝物語なんて、嫌いなんだ」と、思っただろうか。確かに、王朝物語、中でもその代表である『源氏物語』に対しては、「淫靡《いんび》である」とか、「反道徳的である」などという批判がなされてきた。

ここで、居直って、「エロチックであって、どこが悪い」、「反道徳的な物語のどこが悪いのだ」と考える立場も、あるだろう。江戸時代後期の本居宣長《もとおりのりなが》は、物語は道徳書ではない、と説いた。近代文学者である谷崎潤一郎は、悪魔主義的な小説を書いた。そして、そういう観点から、『源氏物語』を現代語訳して、有名な「谷崎源氏」を残している。私が二十歳《はたち》の頃に影響を受けた中村真一郎も、そして丸谷才一も、この立場だった。

けれども、それから半世紀近く、私は『源氏物語』を読んできた。そして、『源氏物語』の読まれ方の歴史も、研究してきた。今の私は、王朝物語の表面には、道徳の乱れが甚だしいけれども、その苦しみを通して、人間の心が高められてゆくプロセスが書かれているから、王朝物語は素晴らしいのだと、考えている。だからこそ、私は『源氏物語』を愛しているし、王朝物語の研究者であることに誇りを持っているのである。

話を、『夜の寝覚』に戻そう。中の君は、中納言の娘を、ひそかに出産している。中納言は、大納言に出世した。夜《よ》な夜《よ》な、「妻の妹」の部屋の前にたたずむ大納言の姿が、大君《おおいぎみ》に仕える女房たちに目撃されたことから、大君は、とうとう、夫である大納言の自分への裏切りに気づいた。夫の愛する女性が、こともあろうに、自分の可愛い妹であったとは。

大君の心を描いた文章を、読もう。

上《うへ》も、大納言《だいなごん》の月頃《つきごろ》の御気色《みけしき》を思《おぼ》し合《あ》はするに、何《なに》の疑《うたが》ひ、置《お》かれず。「我《われ》よりは、万《よろづ》の事《こと》に、いとめでたく優《すぐ》れたる君《きみ》なれば、実《げ》に、良《よ》ろしくは思《おも》ひ給《たま》はじを。如何《いか》に、こよなく思《おぼ》し比《くら》ぶらむ」と思《おぼ》すに、外《よそ》の人《ひと》よりは、いと恨《うら》めしく、「如何《いか》なる巌《いはほ》の中《なか》を求《もと》めても、斯《か》く、心付《こころづ》き無《な》き事《こと》を、見聞《みき》かであらばや」と、思《おぼ》し乱《みだ》れたる事《こと》を、見咎《みとが》め聞《き》こえ給《たま》はむ事《こと》も、さすがに、人聞《ひとぎ》き、いと便《びん》なし。「如何《いか》にせまし」と、唯《ただ》、此《こ》の事《こと》をのみ思《おぼ》されて、此《こ》の頃《ごろ》は、いとど解《と》けたる御気《みけ》色《しき》も無《な》く、目《め》も見合《みあ》はせ奉《たてまつ》り給《たま》はず。

意味を説明しながら、鑑賞を深めたい。

「上《うへ》も」とあるのが、大納言の妻である大君《おおいぎみ》のことである。中の君の姉である。「大納言の月頃《つきごろ》の御《み》気色を思し合はするに、何の疑ひ、置かれず」。大君は、夫が妹の部屋のあたりで何度も佇んでいると聞かされて、さすがに、二人の仲に気づいた。思い返せば、この何か月も、夫の行動には妻から見て不審な点があった。だから、何の疑いもなく、夫と妹が、自分を裏切っているという噂を信じた。

『我よりは、万《よろづ》の事に、いとめでたく優《すぐ》れたる君なれば、実《げ》に、良ろしくは思ひ給はじを。如何《いか》に、こよなく思《おぼ》し比《くら》ぶらむ』と思《おぼ》す」。大君は、妹の中の君が絶世の美女であり、音楽の才能に恵まれ、天人から秘伝を授かるほどの素晴らしい女性であることを、身近にいて、よく知っている。だから、「妹は、姉である私よりも、すべての面で優れているのだから、私の夫である大納言も、中の君のことを、『良ろしく』は思っていないだろう」、と大君は考えた。

「良《よ》ろし」は、現代語で言えば、「悪くない」くらいのニュアンスである。最上級は「良《よ》し」と言う。ちなみに、「悪《わ》ろし」は「良くはない」というニュアンスで、ひどく良くないときには「悪《あ》し」と言う。

大納言は中の君を、「良ろし」、そこそこ良いなどとは思っておらず、「良し」、最高に素晴らしいと思っていることだろう、と大君は考えた。「いかに、こよなく思《おぼ》し比《くら》ぶらむ」。大君は、夫である大納言が、女性として最上級の中の君を見て、その後で、妹よりも劣っている私を見たら、「何と良くない女性を、自分は妻にしてしまったのだろう」と、妹と自分を比較して考えるだろう、とも考えた。妻として、姉として、そして女として、この上もない屈辱感に、大君は苦しめられている。

「外《よそ》の人よりは、いと恨めしく」。自分をこれほど苦しめる夫の愛人が、赤の他人だったら、まだ我慢もできるけれども、ほかならぬ自分の妹なので、この上なく恨めしい。大君が感じた情けなさには、リアリティがある。

「如何《いか》なる巌《いはほ》の中《なか》を求めても、かく、心付《こころづ》き無《な》き事を、見聞《みき》かであらばや」。ここには、『古今和歌集』の歌が踏まえられている。「如何《いか》ならむ巌の中に住まばかは世の憂《う》きことの聞こえ来《こ》ざらむ」。どんな山奥の、深い洞窟の中に逃れ住んだとしても、人の世の辛いことは、追いかけて来て、人間を苦しめるのだ、という意味である。大君は、男と女の住む人間世界を逃れて、つらいこと、面白くないことを聞かずに済ませたい、と願った。

「思《おぼ》し乱れたる事を、見咎《みとが》め聞こえ給はむ事も、さすがに、人聞《ひとぎ》き、いと便《びん》なし」。大君は、夫を厳しく問い詰めて、すべてを白状させようかとも思う。「思《おぼ》し乱れたる事を、見咎《みとが》め聞こえ給はむ」。大納言が中の君を思って心乱れているであろうことを、妻である大君が咎める、責《せ》める、という意味である。それも、「さすがに、人聞《ひとぎ》き、いと便《びん》なし」。さすがに、夫をとっちめることは、外聞《がいぶん》がよくないので、ためらわれた。

「『いかにせまし』と、ただ、この事をのみ思《おぼ》されて、此《こ》の頃《ごろ》は、いとど解《と》けたる御気色《みけしき》も無く、目も見合はせ奉《たてまつ》り給はず」。「自分は、この問題、夫と妹の不義という現実に、どう対処したら良いのだろう」と、大君《おおいぎみ》はこのことで心を苦しめ、夫である大納言に対して、心を開くこともなく、夫と目を合わせることもしない。

この段階では、大君の怒りは、まだ抑制されている。彼女にも、誇りがあるのだ。それでは、大納言との関係を姉に知られてしまった中の君は、どういう心境だったのだろうか。

上《うへ》は、殿《との》、御座《おは》せぬ程《ほど》は、夜《よ》も昼《ひる》も、こなたに渡《わた》りて御座《おは》するを、此《こ》の日頃《ひごろ》は、搔《か》き絶《た》え、御《おん》消息《せうそく》も無《な》く、渡《わた》り給《たま》はねば、「此《こ》の事《こと》どもの聞《き》こえにけるなンめり」と思《おぼ》すに、姫君《ひめぎみ》は、すべて、撫子《なでしこ》の露《つゆ》の哀《あは》れは忘《わす》れて、「いみじかりし程《ほど》に亡《な》くなりなましかば、斯《か》かる事《こと》を聞《き》かましや」と、生《い》き返《かへ》りにける命《いのち》を、恨《うら》めしく思《おも》ひ乱《みだ》る。いみじく心苦《こころぐる》し気《げ》なり。

意味を辿ろう。「上《うへ》は、殿《との》、御座《おは》せぬ程は、夜も昼も、こなたに渡りて御座《おは》するを」。「上」は、姉である大君のこと。かつて、大君は、夫である大納言が自分の屋敷に通ってこない日には、夜となく昼となく、しょっちゅう、妹である中の君の部屋に来て、楽しく語らっていたものだった。

「この日頃《ひごろ》は、搔き絶え、御消息《おんせうそく》も無く、渡り給はねば」。ここ何日か、夫と中の君の関係に気づいてからというもの、大君は妹の部屋に足を運ぶこともなく、ちょっとした連絡を寄越すこともなくなった。「『此《こ》の事どもの聞こえにけるなンめり』と思《おぼ》す」。中の君は、姉にすべてを知られてしまった、と悟ったのである。

中の君と大納言の関係は、中の君が望んだことでは、まったくない。一方的に、男のほうから、言い寄ってきた結果だった。そして、懐妊し、こっそり姫君を産んだ。けれども、秘密は、姉に知られてしまった。それが、中の君、物語のヒロインとしては「寝覚の上《うえ》」と呼ばれている女性に、天が与えた苛酷な運命だった。

「姫君は」、中の君のことである。「すべて、撫子《なでしこ》の露の哀《あは》れは忘れて」。「すべて」は、まったく。「撫子」は、「子どもを撫でる」という字を書くので、中の君が出産した子どものことを指している。「撫子《なでしこ》の露の哀《あは》れ」は、大納言との間に儲けた姫君を思うゆえに、その父親である大納言を、認めようと思う「中の君」の心のこと。それも、姉にすべてを知られたことで、吹っ飛んでしまった。

「いみじかりし程に亡《な》くなりなましかば、斯《か》かる事を聞かましや」。懐妊や出産の時に、体調がひどく悪かったので、その時に自分が死んでいたならば、今、自分が感じているような、姉に対する申し訳なさに、苦しめられることはなかったのではないか。ああ、あの時、死んでいれば良かった。「と、生き返りにける命を、恨めしく思《おも》ひ乱る」。生きのびた自分の命を、中の君は無念に思うのだった。その中の君の姿を、語り手は、「いみじく心苦し気《げ》なり」、見るからに、ひどくお辛そうである、と同情している。

中の君は、運命という巨大な蜘蛛の巣にかかった、蝶々のようだ。彼女は、絶対にほどけない人間関係の網の目に、がんじがらめに縛られている。

その姿は、まさに「苦しむ女神」そのものである。

中の君の人生は、これを皮切りとして、その後も、これでもか、これでもかと、苦しみが押し寄せる。どの段階でも、同じ男が彼女の横にいる。中納言から大納言になり、現存する最後の部分では、内大臣に昇進している。

それでは、『夜の寝覚』の書き出しを、もう一度、反芻《はんすう》しておこう。短い文章の中に、作者の万感の思いが込められている。

人《ひと》の世《よ》の様々《さまざま》なるを、見聞《みき》き積《つ》もるに、猶《なほ》、寝覚《ねざめ》の御仲《おんなか》らひばかり、浅《あさ》からぬ契《ちぎ》りながら、世《よ》に心尽《こころづ》くしなる例《ためし》は、ありがたくもありけるかな。

3 『浜松中納言物語』と『源氏物語』

『更級日記』の世界へ、ようこそ。

本章では、孝標の女《むすめ》が書いたとされる『浜松中納言物語』を、紹介したい。日本人の青年貴族が、日本と中国のそれぞれの国で、華麗な恋愛を繰り広げる、壮大なスケールの物語である。

前章で読んだ『夜の寝覚』と同じように、『浜松中納言物語』も、作者が孝標の女である確証はないが、夢の予言が大切な役割を果たしている点や、亡くなった人が別の人に生まれ変わる「輪廻転生《りんねてんしょう》」をテーマとしている点などで、世界観が『更級日記』と大変に似通っている。『更級日記』には、猫に生まれ変わった姫君の話があったことが、思い出される。

『更級日記』と世界観や文学観が近似している『浜松中納言物語』の文章を、具体的に読んでみよう。主人公の中納言は、今、中国にいて、ふるさとの日本を懐かしく思っている、という状況である。

月《つき》、いみじう霞《かす》み、面白《おもしろ》きに、花《はな》は、一《ひと》つに匂《にほ》ひ合《あ》ひたる夜《よ》の気色《けしき》、類無《たぐひな》きにも、「住《す》み慣《な》れし世《よ》の空《そら》も、斯《か》うぞ、あらむかし」と、今宵《こよひ》の月《つき》を見《み》つつ、思《おも》ひ出《い》で給《たま》ふ人《ひと》もあらむ。

浅緑霞《あさみどりかすみ》に紛《まが》ふ月見《つきみ》れば見《み》し夜《よ》の空《そら》ぞいとど恋《こひ》しき

季節は、春である。「月、いみじう霞《かす》み、面白きに」。中国で見ている月は、たいそう朧《おぼ》ろに霞んで、風情《ふぜい》がある。「花《はな》は、一つに匂ひ合《にほ》ひ《あ》たる夜《よ》の気色《けしき》、類無《たぐひな》き」。朧月《おぼろづき》に照らされる地上の花が、空に架かっている月と同じくらいに光っている。月と花が、一つに融け合って輝き合っているのだ。この「匂ひ」は、視覚的な感覚である。

中納言は、日本で見た月を思い出して、歌を詠んだ。

「浅緑霞《あさみどりかすみ》に紛《まが》ふ月見れば見し夜《よ》の空ぞいとど恋しき」。「浅緑」。そして、「霞」。そして、先ほど読んだ箇所の、「花は、一つに匂《にほ》ひ合《あ》ひたる夜《よ》の気色《けしき》」。どうだろう。どこかで読んだ記憶が、蘇ってこないだろうか。

そう、『更級日記』で、作者が、風流な貴公子である源資通《すけみち》と、春が好きか、秋が好きかを論じ合った場面である。『更級日記』の作者が詠んだ歌を、思い出そう。

浅緑花《あさみどりはな》も一《ひと》つに霞《かす》みつつ朧《おぼ》ろに見《み》ゆる春《はる》の夜《よ》の月《つき》

『新古今和歌集』にも選ばれた、孝標の女の和歌における代表作である。先ほどの『浜松中納言物語』の歌と、そっくりである。このような、よく似た表現が、『浜松中納言物語』と『更級日記』には、いくつも発見できる。『浜松中納言物語』の作者が、菅原孝標の女である確率は、相当に高いと考えられる。

さらに言えば、御物本《ぎょぶつぼん》『更級日記』を書き写した藤原定家《ていか》の歌とも、似ている。

大空《おほぞら》は梅《むめ》の匂《にほ》ひに霞《かす》みつつ曇《くも》りも果《は》てぬ春《はる》の夜《よ》の月《つき》

この定家の歌も『新古今和歌集』に入っている。この歌では、「梅の匂ひ」とあるので、嗅覚の「匂ひ」を表している。定家は、『更級日記』や『浜松中納言物語』を読みながら、目に訴える視角的な朧月の美しさの上に、かぐわしい香りの「匂ひ」を重ねて、妖艶な春の夜の情緒を表現したのではないだろうか。

さて、『浜松中納言物語』に話を戻そう。前章で紹介した『夜の寝覚』は、作品のかなりの部分が失われている「散逸《さんいつ》物語」であった。全部が揃って残ってはいないのである。『浜松中納言物語』もまた、最初の部分が失われている。けれども、残っている巻だけでも、長篇である。

私が『浜松中納言物語』という作品名を知ったのは、三島由紀夫のライフワーク「豊饒《ほうじょう》の海」四部作が契機だった。若くして命を失った若者たちの「夢と転生《てんしょう》」が繰り広げられる壮大な長篇小説が「豊饒の海」である。『春の雪』『奔馬《ほんば》』『暁の寺』『天人五衰《てんにんごすい》』が完成し、三島が衝撃的な割腹自殺を遂げたのは、私が中学三年生の時だった。私は、大学に入った年の夏休みに、全巻を通読し、『天人五衰』に最も強い感動を覚えた。そして、『浜松中納言物語』を原文で読みたいと思い、岩波書店の「日本古典文学大系」で読んだ。校訂は、三島の学習院時代の恩師である松尾聰《さとし》。月報には、教え子の三島も執筆していた。

「夢と転生」。転生《てんしょう》は、人間が死んで生まれ変わることで、「てんせい」とも言う。三島自身が、「夢と転生」というテーマは『浜松中納言物語』から着想を得たと、「豊饒の海」の中で述べている。

ここでは、『浜松中納言物語』の主人公である中納言と、彼の最愛の女性である「唐后《からきさき》」との関係に絞って考えたい。そのことで、『源氏物語』宇治十帖の、薫と浮舟の未来がはっきり見えてくると思われるからである。

「唐后」の「唐《から》」は、遣唐使の「唐」だから、中国を意味している。それでは、中国の皇帝のお后様と、日本人の男性貴族が、どうして相思相愛の仲になれたのだろうか。

主人公である中納言の亡くなった父親が、中国で、皇帝の息子、つまり皇子に生まれ変わったのである。その事実を知った中納言は、海を越えて中国に渡り、父親の生まれ変わりである皇子と対面した。その皇子の母親が、「唐后」だったのである。彼女と中納言は、夢のお告げに導かれて、運命の契りを結んだ。その結果、唐后は懐妊し、中納言の子どもを出産した。『源氏物語』に書かれた「光源氏と藤壺」、あるいは「光源氏と朧月夜《おぼろづきよ》」の関係を思わせる。このようなかたちで、中納言と唐后の愛は始まった。二人が結ばれたのは、中納言が、「浅緑霞《あさみどりかすみ》に紛《まが》ふ月見れば見し夜《よ》の空ぞいとど恋しき」という歌を詠んだ、その直後のことだった。

中納言は、ふと、琵琶《びわ》の音《おと》を聞き付ける。見ると、粗末な家があり、女性たちが二、三人いて、そのうちの一人が琵琶を弾いていたのだった。中納言が、その家の中を覗き込むと、奥に女主人と思われる女性がいた。彼女は、中納言が恋い焦がれている唐后と、生き写しなのだった。

> うつたへに、斯《か》うて御座《おは》すらむと、思《おも》ひ寄《よ》らむやは。（中納言）「類《たぐひ》あらじと思《おも》ひ渡《わた》るを、斯《か》う似奉《にたてまつ》る人《ひと》こそありけれ」と、心《こころ》も空《そら》にて乱《みだ》れて、然《さ》るべきにや、後《のち》の行先《ゆくさき》の辿《たど》りも無《な》くなりて、漸《やうや》う人静《ひとしづ》まる程《ほど》に入《い》りぬ。

「うつたへに」は、まったくナニナニでない、という否定のニュアンスを表す。「うつたへに、斯《か》うて御座《おは》すらむと、思ひ寄《よ》らむやは」。恋しい唐后様が、こんな粗末な建物に滞在しておられるなどと、中納言が気づく可能性があっただろうか、いや、まったく感づきもしなかった、という意味である。「類《たぐひ》あらじと思ひ渡るを、斯《か》う似奉《にたてまつ》る人こそありけれ」。比類の無い美貌の持ち主である唐后と似た女性など、この世には一人もいないと思っていたのに、ここまでよく似た女性が存在したのだ、と中納言は驚いた。

実際には、この女性は、唐后本人だった。だから、似ていて当然である。中納言は、「心も空《そら》にて乱れて」、心が上の空になるほど、我を忘れてしまう。そして、「然《さ》るべきにや、後《のち》の行先《ゆくさき》の辿《たど》りも無《な》くなりて、漸《やうや》う人静《ひとしづ》まる程《ほど》に入《い》りぬ」。こんなことをしたら、これから自分はどうなるだろうかと、理性で考えることもなく、お付きの女性たちが寝静《ねしず》まったあとで、中納言はこっそり建物の中に忍び込み、唐后とそっくりの女性（実は唐后本人）と、深い契りを結んだのだった。

この場面で、「然《さ》るべきにや」とある。こうなるべき前世からの因縁があったのだろうか、という意味である。二人が結ばれるのは、運命だった。先ほど引用した文章のすぐ後には、中納言に接近された唐后の側も、「然《さ》るべき契りにてこそあらめ」、私たちがこういう深い仲になるのは、そうなるべき宿命だったのだと思った、とある。

ここで思い出されるのが、『更級日記』の竹芝寺の伝説である。都で大切にかしずかれていた皇女様が、東国から派遣されてきて、「火焼屋《ひたきや》」で奉仕していた男と夫婦になる、というロマンチックな話だった。中国大陸から見て東方の国から、大陸にやって来て、后と結ばれる中納言は、『更級日記』の東国出身の男と対応している。本来は結ばれるはずのない男女が、結ばれてしまう。その奇蹟を演出したのが、「宿命」なのである。

皇女様から、自分を武蔵の国まで連れて行《ゆ》くようにと命じられた男は、どう思ったか。『更級日記』を振り返っておこう。

（皇女）「我率《われゐ》て行《い》きて、見《み》せよ。然《さ》、言《い》ふ様《やう》、有《あ》り」と仰《おほ》せられければ、（武蔵の男）「畏《かしこ》く、恐《おそ》ろし」と思《おも》ひけれど、然《さ》るべきにや有《あ》りけむ、負《お》ひ奉《たてまつ》りて下《くだ》る。

（中略）

三月《みつき》と言《い》ふに、武蔵《むさし》の国《くに》に行《い》き着《つ》きて、此《こ》の男《をのこ》を尋《たづ》ぬるに、此《こ》の皇女《みこ》、朝廷使《おほやけづか》ひを召《め》して、（皇女）「我《われ》、然《さ》るべきにや有《あ》りけむ、此《こ》の男《をのこ》の家《いへ》、床《ゆか》しくて、『率《ゐ》て行《ゆ》け』と言《い》ひしかば、率《ゐ》て来《き》たり」。

『更級日記』では、「然《さ》るべきにや有《あ》りけむ」という言葉が、二度も使われている。『浜松中納言物語』で、「然《さ》るべきにや」とあったことと繋がっている。

むろん、「然《さ》るべきにや有《あ》りけむ」、略して「然《さ》るべきにや」は、『源氏物語』などの物語では、頻繁に用いられる表現ではある。けれども、『更級日記』の読者は、『浜松中納言物語』の重要な場面で、「然《さ》るべきにや」という言葉が共通して使われていることに、深い関係がある、つまり作者が同じである、という印象を強く持つのではなかろうか。

さて、『浜松中納言物語』に戻ろう。

唐后は、父親は中国の皇族なのだが、母親は日本人だった。父親が日本に派遣されていた時に、二人は結ばれて、唐后が生まれたのである。日本に残った母親と別れ、海を隔てた中国で育った唐后は、日本に帰国することになった中納言に、自分の出自を告げる。

日本に残った母親は、その後、別の男性と結ばれ、唐后から見たら「異父妹」、父親違いの妹に当たる女性を生んでいた。母親は、今は吉野で尼になっている。

日本に戻ってきた中納言は、早速、「吉野の尼君」と「吉野の姫君」を訪ねる。

『更級日記』にも、吉野に籠もった尼君が登場している。作者の姉が亡くなった後《あと》、姉に仕えていた乳母《めのと》が、尼になって、吉野で暮らしていたのだった。

『浜松中納言物語』の中納言は、恋しい唐后と似ている吉野の姫君に、好意を持つ。けれども、彼女は、好色な式部卿《しきぶきょう》の宮《みや》に連れ去られ、行方不明になってしまう。

この時、中納言は、唐后の夢を見た。唐后は、中納言に次のように語った。

「身《み》を代《か》へても、一《ひと》つ世《よ》にあらむ事《こと》、祈《いの》り思《おぼ》す心《こころ》に引《ひ》かれて、今暫《いましば》しありぬべかりし命尽《いのちつ》きて、天《てん》に、暫《しば》しありつれど、我《われ》も、深《ふか》く哀《あは》れと思《おも》ひ聞《き》こえしかば、斯《か》う、思《おぼ》し嘆《なげ》くめる人《ひと》の御腹《おんはら》になむ宿《やど》りぬるなり。薬王品《やくわうぼん》を、いみじう保《たも》ちたりしかども、我《われ》も、人《ひと》も、浅《あさ》からぬ、あいなき思《おも》ひに引《ひ》かされて、猶《なほ》、女《をんな》の身《み》となむ生《う》まるべき」。

『浜松中納言物語』の主題と深く関わる文章である。少しずつ、意味を説明してこう。「身を代《か》へても、一《ひと》つ世《よ》にあらむ事、祈り思《おぼ》す心に引かれて」。「身を代へても」の主語は、中納言。日本に戻って来た中納言は、中国に残った唐后と、もう一度逢いたい一心である。けれども、そう何度も日本から遣唐使が派遣されるはずはなく、大きな距離の隔たりは解消できそうにない。

そこで中納言は、「今の自分の命を捨てて、別の人間として中国大陸に生まれ変わり、恋しい唐后と逢いたい」と願った。それが、「身を代へても」という表現の意味である。「一《ひと》つ世《よ》にあらむ事、祈り思《おぼ》す」は、中納言が、唐后と「一つ世」、同じ場所、ここでは中国で、一緒に暮らしたいと熱望していること。「心に引かれて」は、そういう中納言の深い愛情に引っ張られて、唐后は、という文脈であり、「引かれて」から後は、主語が唐后に移っている。

人と人との結びつきのことを「きずな」と呼ぶ。漢字で書けば、「絆」。この「絆」という漢字には、もう一つ読み方がある。「ほだし」である。「ほだし」は、自由に動けないように、手や足に縄などを付けて縛ることを意味する。この「ほだし」は名詞であるが、動詞にすれば「ほだす」となる。「ほだされて」という言い方がある。自分は孤独になりたくて、出家したいのだけれども、後に残る妻や子どものことが心配で、なかなか出家に踏み切れないという時に、「家族たちにほだされて、出家できない」という言い方をする。唐后は、一人で清らかに生きていきたいのだが、中納言があまりにも強く自分と逢いたがっている、その愛情に「ほだされて」、自分一人の幸福を追い求めるわけにはいかない。

それでは、今の唐后は、どういう暮らしぶりなのだろうか。「今暫《しば》しありぬべかりし命《いのち》尽《つ》きて、天《てん》に、暫《しば》しありつれど」。ここで、日本から遠く離れた中国で、唐后が既に亡くなっていたという事実が判明する。自分は、本来ならばもう少し長く生きていられたはずなのだが、あえて苦しいことの多い人間世界を離れて、「天」に生まれ変わった、と唐后は告げた。この「天」は、帝釈天《たいしゃくてん》が住んでおられる須弥山《しゅみせん》という巨大な山の頂にある理想世界のことである。唐后は、そこに住む天人《てんにん》、天女《てんにょ》となって、人間としての苦しみから解き放たれた。

けれども、「我《われ》も、深く哀《あは》れと思ひ聞こえしかば」。「我も」の「も」が大切である。中納言が、自分を深く愛している、正確に言えば、自分への愛情に執着するあまりに、ほかのことが見えなくなっている、そのことが清らかな世界に生まれ変わった自分にはわかる。だから、中納言一人を、苦しみの多い人間世界の中に、ほったらかしにしておくことができない、と唐后は思った。それが、「我《われ》も、深く哀《あは》れと思ひ聞こえしかば」という文章に籠められた心境である。私は、初めて『浜松中納言物語』を読んだ時に、この場面で、目がウルウルしてきたのを記憶している。

『竹取物語』のかぐや姫は、月の世界に住んでいた天女だった。わけあって、三年間、地上で暮らすうちに、竹取の翁《おきな》夫婦に対する愛情や、帝《みかど》への思いをはぐくむ。けれども、彼らの、「月の世界に戻らないでくれ」という心からの願いに「ほだされる」ことなく、満月の夜に、月へと戻っていった。

けれども、『浜松中納言物語』の唐后は、中納言が自分に執着していることを知り、ほうっておけないのである。自分が中納言を見捨てれば、自分一人は楽しいユートピアで暮らせても、中納言は果てしない苦しみの泥沼で、もがきつづけなくてはならない。

唐后は、可哀想な中納言を助けてあげたいと、思った。そこで、彼女は決心した。「斯《か》う、思《おぼ》し嘆くめる人の御腹《おんはら》になむ宿《やど》りぬるなり」。今、中納言は、唐后とは父親違いの妹である「吉野の姫君」が失踪したことで心を痛めている。彼女は、式部卿の宮に連れ去られ、行方がわからないのである。その吉野の姫君のお腹《なか》に、自分は宿って、日本に生まれ変わってくることにしたのである。

唐后は、せっかく、天上世界のユートピアに生まれ変わったのに、その幸せを捨てて、中納言の待つ地上まで、下りてきてくれるのだ。唐后の言葉は、なおも続いている。「薬王品《やくわうぼん》を、いみじう保《たも》ちたりしかども、我《われ》も、人も、浅からぬ、あいなき思ひに引かされて、猶《なほ》、女《をんな》の身となむ生《う》まるべき」。法華経の「薬王品」は、女性の極楽往生を説く巻である。自分は、「薬王品」の功徳で、極楽往生できるのだけれども、その極楽往生を諦める、というのだ。「我《われ》も、人も、浅からぬ、あいなき思ひに引かされて」。「引かされて」とある。「ほだされて」と同じ意味であることは、言うまでもない。

「我も、人も」。自分も、中納言も、どちらも相手への執着心に縛りつけられ、ほどくことができない。「あいなき思ひ」の「あいなき」（終止形「あいなし」）は、訳しにくい形容詞として知られる。ここでは、「自分では自由にできない、自分の意志とは無関係である、人間にはどうしようもない」などのニュアンスである。

「猶《なほ》、女《をんな》の身となむ生《う》まるべき」。自分は極楽往生もできるし、男に生まれ変わることもできるのだけれども、女性である自分に中納言が執着しているので、その執着心を救ってあげるために、自分はやはり女として、日本に生まれ変わろう、というのである。

この場面を、私の現代語訳で読んでおこう。

≪ 吉野の姫君の行方がわからないことで悩む中納言の夢に、唐后《からきさき》が現れた。彼女は、中納言が中国で見た時と同じ美しい姿だった。そして、中納言に語りかけた。

「あなたと私は、深い因縁の糸で、固く、ほどけないように結びつけられていたようですね。あなたと私は、不思議な成り行きで春の夜に結ばれ、子どもを儲《もう》け、別れました。あなたが、ご自分の命を捨てて、中国大陸に生まれ変わってでも、私ともう一度逢いたい、結ばれたいと、真心《まごころ》から祈っておられるようすが、私には見えるのです。

と言うのは、私は、もうこの世の人間ではないからです。私の命は、唐后という存在を離れ、少し前から、帝釈天がおられる須弥山にある天上世界に生まれ変わっています。そこから人間世界を見下《みお》ろしていますと、私ゆえに苦しんでいるあなたの姿が見え、私の胸は激しく痛みました。あなたの苦しみを、何とかして助けてあげたい、と思うようになったのです。自分だけが清らかに暮らしているのに、耐えられないのです。あなたの愛情に、私も引きずり込まれてしまいました。そして、それが決して嫌ではないのです。

天上世界から見ていると、人間世界のすべてが見えます。あなたは、私の父親違いの妹である吉野の姫君のことで悩んでおられます。けれども、あなたが彼女と結ばれなかったのには、深いわけがあるのです。私は、彼女、つまり妹である吉野の姫君の娘として、あなたが待つ日本に、生まれ変わってこようとしているのです。もしも、あなたが吉野の姫君と結ばれて、子どもを生んだら、あなたから見て私は娘ということになり、あなたと結ばれる可能性はまったくなくなります。

妹が行方不明になったことも、彼女があなた以外の男性の子どもをお腹《なか》に宿すことも、すべては、生まれ変わってくる私とあなたが結ばれるためだったのですよ。

私は、生きている時に、女性が極楽往生できるという法華経の薬王品《やくおうぼん》を大切に持っていましたので、天上世界にも生まれ変わりましたし、人間に生まれ変わるとしても男性になれるのです。けれども、あなたが女性である私と結ばれたいと強く願っておられる、その思いにほだされて、もう一度、女人《にょにん》の身を受けて、人間世界に現れようと思います。これは、私にも、あなたにも、どうしようもない強い因縁として、あらかじめ決まっていたことなのです」。

唐后は、このように、中納言の夢の中で語った。目覚めた中納言の目からは大量の涙があふれだした。目覚めることなく、夢の中で、唐后のお姿をもっと見ていたかったと思うと、さらに涙がとめどなく流れ続けたのだった。》

これまでは、私が『浜松中納言物語』の到達点と考える場面を読んできた。ここからの話は、『源氏物語』の宇治十帖に移る。孝標の女は、『源氏物語』を深く読み込んだ末に、物語作者へと成長したのだった。

孝標の女は、『源氏物語』を読みながら、何を考えていたのだろうか。私が思うには、最初のうちは、『源氏物語』の世界に没入し、憧れていただけだったろう。けれども、人間は、愛読書を読んでいるうちに、物語で起きたのとは異なるストーリーを想像することがある。たとえば、自分が『源氏物語』の作者だったら、これほど露骨に末摘花を馬鹿にするような書き方はしたくない、もっと温かい書き方をするだろう、などと思ったことのある読者は多いのではないだろうか。

孝標の女は、繰り返し『源氏物語』を読むうちに、自分だったら、こう書くという気持ちを強くしてゆき、それが積み重なって、『夜の寝覚』や『浜松中納言物語』などの物語を書いたのだと、私は想像している。

それで、『源氏物語』宇治十帖の人間関係を説明したい。孝標の女は、この宇治十帖のどこに心引かれ、どこに「不満＝無い物ねだり」を感じたのか。

薫《かおる》という男がいる。彼は、女三の宮《おんなさんのみや》が柏木《かしわぎ》と過《あやま》ちを犯して生まれた「罪の子」である。幼い頃から、そのことに、うすうす気づいていた。その結果、仏の教えに心引かれる、真面目な青年へと成長した。

宇治の山里に、「八《はち》の宮《みや》」という人物がいて、仏教に心を寄せているという噂を聞き、ぜひともその人と仏の教えについて語り合いたいという気持ちから、薫は宇治に通うようになった。

八の宮には、二人の娘がいた。二人とも、美しかった。姉が大君《おおいぎみ》で、妹が中の君。八の宮が山寺に籠《こ》もってしまい、宇治の山荘を留守をしている時に、薫は偶然に姉妹を見て、姉のほうに心を寄せる。しかも、この屋敷に仕えていた年輩の女房から、薫は、自分が生まれた時の生々しいいきさつを、教えられた。

やがて、八の宮は亡くなる。薫は大君と結ばれたいのだが、大君は「妹と結婚してくれ」と言う。薫は、大君が好きなので、親友の匂宮《におうみや》を宇治に案内し、手引きして、中の君と結びつける。

ところが、その後《あと》で、大君は亡くなってしまう。大君を忘れられない薫が、亡き大君とよく似ている妹の「中の君」に近づくのは、必然だった。だが、匂宮と結ばれている中の君には、薫の接近は迷惑千万。中の君は、「実は」と言って、薫に、浮舟という異母妹《いぼまい》を紹介する。

八の宮は、大君と中の君の母親（北の方）が亡くなった時、一人の女房と関係して、娘を儲《もう》けていたのだった。ただし、八の宮は、その娘を認知せずに、母親の女房もろとも、屋敷から追い出した。その娘が浮舟なのである。

浮舟の顔を見た薫は、驚いた。あまりにも恋しい大君とそっくりなので喜び、宇治に愛人として住まわせ、時折、通っていた。

ところが、好色な匂宮が、偶然に浮舟を見てしまい、いろいろないきさつがあって、二人は結ばれる。その事実を知った薫は、浮舟を厳しく叱った。絶望した浮舟は、宇治川に身を投げて死のうとして、屋敷を出たまま、行方不明となった。

その浮舟は、意識不明のまま助けられて、比叡山の麓の小野の山里で暮らしていた。横川《よかわ》の僧都《そうず》という、立派な僧侶に頼んで出家して、尼になっていたのである。ところが、浮舟が尼になって、小野の山里で暮らしているという事実を、薫が知った。薫は、浮舟に、もう一度やり直そうという手紙を書く。けれども、浮舟は、泣き崩れるだけで、薫からの手紙を読もうとはしないのだった。……

ここで『源氏物語』は、打ち切られた。

これから、浮舟は、どうすればよいのか。それは、『源氏物語』には書かれていない。

私は、東京大学の文学部と、大学院の修士課程と博士課程で、八年間にわたり、『源氏物語』の第一人者である秋山虔《けん》先生に教わった。

秋山先生は、ある時、「それにしても、『源氏物語』は不幸な物語だね。そして、紫式部は不幸な文学者だね」とおっしゃった。私は、「どうしてですか。『源氏物語』ほど、永く読み継がれ、影響を与え続けた作品はありません」と反論した。すると、先生は厳しい口調で、こう言われた。

「あそこまで追い詰められた浮舟は、その後、どう生きればよいのですか。いやしくも文学者である者は、『その後の浮舟』を書かずして、自分は『源氏』を読んだとか、『源氏』に影響を受けたなどとは言えないでしょう。その後の文学者たちが、誰一人として、『その後の浮舟』を書かなかったからには、『源氏』は誰一人として、その達成を受け継げなかった不幸な文学作品であり、紫式部は孤独な文学者だったのです」。

秋山先生は二〇一五年に亡くなったので、もう教わることはできない。でも、私は、先生に向かって、「『浜松中納言物語』で唐后の下した決断は、孝標の女が書いた『その後の浮舟』ではないでしょうか」と、聞きたくてたまらないのである。

浮舟は、出家して尼となり、仏教の聖地である比叡山の、中腹にある小野の山里で、清らかに暮らしている。唐后が、帝釈天の住む須弥山の頂にある天上世界に生まれ変わったことと、対応している。

その浮舟に向かって、薫は、小野の山里から下りてきてほしい、還俗《げんぞく》して尼であることをやめ、もう一度、自分と「男と女の仲」になってほしい、と呼びかける。けれども、匂宮を含めた三角関係で苦しんだ浮舟は、薫からの呼びかけに耳を傾ける気持ちは、まったくない。『浜松中納言物語』の唐后が、中納言の愛情にほだされて、もう一度、女として彼の前に現れる決心をしたのとは、正反対である。これが、「その後の浮舟」なのだと、私は考える。

浮舟を指導している横川の僧都から、浮舟に手紙が届いた。「薫大将《だいしょう》から、すべてを聞きましたよ。

浮舟さん、あなたは還俗しなさい。それが一番よいことです」、という内容だった。

『源氏物語』夢浮橋《ゆめのうきはし》の巻に書かれている、横川の僧都の手紙を読もう。

今朝《けさ》、ここに、大将殿《だいしやうどの》の、物《もの》し給《たま》ひて、御有様《おんありさま》、尋《たづ》ね問《と》ひ給《たま》ふに、始《はじ》めより、ありし様《やう》、詳《くは》しく聞《き》こえ侍《はべ》りぬ。御心《みこころ》ざし、深《ふか》かりける御仲《おんなか》を背《そむ》き給《たま》ひて、卑《あや》しき山賤《やまがつ》の中《なか》に出家《すけ》し給《たま》へる事《こと》。かへりては、仏《ほとけ》の責《せめ》、添《そ》ふべきことなるをなむ、承《うけたまは》り驚《おどろ》き侍《はべ》る。如何《いか》がはせむ。元《もと》の御契《おんちぎ》り、過《あやま》ち給《たま》はで、愛執《あいしふ》の罪《つみ》を晴《は》るかし聞《き》こえ給《たま》ひて、一日《ひとひ》の出家《すけ》の功徳《くどく》は、はかりなきものなれば、猶《なほ》、頼《たの》ませ給《たま》へ、となむ。

「愛執の罪」という言葉が、キーワードである。「愛」は愛情・恋愛、「執」は執着・執念を意味する。人が人を好きになって、相手を苦しめ、自分も苦しむ。それが「愛執の罪」である。ここでは、薫の作った愛執の罪が焦点になっている。彼は、大君、中の君、浮舟と、次々に女性を好きになったものの、どの女性への愛も報われず、どうしようもない絶望のどん底に突き落とされた。仏の教えに心引かれていた真面目な青年が、いつのまにか、愛執の罪にまみれていたのである。

横川の僧都の手紙を、私の言葉で、要約しておこう。

《今朝、比叡山の横川《よかわ》にある、私の庵《いおり》に、わざわざ薫殿が尋ねて見えました。あなたのことを私にお尋ねになりましたので、意識不明になっていたあなたを私が宇治で助けてから、小野に連れてきて治療し、快復後に出家させたことを、ありのままにお答えしました。薫殿は、あなたとのこれまでのいきさつを、こと細かくお話しになりました。

あなたは薫殿と、まことに深い因縁の糸で、結び合わされておられた。それなのに、一方的に、突然に薫殿との結びつきから逃れて、こんな山里で出家して、尼になってしまわれた。出家すること自体は、仏への功徳《くどく》ではありますが、残された薫殿を絶望のどん底に突き落としたことにより、あなたは仏から誉《ほ》められるどころか、仏からはお叱りを受けねばならないだろうと、愚僧は考えますぞ。

まことに、薫殿のお話には驚かされました。あなたは、これからどうしたらよいものでしょうかな。愚僧が思いますに、あなたは還俗して、薫殿と固く結ばれている因縁の糸をもう一度、たぐり直すしか、正しい道はありませんぞ。薫殿があなたへの愛ゆえに、心を乱して苦しんでおられる「愛執の罪」を、あなたが吹き払って、消してさしあげなさい。あなたが尼でなくなっても、一日でも出家したら功徳は大きいと言われていますから、安心して、薫殿と人生を歩んでゆかれるとよい。》

ここに書かれているのは、横川の僧都から浮舟へのアドバイスである。薫も、苦しんでいる。浮舟も、苦しんでいる。苦しんでいる薫を助けられるのは、同じように苦しんでいる浮舟しかいない。浮舟は、薫を救うことで、自らも救われる。それが、仏の教えに最も近い生き方である、というのだ。

浮舟は、このアドバイスに従う決心が付いていない。だから、泣いている浮舟の姿を書いて、『源氏物語』は終了した。けれども、『浜松中納言物語』では、唐后は、中納言の「愛執の罪」を消してあげるために、須弥山のユートピアから、男と女の恋の苦しみに満ちた人間の世界に下り立とうとしている。ここに、孝標の女から、宇治十帖の浮舟、そして『源氏物語』を書き終えた紫式部に向けた強いメッセージを、私は読み取りたいと思う。

今回の最後に、『浜松中納言物語』と宇治十帖とを、もう一度、比較しておきたい。今度は、先に書かれた宇治十帖を先に読み、宇治十帖を超えようとした『浜松中納言物語』を後《あと》に読んでみよう。そのほうが、『源氏物語』の愛読者で、浮舟というヒロインに憧れた菅原孝標の女の、心の深淵を覗き込むことができるだろう。

今朝《けさ》、ここに、大将殿《だいしやうどの》の、物《もの》し給《たま》ひて、御有様《おんありさま》、尋《たづ》ね問《と》ひ給《たま》ふに、始《はじ》めより、ありし様《やう》、詳《くは》しく聞《き》こえ侍《はべ》りぬ。御心《みこころ》ざし、深《ふか》かりける御仲《おんなか》を背《そむ》き給《たま》ひて、卑《あや》しき山賤《やまがつ》の中《なか》に出家《すけ》し給《たま》へる事《こと》。かへりては、仏《ほとけ》の責《せめ》、添《そ》ふべきことなるをなむ、承《うけたまは》り驚《おどろ》き侍《はべ》る。如何《いか》がはせむ。元《もと》の御契《おんちぎ》り、過《あやま》ち給《たま》はで、愛執《あいしふ》の罪《つみ》を晴《は》るかし聞《き》こえ給《たま》ひて、一日《ひとひ》の出家《すけ》の功徳《くどく》は、はかりなきものなれば、猶《なほ》、頼《たの》ませ給《たま》へ、となむ。

（『源氏物語』夢浮橋巻）

「身《み》を代《か》へても、一《ひと》つ世《よ》にあらむ事《こと》、祈《いの》り思《おぼ》す心《こころ》に引《ひ》かれて、今暫《いましば》しありぬべかりし命《いのち》尽《つ》きて、天《てん》に、暫《しば》しありつれど、我《われ》も、深《ふか》く哀《あは》れと思《おも》ひ聞《き》こえしかば、斯《か》う、思《おぼ》し嘆《なげ》くめる人《ひと》の御腹《おんはら》になむ宿《やど》りぬるなり。薬王品《やくわうぼん》を、いみじう保《たも》ちたりしかども、我《われ》も、人《ひと》も、浅《あさ》からぬ、あいなき思《おも》ひに引《ひ》かされて、猶《なほ》、女《をんな》の身《み》となむ生《う》まるべき」。

（『浜松中納言物語』）

4 『更級日記』と近現代文学

『更級日記』の世界へ、ようこそ。この章では、『更級日記』、および菅原孝標の女が、近現代の文学者たちにどのような影響を与えたかを考えたい。

これまでに、孝標の女が書いたと伝えられる『夜の寝覚』と『浜松中納言物語』を紹介してきた。『浜松中納言物語』は、三島由紀夫のライフワークである「豊饒の海」四部作と深く関わっている。三島と交流のあった中村真一郎には、『浜松中納言物語』に題材を得た『あまつ空なる…』という戯曲がある。

『夜の寝覚』（『夜半《よわ》の寝覚』とも）も、やはり現代の小説家に題材を提供している。『源氏物語』の現代語訳を成し遂げた円地文子《えんちふみこ》は、『やさしき夜の物語』という小説を書いた。『夜の寝覚』には、現在伝わっていない散逸《さんいつ》部分があるのだが、その失われた部分を、円地文子は想像力で補い、小説を書いたのである。苦しみの連続で、寝覚がちな夜を過ごしたヒロインに「やさしき夜」が訪れた、短くも幸福な期間を描いたもので、私の愛読書の一つである。

円地文子は、『夜の寝覚』という物語の質的水準を評して、『源氏物語』よりすぐれているとは思わないが、「生きた人間をリアルに描いている秀作」であると、高く評価している。そして、『源氏物語』を愛読した『更級日記』の作者が、『源氏物語』を換骨奪胎して書いたのが『夜の寝覚』であると、「無理にも思いたいのである」と述べている。円地は、『夜の寝覚』の作者が菅原孝標の女であれば面白い、と考えているのだ。

円地は、『夜の寝覚』という作品の中に、自分が抱いているのと同じ『源氏物語』への感動を読み取り、それが『更級日記』に見られる『源氏物語』への愛情と似ていると感じたのだろう。

また、津島佑子は、『夜の光に追われて』という小説を書いた。これも『夜の寝覚』に題材を得ている。突然の事故で我が子を失った現代の女性が、平安時代に苦悩と絶望の人生を送った『夜の寝覚』のヒロインに向かって長い手紙を書くという、大胆なストーリーである。読売文学賞を受賞した秀作である。

それでは、ここからは、『更級日記』そのものを、近現代の文学者がどう読んだかに、話題を移そう。

私は、『更級日記』と聞くと、最初に、堀辰雄を連想する。『姨捨《おばすて》』という短篇小説があり、これが『更級日記』を換骨奪胎した作品なのである。昭和十五年に書かれた。なお、堀には「姨捨記《おばすてき》」というエッセイもあり、そこでは自分が『姨捨』という小説を書いた背景を、率直に語っている。

それでは、堀辰雄のエッセイ「姨捨記」の、書き出し部分を読んでみよう。なお、堀辰雄の文体は、歴史的仮名づかいのほうが、より香気を増すので、ここでは現代仮名づかいには直さないでおく。本書の第I部の第12章「『蜻蛉日記』と近代小説」では、堀辰雄の小説を「現代仮名づかい」で引用したので、その印象との違いを味わっていただきたい。

「更級日記」は私の少年の日からの愛読書であつた。いまだ夢多くして、異国の文学にのみ心を奪はれて居《を》つたその頃の私に、或日《あるひ》この古い押し花のにほひのするやうな奥ゆかしい日記の話をしてくだすつたのは松村みね子さんであつた。おそらく、その頃の私に忘れられがちな古い日本の女の姿をも見失はしめまいとなすつての事であつたかも知れない。私は聞きわけのよい少年のやうにすぐその日から、当時の私には解し難かつた古代の文字で書綴《かきつづ》られたその日記のなかを殆《ほとん》ど手さぐりでのやうに少し往《い》つては立ち止まり立ち止まりしながら、それでもやうやう読みすすんでゐるうちに、遂に或日そのかすかな枯れたやうな匂の中から突然ひとりの古い日本の女の姿が一つの鮮やかな心像《しんざう》として浮かんで来だした。それは私にとつては大切な一瞬であつた。その鮮やかな心像は私に、他のいかなるものにも増して、日本の女の誰でもが殆ど宿命的にもつてゐる夢の純粋さ、その夢を夢と知つてしかもなほ夢みつつ、最初から諦《あきら》めの姿態をとつて人生を受け容れようとする、その生き方の素直さといふものを教へてくれたのである。

実に繊細な文体である。堀辰雄は、東京大学の国文科の卒業生なのだが、フランスの文学者であるラディゲやコクトー、ドイツの詩人リルケなどに傾倒していた。

その堀に、『更級日記』の魅力を教えてくれたのは、松村みね子だったと言う。「松村みね子」はペンネームで、本名は片山廣子《かたやまひろこ》と言う。歌人であり、アイルランド文学の翻訳者でもあったが、芥川龍之介の恋人としても知られる。

芥川龍之介の弟子が、堀辰雄である。堀辰雄の小説に『聖家族』があり、片山廣子とその娘をモデルにした女性が登場する。その片山廣子、ペンネーム松村みね子が、堀辰雄に『更級日記』を勧めた、というのである。

ちなみに、堀辰雄の後輩に当たるのが詩人の立原道造《たちはらみちぞう》や、中村真一郎であり、芥川文学の系譜は、現代にまで、脈々と及んでいる。

さて、堀が『更級日記』を読むと、「そのかすかな枯れたやうな匂の中から突然ひとりの古い日本の女の姿が一つの鮮やかな心像《しんざう》として浮かんで来だした」、とある。「心像」は、イメージという意味である。

どういうイメージの「古い日本の女の姿」だったのだろうか。「日本の女の誰でもが殆ど宿命的にもつてゐる夢の純粋さ、その夢を夢と知つてしかもなほ夢みつつ、最初から諦《あきら》めの姿態をとつて人生を受け容れようとする、その生き方の素直さ」という部分で、堀は具体的に述べている。この「諦《あきら》め」こそが、堀辰雄文学のキーワードなのだ。

堀は、『更級日記』の作者と違って、自分の人生を「諦《あきら》めきれない」女がいる、とも書いている。それが、『蜻蛉日記』の作者である。

堀辰雄のエッセイ「姨捨記」から、『蜻蛉日記』の作者と『更級日記』の作者を対比している文章を読もう。

私は或《ある》晩秋の日々、そこで「かげろふの日記」を書いてゐた。私がさういふ孤独のなかでそんな煩悩おほき女の日記を書いてゐたのは、私が自分に課した人生の一つの過程として、一人の不幸な女をよりよく知ること、——そしてさういふ仕事を為《な》し遂げるためにはよほど辛抱強くなければならぬと思つたからであつた。そして私の対象として選ぶべき女は、何か日々の孤独のために心の弱まるやうなこちらを引き立ててずんずん向うの気持ちに引き摺り込んでくれるやうな、強い心の持主でなければならなかつた。しかもそれは見事に失恋した女であり、自分を去つた男を詮《あきら》め切れずに何処《どこ》までも心で追つて、いつかその心の領域では相手の男をはるかに追ひ越してしまふほど気概のある女でなければならなかつた。「あるかなきかの心地《ここち》するかげろふの日記《にき》といふべし」とみづから記《き》するときのひそやかな溜息《ためいき》すら、一種の浪漫的反語めいてわれわれに感ぜられずにはゐられないほど、不幸になればなるほどますます心のたけ高くなる、「かげろふの日記」を書いたやうな女でなければそれはどうしてもならなかつた。

堀辰雄には『蜻蛉日記』を題材にした短篇もある。

それにしても、エッセイ「姨捨記」は、『蜻蛉日記』の本質を、見事に言い当てている。作者である藤原道綱の母は「強い心の持主」なのだ。絶対に自分の人生を「詮《あきら》め切れない」という、「気概のある女」である。それと対照的なのが、『更級日記』の作者だと、堀は言う。

堀辰雄は、『更級日記』の作者と、『蜻蛉日記』の作者とを、なおも比較する。エッセイ「姨捨記」を、読み続けよう。


しかしさういふ不幸な女を描きかけながら、一方、私はそれとほぼ同じ頃に生きてゐた、もう一人のほとんど可憐といつてもいいやうな女の書き残した日記の節々《ふしぶし》を思ひ浮べるともなしに思ひ浮べ、前者の息づまるやうな苦しい心の世界からこちらの静かな世界へ逃れてきては、しばらくそれに少年の頃から寄せてゐた何《な》んといふこともない思慕を蘇らせてゐたりした事もあつた。さういふ日の私にとつては、「更級日記」を書いたいかにも女のなかの女らしい、しかし決して世間並《な》みに為合《しあは》せではなかつたその淋しさうな作者すらも何《な》んとなく為合《しあは》せに見え、本当にかはいさうなのは矢つ張り「かげろふ」の作者であるやうな気がした。さうしてそのとき私が一つの試煉でもあるかのやうに自分をその前に立ち続けさせてゐたのは、その何処《どこ》までも諦《あきら》め切れずにゐるやうな、一番かはいさうな女であつたのだ。

堀辰雄は、強い女である『蜻蛉日記』の作者と、静かで寂しそうな『更級日記』の作者との、二つの「女なるもの」の、どちらにも引きつけられる心を持っていた。しかも、人生を諦《あきら》めきれない、強い女である『蜻蛉日記』の作者のほうが、「一番かはいさうな女」なのだとも、見抜いている。人生に対する「諦《あきら》め」に満ちた『更級日記』の作者のほうが幸せだった、と感じているのである。

しかも、『蜻蛉日記』の作者と、『更級日記』の作者とは、伯母と姪の関係に当たっているのだった。エッセイ「姨捨記」については、あとでもう一度触れることにして、ここからは堀辰雄が書いた短編小説である『姨捨』を紹介したい。

小説『姨捨』の書き出しを、読もう。ここでは、「現代仮名づかい」で読んでみたい。

上総《かずさ》の守《かみ》だった父に伴なわれて、姉や継母などと一しょに東《あずま》に下っていた少女が、京に帰って来たのは、まだ十三の秋だった。京には、昔気質《むかしかたぎ》の母が、三条の宮の西にある、父の古い屋形に、五年の間、ひとりで留守をしていた。

そこは京の中とは思えない位《くらい》、深い木立に囲まれた、昼でもなんとなく薄暗いような処《ところ》だった。夜になると、毎晩、木菟《ずく》などが無気味に啼《な》いた。が、田舎に育った少女はそれを格別寂しいとも思わなかった。そうして其《その》屋形にまだ住みつきもしないうちから、少女は母にねだっては、さまざまな草子を知辺《しるべ》から借りて貰ったりしていた。京へ上《のぼ》ったら、此《この》世にあるだけの物語を見たいというのは、田舎にいる間からの少女の願《ねがい》だった。が、まだしるべも少い京では、少女の心ゆくまで、めずらしい草子を求めることもなかなかむずかしかった。

『更級日記』の原作と比べてみると、東海道を上《のぼ》ってくる旅が、まるごとカットされているのが、興味深い。

母が都で留守をしていた期間は「五年」とあるが、正しくは四年である。「木菟《ずく》」は、みみずくのこと。『更級日記』には、木菟《みみずく》は出てこない。『源氏物語』の蓬生《よもぎう》の巻には、荒れ果てた屋敷で鳴く「梟《ふくろう》」が出てくるので、そこからの連想だと思われる。

堀辰雄は、ヒロインを「昼でもなんとなく薄暗いような処《ところ》」を、「それを格別寂しいとも思わな」い少女であると、強調している。その少女の願いは、ただ一つ、「此《この》世にあるだけの物語を見たい」ということだった。

少女が『源氏物語』を読んだのは、継母《ままはは》が去り、乳母《めのと》や大納言の姫君が相次いで亡くなったあとだった。堀辰雄の小説『姨捨』で、ヒロインが『源氏物語』を読む場面の朗読を読もう。

が、そういう云《い》いしれぬ悲しみは、却《かえ》って少女の心に物語の哀れを一層沁《し》み入《い》らせるような事になった。少女はもっと物語が見られるようにと母を責め立てていた。それだけに、其頃田舎から上って来た一人のおばが、源氏の五十余巻《よまき》を、箱入のまま、他の物語なども添えて、贈ってよこして呉《く》れたときの少女の喜びようというものは、言葉には尽せなかった。少女は昼はひねもす、夜は目の醒《さ》めているかぎり、ともし火を近くともして几帳《きちょう》のうちに打ち臥しながら、それればかりを読みつづけていた。夕顔、浮舟、――そう云った自分の境界《きょうがい》にちかい、美しい女達の不しあわせな運命の中に、少女は好んで自分を見出していた。

「美しい女達の不しあわせな運命の中に、少女は好んで自分を見出していた」とあるのが、キー・センテンスである。堀辰雄の言う「諦《あきら》め」である。しかも、「美しい諦《あきら》め」である。少女にそういう人生を教えてくれたのが、『源氏物語』だった。

堀辰雄の『姨捨』は小説なので、『更級日記』そのままではない。姉の夫を「うまのかみの息子」だったとしたり、住んでいた屋敷が火事で焼けた後《あと》、もう一度、三条の広大な敷地に戻ってきた、などという風に原作を変更している。

けれども、堀辰雄の小説『姨捨』が、原作である『更級日記』を最も大きく変更したのは、源資通《すけみち》と風流な季節論を話し合った「あと」で、夫となる橘俊通《としみち》と結婚した、としている点だろう。『更級日記』では、作者が三十三歳の頃に橘俊通と結婚し、夫が下野《しもつけ》の国の国司として赴任中、三十五歳の年に、源資通と交流している。

ただし、『更級日記』では、本文を注意深く読まないと、いつ、橘俊通と結婚したのかがわからない、曖昧な書き方がなされていた。そこを、堀辰雄は、うまく利用したのだ。

いかにも堀辰雄らしいと思うのは、作者と、源資通が会話を交わした後で、資通の側から、その心の中を描いている箇所がある点である。『更級日記』は、孝標の女の日記だから、作者の一人称で書かれている。視点は、作者に固定されている。ところが、近代小説では、視点の転換が、ごく自然に行える。源資通は、孝標の女をどのように思っていたのだろうか。彼の一人称に注目したい。

堀辰雄の小説『姨捨』で、源資通の心を描写した部分を味読したい。

右大弁《うだいべん》はときどき友達と酒を酌《く》んでいる時など、ひょいとその時雨の夜の事、――それからそのとき語り合った二人の女のうちの、はじめて逢った方の女の事なぞを思い浮べがちだった。男は勿論、外《ほか》にも幾《いく》たりかの女を知っていた。又、大方の女というものがどういうものであるかも知悉《ちしつ》した積りでいた。――しかし、その時雨の夜のように、何《なに》ぶん暗かったのでその女の様子なんぞよく見られなかったせいもあるかも知れないが、その女といかにもさりげなく話を交《かわ》していただけで、何かこう物語めいた気分の中に引《ひ》き摩《ず》られて行くような、胸のしめつけられる程の好《よ》い心もちのした事などはこれまでついぞ出逢ったことがなかった。何かと云えばいま一人の女房を立てて、自分はいかにも控え目にしていた、そんな内端《うちわ》な女のそういう云い知れぬ魅力というものは何処から来るのだろうかと、男は自問自答した。もう一度で好《よ》いから、あの女と二人ぎりでしめやかな物語がして見たい。私の琵琶を聞かせたらどう聞くだろうか、――此頃になくそんな若々しい事まで男は思ったりもしていた。しかし、男は何かと公儀《こうぎ》の重い身で多忙なうちに、その女の事も次第に忘れがちになって往《い》った。――が、ときどき友達と酒でも酌《く》んでいるような時に、思いがけずふいとその髣《ほの》かに見たきりの女の髪の具合などがおもかげに立って来たりした……。

「右大弁」とあるのが、源資通である。

まさに「堀辰雄ワールド」が全開している。不幸な女がいて、彼女は自分の人生を諦《あきら》めている。男は、そのような「物語めいた気分」を漂わせている女が、気になって仕方がない。けれども、自分から、その女に積極的に働きかけて、もう一度逢いに行くという積極性はない。そのうち、いつのまにか、女は、男の前からいなくなってしまう。……

二十一世紀の現代社会を生きている読者は、特に、若い人ほど、人生に対して消極的な登場人物の生き方を、歯がゆく思うかもしれない。女のことがそんなに気になるのなら、男は、どうして、女に手紙でも書かないのだろうか。女の方でも、男に引かれているのであれば、どうして、女の側から男に働きかけないのだろうか、などというふうに。

でも、それをしないのが、人生を諦《あきら》めた女であり、その女を幸福にできなかった男の悲しみである、というのが、堀辰雄ワールドなのだ。

このあと、孝標の女が、源資通と二度目に再会した場面も、堀辰雄は「男の側の目と心」で描いていて、新鮮に感じられる。近代小説の長所である。

このあとで、小説『姨捨』のヒロインは結婚する。そして、何と、驚いたことに、夫と一緒に、信濃の国へと下ってゆくのである。小説『姨捨』は、孝標の女の書いた『更級日記』とは、まったく異なる結末を迎えることになった。

それでは、堀辰雄の小説『姨捨』の末尾の部分を読もう。

女が、前の下野《しもつけ》の守《かみ》だった、二十も年上の男の後妻となったのは、それから程経《ほどへ》ての事だった。夫は年もとっていた代り、気立のやさしい男だった。その上、何もかも女の意《い》をかなえてやろうとしていた。女も勿論、その夫に、悪い気はしなかった。が、女の一向《ひとむき》になって何かを堪え忍んでいようとするような様子は、いよいよ誰の目にも明らかになるばかりだった。しかし、もう一つ、そう云う女の様子に不思議を加えて来たのは、女が一人でおりおり思い出し笑いのような寂しい笑いを浮べている事だった。——が、それがなんであるかは女の外《ほか》には知るものがなかった。

夫がその秋の除目《じもく》に信濃の守に任ぜられると、女は自ら夫と一しょにその任国に下ることになった。勿論、女の年とった父母は京に残るようにと懇願した。しかし、女は何か既に意を決した事のあるように、それにはなんとしても応じなかった。

或《ある》晩秋の日、女は夫に従って、さすがに父母に心を残して目に涙を溜《た》めながら、京を離れて往《い》った。穉《おさな》い頃多くの夢を小さい胸に抱いて東《あずま》から上《のぼ》って来たことのある逢坂の山を、女は二十年後に再び越えて往った。「私の生涯はそれでも決して空しくはなかった——」女はそんな具合に目を赫《かが》やかせながら、ときどき京の方を振り向いていた。

近江、美濃を過ぎて、幾日かの後《のち》には、信濃の守《かみ》の一行はだんだん木深《こぶか》い信濃路へはいって往った。

堀辰雄の小説『姨捨』は、こういう終わり方をした。『更級日記』とは大きく違っている。両親がまだ生きている設定に変更したのにも驚くが、夫を「二十も年上の男」としたのも、大胆である。実際には、六歳の年上でしかなかった。

堀辰雄は、ここで、ヒロインを、『源氏物語』に登場する空蟬《うつせみ》のイメージに、近づけようとしているのだろう。空蟬は、父親が健在であれば、天皇の後宮に召される可能性もあったが、歳を取った男の後妻となり、夫と一緒に常陸の国へと下向したのだった。

「そう云う女の様子に不思議を加えて来たのは、女が一人でおりおり思い出し笑いのような寂しい笑いを浮べている事だった。――が、それがなんであるかは女の外《ほか》には知るものがなかった」。女は、源資通との思い出を、心の中で何度も思い出しては、「寂しい笑い」を浮かべているのだろう。空蟬が、光源氏との思いを胸に、年上の夫と一緒に、寂しく常陸へと下っていったことと似ている。女の心は、現在の夫には、うかがい知れないのである。

ここで、再びエッセイ「姨捨記」に戻りたい。堀辰雄が、小説『姨捨』で『更級日記』の結末を大きく書き変えた理由を、次のように述べている。

さらに私は不心得にも、自分の作品の結末として、原文ではその女は結婚後その夫が信濃守となって任国に下ったときには京にひとり留っているのであるが、そのときその夫に伴って彼女自身も信濃に下るように書き変えてしまった。これは自分でもそこを書くときまでは全然考えもしなかったことで、書いているうちにどうしてもそう書かずにはいられなくなってしまったのだ。信濃への少年の日からの私の愛着が、自分の作品の女主人公をしてそんな遠い山国で暮らしている彼女の夫の身の上を気づかわしめる事によってのみ信濃というものと彼女とを結びつけるだけでは何《な》んとなく物足りなくなって、知らず識《し》らずの裡《うち》に私の筆をそのように運ばせて行ったものと見える。が、もう一つ、それをそう改竄《かいざん》させた、ぬきさしならないような気持ちも私にはいつか生じていたのだ。それは私が自分の作品の題詞《だいし》とした、古今集中《ちゅう》の

わが心なぐさめかねつさらしなやをばすて山にてる月をみて

という読人しらずの歌への関心である。

堀辰雄は、どうしても、孝標の女に、信濃の国に下ってきてもらって、姨捨山の月を実際に見てもらいたかったのだ。「わが心なぐさめかねつさらしなやをばすて山にてる月をみて」という歌は、『更級日記』の作者のような女性が詠むのがふさわしいと、堀辰雄は考えている。

物語に対する憧れ。けれども、そのような憧れは現実には起きるはずのない夢であることは、最初からわかっている。ただし、それに近い出来事は、確かに、一度、我が身に起きた。その大切な記憶を胸に、姥捨山に照る月を寂しく眺める。こういう女たちの思いを読み取り、理解すること。それが、堀辰雄の「心」なのだった。

ここから、神西清《じんざいきよし》（一九〇三〜五七）に話題を移したい。堀辰雄や中村真一郎と親しく交流していた人物である。小説のほかに、ロシア文学やフランス文学の翻訳でも知られる。

神西清は、三島由紀夫・吉田健一・大岡昇平・中村光夫・福田恆存《つねあり》たちと、「鉢の木会」というグループを作り、メンバーの自宅で順番に会食して、交流を深めた。

私は中学生の時の国語の教科書で、ロシアの文学者であるガルシンの『信号』という小説を教わった。この小説の最後の、「あっしをしばっておくんなさい」、「あっしがレールをはずしたんだ」という言葉は、五十年が経過した今も、私の心に焼き付いている。まさしく、名訳である。

今回は、その神西清の『見守る女』という短篇を紹介したい。私はある時、古書店で、神西の短篇集『恢復期《かいふくき》』の初版本を見つけた。うれしいことに、その古本の扉には署名があった。毛筆で、

「中村真一郎様　清」

と署名してあった。それが、何とも見事な達筆なのだ。

『恢復期』には、四つの短篇が収録されている。その三つ目が、『見守る女』である。昭和八年に書かれた。日記のスタイルを採用している。タイトルが『見守る女』であるのは、主人公が、姪に当たる女の子を育てて、見守っているからである。『更級日記』では、孝標の女が、亡くなった姉の娘たちを親代わりに育てていた。それを踏まえているのだと考えられる。

それでは、神西清の小説『見守る女』の、最初の日付の日記を読んでみよう。神西の小説が現代人に読まれる機会は激減しているので、ここでは原文通りの「歴史的仮名づかい」で、その文体の香りを伝えたい。

某年二月十八日

先月の末、花楓会のあつた帰りに、暫くぶりで慧子《けいこ》様と御一緒に陶雅亭に寄つて四方山《よもやま》の御物語伺つた折、更級日記のことあんまり熱心におすすめだつたので、つい誘はれて読んでみた。そ

の時のお言葉に、ぼおどれえるだつて適《かな》はないことよ、と云《い》ふのがあつて、おお、そんな可怕《こは》いものと笑つたのだけれど、読んでみると、さう大仰《おほぎやう》な文句を持ち出す筋合ひの物でもないと思ふ。尤も、慧子様はくらす切つての文学通《つう》でいらつしやるだけあつて、何かと云ふとすぐに仰山《ぎやうさん》なおつしやりやう、なさらずには、お済ませにならない癖がおありだし、それに私がさうした西洋名前には一にも二もなくおぞけをふるつて、つい読まず仕舞《じまひ》でゐるものだから、そのぼおどれえるとやらにも、知らず識《し》らず見当はずれな連想をしてゐたのかもしれない。それはさうと、あの日記は、随分と気に入つてしまつた。これからも長いあひだ、時々引き出しては静かに繰《く》つて見るやうな、そんな本の一冊になりさうだ。どこがいい、何処《どこ》が悪いと聞かれても、開き直つた返事をする用意にかけては、とんと修行を積まぬ私だけれど、あの孝標の女といふ人が、夢にいと清げなる僧の黄なる袈裟《けさ》着たるが来て、法華経五の巻《まき》をとく習へと云ふのを見たり、またそれを、人にも語らず習はむとも思ひかけず、物語の事をのみ心にしめて、我はこの頃《ごろ》わろきぞかしと云ふ風《ふう》な、絶えず、美と自責の間《あいだ》をさまよつた娘だつたことが、私のやうなしろうとには、却《かえ》つて懐かしく思ひなされるのではあるまいか。今日ふと日記をつけてみる気になつたのも、あの更級のお蔭なのだ。一たい、日記といふものは、やはりああした風に、日付もなしに、何年か幾月かの感想がしつかりと澱《よど》んで、滋味がよくよく滲《し》みとほつた時分に綴《つづ》るのが一番いい仕方《しかた》のやうだけれど、私などにはとてもそれだけの悠長さが持てさうもない。でもせめては一週間か、できれば十日ぐらいの時は置いてみたいものと思ふ。所詮は静かに振り返るわざではないか。

神西清の翻訳は、現代でも読まれ続けているが、小説はあまり読まれなくなっている。この小説は、戦前の華族階級の女性の心が、繊細に描かれていて、興味深い。

『更級日記』を「ボオドレエル」と比較しているのには、びっくりする。『更級日記』はボードレールを超えているという発想が、いかにも神西清らしい。

『更級日記』の作者については、「美と自責の間をさまよつた娘」である、と定義されている。「夢と現実の間をさまよつた」と言わずに、「美と自責の間をさまよつた」と表現している。

この引用文のすぐ後に、『更級日記』の世界は、何か「侘《わび》しい」とも書いてある。そして、『見守る女』の主人公は、自分の人生は、『更級日記』の「ああした生活さへも終わつたところから始まるのだ」とある。

『更級日記』は、物語への夢や憧れから始まった。そして、源資通との出会いという、「夢のかけら」、あるいは「夢のなごり」があった。それでも、神西清の『見守る女』のヒロインは、その『更級日記』の終わった時点から、日記を書き始めたのである。

前章では、『浜松中納言物語』を読みながら、私は「その後の浮舟」が書かれていると述べた。神西清の『見守る女』は、『更級日記』が終わった時点から始まっているので、作者は「その後の孝標の女」を書こうとしたのだと思う。

『見守る女』には、『更級日記』の「猫」について触れた部分がある。その部分を、読みたい。

六月十三日　午前

猫を盗むくだりを空《そら》で覚えたりした罰に、てきめん白猫《はくべう》の眠る夢を見てしまつた。はくべう眠る、という題の美しい詩集があって、一時は随分好きになって座右離さずにゐたこともあつたが、そのお蔭もあるのだらうか。更級の姉妹が、隠して飼つたといふ猫は、白い猫か黒い猫か、昔の人の大まかな気象で、何とも書いてないが、侍従の大納言の御女《みむすめ》の化身と名乗る程《ほど》だから、定めし大柄な白猫《はくびょう》ではなかつたかしら。私の夢に見たのは、やはりよく肥った白猫《はくべう》で、いすぱにや風《ふう》の土塀の上に眠つてゐたのが、むつくり起き上がつて、緑色の釉薬《いうやく》を掛けた瓦を渡つて行くところだつた。その白猫《はくべう》がふと何か地面に見つけて、たしか向かう側へ、ぴよいと跳び下りたところで目がさめた。不吉。

何と言っても、『更級日記』の作者姉妹が、迷い猫を自分たちで飼おうと話し合った場面を、「猫を盗む」と書いているのが面白い。しかも、この猫が、白い猫だったか、黒い猫だったかを気にしている。

なお、『はくべう眠る』という詩集は、宮崎丈二《じょうじ》という詩人の作品である。『見守る女』には、この直後に、猫を描いたボードレールの官能的な詩が、引用されている。そして、ヒロインは、ボードレールの官能性よりも、『新古今和歌集』の和歌のほうがよほど良い、とも感じている。この猫の詩があるので、小説の冒頭で、「ぼおどれえるだって適《かな》はないことよ」とあったのかもしれない。孝標の女の「浅緑花も一つに霞みつつ朧ろに見ゆる春の夜の月」という代表作は、『新古今和歌集』に選ばれていた。

神西清の小説『見守る女』の最後は、ヒロインが親代わりに育てている姪の少女が、ある男性からプロポーズされたのを、お断りする場面で終わっている。

このあと、ヒロインは、そして姪の少女は、どういう人生を歩んでゆくのだろうか。その楽しみは、これから神西清が書き継ぐ別の短篇のテーマとなってゆくのだろう。

本章では、堀辰雄と神西清の二人を、紹介した。堀辰雄の小説『姨捨』や、エッセイ「姨捨記」は、今でも読まれているが、神西清の小説はあまり読まれない。本書で、『見守る女』を紹介できたのは、うれしい。

『更級日記』を愛した近現代の文学者たちが、堀辰雄と言い、神西清と言い、西洋の芸術に詳しく、理知的で、抒情性を深く湛《たた》えた文章の書き手だったことを感じ取っていただければと思う。それが、『更級日記』の近代性と現代性だったのである。

これまでの四章で、『更級日記』の世界を楽しんでいただけただろうか。堀辰雄の小説『姨捨』のヒロインは、最後の場面で、「私の生涯はそれでも決して空しくはなかった」と感じていた。その満足感を胸に、これからも、王朝日記の世界を分け入ってゆきたい。

Ⅲ　『和泉式部日記』の魅力

1 和泉式部の人生と文学

『和泉式部日記』の世界へ、ようこそ。

『和泉式部日記』の原文と鑑賞、そして現代語訳は、『新訳和泉式部日記』（花鳥社・二〇二〇年）に譲る。この章では、『和泉式部日記』の作者である和泉式部の人生を、たどっておきたい。

読者は、「和泉式部」と聞いたら、何を連想するだろうか。

私の場合は、『小倉百人一首』である。和泉式部は「歌人」、それも平安時代を代表する女性歌人である。オペラのアリアのような、悲劇的な恋の絶唱をたくさん詠み遺してくれた。

『小倉百人一首』の歌は、あまりにも有名である。


あらざらむこの世《よ》のほかの思《おも》ひ出《で》に今《いま》ひとたびの逢《あ》ふこともがな

この歌の第三句は、『小倉百人一首』では、「おもひでに」と読むのが普通のようだ。けれども、この歌は、『小倉百人一首』以外の歌集では、「思ひ出《い》でに」と読まれることが多い。私個人としても、「思ひ出《い》でに」のほうが、作者の深く屈折した気持ちが感じ取れて好きである。

「あらざらむ」は、ここで切れて、初句切れになるとする説と、「あらざらむ」は「この世」にかかってゆくとする説とがある。

もし、初句切れだとすると、「自分は、もう生きていられないだろう」という、溜息になる。それに対して、「あらざらむこの世」までを一続きにして把握すると、「自分が、もう永くは生きていられないだろう、この世」という意味になる。

「この世のほか」は、人間が死んだあとで赴く「あの世、来世《らいせ》」のことである。あの世に行くに際しての「思い出」、自分が「この世」から「あの世」に持って行く大切な「思い出」というのが、直訳である。「今ひとたびの逢ふこともがな」の「もがな」は、願望を表す。もう一度、あなたと逢いたい。

この歌は、四番目の勅撰和歌集である『後拾遺和歌集』の恋の部に入っている。恋の歌であるからには、友人や親兄弟に向けたのではなく、男性の恋人に贈った歌だということになる。詞書には、「心地《ここち》、例ならず侍《はべ》りける頃、人のもとに遣《つか》はしける」とある。和泉式部が病気になり、しかも、かなり重い状態になった時に男性に贈った、というのだ。

江戸時代に書かれた『小倉百人一首』の研究書では、この歌は、どのように鑑賞されているのだろうか。『百人一首師説秘伝《しせつひでん》』という注釈書がある。そこには、面白い解釈が書いてあるので、ここで紹介しておきたい。

それでは、この『百人一首師説秘伝』の和泉式部の箇所を読んでみよう。

あらざらむこの世のほかの思ひ出《で》にいまひとたびのあふよしもがな

「あらざらむ」の五文字《いつもじ》は、この病《やまひ》にては、ながらへずして、死すべきとなり。「あふよしもがな」は、願ひの「がな」なり。「これにては死すべき」と、上五文字《かみいつもじ》にて、言ひ切りたるなり。さて、死しても、この世に何《なに》の望みはなけれども、来世《らいせ》へのみやげに、今一度《いまひとたび》、御《お》目《め》にかかりたきとの願ひなり。

かやうに詠《よ》み遣《つか》はしけるは、向《む》かへたる心にて、恨みを含めり。かくほどに煩《わづら》ひをれども、問ひ尋ねてもくれぬことよと、こなたにては、命のうちの願ひと思ふ甲斐《かひ》もなきと、先《さき》の事は言はずして、人の不実《ふじつ》を含み、咎《とが》めたる心あり。理屈をもつて言はずして、大和歌《やまとうた》の実《まこと》とするなり。底《そこ》に、味《あぢ》はひを持ちたる歌なり。

最後の「底《そこ》に、味《あぢ》はひを持ちたる歌なり」の「底《そこ》」という言葉に、注目したい。言葉にならなかった作者の心の奥底にこそ、深い味わいがある、という意味である。余情を味わうべきだ、というのだろう。

まず、歌の本文が違っているので、驚かされる。「いまひとたびのあふよしもがな」とあった。正しくは「あふこともがな」である。けれども、江戸時代の注釈書では、この「いまひとたびのあふよしもがな」という本文を、時折、目にすることがある。契沖《けいちゅう》も、「あふよしもがな」としている。

同じ『小倉百人一首』には、「名にし負《お》はば逢坂山《あふさかやま》のさねかづら人に知られでくるよしもがな」や、「今はただ思ひ絶えなむとばかりを人づてならで言ふよしもがな」などがあるので、それらと、こんがらがっているのかもしれない。

先ほどの『百人一首師説秘伝』の文章を、私の現代語訳で読んでおこう。

《 この歌の初句「あらざらむ」は、自分が今かかっている病の状況から考えて、もう生きていられない、死んでしまうに違いない、という意味である。つまり、「私は、これきりで死んでしまいます」という言いきりであり、初句切れである。

第五句「あふよしもがな」の「がな」は、願望を表す言葉である。私は臨終に際して、ほかには何の願いもないのだけれども、ただ、冥土への土産《みやげ》として、あなたともう一度だけ、お逢いしたい、という願いだけを持っている。

和泉式部が、この歌を男に贈ったのは、その男に対して含むところがあったからなのである。女は、男を恨んでいる。私が、これほどまでに病が重くなり、命の瀬戸際であるのに、あなたは、手紙もくれないし、見舞いにも来てくれないのですか。そんなことでは、せめて生きているうちに逢いたいと思っている、私のあなたへの愛情は、何の甲斐も無いことです。と、それ以上の言葉は口にせず、相手の不実や愛情の薄さを咎《とが》める気持ちを、言外の余情として湛《たた》えている。理詰めで相手を責めないで、情《じょう》、感情に訴えて相手の心を動かす和歌の本質を、如実《にょじつ》に示した歌である。言葉の底に、深い味わいを秘めた歌である。》

自分の張り詰めた気持ちを、ソプラノのフォルテッシモで熱情的に歌い上げているのではなく、あえて感情を抑えているので、恋人に反省を迫るだけの力を秘めている、というのだ。

この解釈は、『和泉式部日記』の世界にも通じていると思われる。そのこともあって、『百人一首師説秘伝』の紹介から、この章を始めたのである。

さて、和泉式部という女性の紹介を続けよう。彼女の本名はわからない。和泉式部というのは、宮仕えに出た際の「通り名」、「通称」である。どこから、和泉式部という名前が付いたのだろうか。『小倉百人一首』の注釈書に、『百人一首一夕話《ひとよがたり》』がある。作者は、尾崎雅嘉《まさよし》（一七五五〜一八二七）という江戸時代の国学者である。

歴史読み物としても面白いので、広く読まれた。その『百人一首一夕話』の一部を、読んでみよう。

越前の守・大江雅致《おほえのまさむね》の娘、式部、和歌を詠みたるが、和泉の守《かみ》・橘道貞《みちさだ》の妻《つま》となりたるゆゑ、夫《おっと》の守名《かみな》によりて、和泉式部と呼ばれたり。この道貞の胤《たね》にて、小式部《こしきぶ》といふ娘を生みたり。のちに、夫・道貞、死したりければ、上東門院に仕へられたり。上東門院と申すは、一条院の御后《おほんきさき》にて、寛弘五年四月に、中宮《ちゆうぐう》に立たせ給ひ、御名《おほんな》を彰子《しやうし》と申し、のちに、上東門院と号し奉れり。これは、御堂《みだう》関白・道長公の御娘《おんむすめ》なり。このお前《まへ》に仕へし女官《によくわん》、いづれも名高かりし人々にて、和泉式部もその中《なか》の一人《いちにん》なり。

「和泉式部」の「和泉」は、夫が和泉の守であったことに因んでいる、という説明がなされている。けれども、ここには、「越前の守・大江雅致《まさむね》の娘、式部」とあるだけで、なぜ、彼女が「式部」と呼ばれたのかの説明はない。現在では、父親の大江雅致が、「式部の丞《じょう》」、式部省の三等官だったので、「式部」と呼ばれたのだろうと推測されている。

ちなみに、王朝を代表する女性文学者の多くが、お后に仕える「女房」であった。彼女たちの「通り名」は、どこから来ているのだろうか。

清少納言の「清《せい》」は、彼女が「清原《きよはら》」家に生まれたからで、苗字から来ている。しかし、清少納言の親族や姻族で「少納言」だった人物は見当たらない。彼女が、中宮定子の特別の思し召《おぼめ》しで「少納言」と称することを許されたのではないかと、と私は考えている。

赤染衛門《あかぞめえもん》の「赤染」も、苗字である。「衛門」は、父親の役職に因んでいる。

紫式部は、藤原氏の出身なので、宮仕えの当初は「藤式部《とうしきぶ》」と呼ばれていた。「式部」は、父親の役職とも、男兄弟である惟規《のぶのり》の役職とも言われる。後に、「紫のゆかり」という別名のある『源氏物語』にちなんで、「紫式部」と呼ばれるようになったとされる。

さて、『百人一首一夕話』によれば、和泉式部は、最初の夫との間に、「小式部《こしきぶ》」という娘を生んだと書かれていた。母親の、有名な和泉「式部」に対する「小式部」である。正確には、「小式部の内侍《ないし》」と呼ばれている。

小式部の内侍の歌も、『小倉百人一首』に選ばれている。「大江山いく野の道の遠ければまだふみもみず天の橋立」である。なお、小式部の内侍については、もう少しあとで、別のエピソードを紹介する予定である。

さて、『百人一首一夕話』には、最初の夫である橘道貞が亡くなったので、道長の娘で、一条天皇の中宮となった藤原彰子《しょうし》（上東門院《じょうとうもんいん》）に宮仕えした、と書かれていた。ただし、事実としては、道貞が亡くなる前に、宮仕えに出ている。むろん、道貞との夫婦関係は、とっくに破綻していた。

尾崎雅嘉の『百人一首一夕話』は、先ほど引用しなかった部分で、和泉式部の父親と最初の夫を紹介したあとで、和泉式部と敦道《あつみち》親王の恋愛を語っている。『和泉式部日記』にも載っている和歌のやりとりが、かなり長く紹介されているのが、注目される。

実は、和泉式部は、敦道親王と交際する以前には、その兄宮に当たる為尊《ためたか》親王と交際していた。為尊親王は、冷泉天皇の第三皇子だった。弟の敦道親王は、同じく冷泉天皇の第四皇子である。二人の宮様とも、母親は、権力者である藤原兼家《かねいえ》の娘だった。権力者である藤原道長も、兼家の息子なので、道長から見たら、為尊親王や敦道親王は甥に当たっている。彼らは、世が世であれば天皇に即位する可能性もあった。

この二人の親王のうち、弟の敦道親王との出会いから、恋の深まりまでを描いたのが、『和泉式部日記』なのである。和泉式部が二十六歳から二十七歳にかけての出来事だと考えられている。

和泉式部は、為尊・敦道という、親王兄弟に愛されただけではない。身分を問わず、多くの男たちと浮名《うきな》を流した。

『古今著聞集《ここんちょもんじゅう》』には、興味深い説話が載っている。読んでみよう。

和泉式部、忍《しの》びて、稲荷《いなり》に参《まゐ》りけるに、田中《たなか》の明神の程《ほど》にて、時雨《しぐれ》のしけるに、「いかが、すべき」と思ひけるに、田《た》、刈りける童《わらは》の襖《あを》といふ物を借りて、着て、参りにけり。下向《げかう》の程に、晴れにければ、この襖《あを》を返し取らせてけり。

さて、次の日、式部、端《はし》の方《かた》を見出《みい》だして居《ゐ》たりけるに、大《おほ》きやかなる童《わらは》の、文持《ふみも》ちて、たたずみければ、「あれは何者《なにもの》ぞ」と言へば、「この御文《おんふみ》、参らせ給はむ」と言ひて、差し置きたるを、広げて見れば、

時雨《しぐれ》する稲荷《いなり》の山《やま》の紅葉葉《もみぢば》は青《あを》かりしより思《おも》ひそめてき

と書きたりけり。式部、哀《あは》れと思ひて、この童《わらは》を呼びて、「奥へ」と言ひて、呼び入れけるとなむ。

これと同じ話は、説話集の『十訓抄《じっきんしょう》』や『沙石集《しゃせきしゅう》』にも書かれている。

和泉式部が伏見稲荷にお参りに出かけたところ、その一キロくらい北にある田中神社のあたりで、時雨が降ってきた。たまたま、田んぼで稲刈りをしていた「童《わらわ》」の着ていた「襖《あお》」、つまり、綿を入れた上着を借りて、それで雨を凌いで参拝した。その借りた「襖」は、伏見稲荷からの帰り道で、男に返した。

その翌日、和泉式部が自宅にいたところ、その「童」が現れて、歌を見せた。それが、「時雨《しぐれ》する稲荷の山の紅葉葉《もみちば》は青《あを》かりしより思ひそめてき」という歌だった。「青かりしより」は、「今は赤く紅葉《こうよう》している紅葉《もみじ》の葉っぱが、まだ青い色をしていた頃から」という意味と、「和泉式部が襖《あお》を、つまり上着を私に借りた時から」という意味の掛詞になっている。

和泉式部は歌人なので、身分が低いとは言え、童が掛詞を駆使した見事な歌を詠んだことに感動した。そして、童を部屋の奥へと呼び入れたのだった。

『古今著聞集』に載っているこのエピソードは、和泉式部が男女関係に関して奔放な性格だったことと、和泉式部が歌人であった事実を、強調している。

和泉式部と和歌に関するエピソードは、たくさん伝えられている。その中に、今、紹介したように、すばらしい和歌を詠んだ褒美で、願いが叶うという、和歌の力を称える説話があったわけである。

このような、すばらしい歌が神様や仏様、さらには高嶺《たかね》の花の恋人の心を動かした、という説話が、先ほど紹介した『古今著聞集』にはたくさん載っている。

ここでは、娘の小式部の内侍が詠んだ和歌を、紹介しよう。

式部が娘、小式部の内侍《ないし》、この世ならず患《わづら》ひけり。限りになりて、人の顔なども、見知らぬ程になりて、臥《ふ》したりければ、和泉式部、傍《かたは》らに添《そ》ひ居《ゐ》て、額《ひたひ》を押さへて泣きけるに、目を、はつかに見開《みあ》けて、母が顔をつくづくと見て、息の下《した》に、

いかにせむいくべき方《かた》も思ほえず親に先立つ道を知らねば

と、弱り果てたる声にて、言ひければ、天井の上に、欠伸《あくび》さしてやあらむと覚ゆる声にて、「あら、哀れ」と言ひてけり。さて、身の温《あたた》かさも冷《さ》めて、良《よ》ろしくなりてけり。

これと同じ説話は『十訓抄』や『沙石集』にも書かれている。

小式部の内侍は、和泉式部と、最初の夫である橘道貞との間に生まれた娘である。その娘が、病気を患い、重態になった。「人の顔なども、見知らぬ程になりて」とは、自分と他人の顔の区別も付かないほどに、意識が薄れる危篤状態を意味している。『源氏物語』桐壺の巻では、臨終の際の桐壺の更衣の状態を、「我《われ》かの気色《けしき》」と表現している。そこを踏まえた表現である。

娘の命を心配した母の和泉式部が泣いていると、娘はわずかに目を開けて、歌を詠んだ。

いかにせむいくべき方《かた》も思ほえず親に先立つ道を知らねば

「いくべき方《かた》」は、これから自分が「死出の旅路」に出かけて「行《い》く」と、もっと生きていたいという「生《い》く」の掛詞である。「いくべき方《かた》」の「方《かた》」も、これから行く方向・方角と、「自分がもう少し生

きていられる方法」という意味の掛詞になっている。

親に先立って娘が死ぬという親不孝はしたくない、という健気な心が、この歌から滲み出ている。

この歌も、『源氏物語』で、桐壺の更衣が臨終の際に読んだ、「限りとて別るる道の悲しきにいかまほしきは命なりけり」という歌と似ている。桐壺の更衣はそのまま亡くなったが、小式部の内侍は助かった。

天井から、大きなあくびのような音がした。「欠伸《あくび》、さして」は、あくびを途中でやめた、呑み込んだような、「ぐわっ」という、不思議な音が聞こえたのである。それと共に、「ああ、何と哀れなことだ」という声も聞こえた。このような不思議な現象があった後で、小式部の内侍の熱も下がり、命ながらえたのだった。

すばらしい和歌を詠んだので、小式部の内侍に取り憑いていた「病魔」が感動して、退散したのであろう。なお、小式部の内侍は、この時は歌の力で助かったものの、後には、母親よりも先に亡くなっている。

和泉式部の人生に戻ろう。為尊親王と敦道親王に相次いで死別したあと、先ほど説明したように、藤原道長の娘である中宮彰子に宮仕えした。時の天皇は、一条天皇である。一条天皇には、既に中宮として定子《ていし》がいたのだが、道長は自分の娘である彰子を中宮にして、定子を「皇后」へと祭り上げた。悲しみの中で、定子は若くして亡くなっていた。

定子の人柄は、清少納言が『枕草子』で美しく描き上げている。彰子の人柄は、紫式部が『紫式部日記』で描いている。定子も、彰子も、立派な女性だった。

紫式部は、彰子に仕えていたので、後から出仕してきた和泉式部とは同僚になったわけである。和泉式部について、紫式部が辛辣な批評を書き記した部分が、『紫式部日記』にある。

和泉式部といふ人こそ、面白う書き交《か》はしける。然《さ》れど、和泉は、怪《け》しからぬ方《かた》こそあれ。打ち解《と》けて、文《ふみ》、走り書《か》きたるに、その方《かた》の才《ざえ》ある人。はかない言葉の、匂《にほ》ひも見え侍《はべ》るめり。歌は、いとをかしきこと。物覚《ものおぼ》え、歌の理《ことわり》、まことの歌詠み様《ざま》にこそ侍《はべ》らざンめれ、口に任《まか》せたることどもに、必ず、をかしき一節《ひとふし》の、目に留《と》まる、詠《よ》み添へ侍《はべ》り。それだに、人の詠《よ》みたらむ歌、難《なん》じ、理《ことわ》りゐたらむは、「いでや、然《さ》まで、心は得《え》じ。口に、いと詠《よ》まるるなンめり」とぞ、見えたる筋《すち》に侍《はべ》るかし。恥《は》づかしげの歌詠《うたよ》みや、とは覚《おぼ》え侍《はべ》らず。

誉めたり、貶《けな》したりで、何とも忙しい文章である。

「和泉式部といふ人こそ、面白う書き交《か》はしける」。紫式部は、和泉式部とは何度も、興味深い手紙のやりとりをした体験があるので、彼女の人柄はよくわかっている、と言っている。和泉式部の文章力や、手紙に添えられている和歌について、「面白う」、つまり、見所《みどころ》があったと評価しているのである。この部分は、誉めていると言うよりは、いわゆる「挨拶」と理解すべきだろう。

「然《さ》れど、和泉は、怪《け》しからぬ方《かた》こそあれ」。ここから、紫式部の和泉式部への批判が始まる。「怪《け》しからぬ方《かた》」は、感心できない側面、という意味。男女関係の乱れを、暗《あん》にほのめかして、和泉式部には道徳観念が稀薄である、と述べているのである。

「打《と》ち解けて、文《ふみ》、走り書《か》きたるに、その方《かた》の才《ざえ》ある人。はかない言葉の、匂《にほ》ひも見え侍《はべ》るめり」。この部分は、一転して、和泉式部を持ち上げている。「打ち解けて」は、本気で文学に取り組むというのではなく、気軽に、さっと、知人への手紙などを走り書きする時などには、「その方《かた》の才《ざえ》」、軽い文章を書くという方面での才能は、あるようである。これは、本気で書いた散文は、それほどでもないが、日常的な散文には見るものがある、と紫式部は言っているのだろう。

和泉式部の何げない言葉づかいには、「匂い」がある、花がある、読む人の目に飛び込んでくる、印象的な言葉を使っている、というのだ。

「歌は、いとをかしきこと」。これは、和泉式部を誉めている。和泉式部の和歌は、たいそう興味深いものである。ただし、「歌は、いとをかしきこと」という言い方は、「歌は、興味深いことですこと」という、いささか皮肉な文体である。紫式部は、歌人としての和泉式部を、心からは認めたくはないのだろう。その理由は、どこにあるのか。

「物覚《ものおぼ》え、歌の理《ことわり》、まことの歌詠み様《ざま》にこそ侍《はべ》らざンめれ」。和歌の道に通じていると紫式部が認めるためには、良い歌が詠めるだけでは不十分で、「物覚え」、和歌の歴史についての深い知識や、「歌の理《ことわり》」、和歌の理論についての深い理解が必要である。その両面において、和泉式部は、「まことの歌詠み様《ざま》にこそ侍《はべ》らざンめれ」、一流の歌人であるとは言えないようです、と紫式部は批判している。「言えないようです」と婉曲に言うだけで、「一流の歌人ではありません」と断定していないのが、面白い。

と言うのは、紫式部は超一流の散文の書き手であるものの、『源氏物語』に挿入されている和歌については、あまり良くないという評価があるからだ。紫式部自身も、『源氏物語』の名場面で、「もっと良い歌を創作すべきだった」と反省している箇所が、いくつも存在する。ただし、和歌の創作では、和泉式部に一籌《いっちゅう》を輸《ゆ》するとしても、知識量や散文の才能においては、はるかに自分のほうが和泉式部を凌駕している。

「和泉式部は、和歌を作る能力においては自分よりも上であるが、『古今和歌集』以来の和歌の歴史や、それより古い和歌についての知識、さらには和歌の理論などにおいては、自分が和泉式部よりも上である」と、紫式部は自信を持っているのである。

「口に任《まか》せたることどもに、必ず、をかしき一節《ひとふし》の、目に留《と》まる、詠《よ》み添へ侍《はべ》り」。和泉式部が歌を詠む時には、あまり深く考えていないようではあるが、必ずと言ってよいほど、その歌を贈ってもらった人が、何か一点、「おっ、これは」と感心することが含まれている。この部分は、条件付きではあるものの、和泉式部を誉めている。

「それだに、人の詠《よ》みたらむ歌、難《なん》じ、理《ことわ》りゐたらむは、『いでや、然《さ》まで、心は得《え》じ。口に、いと詠《よ》まるるなンめり』とぞ、見えたる筋《すぢ》に侍《はべ》るかし」。しかし、和泉式部の和歌が良いといっても、自分が良い歌を詠む力があるだけであって、他人の詠んだ歌を批判したり、批評したりしているのを聞くと、さあ、どうなんだろう、この和泉式部という人は。たいして和歌の道に達しているとは思えない。心からではなく、口先で、和歌を詠み出すタイプの歌人であるようだ。……

この部分は、和泉式部を持ち上げたあとで、ストンと落としている。口先だけの歌であって、心が籠もっていないと、紫式部は文学者としての対抗意識を剝《む》き出しにする。

そして、紫式部の和泉式部への最終的な評価が、書かれるに至る。「恥《は》づかしげの歌詠《うたよ》みや、とは覚《おぼ》え侍《はべ》らず」。こちらが恥ずかしくなるほどの一流の歌人であるとは、とうてい思えない、というのである。

紫式部は、和泉式部の散文を評価しない。和泉式部の和歌については、部分的に評価するけれども、「知識・教養」、つまり和歌の歴史や理論に関する理解が不足している。それが、和泉式部の倫理観の欠如にもつながっている、と紫式部は言いたいのだろう。

『紫式部日記』は、このあとで、赤染衛門を誉めちぎっている。

そして、有名な清少納言に対する、辛辣な悪口が書かれるに至る。和泉式部、赤染衛門、清少納言という、王朝文学を代表する三人の文学者に対する紫式部のコメントは、どこまでが本気なのか、興味深い。紫式部が誉めちぎった赤染衛門は、紫式部にとって恐れるに足らない、安心な人なのかもしれない。紫式部が悪口を言いつのれば言いつのるほど、和泉式部や清少納言を、紫式部が心の中では認めていて恐れていた、とも考えられる。


さて、和泉式部の人生に戻ろう。中宮彰子に宮仕えに出た後、最初の夫だった橘道貞が死去する。そして、藤原道長に仕えていた藤原保昌《やすまさ》という人物と結婚する。

藤原保昌は、音読みして「ほうしょう」とも発音される。室町時代に書かれた御伽草子《おとぎぞうし》に、「酒呑童子《しゅてんどうじ》」という作品がある。大江山に住む鬼を、源頼光《よりみつ》、音読みすれば「らいこう」が、渡辺綱たち、四天王を率いて退治する話である。

この時、源頼光と共に鬼退治に向かったのが、藤原保昌だった。『酒呑童子』という作品には、たくさんのバリエーションがあるが、その中に、藤原保昌は、見事に酒呑童子を退治した褒美として、天下の美女・和泉式部と結婚することを認められた、とするものがある。

また、和泉式部が、藤原保昌に、「自分と結婚したかったら」と言って、難題を吹きかける室町時代の物語もある。

『酒呑童子』は虚構の伝説ではあるものの、極悪非道の悪い鬼が跳梁《ちょうりょう》跋扈《ばっこ》していたのは、藤原道長が権力の絶頂にあり、紫式部や和泉式部たちが絢爛豪華な王朝文化を花開かせていた一条天皇の御代《みよ》だった。この設定が、何とも面白い。「光と影」ということなのであろうか。

和泉式部の晩年は、よくわかっていない。四十八歳の時に、娘の小式部の内侍に先立たれている。けれども、五十歳以降の事績は、まったく消息が伝わっていない。その代わりに、さまざまな和泉式部伝説が、日本各地に伝わっている。それらについては、日本民俗学の立場からの研究が進展している。

ここからは、『和泉式部日記』という作品について説明しておこう。

この作品は、通常、「日記」というジャンルに分類されている。何と言っても、タイトルが『和泉式部日記』なのだから、当然のことではある。

けれども、筆写された写本や、江戸時代に版木《はんぎ》に刷《す》られて出版された版本《はんぽん》（板本）では、タイトルが『和泉式部物語』となっていることが多い。意外な事実ではあるが、正確には、ほとんどの写本や版本が『和泉式部物語』となっている。だから、この作品は、純然たる「日記」ではなく、「物語」というジャンルにも含まれるという理解が有力だった。

ただし、現在、学校で教わる文学史や日本史では、『和泉式部日記』というタイトルになっている。しかし、参考書や事典類では、「和泉式部物語」と呼ばれることもある、と書き添えてある。

つまり、『和泉式部日記』という不思議な文学作品は、日記というカテゴリーに収まらない、物語的な側面が濃厚なのである。それでは、どこが物語的なのだろうか。

『更級日記』も、相当に物語的な要素が強い。そうではあるものの、『更級日記』の文章は、基本的に一人称で書かれている。「私＝我」という言葉が書いてなくても、主語が「菅原孝標の女《むすめ》」であることは自明である。

ところが、『和泉式部日記』の場合には、「女」という三人称が、主語となっている。これは、『伊勢物語』が「昔、男ありけり」という三人称で書かれていることと深く関わる。つまり、『和泉式部日記』

は、「歌物語」とよく似ているのだ。

しかも、和泉式部がいない場所で起きた出来事までもが、これまた三人称で『和泉式部日記』には書かれている。視点、つまり、ポイント・オブ・ビューを、「我」や「私」に限定しない、物語的というか小説的な視点の設定がなされている。

『和泉式部日記』は、物語的な性格を濃厚に保っているのだ。

ここで、どうしても言っておきたいことがある。私が『和泉式部日記』を全訳した『新訳和泉式部日記』で採用した本文は、おそらく、読者のほとんどが読んできた、あるいは手持ちの『和泉式部日記』の本文とはかなり違っている、という点である。市販されている文庫本や注釈本に慣れ親しんだ読者は、『新訳和泉式部日記』を手にすると、本文の食い違いがあまりにも多すぎるので、とまどわれるだろう。

だからこそ、私は言っておきたいのだ。古典文学においては、「これが絶対に正しい」という本文は「ない」のだ。我が国が世界に誇る『源氏物語』にしても、私たちが現在、読んでいる本文は、紫式部が『源氏物語』を書いてから約二百年後に、藤原定家が校訂した「推定本文」でしかない。

『更級日記』にしても、藤原定家が書き写した写本が残っているが、地名などで、意味不明の箇所が、いくつも存在している。筆写している定家本人が、「この本文では意味が通じない」と匙を投げている箇所が、何か所もあるのだ。

作者自筆の本文が残っていないからには、すべての写本は、どれが正しいとか、どれが間違っているのか、という次元のものではない。

どの写本の本文も、正しいと考えるべきである。ただし、作者が書いた本文に最も近いと考えられる本文の復元を目指すのか、それとも、実際にその後の時代に最も広く読まれ続けて、最も大きな影響を日本文化に与えた本文を重視するのか、という根本的な立場の相違はあるだろう。

私は、古典文学を半世紀近く研究してきた。そして、つくづく思っている。作者が実際に書いた古典文学作品の表現の復元が不可能である場合には、私たちが読むべき古典とは何か、ということである。

私たちが今、そして、これから読むべきは、日本文化を作り替えるために影響力を発揮してきた、実際に読まれた古典文学の表現なのではないだろうか。

『和泉式部日記』の場合には、この作品は、そもそも和泉式部本人が書いたのか、他人が書いたのか、それすらわかっていない。日記なのか、物語なのかも、はっきりしていない。

二十一世紀の現在、普通に読まれている『和泉式部日記』の本文は、「三条西《さんじょうにし》家本《けぼん》」と呼ばれている写本である。宮内庁書陵部に所蔵されているが、その存在が一般に知られるようになったのは、昭和六年以降のことである。それ以前は、別の本文で『和泉式部日記』は読まれていた。しかも、『和泉式部物語』というタイトルで。

それが、「扶桑拾葉集《ふそうしゅうようしゅう》」という、古典文学のアンソロジーに収録されている『和泉式部物語』の本文なのである。私は、これまでの自分の古典文学研究の蓄積を踏まえ、『和泉式部日記』の本文を、「扶桑拾葉集」に収録されている『和泉式部物語』の文章で解釈し、現代語訳し、鑑賞して、『新訳和泉式部日記』を書き下ろした。そして、この本を基として、NHKラジオ第二「古典講読」で、『和泉式部日記』を解説した。

「扶桑拾葉集」は、江戸時代に、水戸藩主であった水戸光圀《みつくに》が編纂させた古典文学のアンソロジーである。元禄時代に出版された。江戸時代の後期に、塙保己一《はなわほきいち》が「群書類従」に収めた『和泉式部日記』の本文と非常に近い、というか、ほとんど同じ本文である。

『新訳和泉式部日記』を手に取られた読者は、従来の「三条西家本」との違いに驚きつつも、少しずつ「扶桑拾葉集」の『和泉式部物語』の魅力に気づいていただけるだろう。

2　和泉式部の和歌

『和泉式部日記』の世界へ、ようこそ。

私は、令和二年の秋から半年間、NHKラジオ第二の「古典講読」で、『和泉式部日記』の世界について話す機会に恵まれた。その講義ノートを元に全訳に挑んだのが、『新訳和泉式部日記』である。

私は、この作品を大学の演習で教えた経験がある。その時は、「三条西家本」という写本で読んだ。というのは、現在は、ほとんどのテキストが、この三条西家本を底本にしているからである。室町時代に、源氏学の中心であった三条西家を代表する三条西実隆《さねたか》が筆写したとされる写本である。

この三条西家本で読むと、『和泉式部物語』と言われることのある『和泉式部日記』が、確かに「日記文学」であることが納得された。

ところが、『和泉式部日記』のテキストは、三条西家本の本文で最初から最後までを押し通すことはできず、随所で、他の写本の本文を採用しているのだった。どうにも、ちぐはぐである。

それで、私の担当した「古典講読」では、江戸時代に水戸光圀《みつくに》が編纂した「扶桑拾葉集《ふそうしゅうようしゅう》」という古典アンソロジーに収められた本文で読んでみることにした。すべての本文を、これで押し通した。すると、『和泉式部日記』の面目が一新されて、『和泉式部物語』としての性格が明らかになった。日記と物語は、思いのほかに近い関係にあったのである。

これからしばらく、『和泉式部日記』の周縁のことを書きたい。

それは、『和泉式部日記』が書き終えられたあとに起きた出来事、すなわち、敦道親王の逝去と、親王を偲ぶ和泉式部の追悼歌、すなわち、レクイエムについてである。

『和泉式部日記』は、「女＝和泉式部」が敦道親王の屋敷に、愛人として迎えられ、正妻である北の方が、怒りのあまり実家に戻るという時点で、終わりを迎えていた。

その後の和泉式部の人生を、簡単にたどっておこう。

『和泉式部日記』が書き終えられたのは、「長保《ちょうほう》六年」、改元されて「寛弘《かんこう》元年」、西暦では一〇〇四年の一月の時点だった。

この年の二月に、女は、宮と一緒に、藤原公任《きんとう》の山荘で花見を楽しんでいる。四月には、葵祭を同じ牛車《ぎっしゃ》に相乗りして見物し、人々の話題になった。このことについては、次章でも『源氏物語』との関連で触れたい。

いずれにしても、この年が、二人の愛が最も高まった時期だったのだろう。

その後、二人の間には、男の子が生まれている。

寛弘四年（一〇〇七）十月、敦道親王は、わずか二十七歳で逝去し、和泉式部は宮の屋敷を去った。

彼女が、藤原道長の娘である中宮彰子《しょうし》に仕えるのは、その二年後のことである。和泉式部は、敦道親王が亡くなってから、中宮彰子に宮仕えするまでの期間に、亡き敦道親王を偲んで、たくさんの挽歌《ばんか》(レクイエム)を詠んだ。その数は全部で、百二十二首もある。

和泉式部の歌を集めた家集には、何種類かがあるが、『和泉式部集・続集《ぞくしゅう》』と呼ばれている歌集の最初のほう、三十八番から百五十九番までの百二十二首が、敦道親王へのレクイエムである。そのレクイエムの森へと分け入り、和泉式部の悲しみの歌を鑑賞したい。なお、取り上げる順番は、実際の配列順とは違っている。

では、早速、読んでゆこう。

草《くさ》の、いと青《あを》う生《お》ひたるを見《み》て
我《わ》が心夏《こころなつ》の野辺《のべ》にもあらなくに繁《しげ》くも恋《こひ》の成《な》り増《ま》さるかな

この歌には、『和泉式部日記』の冒頭を連想させるものがある。

夢よりも儚《はかな》き世の中を、嘆きつつ明《あ》かし暮らす程に、儚《はかな》くて、四月十日余《うづきとをかあま》りにも成《な》りぬれば、木《こ》の下、暗がり持て行く。

端《はし》の方《かた》を眺むれば、築土《ついひぢ》の上の草の、青《あを》やかなるも、殊《こと》に人は、目留《めと》めぬを、哀《あは》れに眺むる程に、近き透垣《すいがい》の許《もと》に、人の気配《けはひ》のすれば、誰《たれ》にかと思ふ程に、差し出《い》でたるを見れば、故宮《こみや》に候《さぶら》ひし小舎人童《ことねりわらは》なりけりき。

和泉式部が、今は亡き為尊《ためたか》親王を、四月十日頃、青やかに生《は》えている夏草を見ながら偲んでいる場面である。

為尊親王の死後には、弟の敦道《あつみち》親王が現れて、女は「生きる喜び」を取りもどした。ところが、その敦道親王も、亡くなってしまった。女は夏草を見ながら、今度は敦道親王を偲ぶのだった。それが、「草の、いと青《あを》う生《お》ひたるを見て」という詞書を持つ歌である。

「我《わ》が心夏の野辺《のべ》にもあらなくに」、私の心は夏の野原ではないのに。はっきり言えば、私の心は、まるで夏の野原のようだ、というのだ。「繁《しげ》くも恋の成《な》り増《ま》さるかな」。生い繁る夏草のように、私の敦道親王への「恋」は強まる一方である。

夏草が生《お》い繁っているのは、宮様の死後、悲しみのため気が回らなくなったことと、経済的な援助がなくなったためとで、庭の手入れをしなくなったからである。

夏草の生命力と、人間の命のはかなさの対比が鮮烈である。それだけでなく、亡き人を偲ぶ気持ちの激しさを、「恋」と表現しているのが、この歌のポイントだと思う。恋は、自分の心が、ある対象へ、矢のように一直線に飛んでゆくことである。和泉式部は、亡き宮を、恋し続けている。

次の歌も、『和泉式部日記』を、連想させる。

　二月許《きさらぎばか》りに、前《まへ》なる橘《たちばな》を、人《ひと》の請《こ》ひたるに、ただ一《ひと》つ遣《や》るとて
取《と》るも憂《う》し昔《むかし》の人《ひと》の香《か》に似《に》たる花橘《はなたちばな》になるやと思《おも》へば

この「橘」は、「花」ではなく「実《み》」だと思われる。庭に植えていた橘の木に、実《み》が鈴なりに生《な》っている。それを、或る人が「分けてください」と言ってきた。和泉式部は、たった一つだけしか、あげなかった。彼女にとって、橘には、敦道親王につながる大切な思い出があるからだ。

『和泉式部日記』の冒頭部分には、女が亡き為尊親王を偲んでいると、為尊親王に仕えていた小《こ》舎人童《とねりわらわ》が現れて、今、自分は弟君の敦道親王に仕えていると言って、敦道親王の言葉を伝える場面がある。宮は、「此《これ》、参《まゐ》らせよ。如何《いか》が見給《みたま》ふ」と言って、「橘」を女に贈ったのだった。

女は、「昔の人の」と口ずさんだ。『古今和歌集』の、「五月《さつき》待つ花橘の香《か》をかげば昔の人の袖の香《か》ぞ

する」という歌である。橘の花の香りは、昔付き合っていた恋人が袖に薫《た》きしめていた香《こう》の香《かお》りを思い出させ、ノスタルジーを感じさせる。

ここまで『和泉式部日記』の世界に浸ってから、和泉式部のレクイエムに戻ろう。

「取るも憂《う》し」、この初句で切れる。この橘の実を、木から捥《も》ぎ取るのは、辛《つら》いことです。できることなら、ただ一つでも取りたくありません。

「昔の人の香《か》に似たる花橘《はなたちばな》になるやと思へば」。今は二月だが、四月から五月にかけて、白い花が咲き、昔の恋人、今でも女が恋い慕っている敦道親王の袖の香りを思い出させてくれるだろう。この橘の木は、花も葉も実も、すべてが亡き敦道親王の形見だから、大切にしたいと女は思っている。

次の歌は、敦道親王を思い出させてくれる「忘れ形見」である、子どもの存在を歌っている。

何心《なにごころ》もなき人《ひと》の御有様《おんありさま》を見《み》るも、哀《あは》れにて
わりなくも慰《なぐさ》めがたき心《こころ》かな子《こ》こそは君《きみ》が同《おな》じ事《こと》なれ

和泉式部と敦道親王の間には、「岩蔵《いわくら》の宮」という男の子が一人生まれたようだ。後に出家して「永覚」と名乗ったらしいが、詳しい人生は不明である。その子が、まだ数えの二歳か三歳、満で言えば、一歳か二歳の時の歌であろう。

詞書に、「何心《なにごころ》もなき人の御有様《おんありさま》を見るも、哀れにて」とあるのは、幼くて、まだ物心がつかず、父親が突然にいなくなったことも、母親が泣いてばかりいることも、理解できないでいる姿を、見るに付けても悲しみが募《つの》った、という意味である。

『源氏物語』でも、母親の桐壺の更衣が亡くなった時に、子どもの光源氏はまだ数えの三歳だった。きょとんとしているので、見る人の涙を誘ったとあるが、それと似た状況だろう。

歌は、三句切れ。「わりなくも慰めがたき心かな」、ここで切れる。敦道親王を偲ぶ私の悲しみは、癒されることはない。その苦しさを、「わりなくも」、理屈に合わない、と表現している。

何が理屈に合わないのかを説明しているのが、下の句。「子こそは君が同じ事《こと》なれ」。あなたのお子様である幼子《おさなご》は、あなたと同じような存在だから、子どもを見る喜びが、あなたと逢う喜びになるはずなのですが、そうはならずに、あなたとそっくりの子どもを見ても、あなたともう一度逢いたいという私の悲しみは癒《いや》されません。それが不思議です、と和泉式部は訴えている。むろん、亡き敦道親王に向かって、である。

敦道親王その人の、かけがえのない魅力に、宮の死後も、女は引きつけられている。それが「恋」というものなのだろう。

次の歌は、数字の使い方が巧みである。

身《み》は一《ひと》つ心《こころ》は千々《ちち》に砕《くだ》くればさまざま物《もの》の嘆《なげ》かしきかな

我が身は「一つ」しかないのに、私の心は「千々《ちち》に」、千個にも、砕けてしまった。その、無数に砕け散った私の心のかけらの一つ一つに、亡き敦道親王と過ごした日々の、異なる思い出が、映っている。自分は、砕け散った心の断片を掻き集めて、元の完全な心を復元したいのだけれども、一つ一つのかけらに映っている忘れがたい思い出の一齣《ひとこま》一齣《ひとこま》に触れると、その懐かしさにひたって、時間がいたずらに過ぎてしまうばかりである。

数字の「千」と「一」を対比することは、たとえば、「月見れば千々《ちち》に物こそ悲しけれ我《わ》が身《み》一つの秋にはあらねど」のような、『小倉百人一首』の歌でもなされている。大江千里《ちさと》の歌である。

和泉式部の歌の「さまざま物の嘆かしきかな」という表現には、リアリティが感じられる。心の中に無数に散らばっている敦道親王と自分の、スナップ写真のような記憶を、一枚一枚いとおしみつつ眺めては涙している女の姿が、読者の共感を得《え》るからだろう。悲しみの記憶ほど、人類にとって普遍的な感情はない。

次の歌は、「砕く／砕ける」とよく似た、「乱る／乱れる」という動詞を用いている。

頭《かしら》を、いと久《ひさ》しう梳《けづ》らで、髪《かみ》の乱《みだ》れたるにも
物《もの》をのみ乱《みだ》れてぞ思《おも》ふ誰《たれ》にかは今《いま》は嘆《なげ》かむむばたまの筋《すち》

ところで、和泉式部の代表作の一つに、「黒髪」の歌がある。

黒髪《くろかみ》の乱《みだ》れも知《し》らず打《う》ち臥《ふ》せばまづ掻《か》き遣《や》りし人《ひと》ぞ恋《こひ》しき

日本文学史には、「黒髪の系譜」や「みだれ髪の系譜」に属する詩歌がたくさん存在する。この和泉式部の歌は、その中でも屈指の名作である。「まづ掻《か》き遣《や》りし」の「まづ」がどこに掛かるかについては、さまざまな解釈が試みられている。「自分の長く美しい黒髪が乱れているのもかまわずに、打ち臥して、思いに沈んでいると、そんな時、すぐに私の髪の毛に手を入れて優しく撫でてくれた、あの人が恋しくてたまらない」、と私は解釈したい。

和泉式部は、何人もの男性と交際しているので、彼女の髪の毛を「まづ」掻き遣ってくれた男が誰

であるかを、特定するのはむずかしい。けれども、たとえば、『和泉式部日記』で「手枕《たまくら》の袖《そで》」を交《か》わして共寝した敦道親王の姿を思い浮かべても、間違いではないと思う。

それでは、先ほどの「物をのみ乱れてぞ思ふ……」というレクイエムは、どういう状況の「黒髪」を歌っているのだろうか。詞書には、「頭《かしら》を、いと久しう梳《けづ》らで、髪の乱れたるにも」とある。男の人と共寝していて、黒髪がいつの間にか乱れたのではなく、共寝する男の人がいなくなった今、自分を美しく装う必要がなくなり、手入れをしないために黒髪が乱れているのである。

「物をのみ乱れてぞ思ふ」。私の髪の毛も乱れているが、心も乱れている。まさに、千々《ちぢ》に砕けているのだ。「誰《たれ》にかは今は嘆かむむばたまの筋《すぢ》」。「むばたまの」や「うばたまの」は、「黒」や「髪」に掛かる枕詞《まくらことば》である。ここでは、「むばたまの筋」という言葉だけで、「むばたまの黒髪の筋」という意味になっている。

あなたが亡くなった今、私は、誰に向かって、「こんなに、私の黒髪は乱れてしまいましたわ。悲しみのために、こんなにも私の心は乱れてしまいましたわ」などと、嘆けばよいのでしょうか。嘆きたいのはあなただけなのに、あなたはもう、この世の人ではないから、語りかけることができません、というのである。

このようなレクイエムが、『和泉式部集・続集』には、百二十二首も書き連ねられている。「喪失感の大きさ」というテーマを、百二十二の情景で、詠み分けているのだ。

次の歌は、大晦日の夜《よる》のことを歌っている。

　師走《しはす》の晦日《つごもり》の夜《よ》
亡《な》き人《ひと》の来《く》る夜《よ》と聞《き》けど君《きみ》も無《な》し我《わ》が住《す》む里《さと》や魂無《たまな》きの里《さと》

「師走《しはす》の晦日《つごもり》の夜《よ》」というのは、十二月の大晦日のことである。時代はだいぶ下るが、中世の時代に兼好が書いた『徒然草』の第十九段に、面白い表現がある。こちらも、「師走の晦日《つごもり》の夜《よ》」の情景を描いている。

　晦日《つごもり》の夜《よ》、いたう暗きに、松ども燈《とも》して、夜半過《よなかす》ぐるまで、人の、門叩《かどたた》き、走り歩《あり》きて、何事《なにごと》にかあらむ、事々《ことごと》しく罵《ののし》りて、足を空《そら》に惑《まど》ふが、暁方《あかつきがた》より、さすがに音無《おとな》く成《な》りぬるこそ、年《とし》の名残《なごり》も心細けれ。亡《な》き人の来《く》る夜《よ》とて、魂祭《たままつ》る業《わざ》は、この頃《ごろ》、都《みやこ》には無《な》きを、東《あづま》の方《かた》には、なほ為《す》る事《こと》にてありしこそ、哀《あは》れなりしか。

兼好が『徒然草』を書いたのは、十四世紀である。「この頃、都には無きを」と『徒然草』にはあるが、和泉式部の生きた十一世紀の初め頃には、大晦日の夜に、亡き人の魂《たましい》が帰って来るという「魂祭《たままつ》り」が、都でも行われていたことがわかる。

それでは、和泉式部の和歌を鑑賞しよう。

「亡《な》き人の来《く》る夜《よ》と聞けど君《きみ》も無《な》し我が住む里や魂無《たまな》きの里《さと》」。今宵、十二月の大晦日の夜は、盂蘭《うら》盆《ぼん》の日と同じように、あの世に旅立っていった人たちの魂が、この世に戻って来ると言われています。私は、もう一度逢いたくて堪《たま》らないあの人、敦道親王の魂《たましい》を必死に探し求めているのですが、見つかりません。私が住んでいるこの場所は、魂が戻って来ることのない、「魂無《たまな》きの里《さと》」なのでしょうか。

この「魂無《たまな》きの里《さと》」であるが、どこかに、こういう地名が実在するのではないようだ。喩えて言えば、こうとでも名づけられるだろう、と和泉式部は言っているのだろう。

敦道親王の魂が還《かえ》って来ない里は、生きている和泉式部の魂も失われている里である。二人で一つと言うか、二人の魂は分かちがたく一つに融け合っていた。それなのに、敦道親王の魂がこの世から永遠に失われた。だから、和泉式部にとって敦道親王の死去は、「自己喪失」、自らのアイデンティティの消滅を意味していたのだった。

次の歌も、『徒然草』と重ねれば、味わいが深まる。

鳴《な》けや鳴《な》け我《わ》が諸声《もろごゑ》に呼子鳥《よぶこどり》呼《よ》ばば答《こた》へて帰《かへ》り来《く》ばかり

「鳴けや鳴け」は、呼子鳥への呼びかけである。曾禰好忠《そねのよしただ》にも、「鳴けや鳴け蓬《よもぎ》が杣《そま》のきりぎりす過ぎ行《ゆ》く秋はげにぞ悲しき」という歌がある。

「我《わ》が諸声《もろごゑ》に」は、敦道親王を偲んで泣いている、私の泣き声と声を合わせて、一緒に鳴きなさい、という意味である。

「呼子鳥《よぶこどり》」に関しては、『徒然草』第二百十段が参考になる。「『喚子鳥《よぶこどり》は、春の物なり』とばかり言ひて、いかなる鳥《とり》とも定《さだ》かに記《しる》せる物なし。ある真言書《しんごんしょ》の中に、喚子鳥《よぶことり》鳴く時、招魂《せうこん》の法《ほふ》をば、行《おこな》ふ次第《しだい》有《あ》り」。

「招魂《せうこん》の法《ほふ》」は、魂を招く修法《しゅほう》、死者の魂を呼び返す宗教的な儀式のことである。密教の真言宗の秘法なのだろう。和泉式部の歌とよく似ている。

『徒然草』を書いた兼好は、和泉式部の和歌をかなり詳しく読んでいたのではないだろうか。

ここで、先ほどの和泉式部の歌の鑑賞に入る。

鳴けや鳴け我が諸声《もろごゑ》に呼子鳥《よぶことり》呼ばば答へて帰り来《く》ばかり

女の耳に、呼子鳥の鳴き声が聞こえている。「呼子鳥」は『万葉集』以来、和歌に詠まれてきたが、具体的に何という鳥を指すかについては、いろいろな説があり、確定していない。

女は、呼子鳥のけたたましい声を聞きながら、自分が声を殺して、心の中で泣き叫んでいた泣き声と、どこか重なるのを感じた。そして、呼子鳥の鳴く時に、今は亡き人の魂を呼び戻すお祈りがある、という言い伝えを思い出した。

自分の泣き声を、加持祈禱《かじきとう》の祈りの声として、敦道親王の魂を呼び戻し、その姿をもう一目《ひとめ》、見てみたいと願ったのである。だからこそ呼子鳥に、「力を貸してほしい。自分と声を合わせて祈ってほしい。そうしたら、あの人にも聞こえて、戻ってきてくれるかもしれない」と呼びかけているのだ。胸に迫るものがある。

次の歌も、亡き人と、もう一度逢いたいという、切ない心を詠んでいる。

月日《つきひ》に添《そ》へて、行方《ゆくへ》も知《し》らぬ心地《ここち》のすれば
死《し》ぬばかり行《ゆ》きて尋《たづ》ねむ仄《ほの》かにもそこに有《あ》りてふ事《こと》を聞《き》かばや

敦道親王が亡くなった当初は、女も、自分のすぐ近くに、まだ敦道親王が生きているように感じていたことだろう。ところが、時間が経《た》つにつれて、あの人が自分の傍《そば》にいて、見守ってくれているという実感が薄れてゆく。詞書の、「月日《つきひ》に添へて、行方《ゆくへ》も知らぬ心地《ここち》のすれば」は、そのような、もどかしい感情を表している。

「死ぬばかり」の歌は、どこか、『源氏物語』の桐壺の巻の歌と似ていないだろうか。桐壺の更衣に先立たれた桐壺の帝《みかど》は、もう一度、更衣に逢いたい、せめて言葉のやりとりをしたいと切望する。帝の歌。

尋《たづ》ねゆくまぼろしもがな伝《つて》にても魂《たま》のありかをそこと知《し》るべく

「まぼろし」は「幻術士」で、魔法使いのこと。死者の世界まで、亡き桐壺の更衣の居場所を探し回ってくれる魔法使いがいたらなあ。直接に話ができなくても、人伝《ひとづて》にでも、魔法使いを介して、亡き更衣の魂が、今、どこにいるかがわかるだろうから。

桐壺の帝《みかど》の歌は、玄宗皇帝が、死せる楊貴妃の魂《たましい》のありかを、魔法使いに求めさせたという『長恨《ちょうごん》歌《か》』を踏まえている。

ちなみに、桐壺の更衣の名前は、『源氏物語』には書かれていない。むろん、ほかの登場人物たちの名前も、いわゆる「源氏名《げんじな》＝綽名《あだな》」であり、本名ではない。けれども、室町時代には、彼女の名前を「玉《たま》」、あるいは「玉子《たまこ》」ではないかとする説があった。帝の歌を、もう一度、読んでみよう。「尋ねゆくまぼろしもがな伝《つて》にても魂《たま》のありかをそこと知るべく」。「たまのありか」が、「魂《たましい》のありか」という意味の上《うえ》に、「玉さんの今の居場所」を掛詞にしているという説である。面白い説だと思う。

『源氏物語』は「作り物語」であるから、亡き恋人を思う場面は、虚構の産物である。けれども、和泉式部は、恋人と現実に死に別れている。そして、現実に自分が感じている思いを歌った。

死《し》ぬばかり行《ゆ》きて尋《たづ》ねむ仄《ほの》かにもそこに有《あ》りてふ事《こと》を聞《き》かばや

初句の「死ぬばかり」が、この歌の要《かなめ》である。いわゆる「字眼《じがん》」（ジゲン、とも）である。『長恨歌』の玄宗皇帝は、愛する楊貴妃と死に別れた時に、人間の世界と死者の世界を自由に往復できる「まぼろし」に、自分の代わりに行ってもらった。『源氏物語』の桐壺の帝《みかど》も、そうしたいと歌った。

和泉式部の「死ぬばかり」という言葉は、自分は死ぬばかりに悲しんでいます、という意味だけではないだろう。

自分は、敦道親王のいない「この世」に生きながらえる執着心が、もはや、残っていない。「死ぬばかり」は、自分の命が失われても良いから、代理人ではなく、自分自身で、死者たちの住む世界に出かけてみたい、という覚悟を表している。実際に逢えなかったとしても、かすかに、あの人の居場所を「そこにいる」とでも聞ければよい。この必死さが、読者の心に迫ってくる。そこに、和泉式部の和歌の魅力がある。彼女は、和歌を詠むことで、人間存在の核心に迫り得ている。天性の歌人なのだった。

和泉式部は、生きながらにして、死者たちの魂が集《つど》うもう一つの世界に、足を踏み入れている。次の歌も、そういう不思議な感覚を歌っている。

つくづく、ただ惚《ほ》れてのみ覚《おぼ》ゆれば
はかなしとまさしく見《み》つる夢《ゆめ》の世《よ》を驚《おどろ》かで寝《ぬ》る我《われ》は人《ひと》かは

詞書の「つくづく」には、「精神を集中させて」という意味と、「心が沈んで」という意味とがあるが、ここでは後者のほうの意味だろう。「ただ惚《ほ》れてのみ覚ゆれば」の「惚れて」は、ぼんやりして、くらいの意味。要するに、自分が自分であるという確信が失われたのである。

和泉式部は、「敦道親王を愛している自分」、そして、「敦道親王から愛されている自分」という人間関係の中に、自分のアイデンティティを見出《みいだ》していた。それが、敦道親王の死去によって消滅したのである。死せる敦道親王が、生ける和泉式部の魂を、あの世に持って行ってしまった。

けれども、ぼんやりした、虚《うつ》ろな精神状態では、「五七五七七」の和歌は詠めないはずである。彼女は、必死に精神を集中させて、歌を詠んだ。


はかなしとまさしく見つる夢の世を驚かで寝《ぬ》る我は人かは

「はかなし」は、「まさし」の反対概念である。人の命は儚《はかな》い、ということを、和泉式部は、愛する敦道親王の死去を目《ま》の当たりにして、「まさしく」、確実に理解した。つまり、仏教の言う「無常」、この世に存在するすべてのものは変化して止《や》まない、という教えを、はっきりと理解できたのである。

けれども、そう理解したつもりでも、実際の和泉式部は、「夢の世を驚かで寝《ぬ》る」という状態から抜け出すことができないでいる。「驚く」は、夢から覚めること。「夢」とは、この世は永遠である、命も恋愛も、永遠のものだとする、迷いの心を意味している。

親王の死去によって、あれほど悲しい無常という現実を、突きつけられたのに、自分はともすれば、まだ自分の生きている世界が永続するなどと、目を覚まさないで、つまり、「驚かで」、驚くことなく覚醒できないままでいる。

「驚く」と「寝《ぬ》／寝《ぬ》る」も、反対語である。

そういう中途半端な自分に対して、和泉式部は、「我は人かは」、自分は果たして「人間」だと言えるだろうか、と問いかけたのである。

敦道親王の死を、自分は受け容れることができない。まだ、自分があの世に足を踏み入れて、敦道親王の魂のありかを尋ねたいと思ったり、敦道親王の姿がもう一度、この世に蘇ってこないかと願ったりしている。自分は、悟りと迷いの二つの世界を、行ったり来たりしている。

そういう自分は、本当に、この世を、「生きている」と言えるのだろうか。そのことを、和泉式部は自問自答している。むろん、答えは、みつからない。

この「自問自答」というスタイルは、後に、西行が和歌でさかんに試みることになる技法である。和泉式部の和歌の思索性・思弁性は、西行につながるのだと思う。

次の歌も、西行の世界を先取りしているように感じる。

世《よ》の中《なか》を、ひたすらに、え思《おも》ひ離《はな》れぬ躊躇《やすらひ》に
我住《われす》まばまた浮雲《うきぐも》もかかりなむ吉野《よしの》の山《やま》も名《な》にこそあらめ

敦道親王との死別を契機として、和泉式部は、世の無常を痛感した。『和泉式部日記』にも、彼女は、もともと出家願望や隠遁志向が強かった、と書かれてあった。

だから、亡き敦道親王の菩提を弔うと同時に、自分自身の真実の生き方を摑み取るために、「出家」という選択肢があることを彼女は強く意識している。けれども、いざとなると、なかなか出家に踏み切れない。そのことを、詞書では、「世の中を、ひたすらに、え思ひ離《はな》れぬ躊躇《やすらひ》に」と書いている。「ひたすらに」は、「ひたすらには」の意味で、俗世間を厭いつつも、完全には捨てきれない迷いや、ためらいを、「え思ひ離《はな》れぬ躊躇《やすらひ》」と表現している。

我住《われす》まばまた浮雲《うきぐも》もかかりなむ吉野の山も名《な》にこそあらめ

「吉野の山」は、俗世間を逃れ出た出家者が、多く住む場所である。西行も、吉野に庵を結んだ。和泉式部の歌では、「吉野の山」の「よし」が、「良し」、つまり「住みよい」という意味の掛詞になっ

ている。「住みよい」、住みやすいという名前を持つ「吉野の山」は「名のみなりけり」、名前だけであって、出家して、吉野の山に遁《のが》れ住んでも、それで万事めでたしというわけにはゆかない、というのである。

その理由を説明しているのが、上の句の「我住《われす》まばまた浮雲《うきぐも》もかかりなむ」という部分である。「浮雲＝うきぐも」は、空に浮かんだ雲、吉野の山にかかっている雲のほかに、もう一つ、「うき」という音からの連想で、「憂《う》き」、つらい、という意味が掛詞になっている。吉野の山が、どんなに清らかに見える宗教的な聖地であったとしても、人間の世界に存在しているかぎり、人がこの世で生きることの「つらさ」からは、逃れられないだろう、というのである。そのことを知っているから、和泉式部は出家できないのだ。

こういう引き裂かれた心もまた、西行の和歌の特色と言える。和泉式部が「男西行《おとこ》」なのか、西行が「女和泉式部《おんな》」なのか。

ここで、私が強調したいのは、和泉式部の和歌に、「掛詞」という技巧が駆使されている点である。「うきぐも」の「うき」や、「吉野の山」の「よし」が、掛詞なのだった。こういう技法、レトリックを、ただの「言葉遊び」だとして、低く見る立場がある。

私は、そうではないと思う。たとえば、掛詞を意識的に用いた歌人に、小野小町がいる。彼女の代表作は、『小倉百人一首』に選ばれている。

花《はな》の色《いろ》はうつりにけりないたづらにわが身世《みよ》にふるながめせしまに

「世にふる」の「ふる」が、雨が「降る」と、時間が経過するという意味の「経《ふ》る」の掛詞である。また、「ながめ」が、降り続く「長雨《ながめ》」と、ぼんやり物思いに耽るという意味の「眺め」の掛詞である。加えて、「花の色」が、桜の花びらの色に、小町の美しい顔を重ね合わせている。

けれども、掛詞という技巧を駆使しているからと言って、この歌の感動が薄れることは絶対にない。むしろ、「五七五七七」の、たった三十一音にこめられた、女心の痛みが、二倍の六十二音にも、三倍の九十三音にも感じられる。掛詞を用いることで、和歌の世界が二倍にも三倍にも拡大し、読者が一首の和歌から感じ取るイメージも大きくなり、それだけ感動が深まるのである。

和泉式部は、亡き敦道親王を思って、百二十二首ものレクイエムを詠んだ。その一首一首に、掛詞などの和歌のレトリックが駆使されている。百二十二首も詠んだから、一首一首には、それほど技巧を駆使しなくても良いではないか、などとは、和泉式部は考えなかった。一首の中には、何首分もの「悲しみ」と「痛み」が封じ込められている。

和泉式部は、悲しみの極致である、和歌という美しい結晶体を、敦道親王の亡き魂に献じようとしたのではないだろうか。

次の歌は、「枕詞」というレトリックを用いている。

三月《やよひ》、徒然《つれづれ》なる人《ひと》の許《もと》に、哀《あは》れなる御事《おんこと》など言《い》ひて
菅《すが》の根《ね》の長《なが》き春日《はるひ》も有《あ》るものを短《みじか》かりける君《きみ》ぞ悲《こひ》しき

「菅《すが》の根《ね》の」が「長き」にかかる枕詞である。

歌の意味を考える前に、詞書を説明しておこう。「三月《やよひ》、徒然《つれづれ》なる人の許《もと》に、哀れなる御事《おんこと》など言ひて」。「哀れなる御事」は、亡き敦道親王についての思い出話である。「徒然《つれづれ》なる人の許《もと》に」とは、和泉式部が歌を贈った相手に関する説明である。「徒然《つれづれ》」は、これと言ってすることが何もなく、所在がないこと。

おそらく、この「徒然《つれづれ》なる人」は、和泉式部が敦道親王の屋敷で暮らしている時に、宮に仕えていた女房で、宮が亡くなったので、屋敷を下がって、実家で所在なく時間を過ごしている女性なのではなかろうか。もしかしたら、『和泉式部日記』に登場した「宣旨《せんじ》」という女房かもしれない、などと想

像をたくましくしたりしている。

この歌を詠んだ「三月《やよひ》」、旧暦の三月は、晩春なので、「長き春日《はるひ》」という言葉が連想されて、それを基点として和歌が紡ぎ出されたのである。

長い日《ひ》がな一日《いちにち》、することもなく、亡き宮を思い出して涙に暮れている自分の苦しさを、和泉式部は敦道親王の思い出を共有している人に対してぶつけたのだろう。


菅《すが》の根の長き春日《はるひ》も有《あ》るものを短《みじか》かりける君ぞ悲しき

「短《みじか》かりける君」という言葉には、命がとても短かった、短すぎた、という嘆きが、込められている。「君《きみ》」は、数えの二十七歳で死去した敦道親王を指す。

亡き宮の「短い命」を嘆く和泉式部は、その反対の「長すぎる物」を二つ、思い浮かべた。一つは、春の日が暮れるまでの時間。もう一つは、「菅《すが》の根」。ヤマスゲの根っこは、長いうえに、細《こま》かく分かれていて、土にしっかりとからみついている。私は、ヤマスゲの根っこは、長い命だけでなく、この世にしっかりと根を張って堅実に生きる生き方を、象徴しているのだと思う。

「菅《すが》の根の」は「長き」にかかる枕詞である、という辞書的な説明で満足せずに、「菅の根」のように現実的な生き方ができる、どっしりした人間の比喩であると考えよう。敦道親王は、どこかとらえどころがなく、ふわふわした、夢のような心の持ち主だった。その敦道親王を身近に見ていた、そして愛していた和泉式部ならではの悲しみを、この歌から感じ取ることができる。

どうして敦道親王は、何があっても自分は生き抜くぞという、しぶとい、したたかな生き方ができなかったのだろうか。そのことが、和泉式部には悔やまれてならない。その切なさを、自分一人の心に仕舞《しま》っておけずに、元の同僚、女房仲間に訴えたのだろう。その悲しみは、二十一世紀を生きる私たちにも届く。枕詞が生きているからである。

さらに、和泉式部が詠んだ敦道親王を偲ぶ挽歌《ばんか》を味わいたい。『和泉式部集・続集』に収められている歌群である。

亡き人を偲んで家の中に籠もることを「喪《も》に服《ふく》す」と言う。喪の期間に着ている服が、「喪服」である。喪服には、華やかな色を避けるので、黒ないし灰色が普通である。愛する人と死別した人は、喪服を着て、外出などもせずに、部屋に籠もって供養の日々を送る。けれども、いつまでも喪に服したくても、四十九日《なななぬか》や一周忌が過ぎると、喪服を脱がねばならなくなる。

和泉式部にも、敦道親王のため着ていた喪服を脱ぐ時が来た。

御服《おんぷく》、脱《ぬ》ぎて

限《かぎ》りあれば藤《ふぢ》の衣《ころも》は脱《ぬ》ぎ捨《す》てて涙《なみだ》の色《いろ》を染《そ》めてこそ着《き》れ

詞書の「服《ぷく》」は、もちろん喪服のこと。「御服」の「御」は、亡き敦道親王に対する尊敬の気持ちを表している。宮様の追善のために着ている喪服を、女が脱ぐ日に、その気持ちを詠んだ歌、というのが、詞書の意味である。

歌の初句「限りあれば」には、女の深い悲しみが込められている。「決まりがあるので」というのが、直訳。人間としての悲しみには終わりがないのだが、世の中には「しきたり」というものがある。しきたりとして、喪服を着ていなければならない日数や、これ以上は喪服を着てはいけない、という限度があるのだ。

限りあれば藤の衣《ころも》は脱ぎ捨てて涙の色を染めてこそ着《き》れ

「藤の衣」の元々の意味は、粗末な藤の蔓《つる》で編んだ衣服のことである。実際には、藤の蔓で編んだものではなく、「墨染衣《すみぞめごろも》」と同じ意味で用いられる。決まりがあって、いつまでも黒い喪服を着ているわけにはゆかず、とうとう喪服を脱がなければならない時期が来てしまった。そうなると、色鮮やかな普通の服を着て過ごすようになる。

和泉式部は、赤い、紅《くれない》の着物を着たのだろう。その瞬間、彼女は、はっとした。「紅涙《こうるい》」、「血涙《けつるい》」という言葉を連想したからである。涙は透明なものだが、悲しみの涙が尽きた時に、赤い涙が溢れてくる、という言い伝えがある。「涙の色を染めてこそ着《き》れ」とあるのは、黒い喪服を着続けられない切なさを強調・誇張している。亡き敦道親王を偲ぶ悲しみで、血の涙が目から溢れ、それをぬぐった袖は真っ赤に染まった、と言っているのである。

さて、和泉式部の敦道親王に寄せたレクイエムの中には、連作されたものがある。この連作の方針を述べたのが、次の一文である。

徒然《つれづれ》の尽《つ》きせぬままに、覚《おぼ》ゆる事《こと》を掻《か》き集《あつ》めたる、歌《うた》にこそ似《に》たれ。
昼忍《ひるしの》ぶ、夕《ゆふ》べの眺《なが》め、宵《よひ》の思《おも》ひ、夜中《よなか》の寝覚《ねざめ》、暁《あかつき》の恋《こひ》
これを書《か》き分《わ》けたる。

ちなみに、『和泉式部日記』には、私が「歌文《かぶん》」、「歌を含んだ文章」と名づけた、不思議な文体で書かれた部分があった。『新訳和泉式部日記』を参照していただきたいが、「暁起《あかつきお》き」、暁の心に湧き起こった感動を、詩と散文の融合した文体で書き綴ったものだった。

これから読み進める和泉式部の和歌は、散文ではなく、「五七五七七」の定型詩なのだが、歌と散文とが融け合ったような雰囲気を保っている。つまり、物語的なのである。

「徒然《つれづれ》の尽きせぬままに、覚《おぼ》ゆる事を掻き集めたる、歌にこそ似たれ」。敦道親王と死別したあと、女は所在なく、心が「ここ」にはないような感覚で暮らしてきた。そういう日々の中で、ふと心に浮かんできたことを、そこはかとなく書き記してみた。

その紙が随分たくさん貯《た》まったので、かき集めて読み返してみると、それらは「歌」によく似ていた。自分では、「五七五七七」の和歌を詠んだという意識はなかったのに、無意識のうちに口をついてきた言葉を紙に書き写してみたら、それらは和歌だった。その驚きを、「歌にこそ似たれ」と表現している。無意識の手慰みが、本心を明らかにするという点では、「手習《てなら》い」という言葉に近い。

それらの、歌ではないような歌を読み返すと、時間ごとのまとまりがあるように思えてきた。それで、時間帯ごとに、「昼忍ぶ」「夕べの眺め」「宵の思ひ」「夜中の寝覚」「暁の恋」の五つに分類して、清書することにした。

これらは、「歌であることを意識しなかった歌」、つまり、「歌ではないような歌」である。まず、「昼忍ぶ」、夜だけでなく、昼間も亡き敦道親王を忍んでいる、というテーマを鑑賞したい。九首の中から、二首を紹介しよう。

まずは、喪服の歌。

昼忍《ひるしの》ぶ

闇《やみ》にのみ惑《まど》ふ身《み》なれば墨染《すみぞめ》の袖《そで》はひるとも知《し》られざりけり

「墨染の袖」とあるから、女が宮様のための喪服を、まだ着ている時に詠んだ歌である。「闇にのみ惑ふ」とは、昼も夜も嘆き続けているので、「昼夜の区別がなく、心は闇のように、ずっと真っ暗である」という意味。「闇にのみ」の「のみ」で、一瞬たりとも、明るい希望の光は見えない、という悲しみの深さを強調している。

「墨染《すみぞめ》の袖はひるとも知られざりけり」。ここには、掛詞が用いられている。「ひるとも」の「ひる」が、「昼《ひる》・夜《よる》」の「昼《ひる》」と、濡れた物が乾《かわ》くという意味の「干《ひ》る」を掛けている。

女は、夢うつつの心理状態で「歌ではないような歌」を詠んでいるのだから、意識的に技巧を凝らしたのではない。自然に口をついて出て来た言葉が、たまたま掛詞だったのである。「袖はひるとも知られざりけり」。私の袖は、一日中、宮様を恋うる涙でびっしょりです。普通の人ならば、夜に泣いて濡れた袖が、昼間《ひるま》にお日様の光で乾くのでしょうが、私の袖は昼間《ひるま》ですらも「干《ひ》る」、つまり乾くことがありません。私は、毎日、昼間《ひるま》のない、明るい光の射さない、暗闇の世界で生きています。……

この闇《やみ》の裏返しとして、輝かしい敦道親王の生前の姿があるのだろう。「闇」や「墨染」という暗さを強調すればするほど、生前の敦道親王の輝きが浮かび上がってくる。

次の歌にも、自然な掛詞が使われている。

昼忍《ひるしの》ぶ

君《きみ》なくていくかいくかと思《おも》ふ間《ま》に影《かげ》だに見《み》えで日《ひ》をのみぞ経《ふ》る

「いくかいくか」という言葉続きが、まことに斬新である。ここには、「何日《なんにち》も」という意味の「幾《いく》日《か》」という言葉が、基本にある。その上に、「生きているか」という意味の「生《い》くか」が掛けられている。この歌を訳しておこう。

《あなたが、この世の人でなくなってから、もう何日《なんにち》だろうか、もう何日経《た》っただろうかと、私は毎日、思い続けています。私は、ずっと、宮様の魂に、「もう一度生き返ってほしい、生きているお姿をもう一度、私に見せてほしい」と願い続けてきました。

けれども、あなたのお姿を、ほんの少しでも、幻ですら見ることもなく、空しく時間だけが過ぎてしまったことです。》

「影だに見えで日をのみぞ経《ふ》る」とあるが、この歌を詠んだ和泉式部の目には、敦道親王の幻が、いや生前の姿が、はっきりと浮かんでいたのではなかろうか。恋の力で、歌の力で、そして言葉の力で、敦道親王を蘇らせたいという祈りが、この歌から感じられる。

次に、「夕《ゆふ》べの眺《なが》め」九首の中から、三首を紹介しよう。「眺め」は、目に映る光景という意味のほかに、「物思いに耽る」という意味もある。黄昏《たそがれ》の景色を眺めながら、和泉式部は敦道親王のことを偲んでいる。

まず、「風」の歌。

夕《ゆふ》べの眺《なが》め

夕暮《ゆふぐ》れはいかなる時《とき》ぞ目《め》に見《み》えぬ風《かぜ》の音《おと》さへ哀《あは》れなるかな

「夕暮れはいかなる時ぞ」。これは疑問文の構文である。黄昏時《たそがれどき》って、どんな時間帯なのかしら。ただし、この疑問文は、「黄昏時《たそがれどき》って、不思議な時間帯だなあ」という感嘆文にも近い。夕暮れの不思議さの理由を述べたのが、「目に見えぬ風の音《おと》さへ哀れなるかな」という部分である。

風は、目には見えない。だから、実在しない物、存在しない物のように、ともすれば人間は考えがちである。けれども、風は、目には見えなくても、木々をそよがせたり、人間の衣服を吹き返したりして、音を立てる。その風の音が、むしょうに心に沁みるのだ。

風は、一日中、吹いているのだけれども、夕暮れには、ことのほか心に響く。なぜかと言えば、敦道親王が元気だった頃には、夕暮れともなると、宮がお越しになるのではないかと期待して、牛車の音などに耳を傾けていた過去が和泉式部にはあったからだ。

夕暮れは、和泉式部の感受性、特に聴覚が、最も研《と》ぎ澄まされる時間帯だった。だからこそ、宮が亡くなった今でも、風の音を、宮がお越しになった気配かしら、などと思ってしまうのである。

次の歌も、夕暮れに女が男の訪れを「待つ」ことを、テーマにしている。

夕《ゆふ》べの眺《なが》め

類《たぐ》ひなく悲《かな》しきものは今《いま》はとて待《ま》たぬ夕《ゆふ》べの眺《なが》めなりけり

平安時代の結婚形態は、夕暮れになると男が女の家にやって来て、明け方、男が女の家を後にする、というものだった。「妻問婚《つまどいこん》」と言われる。だから、夕暮れ時は、男が来るのを女が待つ時間帯なのである。男が何日も来《こ》ない日が続くと、夕暮れ時の女の嘆きは深まる。『和泉式部日記』には、そのような夕暮れが幾度となく書かれていた。

「男を待つ苦しみ」は、自分と関係している男性の存在を、前提としている。けれども、今の和泉式部には、もはや夕暮れに来てくれる男はいない。そうなってみると、夕暮れに男を待つ苦しみは、必ずしも自分にとって不幸ではなかった、という真実に気づいたのである。あの頃の自分には、まだ、やって来ない男を恨むこともできたし、そのことを歌で本人に訴えることもできた。今は、もう男が来ない夕暮れしか残っておらず、それがこれからずっと続いてゆく。

このような気持ちで、和泉式部の歌は詠まれたのだった。

類《たぐ》ひなく悲しきものは今はとて待たぬ夕べの眺めなりけり

「今はとて待たぬ夕べ」は、「待てぬ夕べ」、待っていても何の甲斐も無《な》い夕べ、という意味である。「類《たぐ》ひなく悲しきものは」とあるのは、敦道親王が生きていた時には、訪れの無い夕暮れが悲しくてたまらなかったけれども、亡くなった今となっては、待つ苦しみのない今こそが、比類なく苦しいのだという事実に気づいて愕然となった、ということである。

次の歌では、敦道親王の埋葬されているお墓を思いやっている。

忘《わす》れずは思《おも》ひ起《お》こせよ夕暮《ゆふぐ》れに見《み》ゆれば凄《すご》き遠《をち》の山影《やまかげ》

夕《ゆふ》べの眺《なが》め

第五句の「をちの山影」の「をち」は、遠いという意味。あるいは「とほのやまかげ」と読むのかもしれないが、日本語としては「をち」であろう。

敦道親王は、「木幡《こはた》」に葬られた。「こわた」とも発音する。木幡《こはた》は、都から宇治に向かう途中にある。都から見たら、南、正確には東南の方角に位置している。この歌では、和泉式部が南の方向を眺めやった、ということだろう。

その木幡山《こはたやま》の中に、敦道親王は眠っている。敦道親王が眠る山は、敦道親王その人である。だからこそ、和泉式部は、都の南のほうの山を、敦道親王その人、あるいは敦道親王の魂と思って呼びかけるのだ。「忘れずは思ひ起こせよ」と。

私のことを、もしも忘れていなければ、ぜひ、私のことを思い出して下さいな。……

「夕暮れに見ゆれば凄《すご》き遠《をち》の山影」。「見ゆれば」は、意識的に見ようとして見たのではなく、偶然に女の目に入ってきた、というニュアンス。敦道親王のいない日々を、所在なく生きていた和泉式部は、ある夕べ、ふと都の南のほうの、遠い山並《やまな》みを眺めていた。すると、その山並みが「凄《すご》く」感じられたのである。

形容詞の「凄《すご》し」には、ぞっとするほど恐ろしい、ぞっとするほど美しい、ぞっとするほど寂しい、などの意味がある。「ぞっとする」が本来の意味である。女は、山並みを見ているうちに、なぜか鳥肌が立つように、全身がぞくぞくっとしてきた。

そして、はっと気づいた。あれは木幡山だ。あの山の中に、亡き敦道親王が眠っている。あの山は、敦道親王その人だ。……

そう思ったからこそ、遠くの山に向かって、女は呼びかけたのだ。「忘れずは思ひ起こせよ」、と。

次は、「宵《よひ》の思《おも》ひ」に入る。「昼」「夕べ」と来て、「宵」になる。宵の次は、「夜中《よなか》」、そして「暁《あかつき》」となる。宵は、夕べと夜中《よなか》の間《あいだ》の時間帯である。
「宵の思ひ」の最初は、鐘の音を歌っている。

宵《よひ》の思《おも》ひ
人知《ひとし》れず耳《みみ》に哀《あは》れと聞《き》こゆるは物思《ものおも》ふ宵《よひ》の鐘《かね》の音《おと》かな

『平家物語』に、「待宵《まつよい》の小侍従《こじじゅう》」という渾名《あだな》で呼ばれた歌人が登場する。彼女は、「男が訪れる宵を待つ女の気持ち」と、「男が帰ってゆくのを見送る、朝の女の気持ち」とでは、どちらが切ないだろうかと質問されて、歌で返事した。

待《ま》つ宵《よひ》のふけゆく鐘《かね》の声《こゑ》きけば飽《あ》かぬ別《わか》れの鳥《とり》は物《もの》かは

「朝、もっと一緒にいたいと女が思っているのに、男が帰ってしまうのは切ないものです。けれども、男の来るのを待つ女が、夜更けて一人で鐘の音を聞く気持ちと言ったら、朝の切なさとは比べようがなく悲しいものです」、と答えたのである。

和泉式部も、敦道親王の来ない夕暮れが、宵になり、夜中になってゆく。その宵の鐘の音を、悲しく聞いたことが、何度もあったはずだ。

今、敦道親王は亡くなっているので、訪れがあろうはずはない。でも、ふと、宵の鐘の音を聴くと、和泉式部ははっとして、自分は今、敦道親王がこの世の人ではないことを忘れていた、そして、宮様の訪れを待っていたことに気づいたのである。

「人知れず耳に哀れと聞こゆるは」。ほかの人は、どうなのかはわからない。ほかならぬ、この私にとっては、宵の鐘の音を聴くと、亡き宮様が忍ばれる、というのだ。

次の歌は、「稲妻」を歌っている。

宵《よひ》の思《おも》ひ
慰《なぐさ》めて光《ひかり》の間《ま》にも有《あ》るべきを見《み》えては見《み》えぬ宵《よひ》の稲妻《いなづま》

「稲妻」は、稲光《いなびかり》、雷《かみなり》の光のこと。一瞬、閃《ひらめ》いて、すぐに消えることから、はかないもの、短い命の比喩として用いられる。

ちなみに、平安時代の歌人に、源順《したごう》がいる。『竹取物語』や『うつほ物語』の作者ではないかとする説があるほどの文化人だった彼に、稲妻を詠んだものがある。

世《よ》の中《なか》を何《なに》に喩《たと》へむ秋《あき》の田《た》をほのかに照《て》らす宵《よひ》の稲妻《いなづま》

この歌は、作者である源順が、わずか二か月のあいだに、四歳の娘と、五歳の息子に、相次いで先立たれた悲しみを歌っている。「宵の稲妻」が、二人の子どもたちのはかない命の比喩になっているのである。

敦道親王は、二十七歳で亡くなった。三歳年上だった和泉式部から見て、敦道親王の若すぎる死は、惜しまれてならない。彼の命は、まさに「宵の稲妻」だった。

さて、和泉式部の歌である。

「慰めて光の間《ま》にも有るべきを見えては見えぬ宵《よひ》の稲妻」。下《しも》の句の「見えては見えぬ宵《よひ》の稲妻」は、夜の稲光が、一瞬光って見えたかと思うと、すぐに消えて見えなくなる、という意味。

上《かみ》の句の「慰めて光の間《ま》にも有《あ》るべきを」は、亡き親王の面影が、もしも光り輝く稲妻の光、電光の中に浮かんで長く残っているのならば、自分の心は慰められるのだけれども、すぐに消えてしまうので、つらいままである、という悲しみを歌っている。

次の歌からは、「夜中《よなか》の寝覚《ねざめ》」になる。

和泉式部は、敦道親王と死別した。だが、その後も、亡き宮に恋をし続けている。生きている人間と、死んだ人間とは、うつつに逢うことができない。けれども、女は諦めることなく、男を恋い続けている。だから、「夜中の寝覚」の歌が、詠まれたのである。九首の中から二首を鑑賞しよう。

最初の歌は、和泉式部と敦道親王の二人の間では、秘密の合い言葉だった「手枕《たまくら》の袖《そで》」を連想させる「手枕」という言葉が使われている。

夜中《よなか》の寝覚《ねざめ》
物《もの》をのみ思《おも》ひ寝覚《ねざめ》の床《とこ》の上《うへ》に我《わ》が手枕《たまくら》ぞ有《あ》りて甲斐《かひ》なき

『和泉式部日記』には、和歌には素人である敦道親王が詠んだ、奇蹟的な名歌が記されていた。

時雨《しぐれ》にも露《つゆ》にもあらで寝《ね》たる夜《よ》も奇《あや》しく濡《ぬ》るる手枕《たまくら》の袖《そで》

これは、『和泉式部日記』の「冬の恋」の最初に置かれている名歌であった。男と女が共寝して、相手の袖を、自分の頭に敷いている。気づいてみると、袖が湿っていた。冬に降る冷たい時雨でもなく、夜露《よつゆ》や朝露でもなく、先行きの見えない苦しい恋ゆえにこぼした涙で、手枕の袖が濡れていた、と宮は詠んだのだった。

「苦しい恋だからこそ、二人で力を合わせて、理想の恋を作ってゆきましょう」、と宮は訴えたのである。その宮は、もはやこの世の人ではない。二人の恋は、現実には既に終わっている。けれども、恋は、一人の人間の心が、別の対象へと、矢のように一直線に飛んでゆく行為である。生ける和泉式部から、死せる敦道親王へと、恋する心が、まるで矢のように飛翔してゆくのだ。

ここで、和泉式部の「夜中の寝覚」の歌の鑑賞に入る。

物をのみ思ひ寝覚の床《とこ》の上に我《わ》が手枕《たまくら》ぞ有りて甲斐なき

どんなに逢いたいと思っても、逢えないあの人を思いながら、幸福だった昔のことを思い返しながら、女は眠ろうと努める。思い返せば、親王がまだ生きていて、たまに訪れてくれた頃も、女は必ずしも「幸福」ではなかった。

でも、今、夜中に目覚《めざ》めて、「自分は一人きりになったのだ。もう互いの手枕《たまくら》を交《か》わすことはできなくなったのだ」と痛感した女は、宮が生きていた頃は、それでもまだ幸福だったなあ、と思い返すのだった。独《ひと》り寝《ね》の今は、「片敷《かたしき》の袖」を敷くしかない。

自分の頭を自分の袖に当てて寝ている今も、袖は自分の涙で濡れているが、それは、「有りて甲斐なき」ものである。自分の頭の下にあって欲しいのは、宮の袖である。自分の袖など、あってもなくても同じようなものだ。

自分の袖が「有りて甲斐なき」ものであるならば、自分という人間もまた、「有りて甲斐なき」、生きていても、生きていなくても、どっちでもよい存在ということになる。和泉式部は、自分という人間の存在の根源を疑ってやまない、懐疑論者だったのではないだろうか。

次の歌は、私の好きな歌である。

夜中《よなか》の寝覚《ねざめ》

寝覚《ねざめ》する身《み》を吹《ふ》き通《とほ》す風《かぜ》の音《おと》を昔《むかし》は耳《みみ》のよそに聞《き》きけむ

まず、身を「吹き通す」という上《かみ》の句《く》の表現が、新鮮に聞こえる。ある言葉が、長い歴史を持つ和歌で、どのように用いられているかを知りたい時には、『国歌大観《こっかたいかん》』という書物を参考にするとよい。その『国歌大観』、正確には『新編国歌大観』には、古典和歌のほとんどすべてが網羅されているうえに、索引がある。その索引で調べると、『古今和歌集』から始まる二十一の勅撰和歌集の中で最も古い用例が、この和泉式部の歌だということがわかる。藤原定家たちが撰《えら》んだ『新古今和歌集』に入っている。定家たちも、この歌が秀歌だと認めたのである。

勅撰和歌集に選ばれている「吹き通す」の用例の二つ目は、伏見院の歌である。

星清《ほしきよ》き夜半《よは》の薄雪空晴《うすゆきそらは》れて吹《ふ》き通《とほ》す風《かぜ》を梢《こずゑ》にぞ聞《き》く

『玉葉和歌集』の歌である。この『玉葉和歌集』は、叙景歌に優れているとされる。伏見院の歌も叙景歌である。その下《しも》の句《く》に、「吹き通す風を梢にぞ聞く」とある。

和泉式部の歌を、もう一度、記しておこう。

寝覚する身を吹き通す風の音《おと》を昔は耳のよそに聞きけむ

この歌で、「耳のよそに聞きけむ」とあるのは、昔は、自分の耳に入らない場所、つまり、部屋の外、具体的には庭や遠くの山の「木々の梢」に吹くのが風である、と決めつけていたのである。ところが、今、和泉式部が、夜中に目覚めると、外を吹いている風が、部屋の中まで入ってきて、自分の身体《からだ》を貫いて通り抜け、吹きすぎてゆくように感じられた。昔は、風を、自分とは無縁のものだと思い込んでいたのに。

伏見院の歌の見事な叙景歌は、和泉式部の哀切な恋歌を踏まえ、本歌取りして、なおかつ、見事な風景画として完成させたもののように思えてならない。

ただし、『新古今和歌集』の詞書では、この『和泉式部日記』の歌は、「敦道親王」を偲ぶレクイエムではなくて、その兄である「為尊《ためたか》親王」を偲んで詠まれた、と説明してある。兄と弟、二人の親王に相次いで先立たれた和泉式部の嘆きは、二度繰り返されたので、後の時代の人々には、どの宮様との恋愛を振り返っているのか、わかりにくくなっていたのである。また、『新古今和歌集』では、「耳のよそ」の部分が「袖のよそ」となっている。私は、「耳のよそ」という表現のほうを好む。

いずれにしても、この和泉式部の歌は、近代短歌や現代短歌にも通じる新しさを感じさせてくれる。

次の歌は、「暁の恋」である。

暁《あかつき》の恋《こひ》

夢《ゆめ》にだに見《み》で明《あ》かしつる暁《あかつき》の恋《こひ》こそ恋《こひ》の限《かぎ》りなりけれ

「恋の限りなりけれ」という表現のボルテージが、まことに高い。

中世の『新古今和歌集』を代表する歌人に、慈円《じえん》がいる。藤原氏の摂関家に生まれ、出家して比叡山延暦寺のトップ、天台座主《てんだいざす》に昇りつめた。『愚管抄《ぐかんしょう》』という歴史評論の作者としても有名である。その慈円に、興味深い歌がある。

暮《く》れて行《ゆ》く秋《あき》のあはれの有明《ありあけ》は尽《つ》きせぬ恋《こひ》の限《かぎ》りなりけり

秋の終わりは、ただでさえ、もの悲しい季節である。「有明は尽きせぬ」の「尽き」の部分には、有明の「月」が掛詞になっているのだろう。この歌では、男が、女のもとから、朝、戻る途中で、空に残っている有明の月を眺める時の心が、「恋の限りなりけり」だと認定されている。

慈円は、和泉式部の歌を念頭に置いて、この歌を詠んだのではないか。和泉式部が、恋する男と、もはや逢うことのかなわぬ女の絶望を「恋の限り」、恋の極致と認定したのに対して、男の側も悲しいのですよ、と慈円は言っている。

けれども、この勝負は、和泉式部の勝ちだと思う。「夢にだに見で明かしつる暁の恋こそ恋の限りなりけれ」。「夢にだに見で明かしつる」という上《かみ》の句《く》に込められた女の嘆きには、深いものがある。

敦道親王が亡くなって暫くは、和泉式部は、夜になっても一睡もできず、起きたままで朝になったことだろう。

次の段階では、女は少しは眠れるようになり、その夢の中に亡き宮が現れたことだろう。そのことで、目が覚めた女は、心を掻きむしられるほど、苦しかったに違いない。

さらに時間が経《た》つと、女の夢の中には、あれほど思い思われていた敦道親王が現れなくなる。暁になって、はっと目覚めた女は、今夜の夢でも宮とは逢えなかったことを悟る。その瞬間の心が、「恋の限り」であると歌われているのだろう。

和泉式部の恋は、終わったのではない。「恋の限り」、恋の極大値を保ち続けて、彼女は生き続ける。敦道親王への死後の恋が燃え尽きるまで。

次の歌は、玄宗皇帝と楊貴妃の悲恋を、自分たちに重ねている歌である。

暁《あかつき》の恋《こひ》

玉簾《たますだれ》垂《た》れ籠《こ》めてのみ寝《ね》し時《とき》は飽《あ》くてふ事《こと》も知《し》られやはせし

「知られやはせし」は、知られただろうか、いや、そんなことは考えもしなかった、という意味。この歌は、『古今和歌集』を代表する女性歌人である伊勢《いせ》（「伊勢の御《ご》」とも）の歌を踏まえていると考えられる。

伊勢が、『長恨歌』の世界を描いた屏風に、和歌を添えたことがあった。その中に、「玉簾」の歌がある。

玉簾《たますだれ》明《あ》くるも知《し》らで寝《ね》しものを夢《ゆめ》にも見《み》じとゆめ思《おも》ひきや

朝になったことも知らずに、二人で仲良く共寝していたものなのに、楊貴妃が死んだ今、夢の中でも逢えない苦しさを、玄宗皇帝は噛みしめている。先ほどの和泉式部の歌に、「夢にだに見で明かしつる」とあったことが思い合わされる。

和泉式部は、夢ですら逢えなくなった今、かつて現実に愛し合っていた頃の自分たちの姿を思い出そうとする。ああ、あの頃は、幸せだった。

「飽《あ》くてふ事も知られやはせし」。先ほど、意味を説明したが、少し持って回った言い方ではある。「飽く」には、「飽きる」という意味と、「夜《よ》が明ける」という意味が掛詞になっている。和泉式部は、生きている人間の世界と、死んだ人の世界とが重なって見えているし、幸福だった過去と、不幸な現在も重なって見えている。

「飽くてふ事も知られやはせし」。男と女が、夜通し愛し合ったあの頃は、どんなに愛し合っても「飽きる」、満ち足りるということを知らなかった。そして、夜が明けて朝になったことも知らずに、なおも愛し合った。それに対して今は、という嘆きの歌である。

それでは、次の歌に進もう。

暁《あかつき》の恋《こひ》

我《わ》が恋《こ》ふる人《ひと》は来《き》たりと如何《いか》がせむ覚束無《おぼつかな》しや明《あ》け暗《ぐ》れの空《そら》

この歌の第五句は、「あけぐれのそら」と濁って読む。濁らない「あけくれ」は、「朝と夕方」、あるいは「夜明けと夕暮れ」という意味だが、「あけぐれ」と濁って発音すると、夜が明けきる前のまだ暗い時間帯を意味する。「暁」の時間帯である。

「我が恋ふる人は来《き》たりと如何《いか》がせむ」。私がもう一度お逢いしたいと切望している、亡き宮が、もし、今、ここに姿を現したとしても、どうしようもないでしょう。「覚束無《おぼつかな》しや明《あ》け暗《ぐ》れの空」。今は夜明け前で暗いので、お出《い》でになったとしても、それとはっきり見分けられないでしょうから。

私は、この歌を読むと、和泉式部の代表歌を思い出す。

つれづれと空《そら》ぞ見《み》らるる思《おも》ふ人《ひと》あまくだりこむものならなくに

「私の大好きなあの人よ、空から下《お》りてきてください。その願いが空しいと知っていても、自分は空を見上げずにはいられません」、という内容である。この歌は、夕暮れの時間帯に、女が男の訪れを待つ心を歌っている。恋しい人は、空から下りてきて、空へと上ってしまうのである。

同じ和泉式部の「暁の恋」は、「我が恋ふる人は来《き》たりと如何《いか》がせむ覚束無《おぼつかな》しや明《あ》け暗《ぐ》れの空」と、暁の女の思いを詠んでいる。

中国には、巫山《ふざん》の女神が、夜に男の夢の中に現れ、朝になると、雲となって山に戻ってゆく、という伝説がある。「巫山の夢」の故事である。

この伝説を踏まえて、和泉式部は、亡き宮を恋い慕う心を歌い上げている。

亡き親王の魂は、「もう一度、逢いたい」という私の切なる願いに応えて、あの世から、この世に姿を現してくれるだろう。おそらく、空を漂う雲となって、私の屋敷の上空を通り過ぎる時に、嘆き苦しむ私を空の上から御覧になって、不憫《ふびん》に思われることだろう。

でも、この夜明け前の暗さでは、私の目には、空が見えない。加えて、私の目は、涙でふさがっていて、まったく空の様子が見えない。だから、宮様が浮雲となって私の家の真上を通りすぎても、私はそれと気づかないだろう、というのである。

「恋の限り」、恋の絶頂を経《へ》て、和泉式部と敦道親王の「死後の恋」は、やっと終わりに近づいているようである。

3 和泉式部と紫式部

『和泉式部日記』の世界へ、ようこそ。

この章では、和泉式部と紫式部の関係、つまり、和泉式部と『源氏物語』の関係について考えたい。

和泉式部と紫式部は、同時代人である。しかも、中宮彰子に仕える女房として、同僚だった時期もあった。

『紫式部日記』には、和泉式部の生き方について、辛辣な批判が書かれている。それでは、実際に、二人はどのような関係だったのだろうか。

手がかりとなるのは、『源氏物語』の葵《あおい》の巻である。この巻には、葵祭のようすが描かれている。葵祭、こと賀茂祭は、四月の中《なか》の酉《とり》の日に行われる。

ちなみに、現在では、五月十五日に固定されている。私もかつて、下鴨神社で、「社頭の儀」を拝見して、荘厳な感動に打たれたことがある。

葵祭に先立って、賀茂神社に仕える内親王である斎院が、賀茂川で禊《みそ》ぎを行う。これが、「御禊《ごけい》」である。

葵の巻では、桐壺の帝《みかど》の退位に伴って、新しい斎院が任命された。彼女にとっては最初の御禊《ごけい》であるので、光源氏たちが斎院のお供をした。その盛儀を一目でも見物しようと、多くの人々が集まった。そして、六条御息所と、葵の上との「車争い」が起きた。

葵祭の当日になると、光源氏は、今度は見物人として出かける。この時、紫の上を同じ車に乗せたのだった。この場面が、和泉式部と深く関わっている。

光源氏は、母親である桐壺の更衣から相続した二条院に住んでいる。この屋敷の「西の対《たい》」には、若紫の巻で見出した紫の上が住んでいる。光源氏は二十二歳、紫の上は十四歳である。葵の巻の原文を読もう。

今日《けふ》は、二条院《にでうゐん》に離《はな》れ御座《おは》して、祭《まつり》、見《み》に出《い》で給《たま》ふ。西《にし》の対《たい》に渡《わた》り給《たま》ひて、惟光《これみつ》に、車《くるま》のこと、仰《おほ》せたり。（光源氏）「女房《にようばう》、出《い》で立《た》つや」と宣《のたま》ひて、姫君《ひめぎみ》の、いとうつくし気《げ》に繕《つくろ》ひ立《た》てて御座《おは》するを、打《う》ち笑《ゑ》みて、見奉《みたてまつ》り給《たま》ふ。（光源氏）「君《きみ》は、いざ給《たま》へ。諸共《もろとも》に見《み》むよ」。

これは、光源氏が、紫の上と葵祭の見物に、出かけようとしている場面である。腹心の惟光《これみつ》が、二人が乗る牛車を用意する。この場面を、私の現代語訳で読んでおこう。

《光る君は、葵祭の当日は、重苦しい雰囲気の正妻・葵の上のお住まいである左大臣のお屋敷から逃れて、ご自分の屋敷である二条院でくつろいでおられる。葵祭を、紫の上と一緒に見物にゆこうと、彼女が暮らしている「西の対」にお渡りになる。惟光には、牛車の手配を命じていらっしゃる。

光る君は、紫の上に仕えている幼い少女たちに向かって、「皆さん、まるで大人の女房みたいに、おめかししているのは、これからどこかへお出かけなのですか」と冗談を口にしつつ、少女たちの中心にいる紫の上が、本当にかわいらしく座っていらっしゃるのを見て、にっこりと微笑《ほほえ》まれる。そして、「さあ、あなた、これから一緒に出かけましょう」と、おっしゃる。》

光源氏は、葵《あおい》の上《うえ》や、六条御息所と一緒に居て感じる気詰まりさから逃《のが》れたいのだ。純真で可愛らしい紫の上に救いを求めているのが、よくわかる。

そして、二人は見物に出かけた。その場面を読もう。

今日《けふ》も、所《ところ》も無《な》く立《た》ちにけり。人《ひと》と相乗《あひの》りて、簾《すだれ》をだに上《あ》げ給《たま》はぬを、心疾《こころや》ましう思《おも》ふ人《ひと》、多《おほ》かり。（人々）「一日《ひとひ》の御有様《おんありさま》の麗《うるは》しかりしに、今日《けふ》、打《う》ち乱《みだ》れて、歩《あり》き給《たま》ふかし」、「誰《たれ》ならむ。乗《の》り並《なら》ぶ人《ひと》、けしうはあらじはや」と、推《お》し量《はか》り聞《き》こゆ。

御禊《ごけい》の日と同様に、この日も、ぎっしりと見物人たちの物見車が立ち並んでいた。光る君が、誰か、おそらく女性と相乗りをして、見物していることは、皆の目に明らかだった。牛車の簾《すだれ》が下《お》ろされたままなので、相手が誰なのか、考えるだけで、心がかきむしられる女性たちが、たくさんいた。彼女たちは、「先日の御禊《ごけい》の日の、光る君の姿は、まことに堂々として立派だった。今日は、一転して、見物する側に回って、くつろいでおられるようだ」とか、「いったい誰と相乗りしているのだろう。光る君のお相手だから、さぞかし、相当のお方なのに違いない」などと、推測していた。

実は、この場面が、和泉式部のエピソードと密接に関連しているのだ。そのことは、室町時代の注釈書が、既に読み取っていた。『源氏物語』の研究は、鎌倉時代の初めから始まった。そして、室町時代には高度な「注釈書＝研究書」が相次いで完成していた。『河海抄《かかいしょう》』という注釈書は、室町時代の初期、十四世紀に書かれた。著者は、四辻善成《よつつじよしなり》。天皇の血筋を引く名門に生まれ、膨大な知識量を誇る学者だった。

この『河海抄』は、桐壺の帝《みかど》のモデルが醍醐天皇であり、光源氏のモデルが源高明《たかあきら》だという画期的な指摘をしたことで知られる。

醍醐天皇の在位は、西暦八九七年から九三〇年までである。紫式部が『源氏物語』を書いたのは、『紫式部日記』によれば、一〇〇八年の前後のこと。つまり、『源氏物語』は、書かれた当時の読者にとって、百年くらい前の時代を描いていたことになる。

その『河海抄』が、葵の巻で、光源氏と紫の上が相乗りして葵祭を見物した場面について、次のように指摘している。

『大鏡《おおかがみ》』に云《いは》く、帥《そち》の宮《みや》、和泉式部《いづみしきぶ》と相乗《あひの》らせ給《たま》ひて、祭《まつ》りの帰《かへ》さ、御覧《ごらん》ぜられたり、と云々《うんぬん》。

『大鏡』は、藤原道長の栄華を批判的に描いた、歴史物語の傑作である。その中に、「帥《そち》の宮《みや》」、つまり敦道親王と、和泉式部が、一つの牛車に相乗りして、葵祭を見物したことが書かれている、というのだ。「帰さ」というのは、直訳すれば、「帰り道」という意味。葵祭の当日ではなく、葵祭の翌日に、斎院がお住まいのある紫野《むらさきの》の館《やかた》に戻ることである。その行列もまた、都人の恰好の見物の対象だった。

この『河海抄』の指摘以来、ほとんどの『源氏物語』の注釈書は、この説を踏襲して、葵の巻と和泉式部とは関連している、と記述している。

敦道親王と和泉式部が、二人で葵祭を見物したのは、西暦で一〇〇四年の出来事である。『和泉式部日記』が書き終えられたのも、この年の正月だった。その三か月後の出来事ということになる。『大鏡』には、西暦一〇二五年までの出来事が書かれているので、明らかに『源氏物語』よりも後の成立である。だから、紫式部が『大鏡』を読んで参考にした、という可能性はありえない。

紫式部は、同時代人として、和泉式部が敦道親王と同じ牛車に乗って、葵祭の見物をした、という出来事を、噂、あるいはスキャンダルとして、耳にしたことがあったのだろう。その見聞を、自分が執筆している『源氏物語』の葵の巻を構想する際に参考にした、ということなのではないか。

前にも述べたように、『河海抄』は『源氏物語』の時代設定に関して、百年も昔の醍醐天皇の御代《みよ》を描いていると、作品の時間軸を把握していた。ただし、細かな場面設定に関しては、古代中国の歴史も参考になっているし、紫式部の生きた同時代での見聞も影響を与えている、と柔軟に考えていた。

要するに、『源氏物語』が書かれた直後に、この作品を読んだ読者は、葵の巻の光源氏と紫の上の二人の姿に、敦道親王と和泉式部を重ね合わせて読んでいた、ということなのである。

紫の上は、光源氏の屋敷で暮らしているが、世間の人は、彼女がどういう素性で、どういう経緯《いきさつ》で光源氏の愛を得ているのか、全く知らない。一方の和泉式部は、敦道親王の屋敷で暮らしていることが、世間の人の好奇心を掻き立てている。

そして、葵祭を、同じ牛車《ぎっしゃ》に相乗りして見物したことも、一致している。紫式部は、和泉式部を意識して、『源氏物語』の葵の巻を書いたとする説が、室町時代以降、強く存在していたのである。

それでは、『大鏡』を読み進めよう。藤原道長の父親は、兼家《かねいえ》である。名作『蜻蛉日記』の作者は、彼の側室であった。

兼家の長女が、超子《ちょうし》。超子は、冷泉《れいぜい》天皇に入内《じゅだい》して、三条天皇、為尊《ためたか》親王、敦道親王を生んだ。だから、道長から見た敦道親王は、「姉の息子」ということになり、「叔父《おじ》」と「甥《おい》」の関係に当たる。

それでは、『大鏡』の文章を読もう。冒頭にある「この東宮《とうぐう》」は、当時はまだ東宮だった、後《のち》の三条天皇のことである。

この東宮《とうぐう》の御弟《おんおとと》の宮達《みやたち》は、少《すこ》し軽々《きやうきやう》にぞ御座《おは》しましし。帥《そち》の宮《みや》の、祭《まつり》の帰《かへ》さ、和泉式部《いづみしきぶ》の君《きみ》と相乗《あひの》らせ給《たま》ひて御覧《ごらん》ぜし様《さま》も、いと興《きょう》ありきやな。御車《みくるま》の口《くち》の簾《すだれ》を、中《なか》より切《き》らせ給《たま》ひて、我《わ》が御方《おんかた》をば高《たか》う上《あ》げさせ給《たま》ひ、式部《しきぶ》が乗《の》りたる方《かた》をば下《お》ろして、衣《きぬ》、長《なが》う出《い》ださせて、紅《くれなゐ》の袴《はかま》に、赤《あか》き色紙《しきし》の物忌《ものいみ》、いと広《ひろ》き、付《つ》けて、地《つち》と等《ひと》しう下《さ》げられたりしかば、いかにぞ、物見《ものみ》よりは、それをこそ、人《ひと》、見《み》るめりしか。

この文章の意味を、確認してゆこう。「この東宮《とうぐう》の御弟《おんおとと》の宮達《みやたち》は、少し軽々《きやうきやう》にぞ御座《おは》しましし」。三条天皇の弟の宮たち、具体的には為尊親王と敦道親王には、「軽々《きやうきやう》」、つまり、軽々しく、軽薄な一面がおありであった。

「帥《そち》の宮の、祭の帰さ、和泉式部の君と相乗《あひの》らせ給ひて御覧ぜしさまも、いと興《きょう》ありきやな」。最後の「ありきやな」は、「面白い見物《みもの》でしたな」という会話文である。『大鏡』は、百九十歳と百八十歳の老人たちが、昔話を繰り広げる、というスタイルを採用している。葵祭を終《お》えて、斎院が御所にお戻りになるのを、見物した際の敦道親王のやり方は、まことにもって変わっていましたな、というのである。どこが、軽薄だったのだろうか。

「御車《みくるま》の口《くち》の簾《すだれ》を、中《なか》より切らせ給ひて」。牛車の前方の中央に掛けてある簾を、真ん中から切った。ただし、車の中に小さな帳《とばり》を据えたので、外から女の顔は見えない。そして、「我《わ》が御方《おんかた》をば高う上《あ》げさせ給ひ」。敦道親王は、自分が乗っている側の簾は、高く捲き上げて、誰からも敦道親王だとわかるようにした。

「式部が乗りたる方《かた》をば下《お》ろして、衣《きぬ》、長う出《い》ださせて」。和泉式部が乗っている側の簾は下ろしたままなので、外からは見えない。ただし、綺麗な女性の衣裳の裾《すそ》を、簾の下から外に押し出して、中にいるのが女性であることを、ひけらかした。

「紅《くれなゐ》の袴《はかま》に、赤き色紙《しきし》の物忌《ものいみ》、いと広き、付《つ》けて、地《つち》と等《ひと》しう下《さ》げられたりしかば」。これがまた、大胆な趣向だった。平安時代には、物忌がある場合に、「物忌《ものいみ》」、音読みすれば「ぶっき」と書いた札を掛けた。ところが、敦道親王は、牛車から垂らした赤い袴に、地面に付くくらい長くて、幅も広い、物忌札の赤い紙を付けていたのである。

「いかにぞ、物見《ものみ》よりは、それをこそ人見るめりしか」。祭の主人公、つまり斎院の行列よりも、見物している敦道親王と和泉式部のほうを、人々は見物していた、というのだ。

この時の二人のありさまは、都中《みやこじゅう》の人々の話題となり、当然、紫式部の耳にも入っていたことだろう。『源氏物語』の葵の巻を執筆する紫式部は、わずか数年前の和泉式部のエピソードを思い出し、人々に注目されながらも、決して、敦道親王のように、軽々《かるがる》しい雰囲気ではない光源氏を称賛しているのだろう。紫式部が敦道親王を暗に批判することは、彼の愛人だった和泉式部を批判することにほかならない。

ここまでは、葵の巻と、和泉式部の関連について考えてきた。

私は、『源氏物語』の本文を読む時には、室町時代や江戸時代に書かれた注釈書を、座右に置いて、参看している。すると、『源氏物語』の注釈書には、「和泉式部」という名前が、しばしば出てくるのだ。

ここからは、その話をしたい。

まず、帚木《ははきぎ》の巻。この巻で男たちが繰り広げた「雨夜《あまよ》の品定《しなさだ》め」は、『源氏物語』全体のテーマと深く関わる内容なので、室町時代の注釈者たちも深く研究している。

その「雨夜の品定め」で、終始、議論をリードしているのが、「左《ひだり》の馬《うま》の頭《かみ》」という人物である。彼は、自分自身の過去の恋愛体験を話し始める。その中の一つが、「指食《ゆびく》いの女」と言われる、嫉妬深い女性のエピソードである。

彼女は、夫である「左の馬の頭」の人間性に愛想を尽かし、実家に戻った。それが、男にはあまりにも突然だった。女は実家に籠もったままで、男からの手紙にも返事もせず、取り付く島が無い、冷淡な態度を貫く。

その時の男の気持ちが、「いと、ひたやごもりにて、情《なさ》けなかりしかば」と描写されている。「情《なさ》けなし」は、実家に戻った女の、男へのつれない態度のことである。

ここに、「ひたやごもり」という、珍しい言葉が使われている。先ほど、葵の巻で和泉式部の名前を出していた『河海抄』という注釈書が、この帚木の巻でも、作者を和泉式部だと明記したうえで、和歌を挙げている。

憂《う》きによりひたやごもりと思へども淡海《あふみ》の湖《うみ》は打《う》ち出《い》でて見《み》よ

この歌は、『和泉式部日記』で、女が、石山寺に籠もった場面で詠まれている。女は敦道親王に向かって、「自分は山を下りない決心だけれども、私に下りてきてほしかったら、ここまで逢いに来なさい」、と訴えたのだった。この歌の中に、「ひたやごもり」という言葉が見られる。ひたすら閉じこもること、という意味である。

国語辞書には、「ひたやごもり」という項目がある。辞書であるからには、なるべく古い用例を上げるのが原則である。それで、何種類かの辞書を引いてみると、『うつほ物語』『蜻蛉日記』『源氏物語』などの用例が挙がっている。

室町時代の注釈者には、『うつほ物語』や『蜻蛉日記』は、それほど読まれていなかった。だから、中世の『源氏物語』の注釈者たちは、なかなか「ひたやごもり」という言葉の用例を見つけられなかったのだろう。かろうじて、『源氏物語』の作者と同時代を生きた和泉式部の歌に、「ひたやごもり」という用例を見つけ、それと『源氏物語』を対照させて、「ひたやごもり」という言葉の意味を考えようとしたのだろう。

これは、紫式部と和泉式部のボキャブラリーの共通性を示す例である。かたや、散文、かたや、和歌。紫式部の散文のボキャブラリーと、和泉式部の和歌のボキャブラリーが共通しているのが、はなはだ興味をそそる。

次に、胡蝶《こちょう》の巻に進もう。この巻は、「玉鬘十帖《たまかずらじゅうじょう》」と呼ばれている巻々の一つである。光源氏が三十六歳の、絶頂期の日々を描いている。光源氏は六条院という、約二万坪の大邸宅を造営した。そこには、紫の上、花散里《はなちるさと》、明石の君などが集《つど》っている。さらに、光源氏の目の前で、突然に死んでいった夕顔の忘れ形見が現れて、この六条院に引き取られた。彼女が、玉鬘《たまかずら》である。彼女の父親は、頭中将《とうのちゅうじょう》である。

胡蝶の巻は、三島由紀夫が、花宴《はなのえん》の巻と並んで、『源氏物語』五十四帖の中で、最も優雅な巻であると述べ、フランスのロココの画家・ワットーの絵のように美しいと称賛した巻である。それでは、胡蝶の巻は、『和泉式部日記』のどの場面と似ているのだろうか。最初に光源氏の歌が詠まれ、次に玉鬘の歌が返される。

箱《はこ》の蓋《ふた》なる御果物《おんくだもの》の中《なか》に、橘《たちばな》の有《あ》るを、まさぐりて、

(光源氏)「橘《たちばな》の薫《かを》りし袖《そで》によそふれば変《か》はれる身《み》とも思《おも》ほえぬかな

世《よ》と共《とも》の心《こころ》に掛《か》けて忘《わす》れがたきに、慰《なぐさ》むことなくて過《す》ぎつる年頃《としごろ》を、かくて見奉《みたてまつ》るは、夢《ゆめ》にや、とのみ思《おも》ひなすを、猶《なほ》、えこそ忍《しの》ぶまじけれ。思《おぼ》し疎《うと》むなよ」とて、御手《おんて》を捉《とら》へ給《たま》へれば、

女《をんな》、かやうにも慣《な》らひ給《たま》はざりつるを、いと、うたて覚《おぼ》ゆれど、おほどかなるさまにて、物《もの》し給《たま》ふ。

（玉鬘）袖《そで》の香《か》をよそふるからに橘《たちばな》の身《み》さへはかなくなりもこそすれ

この場面は、『和泉式部日記』の冒頭と似ている。『和泉式部日記』では、亡き為尊親王を忍んでいる和泉式部の前に、弟の敦道親王が現れて、新しい恋が始まった。『源氏物語』の胡蝶の巻では、亡き夕顔を忘れられない光源氏の前に、娘の玉鬘が現れて、光源氏の心を激しく惑乱させた。状況設定が、よく似ている。

しかも、「橘」。『和泉式部日記』では、敦道親王の文使いである小舎人童《ことねりわらわ》が、橘の花を持ってきた。この時、和泉式部は、次のような和歌を詠んだ。

薫《かを》る香《か》によそふるよりは時鳥《ほととぎす》聞《き》かばや同《おな》じ声《こゑ》やしたると

「薫る香によそふるよりは」の「よそふる」という言葉に、注目したい。胡蝶の巻で、光源氏は、「橘の薫りし袖によそふれば」と歌い、玉鬘は、「袖の香《か》をよそふるからに」と歌っている。今は亡き母親である夕顔に「よそへて」、娘である玉鬘を光源氏は見ているし、そういう状況から、玉鬘は抜け出せない。

確かに、『和泉式部日記』と胡蝶の巻は似ている。この類似を初めて指摘したのは、これまた『河海抄』という注釈書だった。『河海抄』は、『和泉式部日記』の簡単な状況説明をしながら、その指摘を行っている。

ここで、先ほどの『源氏物語』胡蝶の巻の文章を、現代語訳しておこう。

ちなみに、私は以前に、胡蝶の巻の一つ前の、初音《はつね》の巻だけを現代語訳したことがある。ただし、全編を現代語訳する方針が定まらずに、ほかの巻は未だに手が付けられないでいる。

《光る君は、目の前に居《い》る玉鬘が、今から十九年も前、当時はまだ十七歳だった自分の腕の中で死んでいった夕顔と、瓜二つであることに、何とも言えない不思議さを感じるのだった。今の自分は、亡き夕顔を愛しているのか、それとも、目の前の玉鬘本人を愛しているのか、いつの間にか、わからなくなってしまう。

光る君は、箱の蓋《ふた》の上に、お菓子として置かれていた、おつまみ用の橘の実を手でいじっておられたが、おもむろに歌を詠まれた。

橘《たちばな》のかをりし袖《そで》によそふれば変《か》はれる身《み》とも思《おも》ほえぬかな

（橘の花は、昔の恋人の袖の香りを思い出させると、『古今和歌集』以来、和歌では詠まれてきました。私も、あなたを見て、あなたの亡き母上と比較して思いますには、あなたと母上とが別人であるとはまったく思えないのです。それほど、あなたは、母上と似ておられる。）

この歌は、「変《か》はれる身《み》とも思《おも》ほえぬかな」の「身」の部分が、「体《からだ》・身体《しんたい》」という意味の「身」と、「果実《かじつ》」という意味の「実《み》」の掛詞である。光る君は、歌の後で、心の中の思いを口にされた。

「あなたの母上の最期のありさまは、私が生きているかぎり忘れてはならないことですし、また、忘れようにも忘れられない衝撃でした。それから、十九年もの歳月を、私は須磨や明石をさすらうなど、浮き沈みの激しい運命に翻弄されながら、生きてきました。

その中でも、あなたの母上のことは、一瞬たりとも忘れたことはありません。今、こうして、その人の忘れ形見であるあなたを、お世話できる立場になって、亡きあなたの母上ともう一度逢いたいという夢が、やっとかなったような気持ちがします。けれども、そう喜んではみるものの、あなたの母上が亡くなった悲しみは癒えません。こんなことを言いながら、あなたに近づいてくる私を、どうか、嫌いにならないでくださいよ」。

光る君は、玉鬘を、自分の娘という触れ込みで、六条院に招き入れた。だから、「実《じつ》の娘」のはずの玉鬘に、色恋沙汰を仕掛けるのは、人目もあるので憚られるのだが、こらえきれぬ思いに突き動かされて、光る君は思わず、玉鬘の手を握っておしまいになる。

玉鬘は、二十二歳。幼い時から、遠い九州で育ったので、年の割には晩稲《おくて》である。男の人から手を握られる体験は、これまでしたことはないので、生理的な嫌悪感が湧いてくるのだったが、おっとりとした振る舞いで、巧みに男の欲望を鎮《しず》めてしまう術《すべ》を、生まれながらに持っているのが、まことに不思議なことだった。母親の夕顔が、あれほど男の理性を失わせる魅力を漂わせていたのに、娘のほうは、母親とそっくりの顔をしていながら、男の情熱を鎮《しず》める理性を持っているのだった。その玉鬘が詠んだ歌。

袖《そで》の香《か》をよそふるからに橘《たちばな》の身《み》さへはかなくなりもこそすれ

（今、あなたは、昔を思い出させるという橘の実に触発されて、私と、亡き母とを、比べて御覧になっています。私には、母親の記憶がありません。けれども、十九歳で、今の私よりも若くして、悲しい死に方をなさったことは聞いております。あなたに、私と母親とを比較されますと、この我が身さえも、はかない命の運命のもとに生まれたのかと思えてきます。あなたに突然に手を握られて、私は本当に死んでしまいそうです。）》

『源氏物語』では、前の巻を踏まえて、後の巻が書かれているので、読者の記憶の蓄積が物を言う。その点で、『源氏物語』は、人生そのものなのである。

ここで、『和泉式部日記』と『源氏物語』胡蝶の巻とを比較しておくと、「橘」と「よそふ」、この二点で、紫式部と和泉式部のボキャブラリーが重なっていることが納得できるだろう。
二人は同時代人であるが、和泉式部の歌のほうが先に詠まれた。紫式部は、和泉式部の歌をかなり意識していたのではないか。読者は、『源氏物語』胡蝶の巻と、『和泉式部日記』の冒頭部とでは、どちらのほうに、より心を引かれるだろうか。

最後は、『源氏物語』御法《みのり》の巻。この巻で、紫の上が逝去する。ここにも、和泉式部の歌が、関連しているようなのだ。ただし、和泉式部の「幻の歌」である。ちょっとした古典ミステリーの趣を呈している。

まず、御法の巻の世界を解説しておこう。紫の上の最期を看取《みと》ったのは、夫の光源氏と、養女の明石の中宮だった。光源氏の正妻として、女三の宮が降嫁したことが、紫の上を苦しめ始めた。紫の上は、絶望から体調を崩し、幼い頃から過ごした二条院で、病を養っている。

この日も、紫の上は体調が思わしくなかったが、養女の明石の中宮が見舞いに来てくれたので、無理をして起き上がって話をしていた。そこに光源氏が現れて、三人で和歌を詠み合う。そして、この直後に、紫の上は逝去したのだった。

『源氏物語』全編の中でも、屈指の名場面である。歌が三首、現れるが、順に、紫の上、光源氏、明石の中宮の歌である。

風《かぜ》、凄《すご》く吹《ふ》き出《い》でたる夕暮《ゆふぐ》れに、前栽《せんざい》見給《みたま》ふとて、脇息《けふそく》に寄《よ》り居給《ゐたま》へるを、院《ゐん》、渡《わた》りて、見《み》奉《たてまつ》り給《たま》ひて、（源氏）「今日《けふ》は、いと良《よ》く起《お》き居給《ゐたま》ふめるは。此《こ》の御前《おまへ》にては、こよなく御心《みこころ》も晴《は》れ晴《ば》れし気《げ》なンめりかし」と聞《き》こえ給《たま》ふ。かばかりの隙《ひま》あるをも、いと嬉《うれ》しと思《おも》ひ聞《き》こえ給《たま》へる御気色《みけしき》を見給《みたま》ふも、心苦《こころぐる》しく、遂《つひ》に、如何《いか》に思《おぼ》し騒《さわ》がむと思《おも》ふに、哀《あは》れなれば、

（紫の上）置《お》くと見《み》る程《ほど》ぞはかなきともすれば風《かぜ》に乱《みだ》るる萩《はぎ》の上露《うはつゆ》

げにぞ、折《を》れ返《かへ》り、留《と》まるべうもあらぬ、よそへられたる折《をり》さへ忍《しの》びがたきを、見出《みい》だし給《たま》ひても、

（光源氏）ややもせば消《き》えを争《あらそ》ふ露《つゆ》の世《よ》に後《おく》れ先立《さきだ》つ程経《ほどへ》ずもがな

とて、御涙《おんなみだ》を払《はら》ひ敢《あ》へ給《たま》はず。宮《みや》、

（明石の中宮）秋風《あきかぜ》に暫《しば》し留《と》まらぬ露《つゆ》の世《よ》を誰《たれ》か草葉《くさば》の上《うへ》とのみ見《み》む

と聞《き》こえ交《か》はし給《たま》ふ御容貌《おんかたち》ども、あらまほしく、見《み》る甲斐有《かひあ》るにつけても、かくて千年《ちとせ》を過《す》ぐすわざもがなと思《おぼ》さるれど、心《こころ》に叶《かな》はぬことなれば、懸《か》け留《と》めむ方《かた》なきぞ、悲《かな》しかりける。

この場面の意味を、現代語訳風に説明しておこう。

《秋の風が、いかにも物寂しく吹き出《い》でた夕暮れに、庭に植えてある草花を御覧になるために、紫の上が肘掛《ひじかけ》けに寄《よ》りかかっておられると、光る君が紫の上の病室にお越しになった。紫の上が起き上がって明石の中宮と話している姿を目にした光る君は、「今日《けふ》は、体調がとてもよいようで、寝床から起き上がっておられる。本当に嬉しいことだ。養女である中宮様がいらっしゃると、あなたは、とても心がさっぱりとして、体調がよろしいようだ」、とおっしゃる。

それを聞く紫の上は、自分が、わずかに病勢が緩《ゆる》んで、小康を得《え》るのは短い時間だけなのに、光る君は、本当に嬉しいと喜んでおられる。それが、紫の上には、いたわしく、まもなく自分が身まかったならば、光る君は、どんなにか、身も世もなく思い嘆くだろうかと思うと、可哀想なので、紫の上はその気持ちを歌に詠んだ。

（紫の上）置《お》くと見る程《ほど》ぞはかなきともすれば風《かぜ》に乱《みだ》るる萩《はぎ》の上露《うはつゆ》

（庭を見ると、萩の葉に置いた露が、風に吹き乱されて、吹き飛ばされそうです。私も今は起き上がっていますが、まもなく、はかない命を終わりを迎えるでしょう。）

庭を見ると、この紫の上の歌の言葉のように、風に吹かれる萩《はぎ》の枝《えだ》が、折れそうになって撓《しな》い、萩の花に置いた露が、枝にとどまることができそうにないように見える。このような自然界の姿が、紫の上のはかない命と重なって見えるので、光る君は、悲しみをこらえきれなくなって、庭の景色を眺めながら、歌を詠まれた。

（光源氏）ややもせば消《き》えを争《あらそ》ふ露《つゆ》の世《よ》に後《おく》れ先立つ程経《ほどへ》ずもがな

（草に置いた露は、ともすれば我がちにと、消えてゆく。それと同じように、私とあなたの命も、どうせなくなるものならば、別々ではなく、同時になくなりたいものです。）

こう歌いながら、光る君は、手で拭《ぬぐ》えないほどに大量の涙をこぼされる。明石の中宮も、歌を詠まれた。

（明石の中宮）秋風《あきかぜ》に暫《しば》し留《と》まらぬ露《つゆ》の世《よ》を誰《たれ》か草葉《くさば》の上《うへ》とのみ見む

（秋風に吹き飛ばされてしまう、はかない露のように、私たち人間も、つらい運命を持っているのですね。）

このように歌を詠み交わしている三人のお顔も、雰囲気も、語り手の私から見て理想的である。この三人を見られることは、この世に生まれた甲斐があったという気になる。それほど、三人は素晴らしかった。光る君は、このまま三人一緒で、千年も万年も過ごしたいと願われるのだが、人間の生き死には、人間の自由にならないことなので、紫の上の命を、この世に懸《か》け止《と》める方法が存在しないのが、何とも悲しいことだった。≫

国宝『源氏物語絵巻』でも、この場面は美しく描かれている。御法の巻は、五島美術館の所蔵である。

さて、和泉式部との関連である。これまで何度も名前を出した『河海抄』という注釈書は、光源氏が詠んだ歌に関して、和泉式部の歌との類似を指摘している。

先に記すのが、今読んだ御法の巻の光源氏の歌で、後に記したのが、和泉式部の歌である。

ややもせば消《き》えを争《あらそ》ふ露《つゆ》の世《よ》に後《おく》れ先立《さきだ》つ程《ほど》経《へ》ずもがな

ややもせば消《き》えぞしぬべきとにかくに思《おも》ひ乱《みだ》るるかるかやの露《つゆ》

確かに、とても似ている。この和泉式部の歌は、江戸時代から明治時代まで、広く読まれた『湖月抄』という研究書にも引用されている。

『河海抄』は、室町時代の初め頃に書かれているので、室町時代から明治時代まで、『源氏物語』の読者たちは、御法の巻で詠まれた光源氏の感動的な歌は、和泉式部の歌と酷似している、と思って読んできたことになる。

ところが、である。この和泉式部の歌とされているものは、私が努力して捜しても見つからないのだ。

私は大学やカルチャー・スクール教室で、この場面を何度も原文講読したことがある。その際に、和泉式部の歌と、光源氏の歌は似過ぎていますから、『源氏物語』屈指の名場面で、紫式部は和泉式部の歌を参考にした可能性がありますね、などと話したものだ。

けれども、この歌は、出典がわからない。似た歌ならば、ある。たとえば、「堀河院百首《ほりかわいん》」に、「ともすれば風《かぜ》にみだるる刈萱《かるかや》にいつまでとてか露《つゆ》の置《お》くらむ」という歌がある。この歌の作者は、「河内《かわち》」とあるので、和泉式部ではない。また、「ややもせば消えぞしぬべき」という、御法の巻の歌と共通する言葉が使われていない。

『河海抄』の著者、四辻善成は、膨大な知識量を誇っていた。その無尽蔵の知識量を信頼して、彼が指摘した「ややもせば消えぞしぬべき……」という歌は、和泉式部の歌だと思われ続けたのだった。

ちょっとした古典ミステリーと言えるだろう。古典は、秘密に満ちている。その謎解きは、現代人である私たちに委ねられている。

4　『和泉式部日記』と現代

『和泉式部日記』の世界へ、ようこそ。

この章では、『和泉式部日記』、および和泉式部の和歌が、現代を生きる私たちに、どのようなメッセージを発信しているのかを考えたい。

近代を代表する歌人に、与謝野晶子《よさのあきこ》がいる。明治十一年に生まれて、昭和十七年に亡くなった。彼女は、有名な「与謝野源氏」という『源氏物語』の口語訳のほかにも、『和泉式部日記』なども口語で現代語訳している。晶子は歌集である『みだれ髪』で有名であるし、夫の与謝野鉄幹《てっかん》（本名、寛《ひろし》）と共に、『明星』という雑誌を中心に、ロマン主義の文学運動を牽引した。

与謝野鉄幹と晶子の共著に、『和泉式部歌集』がある。あるいは、『歌集　和泉式部』と読むのかもしれない。明治四十二年に着手し、大正三年に完成していた。和泉式部の和歌を、鉄幹と晶子が互いに批評し合うスタイルで、とても興味深い内容である。

冒頭に置かれた序文は、抽象的な漢字熟語がたくさん用いられているので、夫の鉄幹が書いたものだろう。

理智のつめたさと重さとに悩んで、情意の純と熱と自由とに還る時、人は、おのが生活の伴奏として叙情詩を要求する。

平安朝文学の名を知つて居ながら、まだその代表的作物《さくもつ》を味ふ機会を得て居《ゐ》ない人も少なくない。

今の日本人は生活の中心思想に詩歌を欠くことの落莫《らくばく》を感じながら、詩歌をみづから進んで愛読することの努力を鈍《にぶ》らせて居《ゐ》る。

詩壇の近状は、独創の叫びのみあつて、独創の実《じつ》に乏しいのを憾《うら》みとする。

ここに、和泉式部歌集を紹介する所以《ゆゑん》である。

ここには、ロマン主義の原点が表明されている。恋に生きた和泉式部を、『明星』の先駆者であるロマン主義者だと位置づけているのが、注目される。

この序文の大意を、現代語訳ふうに、敷衍《ふえん》しておこう。

《近代文明を支えている知性や理性に疲れた近代人は、「情意」、すなわち心、精神の純粋さや熱情、自由を求めてやまない。この時、近代人は、叙情詩を求める。優れた叙情詩の一つに、平安時代の和歌があるが、近代人は、その素晴らしさに気づいていないようなのが残念である。

近代の日本人は、ややもすれば、生活の根本に「叙情詩としての詩歌」を欠落させている。その「落莫《らくばく》」、つまり寂しさを感じながらも、人々は古典和歌を自分から進んで読もうとする情熱を持ち合わせていない。近代短歌の現状も、独創性を重視していながら、それを実現できていない。だから、本書で、和泉式部の和歌を紹介することで、近代人に、真の叙情詩がどのようなものであるか、考えるきっかけにしてもらいたい。》

和泉式部の和歌は、近代人の心に、情熱の炎を回復させるのに有効である、と与謝野鉄幹は主張している。

『和泉式部歌集』は、これに続く「総論」の部分で、複数の男性と交際した、恋多き和泉式部にとって、『和泉式部日記』で語られていた敦道親王との歌のやり取りが、どういう意味を持っていたかを説明している。この部分は、与謝野晶子が書いている。

晶子は『和泉式部日記』を踏まえながら、敦道親王について、面白い見方を提示している。敦道親王が「詩人」であったという捉え方である。

今日《こんにち》から見れば立派な詩人であつて、式部との恋は芸術的の恋だと私は思ひます。式部が年下の親王のこころに絆《ほだ》されたのも、単に兄の親王のゆかりだと云ふばかりでなく、また親王が世の物議をも憚らず、且《か》つは、式部に定まつた良人や多くの情人のあることを知りながら、切《せつ》なる思ひに堪《た》へかねて、之《これ》を宮に入れられたのも、共に芸術家たる人柄を慕ひ合つたのではありますまいか。

晶子は、敦道親王と和泉式部の二人は「芸術家」同士として引かれ合った、と解釈している。ここには、自分と鉄幹の夫婦関係を、重ね合わせているのだろうと、私は感じる。晶子は、『和泉式部日記』を読みながら、主人公の「女=和泉式部」に自分自身を投影させ、敦道親王に対しては与謝野鉄幹を重ねたのだと思われる。

ちなみに、『和泉式部日記』の最後は、敦道親王の北の方が屋敷を去る場面だった。鉄幹は、妻と離別して、晶子と再婚したのだった。

現在、一般人の与謝野鉄幹に対する評価はそれほど高くないのではないか。「晶子の夫」というレベルに留まっているように、私には感じられる。けれども、「天才晶子」の陰に隠れてしまうような人物であったのならば、晶子があれほどの恋心を、彼に燃やすはずがないだろう。

鉄幹は、相当深く古典文学が読めたようである。晶子の『源氏物語』の口語訳が完成するには、晶子本人の才能と努力があったことは、当然のことである。また、森鷗外や上田敏《びん》などから受けた薫陶も、あったことだろう。それに加えて、鉄幹との語らい、時には芸術観の違いを巡る議論なども、晶子にとっては重要だったのではないか、と私は推測している。

それでは、『和泉式部歌集』という書物の中で、鉄幹と晶子の二人が、どのように和泉式部の和歌を芸術的に論じ合ったのか、具体的に見てゆこう。

次に紹介する歌では、鉄幹は、読者の感受性が鋭くないと理解できない、精緻な歌であると述べて、現代語訳している。

かく恋《こ》ひば堪《た》へず死《し》ぬべし外《よそ》に見《み》し人《ひと》こそ己《おの》が命《いのち》なりけれ

このやうに劇《はげ》しく苦《くる》しく恋ひ慕ふのなら、自分は其《そ》の苦しさに堪《た》へ切れないで死ぬであらう。人を恋した為《た》めに我が命が無くなるとなれば、まだ恋しいとも思はずに外《よそ》ながら眺めて居《ゐ》た頃の其人《そのひと》が自分の命であつたのだ。今は自分には命と云ふものが無いのである。

確かに、現代語訳してみると、くどくどしくなる。その一方で、「五七五七七」のままで音読すると、面白く読める。

同じ「かく恋《こ》ひば堪《た》へず死《し》ぬべし外《よそ》に見《み》し人《ひと》こそ己《おの》が命《いのち》なりけれ」という歌について、晶子は、どう述べているだろうか。

万葉集の感情は概して粗《あら》い所に面白味《おもしろみ》があり、古今集以後の感情は斯《か》う云ふ精緻な所に面白味があります。明治の新派《しんぱ》の歌は革新の態度を万葉集に学んだので、粗《あら》けづりの面白い作をたくさんに出しましたが、此後《このゝち》は、細緻な歌風をも盛《さかん》に出して欲しいと思ひます。八百年前の式部すら斯《か》う云ふ感情を歌つたのですもの、今の詩人には屹度《きつと》これ以上のものが出来るだらうと思ひます。

与謝野晶子は、和泉式部の歌の可能性を発展させれば、近代短歌の未来が切り開ける、と考えている。

明治の短歌界の中心だった正岡子規たちは、『万葉集』に学んで、男性的な作風の短歌を作り上げた。この点については、拙著『和歌の黄昏　短歌の夜明け』（花鳥社）を参照していただきたい。

ところが、近代短歌の主流だった正岡子規たちの戦略とは違って、晶子は、人間の心のこまかな動きに注目した恋歌を詠もうとした。『古今和歌集』以後の和泉式部の歌を参考にしながら、精緻な心理描写、複雑な恋愛感情を近代短歌で詠もうとしたのである。自分が夫の鉄幹と共に盛り上げたロマン主義の文学運動は、これからも盛んになるだろうし、それには和泉式部の和歌が大きな参考になる、と晶子は主張している。

次に、今井邦子《いまいくにこ》を紹介したい。今井邦子も、歌人である。明治二十三年の生まれで、昭和二十三年に亡くなった。

彼女は、和泉式部の最後の夫となった藤原保昌《やすまさ》という人物との夫婦関係に着目している。保昌は、藤原道長の信頼が厚かった家臣である。また、武人としても知られ、室町時代の『酒呑童子《しゅてんどうじ》』では、源頼光《よりみつ》(「ライコウ」とも)と共に、大江山の酒呑童子を退治したとされるほどである。また、当時、有名な盗賊だった「袴垂《はかまだれ》」という人物は、保昌の弟である、という俗説まであった。

その藤原保昌は、和泉式部よりは、二十歳くらいの年長である。歳も離れているし、歌人と武人であるから、夫婦の価値観は一致していなかった。ちなみに、今井邦子の夫は、七歳の年上で、ジャーナリスト・政治家として活躍した。

邦子は、長野県の諏訪で育った。諏訪には、『アララギ』の中心人物である島木赤彦《しまきあかひこ》がいる。その関係で、今井邦子は、「写生」という理論を尊重する写実主義結社『アララギ』の歌人となった。与謝野晶子が、ロマン主義の『明星』によっていたのと対照的である。そのことと、二人の和泉式部に対する見方が異なっていることとは、無関係ではないだろう。

邦子は、後に、『明日香《あすか》』という女性結社を主宰した。彼女は、紫式部学会が出していた『むらさき』という雑誌に、多くの原稿を発表している。

ちなみに、現在でも紫式部学会は続いており、私も講演したことがある。また、この学会が発行している雑誌『むらさき』も、発行されている。私も二十七歳の時、大学院の博士課程在学中だったけれども、論文を掲載してもらった。私が原稿料を頂戴した、最初の文章だったので、鮮明に記憶している。

この『むらさき』には、まだ駈けだしだった頃の円地文子《えんちふみこ》も、さかんに原稿を発表していた。小説家・歌人たちのエッセイや短篇小説が掲載される、レベルの高い文芸雑誌だったのである。

その『むらさき』という雑誌を刊行していた「むらさき出版部」から、今井邦子は、『螢と雪』というエッセイ集を刊行している。昭和十六年のことである。

このエッセイ集の二つ目に、「女ごころ」という文章があり、和泉式部の話題から書き始められている。

和泉式部ときけば、何か花やかな、恋にその一生を捧げた麗人として美しい風貌が浮《うか》びあがつてくる。けれどその歌集を読むにおよんで、われらは和泉式部がしばしば恋人に——すくなくとも式部を誘《さそ》ひかけた人に——飽かれ捨てられた嘆きの歌多くあるのに驚かされるであらう。
この人の歌集を読んでゆくと、つひに昔も今も男の人には本当の恋は出来ないのではないか、即ち全身的な恋はないのではないか、といふやうにも考へられてくる。いひ古されたことながら男性には恋はその一部であつて生命を賭けるものではなく、美しい果物《くだもの》に対する心動き、それをもぎ取らうとする程度のものではないかとさへ思はれる。

今井は、この引用箇所に引き続いて、トルストイの『戦争と平和』に登場するニコライとマリヤ、さらには自分の身の周りで見聞した、さまざまな夫婦の実話を紹介しながら、和泉式部と、彼女の最後の夫となった藤原保昌との、何とも不思議な夫婦関係に筆を進めてゆく。
武人である保昌は、和泉式部よりも年上で、文学や芸術には理解がない。そんな保昌の、自分への愛が薄れたからと言って、和泉式部が嘆きに嘆いたことに、今井邦子は疑問を抱いた。

物思《ものおも》へば沢《さは》の螢《ほたる》も我《わ》が身《み》よりあくがれいづる魂《たま》かとぞ見《み》る

和泉式部の代表作の一つであるが、この歌は、夫である保昌に飽きられかけた時期に、詠まれたものである。わざわざ京都北部の貴船《きぶね》神社まで出かけていって、貴船明神の前で詠んだと伝えられている。

失われた夫の自分への愛を取り戻そうと、貴船神社に夜、詣《もう》でたところ、闇の中を螢が飛んでいた。「あっ、あれは、物思う私の魂が、身体から遊離して飛び出たものだ」、と和泉式部は思ったのである。

今井邦子は、和泉式部がこの時に感じた寂しさを、次のように推測している。

さんざんな華やかな恋に生き、浮気男に忘れられるといふことについては一つの悟りをさへ持つてゐた式部が、保昌のやうな老人の夫に昔日《せきじつ》のやうな愛撫を得られなくなつた時に感じたこの心細さは、情人の場合と全く違つた天地の前にわが影をながめ入つての述懐であつたに相違ない。捨てられ、忘れられたから悲しいといふ以上のものである。捨てられても忘れられてもゐない、それでゐて夫婦のバランスを失つてしまつた寂寥なのである。

今井邦子は、和泉式部と藤原保昌との関係に、芸術家同士の信頼関係で結ばれていた鉄幹と晶子とは違った、自分たち夫婦の姿を投影させているのだろう。

自分たち夫婦の間には、狭い意味での「恋愛」ではなく、互いに互いを必要としている「バランス」があるのだ、そのバランスが崩れた時に、人間は根源的な寂しさを感じるのだ、と今井は言っている。

その今井邦子が、雑誌『むらさき』の昭和十一年三月号に掲載した短篇小説がある。タイトルは、『誠心院《せいしんいん》の一夜』。誠心院は、和泉式部が初代の住職を勤めたとされる、京都の寺院である。

この寺の所在地は何度か変わったけれども、現在は、京都の中心部である新京極通りに面している。境内《けいだい》には、立派な石塔があり、和泉式部のお墓だと伝えられている。

この、『誠心院の一夜』という小説は、赤染衛門《あかぞめえもん》が、出家して尼となった和泉式部を訪ねる、という設定で書かれている。二人は、中宮彰子に仕える女房として、かつては同僚だった時期があった。

ちなみに、和泉式部と赤染衛門とでは、どちらが歌人として優れているかという問題が、和歌を論じる歌論書では、たびたび話題になっている。歌人としての技量としては和泉式部が勝り、人柄や心ばえでは赤染衛門が勝っている、というのが、これまでの議論の結論のようである。

さて、その二人が、小説の中では向かい合って、対話している。あれほど、人柄や性格が未熟であるという批判にさらされ続けた和泉式部は、どういう晩年の心境に達していたのだろうか。

尼になった和泉式部は、華やかな恋愛体験を経て、今は安らかな境地に達しているように、赤染衛門の目には見えた。その場面を読もう。

赤染衛門は先程から不思議なものを見た、と云ふ気がしてならなかつた。併《しか》し其《そ》れは決して悪い気持のものではない。いやむしろ先程から清《きよ》げに、円満に落着《おちつ》くべき処《ところ》に落着いた、悩みの道を全《まつた》く通り抜けて、女として、人間として、最も落着いた境地に入《い》り得た者の、其《そ》の姿を見たと云ふ気で、ともすれば吾《わ》れ知らず惹《ひ》きつけられて、尼君の短かい髪のあたり、その未《いま》だ老《おい》に入らない不思議な美しさを思はせる下《しも》ぶくれの、顎のあたりへ自分の目がいつてならない。そして其《そ》の眼は幾度《いくど》見直しても誤まらないのを知つた。何処《どこ》といつて、はつきり指《さ》しては云へないが、たゞ全体の匂《にほひ》と云《い》はうか、自《おのづ》からの光と云はうか、其《そ》の人から湧き出して来る滋味、その動作が、昔の其《そ》の人に決して見られなかつた一種の尊《たふと》い境地に入《い》り得た人の泰然とした落着きに入《い》り得て、一切が据《すわ》つてゐる。さうした人の前に、今は心からの礼讃《らいさん》と嬉し涙が落ちて来るのであつた。

あれほど人柄が良いと、皆から称賛される赤染衛門の目から見ても、現在の和泉式部は、悩みを通過した後に初めて得られる尊い境地に達している、と見えたのである。このことの意味は大きい。和泉式部が、何人もの男たちと浮名《うきな》を流したのは、言い寄ってくる男たちに恥を搔かせてはならないという優しさなのでもあり、その優しさが恋の激流となって、和泉式部の運命を翻弄したのだった。ただし、男と女の恋愛の嵐が過ぎ去り、出家して、真理と真実を求める大きな愛の存在を知るに及んで、和泉式部の心境は、大きく変わったのだった。ちなみに、作者の今井邦子はキリスト教の洗礼を受けている。また、夫の浮気で苦しんだ体験もあったようだ。

和泉式部の告白を聞いている赤染衛門の心は、感動で満たされる。赤染衛門は、「良妻賢母」の代名詞のような女性である。一方、和泉式部は、奔放な恋愛で知られた女性である。けれども、赤染衛門は、和泉式部のたどった「女の一生」が、和泉式部一人だけが体験した、珍しいものではなく、この自分にも当てはまるのだ、ということに気づいた。そうすると、ほとんどの女性にも、和泉式部の生き方は当てはまるのではないか、と赤染衛門は思ったのである。

私は、この小説を読みながら、恋に弱く、恋に「ひたすら」であるのは、男も同じではないかと感じた。ならば、「和泉式部的な生き方」は、現代を生きる人間すべての参考になるのではないだろうか。

小説『誠心院の一夜』の最後の場面は、次のように結ばれている。

和泉式部は独《ひと》り寝《ね》もやらずに、この清く、くまなき有明の月に向つて、何時《いつ》か過ぎ来し様々《さまざま》の身の歎き、悲しみ、苦しみ、恨みなど、過ぎて来たものを振り返つて、今もそれを語れば涙を流しながらも、何時《いつ》、何が動機でと云ふ事なしに、自分の生れた初めから、さうしたものとは又別に、一つの小さい芽《め》ぐみであつた、静かな尊《たふと》い物の種《たね》がこの年頃になつて生成を遂げ、本心的に自分の命を落着かせ導いてゆくこの不思議を思はざるを得なかつた。

あれ程も和泉式部を悩ました、恋のあせりも情《じやう》の求心《きうしん》も、今は全く後《あと》になつてしまつた。自分の過去は一切うそではない、けれど今の心はもう過去のものではなくなつてゐる。さう思つて有《あり》明月《あけづき》に立ち向つてゐる和泉式部の静かな姿は、美しさを過ぎた清らかさに照り輝くばかりであつた。それを見る人はゐない、其処《そこ》は山里の小御堂《せうみだう》であつた。側《かたはら》の老婦人はたゞ安らかに眠つてゐる。月がほしいままに照《てら》すのみであつた。

感動的なフィナーレである。

この小説が発表されたのは、前にも述べたが、昭和十一年の三月だった。この年に、作者は『アララギ』を退会して、『明日香』という女性結社を作り、その主宰者となった。作者自身の文学活動が、大きな節目を迎えていた時期である。

また、昭和十一年(一九三六)には、「二・二六事件」が起きている。時代もまた、大きな節目に差しかかっていた。その時期に、嵐のような人生を通り抜けた、和泉式部の静謐な心境が、理想的なものとして描かれていたのだった。

ここまでは、与謝野晶子と今井邦子という二人の歌人が、和泉式部のメッセージをどのように受け取ったかについて、考えてきた。この二つの和泉式部への見方は、矛盾するものではないだろう。

ここからは、晶子と邦子に導かれた、私自身の王朝日記文学論になる。『更級日記』と『和泉式部日記』を比較しながら考えてみよう。

与謝野晶子は、『和泉式部日記』に描かれていた敦道親王と和泉式部の恋愛を、「詩人同士の芸術的な関係」だと理解していた。この見方を、『更級日記』に適用してみよう。

そうすると、作者である菅原孝標の女《むすめ》と、風流な貴公子・源資通《すけみち》との語らいが、思い合わされる。孝標の女と、源資通とは、いわゆる「男と女の恋愛」に関心があったのではなかった。孝標の女は、既に夫がいた。孝標の女と源資通は、「春と秋、さらには冬という季節の中で、どの季節を最も愛するか」というテーマで、和歌を詠み合い、楽しい語らいの時間を持ったのだった。その場には、もう一人、作者と親しい女房がいたのだけれども、源資通の語る、伊勢の斎宮での思い出話は、音楽とも深く結びついていて、まことに芸術的なものだった。

『更級日記』には、いくつものテーマがある。東海道を上る旅、『源氏物語』への憧れ、夢のお告げや予言、祐子《ゆうし》内親王への宮仕え、物詣《ものもう》での旅、夫の死、などなど。けれども、与謝野晶子の和泉式部理解に導かれて考えると、源資通と交わした風流談義の部分が、俄然、重要なテーマとして浮上してくるのだ。時雨《しぐれ》の降る、しめやかな夜の出来事だった。

『更級日記』の春秋優劣論が交わされた場面には、和歌が詠まれていた。先に示すのが、作者の歌で、後に示すのが、源資通の歌である。

浅緑花《あさみどりはな》も一《ひと》つに霞《かす》みつつ朧《おぼろ》に見《み》ゆる春《はる》の夜《よ》の月《つき》
今宵《こよひ》より後《のち》の命《いのち》のもし有《あ》らば然《さ》は春《はる》の夜《よ》を形見《かたみ》と思《おも》はむ

ちなみに、作者と同僚だった女房は、「春と秋とでは、自分は秋が好きだ」と答えている。作者は、同じ返事をするのも芸がないので、「私は春が好きです」と答えたのだった。そうすると、源資通は、作者の歌に感動して、これから今日の語らいを何度も思い返すことでしょう、と応じたのである。

資通は、孝標の女より、三歳の年上である。けれども、宮中体験は長く、かなり老熟した口ぶりで話している。ちなみに、与謝野鉄幹は、与謝野晶子より五歳の年上である。鉄幹は、晶子の芸術上の師であった。

『更級日記』に描かれた源資通との交流は、かなり長い分量がある。ここが、芸術家同士、詩人同士の和歌の交流を描いた部分なのである。

自分と匹敵する知性と才能を持った、異性の芸術家との出会い。それが、人間の運命を大きく変えることがある。その出会いの奇蹟を、繰り返し繰り返し、心の中で思い出すことが、芸術家がその後の人生を生きるエネルギーとなるのだ。

ちなみに、『蜻蛉日記』の作者は、夫である藤原兼家の上司である、風流な皇子、章明親王《のりあきらしんのう》との和歌の贈答を楽しんでいる。その場面が、詩人同士の交流に該当するのだろう。かなり長く記されている。

『紫式部日記』には、芸術家同士の丁々発止のやりとりは、書かれているのだろうか。『紫式部日記』には、藤原道長や、藤原公任《きんとう》たちが登場しているものの、紫式部と匹敵する知性の持ち主で、対等な会話を交わせた芸術家が、誰か、いるだろうか。私は、いなかったと思う。

現実の世界には、自分と対等、あるいは自分よりも優れた芸術家気質の男性がいなかったからこそ、紫式部は、『源氏物語』という虚構の文学作品の中で、さまざまな芸術談義を語り合ったのではないか、と思うからである。

次に、今井邦子は、和泉式部という女性の人生を総括して、和泉式部の恋人だった敦道親王よりも、最後の夫である藤原保昌との夫婦関係に注目したのだった。そして、一見すると、バランスの取れていない夫婦ではあるものの、和泉式部にとっての藤原保昌は、大切な心の支えになっていた、という点を読み取った。

この見方を、『更級日記』に適用してみよう。そうすると、孝標の女の夫である橘俊通《たちばなのとしみち》の存在が浮上してくる。

そもそも、作者が俊通と結婚したのが、いつだったのか、『更級日記』にははっきりと書いてはなかった。しかも、結婚後に、夫が下野《しもつけ》の国の国司として赴任したことも、書かれていない。俊通の影は薄いのである。

ところが、夫の俊通が、信濃の国の国司として赴任し、まもなく都に戻ってきて急死する場面になると、作者は、身も世もないほどの、悲しみと絶望に直面する。急速に、夫の存在感が増してくるのだ。

孝標の女から見て、夫の俊通は、文学や芸術に関して理解がなく、対等の会話ができる相手ではなかった。今井邦子の言葉を借りれば、「夫婦のバランスを失っている」のである。だからこそ、芸術家である源資通との交流を、彼女は大切な思い出として、心の中に温めてきた。

それなのに、『更級日記』の最後では、夫の存在感が大きく、自分がどれほど夫の存在に助けられていたかを、孝標の女は痛感している。それが、夫婦の姿であり、真実である、と今井邦子は言っている。直接には言っていなくても、和泉式部と藤原保昌に関して述べたことを適用すれば、そういう見方になるだろう。

現代人も、いろいろと考えさせられる。『更級日記』の作者が、夫と死別した場面には、次のようにある。

九月二十五日《ながつきはつかあまりいつか》より、患《わづら》ひ出《い》でて、十月五日《かみなづきいつか》に、夢《ゆめ》の様《やう》に見做《みな》いて思《おも》ふ心地《ここち》、世《よ》の中《なか》に、又《また》、類《たぐひ》有《あ》る事《こと》とも覚《おぼ》えず。初瀬《はつせ》に、鏡《かがみ》奉《たてまつ》りしに、臥《ふ》し転《まろ》び、泣《な》きたる影《かげ》の見《み》えけむは、此《これ》にこそは有《あ》りけれ。嬉《うれ》し気《げ》なりけむ影《かげ》は、来《き》し方《かた》も無《な》かりき。今行《いまゆ》く末《すゑ》は、有《あ》ンべい様《やう》も無《な》し。

赴任地である信濃の国から都に戻ってきた夫の俊通は、体調を崩していた。九月二十五日に発病し、それから十日も経たないうちに、十月五日に逝去した。夫は、はかない夢が唐突に途切れるように、五十七歳の人生をあっけなく終えたのである。それを茫然《ぼうぜん》と見守るしかなかった作者の気持ちは、悲しみの極致であった。

何度も言うようだが、「夫婦のバランス」は、結婚最初から失われていた。けれども、受領《ずりょう》（国司階級）である夫は、経済的な基盤を盤石にしてくれた。その基盤の上に、作者は、物語が象徴する夢のような、芸術世界を追い求めることが可能だった。

今、夫の逝去という事態を目《ま》の当たりにして、孝標の女は、自分の人生の拠り所が、夫であることに気づいたのだろう。

それでは、『蜻蛉日記』では、どうだろうか。作者は、藤原氏の摂関家に生まれた、藤原兼家《かねいえ》と結婚した。けれども、夫の訪問は途絶えがちになり、作者は苦しみ続ける。『蜻蛉日記』の場合にも、夫婦のバランスは失われていた。そうでありながら、作者は夫との関係が、彼女の人生のほとんどすべてだった。夫婦とは、何なのだろうか。恋愛感情や信頼感が失われていても、夫婦という関係が、夫にとっても女にとっても、「最後の砦」たりうるのだろうか。

また、一夫多妻だった平安時代と、一夫一妻制の現代とでは、夫婦のかたちは、違ってきているのだろうか。そういうことを考えながら、『蜻蛉日記』を読み進めれば、新たな発見がもたらされるに違いない。

そして、『紫式部日記』である。紫式部が『源氏物語』を書き始めたのは、夫の藤原宣孝《のぶたか》が亡くなった後だと思われる。『紫式部日記』は、『源氏物語』を執筆中の出来事が書かれているから、夫の姿は見当たらない。

紫式部と宣孝との関係は、紫式部の和歌を集めた『紫式部集』という家集から窺われる。ここに収められた二人の和歌の贈答を何度読んでも、二人の知的レベルは、釣り合っていない。紫式部の芸術的な才能は、空前絶後である。夫のほうは、「平凡」を絵に描《か》いたような人物だった。

私は、ずっと、紫式部は、文学や芸術に理解のない夫と結婚して不幸だっただろうと、思ってきた。ただし、宣孝は文学や芸術には理解がなかったものの、人間としての包容力、妻を支え、妻の自由にさせる度量があった。だから、紫式部は、宣孝との結婚生活が不幸ではなかったのかもしれない、と現在の私は考え始めている。

このあたり、読者の側の人生経験次第で、王朝日記の読み方が大きく変わってくることだろう。そして、それはそれで、よいのではないだろうか。

私は、今、満六十六歳である。学生時代に王朝日記を読んでいた時と比べて、少しは人生がわかってきたことがある。現実の夫婦生活の長所と短所を見つめる今井邦子の読み方も、理想の芸術を求める男女の火花の散るような、丁々発止のやりとりを楽しむ与謝野晶子の読み方も、どちらも面白いと思う。

一見すると、相反するような、さまざまな読み方が可能なのが、古典文学の魅力である。読者の人生経験の深まりで、作品の解釈が一変することもある。

そのような古典解釈の自由を認めたうえで、読者は、現在の自分に最も納得のできる、そして、これからの自分の人生を豊かにしてくれる古典の読み方を模索すればよいのだ。

二〇二〇年四月に、NHKラジオ第二の「古典講読」を担当することになり、「王朝日記の世界」の放送が始まってすぐ、コロナが大問題となった。緊急事態宣言と向かい合うことで、現代人の古典に求めるものが、大きく変化してきたように思う。そうなると、古典文学は、コロナの時代を生きる指針を求める人々に向けて、新しいメッセージを放ち始める。

そういう見通しと、希望を持って、これからも、王朝日記の世界と、『源氏物語』の世界へと分け入ってゆきたい。

おわりに

古典は、古びない。だから、古典は、永遠に生き続ける。

なぜならば、「よりよく生きる」ことを求めてやまない読者が、いつの時代の、どこの地域にも、無数に存在するからである。

「人生、いかに生きるべきか」。この強い問題意識を心に抱いて、古典文学に向かい合えば、豊饒な古典文学の世界に通じる入口の扉が開かれる。

今から千年前に書かれた古典には、多種多様な人間の「心」の花々が咲き誇っている。読者は、古典文学を読み終わった感動を胸に、美しい花の「種」を手に、古典文学の世界の出口の扉から出て、自分の生きる現実社会へと立ち戻ってくる。

現代人の心の土壌に蒔かれた「古典の種」は、現代社会で発芽し、葉を広げてゆく。けれども、古典の時代と現代社会では、人々の価値観が一変しているし、政治システムも経済システムも激変している。だから、古典の「種《たね》＝遺伝子」は、現代に適応した、新しい「種《しゅ》＝新種」の花を開かせ、実を結ぶ。この時、古典は、最先端の現代文学へと変容している。

古典を活性化する試みの一つに、「現代語訳」がある。「言文一致」の文学運動が起こった明治時代以降、数々の現代語訳が、古典文学に対して試みられてきた。

私がこれまでに最も衝撃を受けたのは、与謝野晶子の『新訳源氏物語』である。いわゆる「与謝野源氏」の前のバージョンであり、ダイジェストながら、大変に近代的である。清新であり、新機軸に満ちている。

このような「創造的な新訳」を、令和の時代に、私も実践したい。そういう思いから、私の『新訳更級日記』『新訳和泉式部日記』『新訳蜻蛉日記　上巻』が書かれ、次には『新訳紫式部日記』も書かれる。本書にも、『蜻蛉日記』中巻の「新訳」を挿入してある。堪能していただければ幸いである。

本書でも、編集では橋本孝氏に、組版では江尻智行氏に支えていただけた。私にとってのお二人は、葉室麟の小説『玄鳥さりて』に登場する樋口六郎兵衛のような、大切な存在である。お二人の友情に、心から感謝します。

令和三年七月十五日　巡りきた誕生日に

島内景二

島内景二（しまうち・けいじ）

一九五五年長崎県生
東京大学文学部卒業、東京大学大学院修了。博士（文学）
現在　電気通信大学名誉教授
二〇二〇年四月から二年間、ＮＨＫラジオ第二『古典講読・王朝日記の世界』を担当。

主要著書
『新訳更級日記』『新訳和泉式部日記』『新訳蜻蛉日記　上巻』（共に、花鳥社）
『和歌の黄昏　短歌の夜明け』（花鳥社）
『塚本邦雄』『竹山広』（コレクション日本歌人選、共に、笠間書院）
『源氏物語の影響史』『柳沢吉保と江戸の夢』『心訳・鳥の空音』（共に、笠間書院）
『北村季吟』『三島由紀夫』（共に、ミネルヴァ書房）
『源氏物語に学ぶ十三の知恵』（ＮＨＫ出版）
『大和魂の精神史』『光源氏の人間関係』（共に、ウェッジ）
『文豪の古典力』『中島敦「山月記伝説」の真実』（共に、文春新書）
『源氏物語ものがたり』（新潮新書）
『御伽草子の精神史』『源氏物語の話型学』『日本文学の眺望』（共に、ぺりかん社）
歌集『夢の遺伝子』（短歌研究社）
『楽しみながら学ぶ作歌文法・上下』（短歌研究社）

王朝日記の魅力

二〇二一年九月三十日　初版第一刷発行

著者……島内景二
発行者……橋本 孝
発行所……株式会社 花鳥社
https://kachosha.com
〒一五三-〇〇六四 東京都目黒区下目黒四-十一-十八-四一〇
電話　〇三-六三〇三-二五〇五
FAX　〇三-三七九二-二三二三

装幀……花鳥社装幀室
組版……江尻智行
印刷・製本……モリモト印刷

ISBN 978-4-909832-45-0 C1095

和歌の黄昏　短歌の夜明け

好評既刊　島内景二著

歌は、21世紀でも「平和」を作りだすことができるか。
日本の近代を問い直す！

「『古今和歌集』から日本文化が始まる」という新常識のもと、千四百年の歴史を誇る和歌・短歌の変遷を丁寧にひもとく。「令和」の時代を迎えた現代が直面する、文化的な難問と向かい合うための戦略を問う。江戸時代中期に興り、本居宣長が大成した国学は、平和と調和を祈る文化的エッセンスである「古今伝授」を真っ向から否定した。『古今和歌集』以来の優美な歌では、外国文化と戦えないという不信感が『万葉集』を復活させたのである。強力な外来文化に立ち向かう武器として『万葉集』や『古事記』を持ち出し、古代を復興した。あまつさえ、天才的な文化戦略家だった宣長は、「パックス・ゲンジーナ」（源氏物語による平和）を反転させ、『源氏物語』を外国文化と戦う最強の武器へと組み換えた。これが本来企図された破壊の力、「もののあはれ」の思想である。だが、宣長の天才的な着眼の真意は、近代歌人には理解されなかった。『源氏物語』を排除して、『万葉集』のみを近代文化の支柱に据えて、欧米文化と渡り合おうとする戦略が主流となったのである。

序章　早わかり「和歌・短歌史」

I　和歌の黄昏

1　和歌は、異文化統合のシステムだった　2　皆殺しの短歌と、「四海兄弟」の和歌　3　中島広足と神風思想　4　三島由紀夫は、和歌文化を護ろうとした　5　蓮田善明の「反近代」、そして「反アララギ」　6　「もののあはれ」という暴力装置　7　赤穂浪士たちの仇敵は、源氏文化だった　8　本居宣長の「大和心」と「大和魂」　9　明治天皇と「大和心」　10　近藤芳樹と『源氏物語』　11　橘守部による和歌の大衆化　12　香川景樹と「原・もののあはれ」　13　江戸の文人大名と『源氏物語』

II　短歌の夜明け

14　現代短歌は、いつから平面化したのか　15　短歌の物語性と批評性の母胎は、漢語である　16　正岡子規と『源氏物語』　17　正岡子規の「歴史」詠　18　短歌と新体詩の距離　19　大和田建樹の新体詩の戦略　20　落合直文は、なぜ「折衷派」なのか　21　樋口一葉は旧派歌人だった　22　森鷗外の和歌と小説　23　翻訳詩の功罪……上田敏の『海潮音』　24　在原業平になりたかった男……与謝野鉄幹　25　「西下り」した女業平……与謝野晶子　26　佐佐木信綱と古典文学　27　佐佐木信綱の『新月』　28　『まひる野』と、窪田空穂の「神」　29　若山牧水のあくがれた「城」と「国」　30　若山牧水と『伊勢物語』　31　若山牧水と古典和歌　32　原阿佐緒の『涙痕』を読む　33　北原白秋と『小倉百人一首』　34　北原白秋『桐の花』と、「もののつれづれ」　35　「もののあはれ」と革命……石川啄木　36　斎藤茂吉『赤光』と「もののあはれ」　37　島木赤彦『切火』と、近代文語　38　伊藤左千夫と日露戦争

終章　「もののあはれ」と日本、そして世界

おわりに……「令和」の祈り

Ａ５判、全３４８ページ・本体２８００円＋税

新訳蜻蛉日記　上巻

好評既刊　島内景二著　『新訳』シリーズ

『蜻蛉日記』を、『源氏物語』に影響を与えた女性の散文作品として読み進む。『蜻蛉日記』があったからこそ、『源氏物語』の達成が可能だった。作者「右大将道綱の母」は『源氏物語』という名峰の散文作品の扉を開けたパイオニアであり、画期的な文化史的意味を持つ。

四六判、全408ページ・本体1800円＋税

新訳和泉式部日記

好評既刊　**島内景二**著　『新訳』シリーズ

もうひとつの『和泉式部日記』が蘇る！

底本には、現在広く通行している「三条西家本」ではなく、江戸から昭和の戦前まで広く読まれていた「群書類聚」の本文、「元禄版本」（「扶桑拾葉集《ふそうしょうようしゅう》」）を採用。あなたの知らない新しい【本文】と【訳】、【評】で、「日記」と「物語」と「歌集」の三つのジャンルを融合したまことに不思議な作品〈和泉式部物語〉として、よみなおす。

四六判、全328ページ・本体1700円＋税

新訳更級日記

好評既刊　島内景二著『新訳』シリーズ

安部龍太郎氏（作家）が紹介――「きっかけは、最近上梓された『新訳更級日記』を手に取ったことです。島内景二さんの訳に圧倒されましてね。原文も併記されていたのですが、自分が古典を原文で読んできていなかったことに気づきました。65年間もできていなかったのに〝今さら〟と言われるかもしれませんが、むしろ〝今こそ〟読むべきだと思ったんです。それも原文に触れてみたい、と」……

『サライ』（小学館）２０２０年８月号「日本の源流を溯る～古典を知る愉しみ」より

「更級日記」の一文一文には、無限とも言える情報量が込められ、それが極限にまで圧縮されている。だから、本作の現代語訳は「直訳」や「逐語訳」では行間にひそむモノを説明しつくせない。「訳」は言葉の背後に隠された「情報」を拾い上げるものでなければならない。踏み込んだ「意訳」に挑んだ『新訳更級日記』によって、作品の醍醐味と深層を初めて味読できる『新訳』に成功。

第2刷出来　四六判、全４１２ページ・本体１８００円＋税